실험철학

실험철학

비판적 연구

니킬 무커지 지음
한상기 옮김

이 책은 Nikil Mukerji의 *Einführung in die experimentelle Philosophie* (BRILL/Fink, 2016)의 영어판 *Experimental Philosophy: A Critical Study* (Rowman & Littlefield International Ltd., 2019)를 완역한 것이다.

실험철학

니킬 무커지 지음
한상기 옮김

펴낸이 | 이숙
펴낸곳 | 도서출판 서광사
출판등록일 | 1977. 6. 30.
출판등록번호 | 제 406-2006-000010호

(10881) 경기도 파주시 회동길 77-12 (문발동)
대표전화 (031) 955-4331 팩시밀리 (031) 955-4336
E-mail: phil6161@chol.com
http://www.seokwangsa.co.kr | http://www.seokwangsa.kr

제1판 제1쇄 펴낸날 ─ 2024년 5월 20일

ISBN 978-89-306-2385-8   93160

옮긴이의 말

실험철학(experimental philosophy)은 21세기 벽두에 태동하여 약 20여 년 이상 숱한 토론과 논쟁을 불러일으키면서 진행되어 온 새로운 철학 운동이다. 이 운동은 그동안 철학, 특히 현대 분석철학에서 사용되어 온 표준 방법론에 대해 이의를 제기하면서 "실험"이라는 과학의 경험적 방법론을 내세워 철학의 새로운 패러다임을 주창하고 있다. 그래서 이 운동에 참가한 실험철학자들은 철학적 물음을 탐구할 때 심리학이나 인지과학, 또는 기타 사회과학 등의 경험적 방법, 그중에서도 "설문조사" 같은 경험적 방법을 사용해야 하거나 사용할 수 있다고 주장하고 있다. 이러한 주장은 "직관", "사고실험", "반성적 평형" 같은 선험적 방법(a priori method)을 주로 사용해 온 현대 분석철학의 흐름과는 정면으로 배치되는 특징을 가지고 있다. 주류 분석철학자들의 시각에서 볼 때 "결혼한 총각"이나 "둥근 사각형" 같은 것이 없는 것처럼, "실험철학"이나 "실험적 철학" 같은 것은 없는 것으로 보이기 때문이다. 그런 의미에서 실험철학 운동은 20세기 이후 지금까지의 현대 분석철학에 대한 중대한 도전이라고 볼 수 있다.

"실험철학"이라는 이름이 본격적으로 사용되게 된 계기는 대략 21세기 초반으로 거슬러 올라간다. 21세기에 들어서 몇몇 철학자는 과거와는 사뭇 결이 다른 어조로 현대 분석철학의 표준 방법론을 의문시하면서 자신들의 기획을 대안으로 제시해 왔다. 그래서 그런 기획 중 2001년 출판된 웨인버그, 니콜스, 스티치(Wiinberg, J., Nichols, S. and Stich, S.)의 공동 논문 "규범성과 인식적 직관"(Normativity and Epistemic Intuitions)은 대체로 현재 형태의 실험철학 운동의 성명서로 간주된다. 물론 역사적으로 볼 때 이 논문이 나오기 전에도 실험철학적 연구라고 할 수 있는 작업들은 있었다. 멀리 보아 어떤 철학자들은 현재의 실험철학이 많은 고대 철학자가 사용한 방법론으로의 복귀라고 주장하기도 하고, 또 어떤 철학자들은 데카르트, 로크, 흄 같은 근대 철학자들을 실험철학의 초기 모델로 보기도 하며, 가까이로는 20세기 후반에 이미 실험철학의 전조라 할 수 있는 연구들이 행해진 것을 볼 수 있다. 그럼에도 오늘날 실험철학 탄생의 결정적 계기가 된 것은 바로 2001년 웨인버그, 니콜스, 스티치의 논문이었고, 이후 실험철학 운동이 본격적으로 전개되게 된 기폭제가 되었다고 볼 수 있다.

실험철학과 전통적 분석철학의 관계는 초기의 흐름 탓에 종종 부정적이거나 적대적인 것으로 보였다. 그렇게 된 데에는 실험철학 운동 초기에 실험철학자들이 전통적 분석철학의 방법론, 특히 증거로서의 직관에 대한 호소라는 방법론에 대해 부정적 태도를 보인 것이 크게 작용하였다. 실험철학자들은 처음에 다문화적 차이에 기반한 직관의 가변성을 토대로 분석철학의 표준 방법론에 의심을 제기했는데, 이러한 의심은 점차 설문조사 피험자들의 성별, 성격 유형, 나이, 사회경제적 지위, 사고실험 사례가 제시되는 순서 같은 요인들에 의해서도 직관이 달라진다고 주장하는 데까지 나아가면서 점차 지평을 넓혀 왔다. 그러나 최근의 흐름은 초기의 이러한 흐름을 벗어나 다양하고 복잡하게 전개되고 있다. 설령 실험철학과 분석철학의 방법이 다르다 할지라도, 그 사실이 두 가지가 서로 양립 불가능하다거나, 하나가 다른 하나를 대체해야 한다는 것을 의미하지 않는다고 주장하는 철학자들이 늘어나면서, 실험철학이 도대체 무엇이고, 실험철학이 전통적 분석철학과 어떤 관계에 있는지 등의 문제가 꾸준히 논의되고 있다. 그래서 부정적 실험철학, 긍정적 실험철학, 인지과학으로서의 실험철학 등 다양한 실험철학 버전들이 검토되고 있다. 이러한 상황은 실험철학 초기의 상황과는 달리 실험철학에 입문하는 독자들에게 좀 혼란스럽게 비칠 가능성이 있다.

이 책『실험철학: 비판적 연구』는 니킬 무커지(Nikil Mukerji)의 *Experimental Philosophy: A Critical Study*(Rowman & Littlefield International Ltd, 2019)를 옮긴 것이다. 원래 이 책은 2016년 독일어판 『실험철학 입문』(*Einführung in die experimentelle Philosophie, Wilhelm Fink Verlag*)으로 출판되어 많은 호평을 받은 바 있는데, 영어판을 출판했으면 좋겠다는 주변 동료들의 권유를 받고 독일어판을 수정 보완해서 영어판으로 내놓게 된 책이다. 실험철학은 그동안 초기의 운동을 벗어나 주제와 방법 모두에서 확장되어 왔다. 처음에 실험철학은 지식 개념과 관련된 게티어 문제(Gettier-Problem)와 관련된 문제 등으로 비교적 제한되어 있었는데, 지금은 윤리학, 심리철학, 인식론, 언어철학, 형이상학 등 철학의 거의 전 분야와 관련된 연구 프로그램들이 진행되고 있다. 게다가 실험철학은 다른 학문 분야의 연구들과도 점점 더 얽히고설켜 연구가 진행되었으며, 심리학자나 언어학자, 인지과학자들과도 공동 연구를 진행하고 있다. 또한 실험철학은 현재 지리적으로도 엄청난 확장을 보여주고 있다. 초기 실험철학 운동은 대체로 영어권 나라들, 특히 미국에 한정되었었는데, 지금은 프랑스, 폴란드, 포르투갈, 발트해, 네덜란드, 독일에서 꽃을 피우고 있다. 무엇보다도 이 책의 장점이랄 수 있는 것은 실험철학에 대해 단편적이고 인상적인 접근이 아니라 그동안 있었던 20여 년간의 발전 상황에 대해 아주 체계적으로 접근하고 있다는 점이다. 그런 의미에서 실험철학 운동의 취지에 찬성하든 반대하든 간에, 이 책은 이미 태동하여 활발히 전개되고 있는 실험철학 운동을 이해하고, 앞으로의 발전을 가늠해 보는 데 커다란 도움을 줄 것으로 생각된다.

마지막으로 이 번역이 완성될 때까지 많은 격려와 도움을 준 건지산 동료들에게 감사드리고, 어려운 출판계 상황에도 꿋꿋하게 철학서적의 출판에 애써주시는 서광사 이숙 대표를 비롯한 여러분께 감사드린다.

2024년 2월
건지산 자락에서 한상기

나의 조부모님
카타리나와 발렌틴 클라스께

차례

감사의 말

철학 책들은 어떤 의미에서 공동 기획인 경향이 있다. 이 책도 예외가 아니다. 나는 아주 운 좋게 동료, 학생, 친구들과 내 생각을 토론하는 기회를 가질 수 있었다. 이로 인해 내 생각을 명료화하고 바로잡는 데 엄청나게 큰 도움을 받았다. 그래서 이 책을 쓰는 데 나를 지원해 준 모든 사람에게 감사를 드리고 싶다.

유감스럽게도 나는 여기에 모든 분을 명시적으로 언급할 수 없다. 하지만 크게 도움을 준 몇몇 분들의 이름은 밝히고 싶다. 이 분들은 우선 요하나 야우어니히(Johanna Jauernig), 크리스토프 루에트게(Christoph Luetge), 율리안 뮐러(Julian Müller), 하네스 루쉬(Hannes Rusch), 뮌헨 공과대학교의 마티아스 울(Matthias Uhl), 뮌헨 윤리센터의 얀 하일링거(Jan Heilinger), 뮌헨 루트비히 막시밀리안대학교의 마르틴 레헤나우어(Martin Rechennauer)는 물론이고 미하엘 폰 그룬트헤어(Michael von Grundherr)이다. 이들과 함께 실험윤리학에 대한 내 생각을 토론할 수 있었던 것은 행운이었다.

최근 몇 년 동안 나는 또한 에릭 앙너(Eric Angner), 모니카 베츨러(Monika Betzler), 스벤 베르네커(Sven Bernecker), 디터 비른바허

(Dieter Birnbacher), 안드레아스 브라흐만(Andreas Brachmann), 크리스티네 브라투(Christine Bratu), 미구엘 에글러(Miguel Egler), 유진 피셔(Eugen Fischer), 토마스 그룬트만(Thomas Grundmann), 슈테판 하르트만(Stephan Hartmann), 노라 하이젤만(Nora Heizel-mann), 요아힘 호르바스(Joachim Horvath), 크리스토프 애거(Christoph Jäger), 조슈아 노브(Joshua Knobe), 마르틴 코허(Martin Kocher), 에두아르 마체리(Édouard Machery), 아드리아노 마니노(Adriano Mannino), 알베르트 네벤(Albert Newen), 니키 파이퍼(Niki Pfeiffer), 케빈 로이터(Kevin Reuter), 알렉산더 로이틀링거(Alexander Reutlinger), 아킴 스테판(Achim Stephan), 스티븐 스티치(Stephen Stich), 스벤 발터(Sven Walter)와 함께 실험철학을 더 넓게 토론할 기회가 있었다. 그 점에 대해 나는 그들에게 큰 빚을 지고 있다. 지난 몇 년 동안 나를 격려하고 지원해 준 율리안 니다류멜린(Julian Nida-Rümelin)의 경우도 마찬가지다.

게다가 나는 이 책의 독일어판(*Einführung in die experimentelle Philosophie*, 2016) 계획과 실현을 지원해 준 빌헬름 핑크 출판사(Wilhelm Fink Verlag)의 나딘 알베르트(Nadine Albert), 크리스티안 바허(Christiane Bacher), 리사 사우어발트(Lisa Sauerwald), 우테 슈뉴켈(Ute Schnückel), 헤니히 시크만(Hennig Siekmann), 메흐틸트 보그트(Mechthild Vogt)는 물론이고, 영어판 출판을 지원하고 추진해 준 로먼 앤 리틀필드 인터내셔널(Rowman & Littlefield International) 출판사의 나탈리 린 볼더스톤(Natalie Lihn Bolderston), 이소벨 쿠퍼콜스(Isobel Cowper-Coles), 에밀리 이스트리지(Emily Eastridge)에게도 감사를 드리고 싶다. 또한 영어판 책과 관련하여 유익한 조언, 그리고 특히 격려를 아끼지 않은 바우데베인 더브라윈

(Boudewijn de Bruin)에게도 감사를 드리고 싶다. 더 나아가 나는 빅토리아 쇠펠(Victoria Schöffel)과 게오르기오스 카라게오르구디스(Georgios Karageorgoudis)에게도 감사를 드리고 싶은데, 이들은 잠정적 독자로 역할을 하면서 원고를 개선하기 위한 귀중한 제안을 해주었다. 그 이상으로 나는 로먼 앤 리틀필드 인터내셔널 출판사의 익명의 세 분 교열자에게도 감사하는데, 이들은 내가 매우 가치 있다고 판단한 용의주도하면서도 적절한 비판을 해주었다.

게다가 나는 여러 해 동안 귀중한 지원을 해주신 우리 부모님 마리아 무커지와 키란 무커지(Maria and Kiran Mukerji)는 물론이고, 내 친구들 루트비히 하이더(Ludwig Heider), 로베르트 휴머(Robert Hümmer), 토마스 카츠마렉(Thomas Kaczmarek), 니콜라이 클라인하머(Nikolai Kleinhammer)에게도 큰 빚을 졌다. 마지막으로, 그리고 무엇보다 먼저, 나는 우리 조부모님 카타리나와 발렌틴 클라스께 진심으로 감사를 드린다. 두 분은 평생 수많은 실험에 착수했고, 두 분이 이룬 성과는 참으로 놀랄 만하다. 이런 이유로 나는 이 책을 그 두 분께 바친다.

약어

약어	의미
A-Phi	분석철학(analytic philosophy)
AC-Phi	안락의자 철학(armchair philosophy)
C	찰스(Charles, 사고실험)
CEO	최고 경영자(chief executive affair)
D	데이브(Dave, 사고실험)
EA	동아시아인(East Asian Peson)
E-Phi	경험적 정보에 근거한 철학 (empirically informed philosophy)
FWNMW 직관	"무슨 일이 일어나든 자유의지" 직관 ("free will no matter what" intuition)
의도$_A$	행위에서 의도(intention in the action)
의도$_M$	동기부여된 의도(motivating intention)
의도$_P$	사전 의도(prior intention)
K	카렌(Karen, 사고실험)
MAP	분석철학의 방법(method of analytic philosophy)

R&D	연구 개발(research and development)
S	수지(Suzy, 사고실험)
SC	인도 아대륙인 (person from the Indian subcontinent)
SES	사회경제적 지위(socioeconomic status)
T	사고실험(thought experiment)
x-phi	실험철학(experimental philosophy)
X-Phi_C	실험철학에 대한 인지과학 견해(cognitive science view of experimental philosophy)
X-Phi_N	부정적 실험철학(negative experimental philosophy)
X-Phi_P	긍정적 실험철학(positive experimental philosophy)
XRP	실험철학 반복 가능성 기획(x-phi replicability project)
W	서양인(Westerner, 즉 유럽계 미국인)
WEIRD	위어드(western, education, industrialised, rich, and democratic)

영어판 서문

2016년에 나는 빌헬름 핑크 출판사(Wilhelm Fink Verlag)에서 『실험철학 입문』(*Einführung in die experimentelle Philosophie*)을 출판했다. 그 책은 실험철학(x-phi)에 관한 최초의 독일어판 전공 서적이었으며, 전문 철학자, 철학과 학생, 관심 있는 일반인 모두에게 초점을 맞춘 그 분야의 입문서로 기여하기 위한 것이었다. 그 책을 쓰면서 나는 무엇보다도 실험철학에 대해 **체계적** 설명을 제공하려 했다. 나는 두 가지 이유에서 그렇게 했다. 첫째, 나는 체계성을 좋아하는 취향이 있다. 새로운 주제를 탐구할 때 나는 일찌감치 그것에 대한 체계적 개요를 얻으려 한다. 그래서 사물들이 서로 어떻게 연결되어 있고, 어디에 경계선을 그을 수 있을지 이해하려고 한다. 그래서 나는 독자들에게도 똑같은 접근 방식을 사용하여 실험철학을 소개하고 싶었다. 둘째, 나는 보통 실험철학에 대한 입문용이자 기초용 독서로 권장되는 많은 텍스트가 체계성을 특별히 강조하지 않는다는 것을 알아차렸다. 대신 그런 텍스트들은 실험철학의 특정 측면, 예컨대 특정 실험 결과, 실험철학자들이 사용하는 독특한 기법, 전통적인 안락의자 철학자들에 대한 비판과 그들을 논박하는 법을 강조한다. 그러한 기고들은 물론 가치가 있지만,

나는 실험철학 논쟁에 "큰 그림" 접근 방식을 제공하는 텍스트에 대한 여지를 남긴다고 추론했다.

나는 그러한 텍스트가 다음과 같은 물음들을 다루어야 한다고 믿는다. (1)실험철학이란 무엇인가? 어떤 실험철학 버전들이 존재하는가? 그것들은 어떻게 서로 다르고, 예컨대 분석철학과 같은 좀 더 전통적인 철학의 견해와는 어떻게 다른가? 실험철학은 안락의자 철학과 양립 불가능한가, 만일 그렇다면 왜, 어떻게, 어느 정도로 그런가? (2)실험철학 연구를 행하는 기본 동기는 무엇이고, 실험철학의 주역들이 철학적 결론을 지지하기 위해 사용하는 논증들은 무엇이며, 서로 다른 실험철학 연구자들이 사용하는 논증들 사이의 공통점과 차이점은 무엇인가? (3)실험철학에서 가장 중요한 논쟁들은 무엇인가? (3)이것들은 전통적인 철학적 문제들에서 어떻게 발전했고, 초기의 발견들은 어떻게 현재의 실험철학 논쟁들을 불러일으켰는가? (4)실험철학에 대한 주요 비판은 무엇이고, 이러한 비판들 중 어떤 것이 실험철학의 어떤 버전을 표적으로 하며, 어떤 비판이 정당화되며, 이것이 철학함에 대한 접근 방식으로서의 실험철학에 대한 전반적 평가 측면에서 우리를 어디에 남겨 놓는가?

이런 물음들을 다루었던 독일어판 책은 호평을 받았고, 그 책을 읽은 많은 사람, 특히 실험철학에 대해 연구하는 동료들은 그 책이 기존의 영어판 텍스트들과 사뭇 다르다고 지적했다. 이로 인해 나는 로먼 앤 리틀필드 인터내셔널(Rowman & Littlefield International) 출판사와 함께 영문판을 출판하게 되었다. 그 책이 바로 지금 당신이 읽고 있는 책이다. 그렇지만 나는 이 책이 독일어 원본의 단순한 번역 이상의 것임을 지적하지 않을 수 없다. 독일어판 『실험철학 입문』이 출판된 지 2년이 지났고, 이후 실험철학 논쟁은 계속해서 진행되어 왔다. 따라서 나는 본문을 갱신했고, 최근 연구들에 대한 추가 참고문헌을 포함시켰으며, 적절하다고 느꼈던 구절들을 추가했다. 또한 본문에서 다루지 않거나 충분히 다루지 못한 실험철학의 측면들을 다루는 세 개의 부록을 추가했다. 중요한 실험철학 연구들을 논의하는 제3장은 인식론, 언어철학, 행위 이론, 심리철학에 대한 실험적 기여에 초점을 맞추며, 부록 A는 윤리학(A.1), 형이상학(A.2), 과학철학(A.3), 논리학과 합리성(A.4)에 대한 또 다른 기여에 관한 추가 정보를 제공한다. 부록 B는 독자에게 추가 자원, 특히 실험철학(B.1), 입문용 텍스트(B.2), 중요한 책 간행물(B.3)을 알려준다. 부록 C는 실험적 방법에 대한 논의를 출판물 통계분석(C.1), 형식적 방법(C.2), 경제학의 도구(C.3), 계보 논증(C.4), 신경 과학적 접근 방식(C.5), 질적 방법(C.6), 함정수사(C.7)에 관한 추가 정보로 보완한다. 본문에는 적당한 구절에서 부록을 참고해야 할 내용들이 포함되어 있다.

이러한 변화와 추가 내용들은 그것들 중 많은 것을 로먼 앤 리틀필드 인터내셔널 출판사의 익명의 세 분 교열자가 요구했는데, 이 책을 실질적으로 좋아지게 만들었다고 생각한다. 나는 독자들이 그것들이 유익하다는 것을 발견하기를 바란다.

2018년 11월
뮌헨, 루트비히 막시밀리안 뮌헨대학교
니킬 무커지

독일어판 서문

나는 니킬 무커지가 지은 『실험철학 입문』(*Einführung in die experimentelle Philosophie*)이 출판되는 것을 보게 되어 기쁘다. 여러 가지 중요한 점에서 이 새로운 책은 지난 수십 년 동안 그 분야에서 꾸준히 일어나고 있는 변화들을 장려하면서 구현하고 있다.

첫째, 실험철학 분야는 그것이 포괄하는 주제와 방법에서 확장되어 왔다. 실험철학의 연구는 처음에는 비교적 좁게 제한된 일련의 문제에 국한되었다. 그렇지만 지난 15년 동안 이 분야의 범위는 급격하게 확장되었다. 그래서 지금은 도덕철학, 심리철학, 인식론, 언어철학, 그리고 수많은 다른 영역의 문제를 탐구하는 진지한 실험적 연구 프로그램들이 진행되고 있다. 게다가 실험철학은 다른 학문 분야의 연구들과 점점 더 얽히고설키게 되었다. 실험철학자들은 이제 심리학자들과 공동 연구를 진행하여 심리학 학술지에 논문을 자주 게재하고 있으며, 지난 몇 년 동안에는 실험철학과 언어학의 교차점에 있는 문제들에 대한 관심이 급증하였다.

무커지의 『실험철학 입문』은 이 분야의 폭 넓히기를 구현하고 있다. 이 책은 다양한 유형의 광범한 실험적 연구와 또한 실험적 작업의 중요성에 대한 여러 가지 다른 메타철학적 관점을 독자에게 소개한다.

둘째, 어쩌면 더 놀라울 수도 있는 것인데, 이 분야가 지리적으로 확장되었다는 것이다. 처음에 실험철학의 작업은 거의 완전히 영어권 나라들, 특히 미국에 한정되었다. 그렇지만 지금은 상황이 완전히 변했다. 지난 몇 년 동안 가장 흥미로운 발견들 중 많은 것이 실제로 유럽 대륙에서 행해진 연구에서 나왔다. 이 몇 년 동안에 프랑스, 폴란드, 포르투갈, 발트해, 네덜란드, 그리고 독일에서도 물론 중요한 실험철학 연구 프로그램들이 꽃을 피웠다.

무커지의 작업은 이 두 번째 확장의 완벽한 표현이다. 실험철학에 관한 최초의 독일어 전문서로서 이 책은 독일어권 세계에서 실험철학의 중요성이 커지고 있음을 증언한다. 그러나 동시에 이런 사상에 대해 명료하고 강력하게 소개함으로써 이 책은 독일 철학자들로부터 이 분야에 대한 추가 연구를 장려할 것을 약속한다.

일반적으로 나는 체계적인 정량적 자료가 없는 상황에서 경험적 문제에 관해 사변을 전개하는 것을 꺼리지만, 이제 하나의 사변적인 경험적 가설을 전개해 보기로 하자. 내 짐작으로는 무커지의 책이 출판된 이후 몇 년은 독일어권 사회에서 흥미진진한 시기가 될 것이다.

2016년 7월
뉴 헤이븐, 예일대학교
조슈아 노브

서론

만일 난쟁이 개념을 이해한다면, 당신은 거인 난쟁이 같은 것이 있을 수 없다는 것을 이해해야 한다. 마찬가지로 만일 총각 개념을 이해한다면, 당신은 **결혼한 총각** 같은 것이 없다는 것을 알 수 있어야 한다. 마찬가지로 철학 관념에 충분히 익숙하다면, 당신에게는 **실험철학**(experimental philosophy, 실험적 철학) 같은 것이 없다는 것이 분명해 보인다. 어쨌든 이것은 철학의 본성에 대한 널리 퍼져 있는 이해의 함의인 것처럼 보인다. 이 견해에 따르면, 철학은 **안락의자 학문**인데, 이 안락의자 학문은 경험적 증거에 의존하지 않으며, 이런 이유로 완전히 문자 그대로 안락의자에서 수행할 수 있다. 철학에 대한 이러한 이해에 따르면, 그 종사자들은 경험적 자료를 수집해서는 안 되고, 경험적 시험 절차를 사용해서도 안 되며, 어떤 상황에서도 소매를 걷어붙이고 실험을 행해서는 안 된다! 철학계 내에서 새로운 운동의 제창자들은 생각이 좀 다르다. 그들은 경험적 방법이 사실상 철학에서 잘 활용될 수 있고, 철학의 영원한 물음들에 대한 답을 추구하는 데 도움이 될 수 있

다고 믿는다. 그들은 실험철학, 간단히 x-phi를 믿는다

언뜻 보기에 이런 생각은 다소 그럴듯하지 않아 보인다. 이유는 다음과 같다. 경험과학은 경험적 사실을 확립하려 한다. 경험과학의 방법은 경험과학이 **사실의 문제로서** 우리의 세계와 그 세계가 존재하는 방식을 이해하는 데 도움이 된다. 이와 대조적으로 철학은 전혀 다른 물음들을 추구하는 것처럼 보인다. 고전적인 철학적 물음들은 다소 다른 종류의 물음인 것처럼 보인다. 몇 가지 예를 생각해 보면 이런 점이 분명해진다.

- 철학자들은 우리가 세계를 어떻게 지각하는지 묻지 않는다. 대신 그들은 칸트가 그랬던 것처럼, 애초에 우리가 세계를 지각할 수 있기 위해서는 **무엇이 성립해 있어야** 하는가를 묻는다.
- 그들은 인간이 어떻게 행위하는가를 묻는 것이 아니라 오히려 어떻게 **행위해야** 하는가를 묻는다.
- 그들은 사람들이 자신에게 자유의지가 있다고 생각한다는 것을 아는 것으로 만족하지 않는다. 그들에게 흥미로운 것은 오히려 사람들이 믿는 것이 옳다는 것을 확인할 수 있는지 여부, 그게 안 되면 인과적으로 질서정연한 것처럼 보이는 우주에서 자유의지 같은 것이 존재할 수 있다는 것이 **심지어 생각 가능한지** 여부이다.

철학적 물음은 분명히 비경험적인 것처럼 보이기 때문에 경험적 방법은 철학에 설 자리가 없는 것처럼 보인다. 그렇지만 이러한 인상은 혼동에 기초를 두고 있다. 설령 철학적 물음이 경험적 물음이 아니라 할지라도, 이로부터 경험적 문제에 대한 통찰이 언제나 철학과 **무관하다**는 결론이 따라 나오는 것은 아니다. 이 생각을 반증하는 예가 무수

히 있다.

예컨대 규범윤리학을 생각해 보라. 규범윤리학의 핵심 문제는 우리가 무엇을 해야 하는가 하는 물음이다. 답이 무엇이든 간에 그것은 경험적 명제가 아니라 규범적 명제이다. 그럼에도 불구하고 경험적 사실은 윤리적 물음에 답하는 일에서 분명히 어떤 역할을 한다. 예컨대 나는 내 친구와 그것을 하기로 약속했다는 것을 지적함으로써 행위 φ를 하는 것을 정당화할 수 있다. 또는 나는 그 행위의 결과를 고려하여 그 행위를 정당화할 수도 있다. 두 경우 모두에 나는 어떤 **규범적** 견해, 즉 내가 φ를 행해야 한다는 견해를 옹호하기 위해 **경험적** 명제를 사용하고 있을 것이다. 첫 번째 경우에 그것은 내가 φ를 행하기로 약속했다는 사실이다. 두 번째 경우에 그것은 φ가 좋은 결과를 가져올 것이라는 사실이다. 그래서 겉보기에도 불구하고, 경험적 사실은 철학에서 역할을 할 수 있다.

물론 경험적 사실이 별로 중요하지 않다는 말이 여전히 옳을 수도 있다. 이 시점에서 나는 이것을 반증할 수 없다. 그렇지만 실험철학에 대한 이 연구에서 이 생각 또한 틀렸다는 것을 보여주는 것이 나의 목표이다. 나는 실험적 방법이 철학적 논쟁을 풍요롭게 할 수 있고, 그 논쟁에 중요한 기여를 할 수 있다는 것을 납득시키려 한다. 이를 위해 우리는 다양한 분야의 영향력 있는 실험적 연구들을 논의하고, 이 연구들이 철학적 논쟁에 보태는 것이 무엇인지 분석할 것이다. 물론 나는 변창하고 있는 실험철학 분야에 대해 매우 제한된 통찰만을 제공할 수 있을 뿐이다. 그렇지만 나는 이것이 당신이 당신 자신의 연구를 하고, 당신 스스로 실험적 연구들을 읽기 시작하도록 충분히 격려할 수 있기를 바란다. 만일 내가 적어도 실험철학에 대한 당신의 관심을 일깨우는 데 성공한다면, 나는 이 책이 "임무를 완수했다"고 생각할 것이다.

　　시작하기 전에 이 책의 내용과 구조를 설명할 이 책 배후의 기본 아이디어에 관해 몇 마디 하고 싶다. 나는 무엇보다도 실험철학에 관심이 있는 사람들에게 그 분야에 대해 쉽게 이해할 수 있는 소개를 하고 싶었다. 물론 이 일을 하는 여러 가지 다른 방식들이 있다. 한 가지는 흥미로워 보이는 개별 연구들을 선택하여 그 연구 결과를 선택적으로 보고하는 것이다. 이 접근 방식은 확실히 장점이 있고, 흥미로운 읽을거리가 될 수 있지만, "더 큰 그림" 및 사물들이 함께 연결되는 방식을 무시할 위험이 있다. 이 위험을 피하기 위해 두 번째 접근 방식이 나타난다. 그것은 무엇보다도 어떤 구별들이 중요하고, 어떤 생각들이 근본적인지 물은 다음, 논의의 후반부에서 이러한 토대들에 의존하는 것이다. 다시 말해서 두 번째 접근 방식은 **체계성**을 강조한다. 나는 언제나 체계적인 소개가 더 가치 있다고 판단했으며, 그래서 자연스럽게 그런 접근 방식의 책을 직접 쓰고 싶다는 생각이 들었다. 게다가 나는 실험철학에 관한 많은 입문서와 기본서가 체계성보다 다른 측면을 강조한다는 것을 발견했다. 그래서 그런 텍스트가 필요할 것이라고 믿었다.

　　게다가 나는 그 책이 나에게 중요해 보이는 또 다른 기준을 만족시키기를 원했다. 첫째, 종종 실험철학에 대해 비판적인 전통 철학자들은 실험철학을 하나의 단일체로 인식하는 경우가 흔하다. 대신 나는 철학의 어느 분야에서나 그렇듯이 실험철학이 그 연구자들이 중요한 문제에 관해 논쟁하고 의견을 달리하는 다양한 분야라는 것을 보여주고 싶었다. 이런 이유로 나는 1장에서 철학의 본성과 방법에 관한 다양한 의견에 관한 탐구에서 시작하기로 선택했다. 이 부분에서 나의 목표는 무엇보다도 먼저 한편으로 경험적 정보에 근거한 철학과, 다른 한편으로 세 가지 다른 종류의 실험철학으로부터 안락의자 철학, 그리고 좀 더 특수하게는 그 안락의자 철학의 분석적 변형의 윤곽을 그리는 것이다.

둘째, 실험철학에 대한 철학적 동기는 종종 부정되며, 실험철학 문헌은 도서관의 심리학 구역으로 추방해야 한다고 제안된다. 이것 역시 내가 정면으로 다루고 싶었던 실수이다. 사실상 나는 실험철학 연구에 대한 동기가 분석철학의 방법(method of analytic philosophy, MAP)에 뿌리가 있다고 믿는다. 2장에서 나는 그 이유를 설명한다. 여기서 나는 구체적으로 두 가지에 대해 찬성 주장을 한다. 첫 번째는 현대 분석철학이 실험적 연구에 대한 자연스러운 연결점을 제공한다는 것이다. 나의 두 번째 주장은 실험적 연구가 철학의 핵심 물음들을 어떻게 해석해야 하는지를 명료화함으로써 철학에 추가될 수 있다는 것이다. 그것은 비트겐슈타인이 말했듯이, 우리의 "생활 세계" 맥락에서 그런 물음들을 우리가 어떻게 해석해야 하는지 분석함으로써 그렇게 할 수 있다.

셋째, 나는 실험철학에 가장 영향력 있게 기여한 것들을 다루고 싶었는데, 이는 내가 어떤 분야라도 연구자들이 가장 집중적으로 논의한 연구들에 초점을 맞추는 것이 가장 잘 접근하는 것이라고 믿기 때문이다. 이러한 기여는 **인식론, 언어철학, 행위 이론, 심리철학**에 있다. 나는 그것들을 3장에서 검토한다.[1] 놀랄 것도 없이 실험철학에서 가장 영향력 있는 논문들은 가장 오래된 논문인 경향이 있다. 따라서 우리는 그런 논문들에서 시작하여 후속 연구 결과에 비추어 초기 결과를 논의할 것이다. 그런 다음 네 영역 각각에서 최근의 발전을 선별적으로 검토할 것이다.

넷째, 나는 이 책이 실험철학에 대한 **비판적 연구**가 되기를 원했다. 나에게는 그것이 두 가지를 의미했다. 첫째, 나는 이야기의 한쪽만을 말하고 싶지 않았다. 당신이 쉽게 알 수 있듯이, 비록 내가 실험철학에

---

[1] 부록 A는 실험철학 연구의 다른 분야들, 즉 윤리학, 형이상학, 과학철학, 논리학과 합리성에 관한 추가 정보를 제공한다.

매우 공감한다 할지라도, 나는 또한 비판자들 목소리도 공정하게 경청하고 싶었다. 그래서 나는 4장을 유력한 반론들에 할애했다. 둘째, 나는 내 연구가 차별적 의미에서 비판적이기를 원했다.[2] 비판자들이 어떤 측면을 공격하고, 그들의 비판이 실험철학의 어떤 버전들에 적용되는지를 정확히 파악하는 것이 바로 내 목표였다. 그래서 나는 여러 가지 다른 형태의 실험철학들 사이의 구별(1장에서 소개한)과 실험철학 연구자들이 사용한 다양한 논변 도식(2장에서 소개한)을 반복해 활용한다.

다섯째이자 마지막으로, 실험철학의 발흥이 안락의자 이론화의 역할을 감소시킨다는 생각을 없애고 싶었다. 비록 실험철학 지지자들이 그들이 모든 안락의자를 불태워 버리는 것을 찬성한다고 믿을 이유를 우리에게 제공할 수 있을지 모르지만,[3] 내가 다른 곳에서(Mukerji 2014) 논증했듯이 나는 실험철학이 전통적인 철학함의 방식의 여지를 남기지 않는다고 결론짓는 것은 잘못이라고 생각한다. 결론에서 나는 그 이유를 설명한다. 좀 놀랍게도 아마 나는 실험철학이 철학적 탐구에서 안락의자 반성의 역할을 감소시키지 않는다는 것을 당신에게 납득시키려 노력할 것이다. 오히려 실험철학은 제 자신의 어떠한 실험도 진행하는 데 관심이 없는 전통적 기질의 철학자들이 앞으로 다룰 수 있는 안락의자 이론화에 대한 또 다른 임무를 추가한다. 따라서 나는 실험철학이 철학적 논쟁 전반을 풍요롭게 할 수 있고, 그래서 모든 철학자가 환영해야 한다고 믿는다. 나는 계속되는 논의가 이 생각을 더 그럴듯하게 만드는 데 성공한다면 기쁠 것이다.

---

2 "비판적"(critical)이라는 낱말은 그리스어 "κρίνειν"에서 유래하는데, 이 낱말은 "분리하다" 또는 "구별하다"로 번역될 수 있다.
3 실험철학 찬가 영상은 불타는 안락의자를 보여준다. https://youtu.be/tt5Kxv8eCTA (accessed 31 Oct 2018)

1

안락의자와 실험실

"실험철학"(experimental philosophy 또는 x-phi)이라는 용어는 전문용어다. 필자들은 저마다 서로 다른 것을 언급하기 위해 그것을 서로 다른 방식으로 사용한다. 이것은 실험철학에 관한 논쟁에 접근하는 것을 어렵게 만드는 혼란을 초래할 수 있다. 사실 그것은 전문가가 아닌 일반인에게만 영향을 미치는 문제가 아니다. 오히려 그것은 철학을 전문적으로 다루는 사람들에게도 영향을 미친다. 이런 이유로 나는 우리가 무엇보다도 이러한 혼란을 우회할 수 있는 조치를 취해야 한다고 믿는다. 우리는 맨 앞에서 실험철학이 무엇인지, 그리고 그 지지자들이 그것을 어떻게 이해하는지 논의함으로써 이것을 할 수 있다. 특히 우리는 관례적으로 구별되는 철학의 본성에 관한 몇 가지 관점에서 실험철학을 묘사하는 데 관심을 가질 것이다.

이를 위해 우리는 토론자들이 보통 실험철학을 싸고 있는 포장지로 간주하는 두 가지 견해에서 시작할 것이다. 이것들은 한편으로는 안락의자 철학(armchair philosophy, AC-Phi)이고, 다른 한편으로는 분석철학(analytic philosophy, A-Phi)이다(각각 1.1절과 1.2절). 그다음에 우리는 경험적 정보에 근거한 철학(empirically informed philosophy, E-Phi)과 종종 (특히 실험철학의 비판자들에 의해) 충분히 구별되지 않는 실험철학의 세 가지 변형을 논의할 것이다. 그렇게 할 때 우리는 물론 이것들이 안락의자 철학, 그리고 특히 그 분석적 버전과 어떻게 다른지 분석할 것이다(1.3-1.6절). 마지막으로 우리는 서로 다른 형태의 실험철학들이 서로는 물론이고 다른 철학관들과 논리적으로 어떻게 관계되어 있는지를 더 분석함으로써 그것들에 대한 우리의 이해를 심화하려고 노력할 것이다(1.7절). 이 장 끝에서는 우리의 주요 연구 결과를 요약할 것이다.

1.1 안락의자 철학

철학자들은 전통적으로 그들의 주제를 "안락의자 학문"으로 이해한다. 예컨대 티모시 윌리엄슨(Timothy Williamson)은 다음과 같이 쓰고 있다.

> 만일 어떤 것이라도 안락의자에서 추구할 수 있다면, 철학도 그럴 수 있다. 철학의 전통적 방법은 **관찰**이나 **실험 없이** 생각하기이다. 만일 그러한 추구가 오로지 개인적인 것이 아니라 사회적인 것으로 생각된다면, 생각하기에 말하기도 추가되어야 하며, 그렇게 되면 여러 개의 안락의자가 필요하지만, 그것은 여전히 철학을 방법론적으로 자연과학에서 매우 멀어 보이게 한다. 느슨하게 말하면, 자연과학의 방법은 후험적(a posteriori)이고, 철학의 방법은 선험적(a priori)이다. (Williamson 2005, 1; 고딕은 저자가 강조를 위해

추가한 것임)

마찬가지로 러스 셰퍼란다우(Russ Shafer-Landau)는 다음과 같이
쓰고 있다.

철학은 기본적으로 경험적 학문이 아니라 선험적 학문이다. 철학의 진리들
은 오로지 우리의 감각이 우리에게 말해줄 수 있는 것에 호소하는 것이 아니
라 그것들이 진리일 때 일상적으로 발견될 수 있는 것이다. 우리는 보편자,
자유의지, 양상성 같은 것들과 마주치지 않는다. 다시 말해 우리는 그것들을
볼 수 없고, 그것들을 듣거나 만질 수 없다. 우리는 그런 것들의 존재를 부정
할 이유가 있을 수 있지만, 그것들이 어떤 맛인지 확신하지 못하기 때문에
그런 것은 아니다. 우리의 존재론에서 그런 것들을 배제하거나, 그것들의 포
함을 비준하는 것은 어떤 과학자도 할 수 없는 일이다. 그런 것들은 선험적
인 방식으로 다루어진다. (Shafer-Landau 2006, 216-17)

윌리엄슨과 셰퍼란다우는 나에게 철학적 관행에 대해 다소 널리 퍼
져 있는 이해인 것처럼 보이는 것을 기술한다. 그것은 철학의 활동을
경험과학의 후험적 절차와는 거리가 먼 순수 선험적 사고로 간주한다.
 "선험적"(a priori)과 "후험적"(a posteriori)이라는 용어는 물론 핵
심 개념들이다. 그래서 우리는 그것들을 명료화해야 한다. 이 일을 하
는 한 가지 방식은 다음과 같다. 즉 우리는 어떤 방법에서 경험적 자료
의 수집(예컨대 실험을 통한)이 어떤 역할을 하지 않는다면, 그 방법은
선험적이라고 말할 수 있다. 만일 그것이 사실이 아니라면, 그 방법은
후험적이다. 두 개의 예를 이용해 그 구별을 설명해 보자.

- "7+5=12"가 옳은지를 시험하는 방법은 선험적이다. 그것이 실제로 옳다는 것을 확인하기 위해 우리는 어떤 경험적 자료를 수집해 평가할 필요가 없다. 그 등식이 산술학 법칙과 일치하는지 검사하는 것으로 완전히 충분하다.
- 이와 대조적으로 "모든 백조는 희다"는 후험적 방법을 사용해서만 옳다는 것을 확인할 수 있다. 그것이 옳다는 것을 검사하기 위해서는 우리는 경험에 의존해야 한다. 우리는 경험적 자료를 수집하고 평가해야 한다.

우리는 선험적과 후험적이라는 이 구별을 **물음들**에도 적용할 수 있다. 즉 다음과 같이 적용할 수 있다. 우리는 어떤 물음에 대해 어떤 형태의 경험에도 의존하지 않고 답할 수 있으면 그 물음을 선험적이라고 생각한다. 예컨대 우리는 "7+5는 12와 같은가?"라는 물음에 그런 방식으로 답할 수 있다. 그렇지만 "모든 백조는 흰가?"라는 물음에는 어떤 경험에 의존하지 않고는 답할 수 없다. 그 물음에 답하려면 경험적 자료가 필요하다.

이제 실험철학은 관례적으로 안락의자 철학(AC-Phi)과 구별된다. 그래서 우리는 후자 개념을 명료화함으로써 그것을—말하자면 **부정적으로**—이해하는 첫발을 내디딜 수 있다. 이것을 하기 위해 우리는 방금 자세히 설명한 선험적과 후험적의 구별을 배치할 수 있다.

안락의자 철학(AC-Phi)

철학적 물음은 선험적 방법만을 사용해 답해야 한다.[1]

---

1 비록 안락의자 철학자들이 정말이지 철학 연장통에 있는 적절한 도구들만이 선험

이 기본 주장은 명료화되지 않은 개념, 즉 **철학적 물음** 개념을 포함한다. 그래서 우리는 물음을 철학적 물음으로 만드는 것이 무엇인지 물어야 한다.

확실히 이 물음은 대답하기가 어렵다. 그렇지만 철학적 물음의 전형적 예로 확실히 통과되고, 그래서 우리가 **고전적인 철학적 물음**이라고 부를 수 있는 문제들이 있다.[2] 그런 물음들 목록에는 지식, 의미, 의도적 행위, 의지의 자유 같은 철학적 담화의 핵심 개념들에 관한 문제들이 포함될 것이다.[3]

많은 철학자에게 르네 데카르트(René Descartes)는 안락의자 철학자의 으뜸가는 예인 것처럼 보인다. 아마도 가장 유명한 저작―『성찰』(*Meditationes de Prima Philosophia*, 1641)―에서 그는 지식의 문제를 다룬다. 그는 자신의 모든 믿음을 개혁하려고 한다. 상당히 극단적인 방식으로 그는 완전히 확실해 보이지 않는 모든 것을 의심하려 한다. 그렇게 함으로써 그의 목표는 모든 지식을 안전하고 흔들리지 않는 토대(라틴어로 "fundamentum inconcussum") 위에 두는 것이다. 『성찰』 시작 부분에서 그는 다음과 같이 쓰고 있다.

몇 년 전 나는 어린 시절 옳다고 받아들였던 많은 수의 허위, 그리고 그 이후

적 방법이라고 믿는다 할지라도, 이것은 그들이 우리 경험의 대상에 관한 주장을 하는 일에 관심이 없다는 것을 의미하지 않는다. 독일 철학자 임마누엘 칸트는 선험적 방법을 통해 우리가 우리 경험의 대상에 대해 다소 중요한 통찰을 할 수 있다는 견해를 주장한 것으로 유명하다. 윌리엄슨 역시 안락의자 철학자들이 물론 실재의 본성(예컨대 시간의 본성)에 관심이 있다는 것을 지적한다.

2   철학이 그 물음의 본성 때문에 다른 분야의 탐구들과 다르다는 생각은 드문 일이 아니다. 예컨대 Griffiths & Stoltz(2008)을 볼 것.

3   이 개념들 모두는 3장에서 다룰 것이다.

그것들에 기초를 둔 전체 체계의 몹시 의심스러운 본성에 충격을 받았다. 만일 내가 과학에서 안정적이고 지속 가능성이 높은 어떤 것을 확립하고 싶다면, 내 인생 과정에서 한 번은 모든 것을 완전히 허물고 토대부터 바로 다시 시작해야 한다는 것을 깨달았다. … 그래서 오늘 나는 명백히 내 마음속의 모든 걱정을 떨쳐 버리고, 나 자신을 위해 명확한 자유 시간을 마련했다. 나는 여기 완전히 혼자이고, 마침내 내 의견을 전반적으로 허무는 일에 주저 없이 진심으로 나 자신을 바칠 것이다. (Descartes 1641/1996, 12)

따라서 자신의 모든 믿음을 뒤집기 위해 자신 속으로 후퇴하려는 것이 데카르트의 의도이다. 그리고 그것으로 충분하지 않은 것처럼, 그는 더 나아가 지식의 원천으로서 모든 형태의 감각 경험도 거부하려 한다.

내가 지금까지 가장 옳다고 받아들인 것은 무엇이든 간에 나는 그것을 감각으로부터, 또는 감각을 통해 얻었다. 그러나 때때로 나는 감각이 속인다는 것을 발견했는데, 한 번이라도 우리를 속인 사람들을 결코 완전히 신뢰하지 않는 것이야말로 분별 있는 일이다. (Descartes 1641/1996, 65)

이 인용구에서 데카르트는 그의 후속 철학적 탐구에서 정당화의 원천으로서 후험적 방법을 버린다. 그리고 그는 단호하게 그렇게 한다! 그에게 나타날 수 있는 통찰이 어떤 형태의 경험에라도 의존한다면 정당화되지 않는 것으로 간주된다. 결국 모든 경험이 통과하는 감각은 우리를 속일 수 있다. 그래서 데카르트는 **필연적** 진리—즉 그가 절대 틀릴 수 없는 진리—를 낳는 선험적 사고방식을 추구한다. 그는 두 번째 성찰에서 그것을 발견한다. 생각하는 존재가 그 자신의 실존을 의심하는 것이 가능하지 않다는 것은 유명한 원리이다.

그래서 모든 것을 매우 철저하게 생각한 후에 마침내 나는 이 명제, 즉 나는 **생각한다, 나는 실존한다**가 내가 제시하거나 내 마음속에서 생각될 때마다 필연적으로 옳다는 결론을 내리지 않을 수 없다. (Descartes 1641/1996, 17 ; 고딕은 원문에서 강조한 것임)

데카르트에게 그가 실존한다는 사실은 어떤 경험 이전에, 그리고 그 경험과 무관하게 알려질 수 있다. 이것은 그가 **의심한다**는 사실에 의해 논리적으로 전제 가정되는 것처럼 보인다. 왜냐하면 만일 그가 의심한다면, 의심하는 존재자, 즉 그가 있어야 하기 때문이다. 그래서 데카르트는 자신이 거의 모든 명제를 의심할 수 있다고 추론한다. 그렇지만 그는 자신이 실존한다는 사실은 의심할 수 없다.

이 일련의 사고는 **코기토 논증**(cogito argument)으로 철학사에 기록될 것이다. 모든 경험과 무관하게 선험적으로 확인될 수 있는 정보에 의존하는 것처럼 보이기 때문에 많은 철학자는 데카르트를 안락의자 철학자의 교과서적 예로 본다.

1.2 분석철학

코기토 논증은 특수한 유형의 선험적 방법에 의존한다. 우리는 그것을 **정험적**(transcendental, 초월적) 논증으로 해석할 수 있다(Bardon 2005 ; Stern 2000). 그러한 논증에서 결론은 주어진 가정이 옳을 가능성에 대한 필요조건인 것처럼 보인다는 사실로부터 그 정당성을 얻는다. 문제의 가정은 "나는 의심한다."다. 이 가정에 대한 필요조건은 나는 실존한다는 사실인 것처럼 보인다. 따라서 나는 정험적 논리를 따라 내가 필연적으로 실존한다고 추리할 수 있다.

주어진 논증이 선험적 논증이라는 사실은 수반되지 않는다. 그렇지만 그것은 정험적 논증이기는 하다. 사실 현대 분석철학에서는 다른 종류의 선험적 방법이 두드러지게 나타났다. 데넷(Daniel Dennett, 1984, 17-18)이 표현하듯이 "직관 펌프"(intuition pumps)로 활용되는 사고실험의 사용이다.

분석철학(A-Phi)

철학적 물음은 오직 선험적 방법만을 사용해 대답되어야 한다. 특히 그것들은 사고실험에 관한 우리의 직관을 방법으로 사용해야 한다.

따라서 분석철학은 안락의자 철학의 특별 버전임이 드러난다. 안락의자 철학이 철학자들이 선험적 방법에만 의존해야 한다고 주장할 뿐인 반면에, 분석철학은 철학자들이 사고실험 방법도 사용해야 한다는 요건을 추가함으로써 이 기본 주장을 강화한다. 종종 이 방법은 명백히 분석철학의 방법이라고 불린다.[4] 도식적 형태로 우리는 그것을 다음과 같이 특징지을 수 있다.

---

4 많은 철학자가 대략 내가 "분석철학의 방법"이라고 부르는 것을 언급하기 위해 "사례 방법"(method of cases)(예컨대 Mallon et al. 2009)이라는 용어를 사용한다는 것을 주목할 필요가 있다. 그렇지만 최근 이 철학자들 중 약간은 놀랍게도 그 방법의 규정의 핵심 측면, 즉 직관의 역할(4단계와 5단계에서)로부터 스스로 거리를 두었다. 예컨대 Colaço & Machery(2017)와 Machery(2017)를 볼 것. 이것은 Cappelen(2012, 2014)과 Deutsch(2015)가 한 주장들에 대한 반응이었는데, 이들은 직관이 분석철학에서 아무런 역할을 하지 않는다고 주장해 왔다. 이 점은 4.3.5절에서 살펴볼 것이다.

분석철학의 방법

1단계: 철학적 기본 주장을 소개하라.

2단계: 철학적으로 흥미로운 시나리오(=사고실험)를 기술하라.

3단계: 1단계에서 소개된 기본 주장으로부터 2단계에 소개된 시나리오와 관련하여 어떤 판단이 따라 나오는지 검토하라.

4단계: 그 판단이 직관적으로 그럴듯한지 검사하라.

5단계: 만일 그 판단이 직관적으로 그럴듯하다면, 이것을 해당 기본 주장에 대한 확증으로 간주하라. 만일 그럴듯하지 않다면, 그 기본 주장을 반증된 것으로 간주하라.

분석철학의 방법이 어떻게 적용되는지 검토하기 전에 나는 우리가 연구 대상으로 하고 있는 분석철학의 방법에 대한 규정이 전혀 논란의 여지가 없는 것이 아님을 언급하지 않을 수 없다. 확실히 어떤 철학자들은 이 방법이 현대 분석철학에서 매우 두드러져서 "표준 정당화적 절차"라고 불릴 만하다고 지적했다(Kornblith 2007, 29). 그렇지만 분석철학에 관해 글을 쓴 모든 저자가 분석철학의 방법(MAP)을 분석철학의 본질적 특징으로 받아들이지는 않는다. 영향력 있는 연구에서 글로크(Glock 2008)는 두 가지 진단을 내린다. 첫째, 관례적으로 분석철학자로 간주되지 않는 철학자들도 MAP를 사용해 왔다(예컨대 영국 경험주의자들). 그리고 둘째, 통상 분석철학자로 간주되는 어떤 저자들의 경우에 MAP는 어떤 역할도 하지 않는다(예컨대 전기 비트겐슈타인).[5] 사실상 두 가지 점 모두에 대해 증거가 있는 것처럼 보인다(글

---

5 글로크가 MAP를 명시적으로 다루지 않는다는 것을 언급할 필요가 있다. 그렇지만 그가 MAP와 매우 유사한 어떤 것을 염두에 두었다는 것은 맥락상 아주 분명하다.

상자 1.1을 볼 것). 그럼에도 불구하고 실험철학에 관한 논쟁의 맥락에서는 분석철학을 내가 제안했던 대로 해석하는 것이 정당화되는 것처럼 보인다. 이것은 분석철학 관념이 통상 이런 (명백히 특이한) 방식으로 이해되어 왔기 때문이다.

글상자 1.1.
철학에서 직관에 대한 호소는 새로운 현상인가?

자코 힌티카(Jaakko Hintikka)는 분석철학에 특유한 직관의 방법적 사용이 다소 최근의 현상이라고 믿는다. 직접 인용하자면 그는 다음과 같이 말한다. "1960년대 이전에는 분석적 전통의 철학 학술지와 책들의 페이지에서 직관에 대한 호소는 고사하고 공공연한 언급을 거의 찾아볼 수 없었다. 1960년대 중반 이후 당신은 사실상 모든 논문이나 책의 철학적 논변에서 직관이 커다란 역할을 하고 있는 것을 발견할 것이다."(Hintikka 1999, 127). 첫 번째 점과 관련하여 골드먼(Goldman 2007)은 분석철학보다 훨씬 앞선 고전적 저자들에게서 사고실험에 관한 직관의 방법적 사용에 대한 증거가 있다고 생각한다. 이와 연관하여 그는 한 예로 존 로크의 『인간 이해력에 관한 시론』(*Essay Concerning Human Understanding*, 1694)의 구절, 즉 유명한 "왕자-구두장이 사례"를 언급한다. 마찬가지로 레빈(Levin 2005)은 사실상 철학의 전 역사를 통해 MAP가 철학의 특징이었다는 의견을 내놓는다. 스티치(Stich 2001) 역시 그것을 거슬러 올라간다. 즉 플라톤까지 줄곧 거슬러 올라간다. 앤도우(Andow 2015)는 출판물 통계분석을 이용하여 어떤 관련된 경험적 증거를 검토한다(이 방법에 관한 더 많은 정보는 부록 C.1을 볼 것). 그에 따르면, 20세기에 철학에서 직관의 방법적 사용은 상당한 증가를 보여 왔다. 그렇지만 이 증가는 철학의 분야에 국한된 것이 아니었다. 게다가 철학 내에서도 분석철학의 영역에만 한정된 것이 아니었다. 이 점에 대해서는 또한 Ashton & Mizrahi(2018a)를 볼 것. 그렇지만 Cappelen(2012, 2014)과 Deutsch(2009, 2010, 2015a, b, 2016, 2017)는 분석철학이 어떤 방식으로든 직관에 대한 호소에 의존한다는 것에 대해 이의를 제기한다. 우리는 이 견해를 4.3.5절에서 더 자세히 논의할 것이다.

MAP가 어떻게 적용되는지 설명하기 위해 우리는 고전적인 철학적 문제 중 하나, 즉 "지식이란 무엇인가?"라는 물음에 의지할 것이다. 이 물음에 대해서는 전통적인 답이 있는데, 이 답은 통상 "지식에 대한 표준 분석"이라고 일컬어진다.

지식에 대한 표준 분석
지식은 정당화된 옳은 믿음이다.

MAP를 적용하기 위해 우리는 1단계에서 지식에 대한 이 표준 분석을 철학적 명제로 검토하기로 결정한다. 2단계에서 우리는 시험 사례로 적절해 보이는 시나리오를 도입한다.

사고실험 1

애나는 지금 몇 시인지 알고 싶어 한다. 그래서 시계를 보는데, 시계는 오후 2시 51분을 나타내고 있다. 그것을 기초로 애나는 오후 2시 51분이라는 믿음을 형성한다. 애나는 오후 2시 51분이라는 것을 아는가?

3단계에서 우리는 지식에 대한 표준 분석으로부터 사고실험 1에 관해 어떤 판단이 따라 나오는지 검사한다. 이 분석은 만일 다음의 조건 모두가 충족된다면, 그리고 오직 그 경우에만, 어떤 사람이 명제 p를 안다고 진술한다.

조건 1(믿음 조건)

그 사람은 p가 옳다고 믿는다.

조건 2(진리 조건)

p는 옳다.

조건 3(정당화 조건)

그 사람은 p가 옳다고 믿는 데 대해 정당성을 가지고 있다.

조건 1은 사고실험 1에서 애나가 오후 2시 51분이라고 믿기 때문에 충족된다. 더 나아가 조건 2도 실제로 오후 2시 51분이기 때문에 충족된다. 조건 3도 애나가 오후 2시 51분이라는 그의 믿음에 대해 정당성을 가지고 있기 때문에 충족된다. 무엇보다도 그녀는 방금 시계를 보았고, 그 시계는 그 시간을 가리켰다. 따라서 세 조건 모두 충족된다. 애나는 정당하게, 그리고 옳게, 2시 51분이라고 믿는다. 그러므로 지식에 대한 표준 분석으로부터 애나가 이것을 안다는 결론이 따라 나온다.

이제 우리는 MAP의 4단계에서 이 판단이 그 사례에 관한 우리의 직관적 판단과 일치하는지 검토해야 한다. 우리는 이 경우에 어떤 답이 올바르게 **보이는지** 검사함으로써 이것을 한다. 애나는 아는 것처럼 보이는가? 답은 그런 것 같다는 것, 즉 예인 것처럼 보인다는 것이며, 그녀는 실제로 아는 것처럼 보인다는 것이다. 어쨌든 애나가 오후 2시 51분이라는 것을 안다는 것을 왜 우리가 부정해야 하는지 분명하지 않다.

따라서 5단계에서 우리는 지식에 대한 표준 분석이 사고실험 1에 의해 확증된다고 결론지을 수 있다. 이것은 물론 표준 분석이 올바르다는 것을 보증하지 않는다. 그러나 현재로서는 우리가 그것을 의심할 이유가 없다.

그렇지만 그 사례를 조금 수정하면 상황이 달라진다. 우리는 여전히 지식에 대한 표준 분석에 관심이 있으며(1단계), 그것을 시험하기 위해 새로운 시나리오를 도입한다(2단계). 그 시나리오는 다음과 같다.

사고실험 2

애나는 지금 몇 시인지 알고 싶어 한다. 그래서 시계를 보는데, 시계는 오후 2시 51분을 나타내고 있다. 그것을 기초로 애나는 오후 2시 51분이라는 믿음을 형성한다. 지금은 실제로 오후 2시 51분이다. 그렇지만 그 시계가 올바른 시간을 나타내는 이유는 그 시계가 어제 오후 2시 51분에 멈췄다는 것이다. 애나는 오후 2시 51분이라는 것을 아는가?

또다시 우리는 지식에 대한 표준 분석이 지식을 귀속시키기 위해 요구하는 모든 조건이 이 사고실험 2에서 충족되는지 검토한다(3단계). 그 조건들은 이 경우에 분명히 여전히 충족되는데, 왜냐하면 애나는 여전히 오후 2시 51분이라고 믿고, 오후 2시 51분이라는 것은 옳으며, 그녀는 여전히 그녀의 믿음에 대해 똑같은 정당성을 가지고 있기 때문이다. 따라서 지식에 대한 표준 분석에 따르면, 우리는 계속해서 지식을 애나에게 귀속시켜야 한다. 우리는 여전히 그녀가 오후 2시 51분이라는 것을 안다고 말해야 한다.

그다음에 4단계에서 우리는 이것이 여전히 직관적으로 그럴듯한지 물어야 한다. 이를 위해 애나가 옳은 믿음을 형성한 것이 사실상 운에 기초를 두었을 뿐이라는 것을 관찰하는 것이 중요한 것처럼 보인다. 따라서 애나는 사고실험 2에서 오후 2시 51분이라는 것을 아는 것처럼 보이지 않는다.

그러므로 5단계에서 우리는 지식에 대한 표준 분석이 반증된다고 결론지을 수 있다. 사실 게티어(Gettier 1963)의 영향력 있는 논문이 출판된 후 철학자들은 대체로 이 결론을 채택해 왔다.

1.3 실험철학에 대한 인지과학 견해

앞의 두 절에서 우리는 안락의자 철학(AC-Phi)과 분석철학(A-Phi)을 논의했다. 안락의자 철학은 철학적 물음을 선험적 방법만을 사용해 답해야 한다는 견해이다. 이미 말했듯이 분석철학은 안락의자 철학의 특수 사례이다. 분석철학 역시 선험적 방법에만 의존하며, 그것의 범형이 되는 방법—MAP—은 사고실험에 관한 직관의 방법적 사용이다. 앞절 끝 무렵에서 우리는 그것이 어떻게 작동하는지 검토했다.

그런데 실험철학자들은 자신들의 견해를 안락의자 철학과 분석철학 둘 다의 비판적 대척점에 있는 것으로 본다. 이것에는 여러 가지 이유

가 있다. 그러한 한 가지 이유는 안락의자 철학, 그리고 특수하게 그것
의 좁은 버전인 분석철학이 철학에서 흥미로운 물음과 방법들에 대해
충분한 여지를 만들지 않는다는 그들의 믿음이다. 적어도 어떤 실험철
학자들은 오늘날 안락의자 철학의 개척자로 간주되는 저자들조차도 후
험적 방법을 사용했다는 것을 지적해 왔다. 앞에서 우리는 데카르트의
경우를 살펴보았으며, 그가 그의 유명한 『성찰』에서 오직 선험적 방법
에만 의지하는 것처럼 보였다고 보고했다. 저스틴 시츠마와 조나단 리
벤굿(Justin Sytsma and Jonathan Livengood)은 그들의 통찰력 있는
입문서 『실험철학의 이론과 실제』(*The Theory and Practice of Experi-
mental Philosophy*, 2016)에서 이것에 대해 언급한다. 그들은 데카르
트가 실제로는 경험적 방법을 피하지 않았다고 지적한다.

> 그러나 데카르트조차도 오로지 안락의자에서만 철학하지 않았다. 사실상 그
> 는 많은 경험적 작업을 했으며, 그러한 작업은 우리의 의견으로는 그의 성찰
> 만큼이나 데카르트 철학적 유산의 일부이다. (Sytsma & Livengood 2016,
> xviii)

사실 데카르트 주석가 중 일부조차도 그 프랑스 철학자가 안락의자
에서 사변만 한 것이 아니라 사실상 많은 시간을 경험적 탐구에 할애했
다고 지적했다. 예컨대 존 코팅햄(John Cottingham)은 다음과 같이
쓰고 있다.

> 데카르트는 일종의 철학적 아이콘이 되었고, 지난 100여 년간 교과서와 해
> 설서들에 여러 가지 혼란스러운 모습으로 나타났다. 수십 년 전에 널리 장려
> 된 사상사의 한 버전에서 그는 전적으로 내적 반성으로부터 도출된 전제들

로부터 철학과 과학의 전체 연역 체계를 **선험적으로** 뽑아내려고 하는 전형
적인 "이성주의적" 형이상학자로 묘사되었다.

그 직후 코팅햄은 다음을 명료화하는 쪽으로 나아간다.

실제로 데카르트 자신이 실험, 그리고 경험에 비추어 시험되는 경험적 가설
들에 부여한 중요성은 "이성주의자" 이미지로 인해 가려진다. (Cottingham
2011, 288)

이것이 의미하는 것은 무엇인가? 데카르트는 결국 안락의자 철학자
가 아닌가? 심지어 그가 실험철학 측 증인 역할을 할 수 있을까?

안락의자 철학의 지지자들은 어떤 구별을 함으로써 그 결론을 피하
려 할 수도 있다. 그들은 말하자면 데카르트를 한편으로 철학자, 다른
한편으로 과학자로 반으로 나눌지도 모른다. 그런 다음 그들은 데카르
트가─철학자로서─후험적 방법을 피하려 했던 반면에, 데카르트
는─과학자로서─반드시 그렇게 한 것은 아니었다고 주장하는 쪽으
로 나아갈 수도 있다. 그리고 그들은 데카르트가 추구한 경험적 물음은
철학적 중요성이 없다는 말을 보탤 수도 있을 것이다. 만일 이 추론이
건전하다면, 실험철학 지지자들이 데카르트─철학자─를 자신들의
선구자 중 한 사람이라고 주장하는 것은 정당화되지 못한다. 왜냐하면
그들의 "철학적" 물음은 후험적 성격을 띠며, 그래서 진정한 철학적 물
음이 아니기 때문이다─적어도 안락의자 철학의 어떤 버전을 고수하
는 사람들에 따르면.

명백한 철학적 관심에서 경험적 방법을 사용하자고 제안하는 실험철
학자들은 이런 유형의 논증에 "조롱하는 듯한 시선"(quizzical stare)으

로 반응했다. 어쨌든 이것은 조슈아 노브와 숀 니콜스—실험철학의 주요 대표자 두 사람—가 그들의 반응을 기술하기 위해 사용한 말이다. 그들에게 그들이 탐구하는 문제들은 본성상 명백히 철학적이다. 그래서 그들은 다음과 같이 쓰고 있다.

> 이 연구 프로그램[실험철학]에서 다루는 물음들은 너무나 **분명하게 철학적**이라는 인상을 주어서 우리가 어떻게 대답해야 할지 알기가 조금 어렵다는 것을 알게 된다. (Knobe & Nichols 2008, 13 ; **고딕으로 강조한 것은 저자가 한 것임**)

이러한 응답은 일반적으로 안락의자 철학 견해, 그리고 특수하게 분석철학 견해와 근본적으로 다른 철학에 대한 이해를 나타낸다. 분석적 안락의자 철학자들은 우리가 고전적인 철학적 물음이라고 불렀던 것을 추구한다. 예컨대 그들은 다음과 같이 묻는다. 지식, 의미, 의도적 행위, 자유의지의 본성은 무엇인가? 그런 물음들을 다루기 위해 그들은 그들의 선택 방법으로 MAP에 의지한다. 즉 그들은 그들의 철학적 논증들의 전제로 사고실험에 관한 직관을 사용한다. 그렇지만 그들은 그 직관 자체를 위해 이러한 직관에 관심을 갖는 것이 아니다. 그들에게는 그것이 오히려 목적에 이르는 수단이다. 그것은 그저 우리가 일찍이 논의했던 고전적인 철학적 물음들에 대해 정당화된 답을 발견하는 수단이다. 그렇지만 조슈아 노브와 숀 니콜스 같은 실험철학자들은 직관 자체에 관심을 갖는다. 그래서 그들은 **직관 자체를 위해** 그렇게 직관에 관심을 갖는다.[6] 그들은 철학적 사고실험에 대한 반응으로 우리가 어떤

---

6 우리는 또한 이런 종류의 견해를 파이어리 쿠시맨과 알 멜리(Fiery Cushman and

직관을 전개하는지 알고 싶어 하며, 그들은 우리가 왜 그런 직관을 갖는지 알고 싶어 한다. 그들에게 실험철학이 제공하는 실험적 수단은 일차적으로 그들이 이런 물음들에 답하기 위해 배치하고 싶어 하는 도구이다(Knobe 2007a, 2016).

인지과학으로서의 실험철학(X-Phi$_C$)

모든 철학적 물음이 고전적인 철학적 물음인 것은 아니다. 철학적 사고실험에 대한 반응으로 사람들이 어떤 직관을 형성하는가(그리고 왜 형성하는가)의 문제 또한 진정한 철학적 물음이다. 그것은 체계적 실험을 통해서 대답되어야 한다.

전형적인 X-Phi$_C$ 연구에서 참가자들은 어떤 사고실험에 직면하고, 그것에 관한 철학적으로 흥미로운 물음에 답하라는 요청을 받는다. 그 다음에 응답들이 통계적으로 분석된다. 이런 식으로 X-Phi$_C$의 종사자들은 철학적 사고실험이 어떤 직관을 이끌어 내고, 사람들의 직관이 얼마나 한결같은지 이해하려고 한다. 게다가 그들은 어떤 인지 과정이 그것들을 발생시키고, 어떤 요인들이 그것들에 인과적으로 영향을 미치는지 알아내기를 원한다. 안락의자 철학의 지지자들과 달리 X-Phi$_C$의 주역들은 이런 물음들에 대한 답들이 **본래 그 자체로** 진정으로 철학적으로 흥미 있는 것이라고 믿는다. 결국 그것들은 우리 인간의 본성과 인간 정신의 기능에 관해 무언가를 말해줄 수 있다. 그것들은 우리가 생각하는 방식을 더 잘 이해하는 데 도움이 될 수 있고, 그것들은 우리

Al Mele)에게 귀속시킬 수도 있다. 그들은 자신들이 실행하는 실험철학이 "통속적 개념들을 이해하기 위해 경험적 기법을 사용한다"고 말한다. (Cushman & Mele 2008, 171). 카펠렌(2014)은 이런 유형의 실험철학에 대한 비판을 제시한다.

가 보는 대로 세계를 보는 방식을 파악하는 데 도움이 될 수 있다.

X-Phi$_C$의 범형이 되는 예시는 의도적 행위 개념에 관한 조슈아 노브의 연구다(Knobe 2003).[7] 그는 참가자들에게 두 가지 사례의 시나리오 중 하나를 제시하였다. 그것들 모두에서 참가자들은 어떤 특정인이 주어진 행위를 의도적으로 했는지 여부를 평가하라는 요청을 받았다. 이 사람은 한 회사의 최고 경영인(CEO)이었는데, 회사원들 자신의 증언에 따르면 이들은 자신들 회사의 수익을 최대화하려고 했을 뿐이었다. CEO는 이것을 보장할 프로그램을 시작하기로 결정한다. 한 시나리오에서 이 프로그램은 환경에 해를 끼친다. 다른 시나리오에서는 환경에 도움이 된다. 두 경우 모두에서 CEO는 이 부작용에 대해 알지만, 그것에 전혀 신경 쓰지 않는다. 이제 노브가 피험자들에게 물었던 질문은 그 CEO가 환경을 의도적으로 **해쳤는지** 여부(첫 번째 사례에서)와 그가 환경을 의도적으로 도왔는지 여부(두 번째 사례에서)였다. 참가자들이 제시한 답은 "부작용 효과", 또는 노브에 경의를 표하기 위해 "노브 효과"로 알려지게 된 흥미로운 반대칭을 보여주었다. 대다수는 CEO가 환경에 의도적으로 해를 끼쳤다고 답한 반면에(첫 번째 사례에서), 이와 유사하게 대다수는 CEO가 환경에 의도적으로 도움을 주었다는 것을 부정했다(두 번째 사례에서). 이 반대칭은 부작용의 도덕적 성질이 그것을 의도적인 것으로 보려는 우리의 경향에 영향을 미친다는 것을 시사하는 것으로 간주될 수 있다. X-Phi$_C$의 옹호자들에게 그러한 결과는 인간이 타인에게 의도성을 어떻게 귀속시키는지를 보여주기 때문에 그 자체로 흥미롭다. 그들에 따르면, 그 결과의 철학적 중요성은 그것이 고전적인 철학적 물음에 대해 아무런 직접적 함의도 산

---

7 이 연구는 3.3절에서 더 자세히 논의할 것이다.

출하지 않는다는 사실에 의해 감소되지 않는다. 그렇지만 어떤 철학자들은 X-Phi_C가 진정한 철학인지에 대해 의문을 제기해 왔다(글상자 1.2를 볼 것).

글상자 1.2.
철학에 대한 인지과학은 철학인가?

어떤 실험철학자들은 X-Phi_C가 진정한 철학이라는 견해를 거부한다. 예컨대 스티븐 스티치와 케빈 토비아(Stephen Stich and Kevin Tobia)는 실험철학에 대한 이 견해가 "뻔한 도전을 끌어들인다. 왜 이 작업이 철학인가? 그것이 진정으로 새로운 방식으로 철학을 추구하고 있다는 노브의 주장은 이 도전을 제기하는 사람들을 만족시킬 것 같지 않은데, 왜냐하면 그는 이 물음들이 무엇인지, 또는 왜 그것들이 **철학적** 물음으로 간주되어야 하는지를 말하지 않았기 때문이다."라고 쓰고 있다(Stich & Tobia 2016, 18; 고딕은 저자가 강조용으로 쓴 것임). 로먼 앤 리틀필드 출판사의 익명의 교열자도 비슷한 우려를 표명했는데, 그는 인지과학으로서의 실험철학이라는 노브의 견해가 철학자들에게 적절한 철학에 기여하는 방식으로 경험적 방법을 사용하도록 장려하지 않기 때문에 "실험철학을 철학 내의 도구로 약화시켰다"고 진술했다. 비클(Bickle 2018)은 최근 실험철학을 X-Phi_C로 보는 견해가 실험철학을 철학 내에서 기존의 훈련을 받은 철학자들이 접근할 수 없는 몹시 특수하고 전문적인 영역으로 만들 위험이 있기 때문에 그것의 몰락으로 이어질 수 있다고 주장했다. 그렇지만 적어도 (조슈아 노브 이외의 다른) 일부 철학자들은 X-Phi$_C$에 대해 공감을 표명해 왔다. 예컨대 모르텐센과 네이글(Mortensen & Nagel 2016, 66)은 "미리 결정된 철학적 목적에서가 아니라 그 자체로 특수한 직관적 판단을 낳는 메커니즘을 탐구하는 것의 커다란 이점 중 하나는 그 메커니즘에 대한 기술이 찬반 증거가 될 수 있는 이론들과 별도로 그런 기술을 진행할 수 있다는 것이다"라고 쓰고 있다. 즉 X-Phi$_C$ 기획의 연구 결과는 교착상태에 빠진 철학적 논쟁들을 판정하는 데 사용될 수 있는 중립적 기준점을 철학계에 제공할 수도 있다.

1.4 경험적 정보에 근거한 철학

X-Phi$_C$의 지지자들은 우리가 실험을 통해 다룰 수 있고, 그 자체로 철학적으로 흥미로운 어떤 경험적 물음들이 있다고 믿는다. 안락의자 철학자들은 이것을 부정한다. 그들은 우리가 X-Phi$_C$의 지지자들이 제시하는 철학관을 받아들이지 말아야 한다고 믿는다. 그들에게 이것은 진정한 철학이 아니다. 그래서 그들은 우리의 철학 도서관 서가에서 실험철학자들의 저작을 추방하는 것을 선호할 것이다. 그들이 추방하고 싶어 하는 책을 가진 사람들은 당연히 이에 동의하지 않는다. X-Phi$_C$ 종사자들에 따르면, 그들 역시 철학자들이다.

여기서 우리는 "철학"이라는 낱말의 사용에 관해 실체 없는 단순한 언어적 논쟁에 빠진 것처럼 보인다.[8] 그러한 논쟁을 다루는 증명된 전략은 개념적 구별을 하는 것이다. 윌리엄 제임스(William James)는 형

이상학적 문제의 예를 사용해 이 전략이 어떻게 효과가 있는지 설명한
다. 다람쥐 한 마리가 나무의 밑동에 매달려 있다. 그 나무의 반대편에
서 있는 사람이 다람쥐를 흘끗 보려 한다. 그래서 그는 나무 주위를 걷
기 시작한다. 그렇지만 다람쥐도 움직이기 시작한다. 다람쥐는 항상 그
나무에서 그 사람과 마주보고 있는 반대쪽에 있게 되는 방식으로 그렇
게 움직인다. 만일 나무 밑동이 없었다면, 그 사람은 다람쥐를 정면에
서 쳐다보았을 것이다. 그렇지만 그는 결코 다람쥐를 보지 못하는데,
왜냐하면 그가 나무 주위를 움직일 때 다람쥐도 같이 움직이며, 항상
그 사람이 볼 수 없는 쪽에 머물러 있기 때문이다. 이제 우리가 제기할
수 있는 형이상학적 물음은 다음과 같다. 그 사람은 다람쥐 주위를 움직
이는가, 아니면 움직이지 않는가? 제임스의 답은 이렇다. 상황에 따라
다르다!

> 만일 당신이 다람쥐의 북쪽에서 동쪽, 그다음에 남쪽, 그다음에 서쪽, 그다
> 음에 다시 다람쥐의 북쪽으로 지나감을 의미한다면, 그 사람은 분명히 다람
> 쥐의 주위를 돌았는데, 왜냐하면 그는 이 연속된 위치들을 차지하기 때문이
> 다. 그러나 만일 반대로 당신이 그의 앞쪽에 있다가 그의 오른쪽, 그다음에
> 그의 뒤쪽, 그다음에 그의 왼쪽, 마침내 다시 그의 앞쪽에 있음을 의미한다
> 면, 그 사람이 다람쥐의 주위를 돌지 않았다는 것이 아주 분명한데, 왜냐하
> 면 다람쥐가 하는 상쇄 동작 때문에 다람쥐는 내내 배를 그 사람 쪽을 향하
> 고 등을 돌리고 있기 때문이다. 구별을 하면 더 이상 논쟁할 필요가 없다.
> (James 1907/1921, 44)

---

8   언어적 논쟁에 대한 통찰력 있는 최근 논의는 Chalmers(2011)를 볼 것.

그렇다면 제임스의 요점은 일단 우리가 "주위를 움직인다"의 두 가지 다른 의미를 구별하고 나면 퍼즐은 해소되며, 우리 문제에 대한 답은 명백해진다는 것이다. 마찬가지로 우리는 "철학"이라는 낱말의 다른 의미들을 구별할 수 있다. 아마 우리는 철학$_{AC}$와 철학$_X$를 구별해야 할 터인데, 여기서 전자는 안락의자 철학자들이 선호하는 더 좁은 이해를 가리키려는 것이고, 후자는 실험철학자들이 지지하는 철학 개념을 가리키려는 것인가? 철학$_{AC}$에 속하는 모든 고전적인 철학적 물음은 또한 철학$_X$ 개념의 일부일 것이다. 결국 실험철학의 지지자들은 이런 물음들이 진정한 철학적 물음이라는 것을 부정하지 않는다. 그들은 단지 본성상 철학적인 추가 문제들이 있다는 견해를 주장할 뿐인데, 비록 안락의자 철학자들이 그것들을 인정하기를 거부한다 할지라도 그렇다.[9] 그렇다면 철학$_{AC}$는 선험적으로 대답될 수 있는 철학적 물음만을 포함하는 반면에, 철학$_X$는 후험적 방법을 사용해 대답될 수 있는 물음들도 포함할 것이다.

지금까지는 좋다. 그렇지만 그 문제에 대해 제안된 이 해결책에는 문제가 있다. 많은 안락의자 철학자가 자신들 철학관의 교과서적 실천자로 보는 데카르트는 다시 한번 선을 벗어난다. 확실히 그가 그의 철학에서 선험적 방법을 사용했다는 것은 옳으며, 그가 그의 과학적 탐구에서 후험적 방법을 사용했다는 것 또한 옳다. 그렇지만 그의 방법 선택에는 상당한 정도의 교차되는 부분도 있었다. 특히 그는 그의 철학적

---

9 이 대목에서 나는 어쩌면 실험철학자들이 종종 자신들을 **진짜** 전통주의자로 본다는 것을 언급하지 않을 수 없다(Knobe & Nichols 2008; Knobe 2010). 콰메 앤서니 아피아(Kwame Anthony Appiah)가 "'실험철학'은 새로운 어떤 것이 아니라 '철학'이라는 용어만큼이나 오래되었다"고 말할 때 그도 비슷한 견해를 제시하고 있다(Appiah 2008, 2).

작업에서 후험적 방법을 전개했다. 독일의 데카르트 학자 도미니크 펄러(Dominik Perler)가 설명하듯이, 데카르트는 지식의 안전한 토대를 확립하려는 시도에서만 후험적 방법을 배제했을 뿐이다. 그 문제와 관련하여 데카르트는 자신을 순수 이성의 작용에 한정하는 것이 중요하다고 판단했다. 그에게 이것은 절대적 확실성을 달성하기 위해 반드시 필요한 일이었다. 그렇지만 펄러가 계속해서 설명하듯이, 이것은 다음을 의미하지 않는다.

> 우리가 지식을 획득하거나, 우리가 안다고 주장하는 어떤 것을 검증할 때마다 우리는 우리 자신을 정신의 활동에만 제한해야 한다. 데카르트가 『성찰』의 서두에서 강조한 것처럼, 우리는 딱 한 번만 모든 지식의 토대를 확립한다. "우리 삶에서 한 번" 우리는 모든 것에 의문을 제기하고, 우리 지식의 의심 불가능한 토대를 찾아야 한다. 그렇지만 일단 우리가 그러한 의심 불가능한 토대를 확립하고 나면, 그리고 일단 우리가 우리 인지능력의 신빙성에 대한 보증을 발견하고 나면, … 우리는 구체적 사실들에 대한 지식을 획득하기 위해 감각 경험에 의존할 수 있고 의존해야 한다. (Perler 1998, 85; 독일어로부터의 번역은 저자가 한 것임)

그렇다면 명백히 철학적 물음이 오직 선험적 방법만을 사용해 대답되어야 한다는 안락의자 철학의 주장은 적어도 우리가 데카르트가 다루었던 문제들을 철학에 속하는 것으로 간주하고 싶다면 꽤 문제가 있다. 그렇지만 나에게는 누구도 이런 문제들의 철학적 성격을 의심해서는 안 되는 것처럼 보인다. 이 점을 설명하기 위해 예를 하나 생각해 보자.

데카르트는 형이상학적 이원론자였다. 다시 말해서 그는 세계가 두 가지 실체, 즉 **정신**과 **신체**로 이루어졌다고 믿었다. 인간으로서 우리는 이 두 가지 실체로 이루어진다. 우리는 비물질적 정신과 물리적 신체를 가지고 있다. 물론 그 두 가지는 서로 동일하지 않으며, 신의 뜻에 따라 따로따로 실존할 수도 있다. 적어도 그것이 데카르트의 견해였다. 그런데 정신과 신체의 별개성과 형이상학적 독립성은 문제를 야기한다. 그것들은 어떻게 상호작용할 수 있는가? 확실히 이 물음은 철학적 물음이다. 그렇지만 데카르트는 이 물음에 대해 전적으로 안락의자 반성에 기초하여 대답하는 것을 선택하지 않았다. 이 물음을 해결하기 위해 그는 오히려 경험적 증거를 찾기 시작했다. 그는 뇌에서 정신과 신체가 상호작용하는 위치를 찾기 시작했다. 뇌의 중앙에서 작은 샘, 즉 솔방울 샘(pineal gland, 송과선(松果腺))을 발견했을 때 그는 그것을 찾았다고 믿었다. 이 샘이 바로 영혼의 주요 거주지임에 틀림없다고 데카르트는 추론했다(프랑스어로 "le principal siege de l'âme"). 이제 결정적으로 중요한 부분, 즉 왜 뇌의 다른 부분들이 아니라 그것이 정신과 신체가 상호작용하는 위치여야 하는가 하는 물음이 나온다. 데카르트의 논증은 다음과 같이 정리할 수 있다. 우리의 모든 감각 인상과 사고는 우리에게 단일 존재자로서 우리에게 나타난다. 이 사실은 주목할 만한데, 왜냐하면 우리는 볼 수 있는 눈이 두 개 있고, 들을 수 있는 귀가 두 개 있고, 생각하는 데 사용하는 뇌의 반구가 두 개 있기 때문이다. 그러나 정신에는 결코 하나 이상의 인상이 없고, 우리는 결코 하나 이상의 사고를 가지고 있지 않다. 따라서 신체에는 모든 인상과 사고를 통합하는 하나의 중심 기관이 있어야 한다. 데카르트 자신의 말로

두 눈 또는 두 귀에 의해 들어오는 종은 거기에서 영혼에 의해 생각되기 위해 신체의 어떤 부분에서 함께 결합될 필요가 있다(il faut de nécessité que

les espèces qui entrent par les deux yeux, ou par les deux oreilles s'aillent
unir en quelque partie du corps pour y être considérées par l'âme)
(Descartes 1964-1974, III : 19)

솔방울샘은 이상적 후보라고 데카르트는 추론했다. 왜냐하면 그것은
우리의 관념과 인상을 통합하는 데 필요한 모든 속성을 가지고 있기 때
문이다. 첫째, 뇌에는 정확히 하나의 솔방울샘이 존재한다. 그리고 둘
째, 그것은 영혼을 위한 적절한 장소를 만들 모든 물리적 속성을 가지
고 있다. 여기서 우리는 그 논증의 세세한 내용은 관심을 갖지 않을 것
이다. 중요한 것은 영혼의 본성에 관한 데카르트의 선험적 고찰이 그를
후험적 방법을 사용해서만 대답될 수 있다고 믿었던 물음들로 이끌었
다는 관찰이다. 그렇다면 우리는 데카르트가 확실히 안락의자 철학의
교과서적 예가 아니었다고 기록할 수 있다―적어도 만일 우리가 『성
찰』을 넘어서 그의 철학적 작업을 더 넓게 살펴본다면.

사실 안락의자 철학은 약간 철학을 희화화한 것으로 보인다. 많은 철
학적 물음, 그리고 특히 고전적인 철학적 물음들에 대한 답은 분명히
어떤 경험적 물음들에 대한 답에 의존한다. 그래서 철학에 대한 다른
이해를 채택하는 것이 그럴듯해 보인다. 그런 견해에서 철학적 탐구는
적어도 철학의 물음들 중 어떤 것을 탐구하게 될 때는 경험적 정보에
근거해야 한다.

경험적 정보에 근거한 철학(E-Phi)
어떤 철학적 물음들―어떤 고전적인 철학적 물음들을 포함하여―은 선험
적 방법만으로는 대답되지 않는다. 오히려 이런 물음들에 대한 답은 추가 후
험적 방법이 요구된다.

의지의 자유 문제는 철학적 탐구에 대한 이 그림을 그럴듯하게 만드는 적절한 주제이다. 대략적으로 말하면, 그 문제는 인간 행위자로서 우리가 인과적으로 질서정연한 우주로 보이는 곳에서 살고 있다는 사실로 이루어진다. 한편으로 우리는 자연법칙, 특히 물리학의 법칙을 참고하여 물질적 대상들의 행태를 설명한다. 우리는 이 법칙들이 시공간에 실존하는 신체의 행동을 지배한다고 믿는다. 다른 한편으로 우리는 우리 자신을 자유롭다고 간주하고, 우리의 행위를 대체로 미결정되어 있으며, "우리에게 달려 있는" 것으로 본다. 우리는 비록 시공간에 실존하는 물질적 신체이지만, 우리의 행동도 원리적으로 자연법칙들에 의해 결정되어야 하기 때문에 그렇게 한다. 그렇다면 자유의지 문제는 여러 학문의 교차점에 놓여 있다. 그 문제를 다루기 위해서는 우리는 분명히 물리학, 뇌과학, 심리학 같은 경험적 자연과학들에 의지해야 한다. 그러나 우리는 또한 우리의 자아상 및 자유로운 행위에 대한 우리의 생각과 그것과 상충하는 것처럼 보이는 과학적 사실들을 조화시키기 위해 철학적 반성이 필요하다. 그래서 자유의지 문제의 경우에 철학적 물음과 경험적 물음은 서로 깊숙이 얽혀 있다. 그러므로 20세기의 저명한 과학자들(예컨대 Libet 2002; Planck 1923)이 그 문제를 탐구하려 했다는 것은 놀랄 일이 아니다. 따라서 자유의지 문제는 철학이 적어도 어떤 물음들과 관련하여 경험적 증거에 의존해야 한다는 것이 좋은 조언인 것처럼 보인다는 것을 예증한다.[10] 경험적 정보에 근거한 철학(E-Phi)은 바로 그 주장을 하고 있다.

---

10 자유의지 논쟁과 관계가 있는 선험적 물음과 후험적 물음과 관련해서는 Björnsson & Pereboom(2016)을 볼 것. 우리는 자유의지 문제를 3.4절에서 다시 다룰 것이다.

1.5 긍정적 실험철학

우리는 이미 실험철학의 한 가지 버전, 즉 X-Phi$_C$에 대해 논의했다. X-Phi$_C$는 실험철학을 철학에 대한 인지과학으로 해석한다. 실험철학의 이 변형은 후험적 방법, 특히 실험을 통해서만 답할 수 있는 철학적인 어떤 물음으로 간주하는 한 안락의자 철학과 구별된다. 그렇지만 X-Phi$_C$의 종사자들은 말하자면 안락의자 철학에 기초한 철학을 하는 사람들의 공간을 침범하지 않는다. 다시 말해 그들은 고전적인 철학적 물음을 다루기 위해 후험적 수단이 필요하다고 주장하지 않는다. 그러나 앞 절에서 우리는 그 견해를 지니지 않는 철학자들, 즉 경험적 정보에 근거한 철학자들이 있다는 것을 배웠다. 그들이 선호하는 철학관, 즉 경험적 정보에 근거한 철학(E-Phi)에 따르면, 사실상 단순히 선험적 방법 이상을 요구하는 고전적인 철학적 물음들(예컨대 자유의지 문제)이 있다. 경험적 정보에 근거한 철학에 따르면, 이런 문제는 오히려 후험적 방법을 사용해 다룰 필요가 있다. 이러한 철학관을 도입함으로써 우리는 경험적 정보에 근거한 철학의 하위 형태인 또 다른 실험철학 버전을 확인할 수 있다. 그렇지만 다른 저자들은 다른 명명법을 제안했다는 것을 주목할 필요가 있다(글상자 1.3을 볼 것).

> **철학 방법론으로서의 긍정적 실험철학(X-Phi$_P$)**
> 어떤 철학적 물음들—어떤 고전적 물음들을 포함하여—은 선험적 방법만 사용해서는 대답되지 않는다. 오히려 이 물음들에 대한 답은 추가 후험적 방법, 특히 실험적 방법이 요구된다.

경험적 정보에 근거한 철학관을 지지하는 사람들은 철학자들이 반드시 실험적 방법론을 채택해야 한다고 주장하지 않는다(Prinz 2008 ; Rose & Danks 2013).[11] 그렇지만 X-Phi$_p$의 지지자들은 바로 그 견해를 주장한다. 그들은 우리가 체계적 실험을 사용해 다루어야 하는 물음들 집합이 있다고 믿는다. 그리고 그들은 그 집합에 적어도 어떤 고전적인 철학적 물음들을 포함시킬 것이다. 에디 나미아스(Eddy Nahmias)와 그의 동료들은 그 견해를 예화하는 것으로 언급될 수 있는 철학자들에 속한다. 나미아스 외(2005, 2006)는 자유의지 문제에 관한 논쟁에서 핵심 전제들 중 하나가 사실상 옳은지 알아내려 하였다. 그것은 결정론과 자유의지 사이의 관계에 대한 특정 견해가 직관적으로 호소력이 있다는 가정이다. 이 견해는 **양립 불가능론**(incompatibilism)이라 불린다.

글상자 1.3.
실험철학 논쟁에서 다른 명명법들이 있다

이 연구에서 우리는 알렉산더 외(Alexander et al. 2014)를 따라 긍정적 실험철학과 부정적 실험철학의 구별을 사용할 것이다. 그렇지만 다른 명명법과 구별들이 제안되었다는 것을 주목할 필요가 있다. 예컨대 헤일즈(Hales 2012)는 "세계교회 통합주의자"(ecumenicals, 교회일치운동가)와 "근본주의자"(fundamentalists, 원리주의자)를 구별한다. 전자는 새로운 실험적 기법이 철학

11　사실상 경험적 정보에 근거한 철학을 실천하는 연구자들이 사용할 수 있는 수많은 경험적 방법이 있다. 체계적 이유로 우리는 그것들 중 많은 부분을 무시할 것이다. 그렇지만 전체 개요는 부록 C를 볼 것.

자들의 연장통을 확대하여 풍부하게 할 뿐이라고 믿는다고 헤일
즈는 말한다. 그렇지만 후자는 철학자들의 고전적 도구들, 그리고
특히 그들이 사고실험을 방법으로 사용하는 일이 유지될 수 없다
고 생각한다. 카우피넨(Kauppinen 2007)은 **실험주의(+)**의 견해
와 **실험주의(−)**의 견해를 구별한다. 이 구별 역시 긍정적 실험철학
과 부정적 실험철학의 구별과 매우 흡사하다. 로즈와 댕크스(Rose
& Danks 2013)는 실험철학에 대한 넓은 견해와 좁은 견해를 구
별한다. 전자에 따르면, "실험철학은 주로 직관이나 판단을 대상
으로 하는 심리학적 실험을 행하는 철학자들을 포함한다."(Rose
& Danks 2013, 514). 후자에 따르면, 실험철학은 "관련된 실험
들 중 어떤 것을 실제로 행하는" 철학자들이라는 생각과 함께 "경
험적 자료가 어떤 철학적 물음들과 관련이 있다"는 견해이다
(Rose & Danks 2013, 515).

양립 불가능론자들은 세계의 진행 과정이 결정론적인 자연법칙을 따
른다면 자유의지가 불가능하다고 믿는다. 그들은 일상적으로 이 견해
가 말하자면 직관적으로 매우 그럴듯하기 때문에 기본 입장이라고 주
장한다. 그들은 그들의 견해가 "무단 거주자의 권리"를 갖는다—그레
이엄과 호건(Graham & Horgan 1994)의 말로—고 말한다.[12] 그것은

---

12   그레이엄과 호건(1994, 223)은 철학적 자료가 "무단 거주자의 권리"를 갖는다는
것이 의미하는 바를 다음과 같이 설명한다. "그것은 그러한 자료가 영원히 무단 거주하
게 되거나 파기 불가능하다는 것을 의미하지 않는다. 그러나 그것은 우리의 직관적 판
단이 높은 정도의 선행 인식적 신빙성이나 보증을 지녀야 한다는 것, 즉 철학적으로 중
요한 개념들의 이데올로기에 대한 적합한 이론 아래서 그 판단들은 일반적으로 옳은 것
으로 판명될 것임을 의미한다."(Graham & Horgan 1994, 223).

우리가 그 반대의 훌륭한 이유가 없는 경우에 양립 불가능론이 올바른 견해로 판명될 것이라고 추정할 수 있다는 것을 의미한다. 따라서 그들은 그들의 적들, 즉 반대 견해인 **양립 가능론**(compatibilism)을 지닌 사람들에게 증명 책임이 있는 것으로 간주한다(Naadelhoffer & Nahmias 2007, 126). 다시 말해서 그들은 양립 가능론자들이 양립 불가능론이 옳은 것이 아니라 그를 가능성이 높다는 것을 증명할 임무에 직면한다고 믿는다.

　나미아스 외(2005, 2006)는 이 노선 논변의 근저에 있는 가정이 실제로 경험적으로 적합한지 여부를 시험했다. 그들은 다시 말해 양립 불가능론이 실제로 얼마나 직관적인지 조사했다. 이를 위해 그들은 철학 문외한들에게 일련의 사례를 판단하도록 요청했다. 놀랍게도 그들은 자신들의 견해가 더 직관적이라는 양립 불가능론자들의 평가와 모순되는 증거를 발견했다. 사실상 참가자들 대다수는 어떤 사람에게 자유의지를 귀속시키는 경향을 보였는데, 비록 그들이 자연법칙이 충분히 그 사람의 행동을 결정한다는 것을 알고 있었음에도 불구하고 그랬다.

　그렇다면 이 결과의 철학적 중요성은 무엇인가? X-Phi$_C$의 지지자들은 그것의 중요성이 그 결과가 그 자체로 철학적으로 흥미롭다는 사실에 있다고 말할 것이다. 그렇지만 나미아스 외(2005, 2006)는 X-PHi$_P$와 일치하는 생각을 지니고 있는 것처럼 보인다. 그들의 관점에서 볼 때 그들의 결과는 우리에게 고전적인 철학적 물음, 즉 자유의지 문제에 관한 논쟁과 직접적으로 관련이 있는 정보를 제공해 주기 때문에 흥미롭다. 그 논쟁에서 철학자들이 주고받는 많은 논증은 그 쟁점에 대한 한 견해가 다른 견해보다 직관적으로 더 그럴듯하다는 것을 전제한다. 그렇지만 나미아스 외(2005, 2006)는 이 가정을 시험했고, 그것으로부터 양립 불가능론자들과 그들의 비판자들 사이의 논쟁과 직접적으로 관계가 있는 추리를 끌어냈다.

알렉산더 외(2014)는 긍정적 실험철학(X-Phi$_P$)의 지지자들이 한 가지 점에서 분석적 안락의자 철학(A-Phi)의 지지자들과 일치한다는 것을 지적한다. 그들은 X-Phi$_P$의 신봉자들이 간단히 말해 MAP를 거부하지 않는다고 진단한다. 이 저자들은 철학에서 완전히 새로운 논변 방법을 옹호하려 하지 않는다. 오히려 그들은 어떤 기본 주장의 그럴듯함이 그 철학적 평가에서 결정적일 수 있다는 분석철학의 방법론적 원리를 승인한다. 사실상 긍정적 실험철학자들은 MAP의 4단계와 관련해서만 분석적 안락의자 철학의 견해와 갈라지는 것처럼 보인다. 이 방법적 단계는 우리가 주어진 사례 시나리오와 관해 어떤 철학적 주장으로부터 따라 나오는 판단이 직관적으로 그럴듯한지 평가할 것을 요구한다. 이 요구는 애매하다. 그렇다면 중요한 질문은 이것이다. 즉 어떤 철학적 판단이 "직관적으로 그럴듯하다"는 것은 무엇을 의미하는가? 알렉산더와 웨인버그(2007)를 따라 우리는 세 가지 다른 해석을 구별할 수 있다.

해석 1(유아론적 입장)
문제의 판단을 평가하고 있는 철학자의 직관만이 관련이 있다.

해석 2(엘리트주의적 입장)
전문 철학자들의 직관만이 역할을 한다.

해석 3(대중주의적 입장)
모든 사람의 직관을 고려해야 한다.

분석적인 안락의자 철학자들은 전통적으로 해석 1이나 해석 2를 지지해 왔다(몇 가지 예는 글상자 1.4를 볼 것). 그렇지만 나미아스 외 (2005, 2006)는 그들의 논증을 해석 3에 기초한 것으로 보인다. 그들의 이탈은 분석철학의 전통적인 방법론적 견해에 대한 건설적인 선의의 비판으로 이해할 수 있다.[13]

글상자 1.4. 직관적 그럴듯함에 대한 유아론적 견해, 엘리트주의적 견해, 대중주의적 견해

데이비드 루이스(David Lewis)를 해석 1의 지지자로 간주할 수 있는 어떤 증거가 있다. 그는 다음과 같이 말한다. "우리는 이미 많은 의견 더미를 가진 철학에 이르게 된다. 이러한 기존의 의견을 어느 정도로 약화시키거나 정당화하는 것은 철학의 임무가 아니며, 철학은 그것들을 질서 있는 체계로 확장하는 방법을 발견하려고 할 뿐이다."(Lewis 1973/2001, 88). 도덕철학자 존 롤스 (John Rawls)는 해석 2의 지지자로 통할 수 있다. 그가 "공정으로서의 정의"라고 부르는 정의 개념을 옹호하기 위해 그는 유명한

---

[13] 철학이 그 전제들을 오로지 전문 철학자들의 판단에만 기초를 두는 것이 아니라 일반인의 통속적 판단에 기초를 두어야 한다는 평가에 대해 적어도 하나의 논증이 있다. 우리는 2.5절에서 더 자세히 그 논증을 만나게 될 것이다. 그 논증을 지지하는 사람들은 철학 이론들—예컨대 자유의지에 관한 이론들—의 중요성이 그것들이 인간으로서의 우리의 자아상에 영향을 미치는 방식에 있다고 주장한다. 따라서 그들은 이 이론들이 일반인의 생활 세계에서 등장하는 개념들을 진지하게 취급하고, 일반인의 관점에서 핵심적인 판단들에 주의를 기울일 것을 요구하는 것이 합리적인 것처럼 보인다고 주장한다.

계약론적 사고실험을 전개한다. 그 사고실험에서 다양한 사회집단들―롤스는 그 집단들을 "당파들"(parties)이라 부른다―은 그들의 협력과 공존의 조건을 놓고 협상을 벌인다. 롤스에게는 독자들에게 직관적 호소력을 가질 방식으로 그 상황을 기술하는 것이 중요하다. 그래서 그는 다음과 같은 말로 독자들에게 직접 말을 한다. "당파들을 정치적 정의 개념을 개발할 때의 우리의 목적에 가장 적합한 것으로 … 기술하는 것은 정의를 공정으로 설정하고 있는 우리, 즉 당신과 나에게 달려 있음을 기억하라."(Rawls 2003, 87). 프랭크 잭슨(Frank Jackson)은 명백히 대담하게 해석 3을 지지하는 몇 안 되는 분석적 기질의 철학자 중 한 사람이다. 잭슨은 말한다. "나는 때로 만일 개념적 분석이 우리의 분류 관행을 지배하는 것이 무엇인지 밝히는 데 관계한다면, 왜 다양한 사례에 대한 사람들의 반응에 대해 여론조사를 하는 것을 옹호하지 않는가라는 질문을 받는다. 내 대답은―필요할 때―나는 그렇게 한다는 것이다."(Jackon 1998, 36-37). 하만(Harman 1999a)도 비슷한 발언을 했다.

1.6 부정적 실험철학

이른바 부정적 실험철학자들은 우리가 방금 논의한 방법론적 관점을 가진 긍정적 실험철학자들과 관계가 없음을 분명히 한다. 후자와 달리 부정적 실험철학자들은 실험적 방법을 위한 여지를 만들어 분석적 안락의자 철학자들의 방법론을 개선하려고 하지 않는다. 오히려 그들은

실험을 사용해 MAP가 "가망이 없다"는 것을 보여주려 한다(Wein-
berg 2007).[14]

메타철학적 비판으로서의 부정적 실험철학(X-Phi$_N$)

MAP는 고전적 물음들을 포함하여 철학의 물음들을 다루는 데 적합하지
않다.

그렇다면 부정적 실험철학자들은 어떻게 X-Phi$_N$을 옹호하는가? 실
험주의자로서 그들은 물론 이것을 실험을 사용해 확립하려 한다. X-
Phi$_N$의 그림에 맞는 가장 유명하고 영향력 있는 연구들 중 일부는 3장
에서 더 자세히 논의할 웨인버그 외(Weinberg et al. 2001)와 마체리
외(Machery et al. 2004)이다.

웨인버그 외(2001)는 무엇보다도 현대 인식론에서 중요한 역할을
했던 사례 시나리오들에 직면했을 때 서로 다른 인종적·사회경제적 배
경의 성원들이 서로 다른 직관을 보고할 것인지를 시험했다. 그들은 서
양 피험자와 동아시아 피험자들에게 어떤 사고실험들을 제시한 다음,
이것들을 판단하라고 요구했다. 그렇게 함으로써 그들은 두 집단 사이
에 반응이 상당히 다르다는 것을 발견했다.

마체리 외(2004)도 그들이 언어철학, 구체적으로 언급 이론에서 택
한 사례들에 관해 비슷한 결과를 보고한다. 그들이 사용한 시나리오들
은 통상 특정 이론들을 옹호하기(또는 반대하기) 위해 사용된다. 그들
은 서로 다른 문화적 배경을 가진 피험자들이 이 시나리오들에 관해 상

---

14 이것이 부정적 실험철학에 대한 나의 견해라는 것을 주목할 필요가 있다. 어떤
저자들이 지적했듯이(예컨대 Colaço & Machery 2017), 부정적 실험철학과 긍정적
실험철학을 어떻게 구별해야 할지에 대한 일치된 의견은 없다.

당히 다른 판단을 보인다는 결론에 이르렀다.

그렇다면 우리는 그러한 결과로부터 어떤 결론을 내릴 수 있을까? 소사(2007)는 선택적 접근 방식을 옹호한다. 그는 웨인버그 외(2001)와 마체리 외(2004)가 시험한 직관들을 일견 의심스러운 것으로 간주할 것을 제안하고, 우리의 철학적 논의에서 그것들에 어떤 논증적 비중도 두지 말라고 조언한다. 그렇지만 그는 X-Phi_N 종사자들이 지금까지 실험적으로 불신할 수 없었던 직관을 사용하는 것이 문제가 있는 것으로 간주하지 않는다. 이 견해를 정당화하기 위해 그는 우리의 직관 능력과 시각 사이의 유비를 끌어들인다. 소사에게 우리가 대부분의 경우에 시각을 신뢰할 수 있다는 것은 논란의 여지가 없다. 그렇지만 그는 어떤 경우에 우리의 시각이 신뢰할 만하지 않다는 것을 인정한다. 예컨대 우리는 빛이 충분하지 않으면 우리 눈을 신뢰할 수 없다는 것을 안다. 마찬가지로 우리 직관도 신뢰할 만하지 않은 경우들이 있다. 웨인버그 외(2001)와 마체리 외(2004)가 보고한 결과는 예컨대 우리가 인식론과 언어철학에서 특정 직관들을 신뢰할 수 없다는 것을 보여준다. 그렇지만 이것은 모든 직관의 신용을 떨어뜨리지 않는다고 소사는 주장한다. 비유적 의미로 우리의 직관이 제대로 기능하기 위한 "충분한 빛"이 있으면, 우리의 직관은 신뢰할 만하다.

부정적 실험철학자들은 소사가 기꺼이 하려고 하는 양보가 충분히 광범위하지 않다고 믿는다. 오히려 그들은 웨인버그 외(2001)와 마체리 외(2004)와 같은 결과가 좀 더 전면적인 결론, 즉 우리가 철학적 사고실험에 관한 직관들을 신뢰하지 말아야 한다는 결론을 정당화한다고 믿는다. 결국 우리는 현재 우리의 직관을 신빙성 있게 만드는 조건을 구체적으로 상술할 수 없고, 그래서 신뢰할 만한 직관과 신뢰할 수 없는 직관을 구별할 수 없다고 그들은 주장한다. 또는 스웨인, 알렉산더,

웨인버그(Swain, Alexander, and Weinberg)가 표현한 바에 따르면,

> 현재 우리는 불이 켜져 있는지 확인하는 것과 직관의 유사점이 무엇인지 모
> 른다. 즉 우리는 어떤 것들이 직관을 신빙성 있거나 신빙성 없게 만드는 상
> 황인지 모른다. (Swain et al. 2008, 148)

확실히 부정적 실험철학자들이 MAP에 관해 제기하는 의심은 비합
리적인 것처럼 보이지 않는다. 직관의 경우에 은유적으로 말해 "불이
켜질 때"를 결정하는 것은 꽤 어려운 것처럼 보인다. 우리의 시각적 인
상과 달리 직관은 결국 그것을 독자적으로 확증할 수 있는 지식의 다른
원천들과 대조될 수 없다(Cummins 1998).[15]

1.7 철학, 메타철학, 메타메타철학

나델호퍼와 나미아스(2007)가 강조하듯이, "실험철학"이라는 용어는
매우 다른 견해들을 언급할 수 있다. 나는 이 점이 X-Phi$_C$와 X-Phi$_P$와
X-Phi$_N$을 구별했던 앞의 논의에서 이미 분명해졌기를 바란다. 그렇지
만 이 절에서는 그것들 사이의 구별에 대해 더 자세히 설명할 것이다.
이를 위해 우리는 우선 두 가지 수준의 분석, 즉 철학적 분석과 메타철

---

15   X-Phi$_N$의 어떤 옹호자들이 최근 그들의 견해를 누그러뜨렸다는 것을 주목하라.
분석철학의 서거를 요구하는 것이 아니라 오히려 마체리(2017, 208ff.)는 최근 분석철
학의 방법이 개혁되거나 "재부팅되어야" 한다고 주장했다. 내 생각에 이 주장은 그의
견해를 X-Phi$_P$와 훨씬 더 닮아 보이게 만든다. 이런 이유로 나는 앞으로 X-Phi$_N$을 원
래 의도했던 대로 해석할 것이다.

학적 분석을 배경으로 그것들을 분류할 것이다. 그런 다음 우리는 그것들 사이의 논리적 관계를 탐구하고, 마지막으로 X-Phi$_C$, X-Phi$_P$, X-Phi$_N$을 한층 더 명료화하기 위해 또 다른 수준, 즉 메타메타철학 수준을 도입할 것이다.

첫째, 우리는 X-Phi$_C$, X-Phi$_P$, X-Phi$_N$이 모두 철학에 대한 해석이나 견해라는 것을 기록해야 한다. 그래서 그것들은 **메타철학적 기본 주장들**이다. 이것이 의미하는 것을 설명하기 위해서는 우리는 철학과 메타철학의 구별을 충분히 명료하게 만들어야 한다.

철학이 무엇인지를 정확히 진술하기란 어렵다.[16] 그렇지만 철학의 본성에 대한 문제는 최소한 예들을 통해 답할 수 있을 정도로 전형적으로 철학적인 어떤 물음들이 있다. 지식이란 무엇인가? 언어적 용어들의 의미는 무엇인가? 어떤 것을 하려는 의도 없이 그것을 의도적으로 행하는 것이 가능한가? 우리는 자유의지가 있는가? 1.1절에서 이미 언급했듯이 이런 물음들은 모두 고전적인 철학적 물음들이다. 그래서 우리는 이런 물음이나 비슷한 물음들에 관해 생각할 때마다 우리가 철학을 하고 있다고 말할 수 있다.

메타철학에 종사할 때도 우리는 어떤 의미에서 철학을 다룬다. 그러나 우리는 그 경우에 철학적 물음에 답하려 하지 않는다. 오히려 우리는 철학적 물음에 관해 물음을 제기한다. 우리는 예컨대 "지식이란 무엇인가?"라고 묻지 않는다. 오히려 우리는 "'지식이란 무엇인가?'는 어떤 종류의 물음인가?"라고 묻는다. 또는 좀 더 일반적으로 "어떤 종류의 물음이 철학적 물음인가?"라고 묻는다. 이 메타철학적 문제들은

16　프린츠(Prinz 2008, 189-90)는 우리가 철학을 정의할 수 있는 방식에 대한 여러 가지 안을 논의한다. 그는 또한 각각의 경우에 그 안들이 왜 실패하는지도 설명한다. 비슷한 논평은 Nado(2017)를 볼 것.

철학의 본성에 관한 물음들이다. 그렇지만 이런 물음들이 유일한 물음
은 아니다. 메타철학적 관점에서 우리는 또한 " '지식이란 무엇인가?'
라는 물음에 답하기 위해서 우리는 어떻게 진행해야 하는가?"라고 물
을 수 있다. 또는 좀 더 일반적으로 "철학적 물음들에 답하기 위해 우
리는 어떻게 진행해야 하는가?"라고 물을 수 있다. 이런 물음들은 **철학
의 방법론**에 관한 물음들이다. 비록 또 다른 메타철학적 문제들이 있지
만, 우리의 후속 논의의 목적상 이것들은 제쳐 놓을 수 있다. 이런 이
유로 우리는 철학의 본성과 방법론에 관한 물음들에만 초점을 맞출 수
있다.[17]

　X-Phi$_C$를 제외하면, 우리가 이 장에서 마주친 철학에 대한 모든 해
석은 무엇보다도 철학적 방법론에 관한 진술이었다.

- 안락의자 철학과 분석철학의 지지자들은 모두 우리가 선험적 방
  법만을 사용해 철학적 물음에 답해야 한다고 진술한다. 안락의자
  철학보다 좁은 견해인 분석철학은 사고실험에 관한 직관의 방법
  적 사용에 대한 지지를 포함한다(즉 MAP).
- 철학에 대한 이 두 가지 해석의 예리한 대비 속에서 실험철학 옹
  호자들은 철학에서 후험적 방법의 사용에 대한 여지를 만드는 경
  험적 정보에 근거한 접근 방식을 찬성한다.
- 우리가 배웠던 것처럼, X-Phi$_P$는 경험적 정보에 근거한 철학(E-

17　또 다른 메타철학적 물음들은 철학함의 전제, 그 목적, 철학과 다른 형태의 탐구
들(예컨대 자연과학, 논리학, 수학, 인문학) 사이의 차이와 관계되어 있다. 게다가 메타
철학 내에서도 철학의 특수 분야들에 전념하는 여러 가지 다양한 분과가 있다(예컨대
메타윤리학이나 메타인식론). 이러한 메타철학적 영역들에 독특한 또 다른 특징적인
물음들이 있다(Moser 1999).

Phi)의 특수 버전이다. 그 지지자들은 철학 연장통에 직관에 관한 실험을 포함시키는 일을 찬성한다.

- X-Phi$_N$ 또한 철학 방법론에 관한 주장이다. 그렇지만 그것은 X-Phi$_P$와는 다른 종류의 것이다. 후자가 철학에서 사용되는 방법에 관한 어떤 것을 말해주는 반면에, X-Phi$_N$은 우리가 사용해서는 안 되는 방법에 관한 어떤 것을 말해준다. 그것은 MAP가 이런 것들 중 하나라고 주장한다.

- 이와 대조적으로 X-Phi$_C$는 무엇보다도 **철학의 본성**에 관한 언명이다. 그것은 철학이라는 학문이 선험적으로 해결할 수 있는 고전적인 철학적 물음들만 논의하는 것이 아니라고 말한다. 오히려 그것은 비고전적 물음들도 포함시킨다. 후자 범주에는 특히 사람들이 철학적 사고실험을 어떻게 판단하는지와 우리가 그들의 판단을 심리학적으로 어떻게 설명할 수 있는지의 물음을 망라한다.

철학에 대한 다양한 견해들을 메타철학적 기본 주장들로 분류하고 나면, 우리는 그다음에 그 견해들이 서로 논리적으로 어떻게 관계되어 있는지 물을 수 있다. 우리는 어떤 주장들이 서로 양립 가능한지, 서로 양립 가능하지 않은지, 어떤 주장들이 서로 함의하는지 물음으로써 이 일을 할 수 있다.

안락의자 철학(AC-Phi), 분석철학(A-Phi), 경험적 정보에 근거한 철학(E-Phi), X-Phi$_P$, X-Phi$_N$은 모두 철학 방법론에 관한 메타철학적 기본 주장이고, 그만큼 **똑같은 유형의 기본 주장들**이기 때문에 원리적으로 그것들이 논리적으로 어떻게 관계되어 있는지를 확립할 수 있어야 한다. 한편 X-Phi$_C$는 명백히 다른 유형의 주장, 즉 철학의 본성에 관한 주장이다. 그래서 만일 우리가 X-Phi$_C$를 철학에 대한 다른 견해들과 관계를 맺게 한다면, 우리는 범주 오류(category error)를 범하는 것처럼 보일 수도 있다.[18]

그렇지만 이것은 겉보기에 그럴 뿐이다. 무엇보다도 철학의 방법론에 관한 진술로부터 철학의 본성에 관한 진술을 끌어내는 것이 가능하다. 예컨대 철학적 문제를 선험적 방법만을 사용해 다루어야 한다고 말하는 안락의자 철학은 철학적 문제가 그 본성상 선험적 방법에만 순응하게 만드는 종류의 것이라는 견해와 맞는 것처럼 보인다. 이것은 다시 결국 후험적 수단을 사용해 검토될 수 있는 철학적 물음들이 실제로 있다고 진술하는 X-Phi_C의 견해와 모순될 것이다. 이런 이유로 이 장에서 살펴본 철학에 대한 모든 견해들 사이에는 서로 연관이 있다(표 1.1).

표 1.1. 철학에 대한 견해들 사이의 논리적 관계

	AC-Phi	A-Phi	X-Phi_C	E-Phi	X-Phi_P	X-Phi_N
AC-Phi	□	◇	¬	¬	¬	◇
A-Phi	□	□	¬	¬	¬	¬
X-Phi_C	¬	¬	□	◇	◇	◇
E-Phi	¬	¬	◇	□	◇	◇
X-Phi_P	¬	¬	◇	□	□	◇
X-Phi_N	◇	¬	◇	◇	◇	□

18　"범주 오류"라는 개념은 현대 철학에서 길버트 라일의 작업과 연관되어 있다. 예컨대 Ryle(1949/2002, 6ff)을 볼 것.

위 행렬은 하나의 철학관(행)이 다른 철학관(열)과 관계되어 있는
방식을 보여준다. 전자는 후자와 양립 가능하거나(◊), 모순되거나
(⌐), 함의할 수 있다(□). 모순과 양립 가능성은 대칭 관계이다. 즉 만
일 한 견해가 다른 견해와 모순된다(양립 가능하다)면, 후자 또한 전자
와 모순된다(양립 가능하다). 그렇지만 함의 관계는 반드시 대칭 관계
인 것은 아니다. 실제로 한쪽의 A-Phi, AC-Phi와 다른 쪽의 X-Phi$_P$,
E-Phi의 경우에는 반대칭이 있다.[19] A-Phi는 AC-Phi를 함의하지만,
후자는 전자와 양립 가능할 뿐이다. 마찬가지로 X-Phi$_P$는 E-Phi를 함
의하는 반면에, E-Phi는 단지 X-Phi$_P$와 양립 가능할 뿐이다.

이제 그 행렬의 두 측면은 우리에게 특히 흥미롭다. 그것은 한편으로
는 A-Phi와 E-Phi, X-Phi$_C$, X-Phi$_P$, X-Phi$_N$ 사이의 관계이고, 다른
한편으로는 E-Phi, X-Phi$_C$, X-Phi$_P$, X-Phi$_N$ 사이의 관계이다. 전자
의 측면은 실험철학에 관한 논쟁의 커다란 부분이 "새로운 실험적 프
로그램"과 "낡은 분석적 프로그램" 사이의 논쟁으로 형성되었기 때문
에 흥미롭다. 확실히 이것은 어느 정도 정당해 보인다. 행렬에서 명료
하게 알 수 있듯이, 분석철학(A-Phi)은 모든 종류의 경험적 정보에 근
거한 철학 및 실험철학과 논리적으로 양립 불가능하다. 분석철학은 우
리가 모든 철학적 물음을 오직 선험적 방법, 특히 MAP를 사용해서 답
할 수 있다고 진술한다. 이와 대조적으로 X-Phi$_C$는 분석적 안락의자
철학자들이 인정하지 않는 또 다른 비고전적인 철학적 물음들이 있다
고 주장한다. 우리는 그런 물음을 실험을 사용해 다루어야 한다고 그들
은 믿는다. 분석철학과 대조적으로 E-Phi와 X-Phi는 실험을 행하는

---

[19] 그렇지만 자기함의(self-implication) 원리에 기초를 둔 논리적 관계들은 필연적
으로 대칭 관계이다(회색 지대).

것이 고전적인 철학적 문제를 다루는 적절한 방법이라고 주장한다. 마지막으로 X-Phi$_N$은 직접적으로 MAP, 즉 분석철학이 옹호하는 방법을 부정한다.

두 번째 측면은 마치 오직 하나의 변형만 있는 것처럼 "실험철학"(x-phi)이라는 제목 아래 서로 다른 견해들을 하나로 묶는 경향이 있었기 때문에 우리에게 흥미롭다. 그러나 이 장에서 배웠듯이, 경험적 정보에 근거한 실험철학은 다수의 버전이 있다. 위 행렬이 보여주듯이, 이 버전들 중 두 가지, 즉 E-Phi와 X-Phi$_P$만이 서로 논리적으로 묶여 있다. 다른 모든 변형은 서로 논리적으로 독립적이다.

- E-Phi는 예컨대 특정 철학적 물음들에 대해 경험적 방법의 사용을 옹호할 뿐이다. 그렇지만 이러한 언질은 비고전적인 실험적 물음들이 있다거나(X-Phi$_C$), 우리가 철학에서 실험적 방법을 사용해야 한다거나(X-Phi$_P$), 우리가 MAP를 피해야 한다(X-Phi$_N$)는 것을 함의하지 — 또는 그 문제에서는 배제하지 — 않는다.
- X-Phi$_C$는 비고전적인 물음들을 포함하는 철학에 대한 더 넓은 이해를 찬성할 뿐이다. 그것은 고전적 물음들을 추구할 때는 경험적 방법과 실험적 방법의 사용에 대해 침묵한다(E-Phi와 X-Phi$_P$ 각각). 더 나아가 그것은 MAP를 지지하지도 거부하지도 않는다(X-Phi$_N$).
- X-Phi$_P$는 어떤 고전적 물음들과 관련하여 실험적 방법을 지지한다. 그래서 X-Phi$_P$는 단지 E-Phi를 함의할 뿐이다. 그렇지만 그것은 비고전적인 철학적 물음들이 있다는 것을 주장하거나 논박하지 않으며(X-Phi$_C$), MAP를 버리는 일(X-Phi$_N$)에 물려 들어가지 않는다.

- X-Phi$_N$은 단지 MAP를 거부하고, 그와 함께 분석철학도 거부하지만, 비고전적인 철학적 물음들이 있다는 주장(X-Phi$_C$)에 대해서는 불가지론이다. 더 나아가 그것은 고전적인 철학적 물음들에 관한 논쟁에서 경험적 방법과 실험적 방법의 사용에 이르게 되면 어떤 입장을 취하지 않는다(E-Phi와 X-Phi$_P$ 각각). 원리적으로 우리는 X-Phi$_N$과 AC-Phi를 결합할 수도 있다. 그것은 놀라운 일일 수 있지만, 이것은 실제로 일관된 관점을 산출할 수 있다. 우리가 해석한 대로의 X-Phi$_N$은 단지 분석철학 및 그것의 핵심 방법인 MAP를 퇴출시키자는 견해이다. 그것은 유지 가능한 선험적인 안락의자 반성 방법이 절대적으로 없다는 좀 더 전면적인 주장이 아니다.[20]

이 절에서 우리는 AC-Phi, A-Phi, E-Phi는 물론이고 X-Phi$_C$, X-Phi$_P$, X-Phi$_N$도 메타철학적 기본 주장으로 분류하였다. 이것들 중 어떤 것들은 경험적 그리고/또는 실험적 방법의 사용을 옹호하며, 또 어떤 것들은 거부한다. 그러나 이 견해들 중 어떤 것이 애초에 어떻게 정당화되는가? 이런 물음을 던질 때 우리는 메타철학의 수준을 넘어선다. 우리는 메타철학적 물음과 관계가 있는 물음을 던진다. 우리는 철학을 하는 올바른 방법에 관한 물음에 어떻게 대답해야 하는가?

원리적으로 우리는 이 물음—**메타메타철학적 물음**이라 부르기로 하자—에 두 가지 방식으로 답할 수 있다. 첫 번째 방식은 전적으로 선험적이고, 두 번째 방식은 (적어도 부분적으로) 후험적이다. 이제 우리는

20　그럼에도 불구하고 X-Phi$_N$과 AC-Phi를 하나의 메타철학적 입장으로 결합하는 것은 몹시 비정통적일 것이다. 어쨌든 나는 그것들 두 가지를 모두 승인하자고 제안했던 철학자를 전혀 알지 못한다.

이 두 가지와 우리가 지금까지 논의했던 철학에 대한 다양한 견해들을 결합할 수 있다. 표 1.2는 가능한 조합을 보여준다. 그것은 이 견해들(행)이 선험적 메타메타철학과 후험적 메타메타철학(열)과 양립 가능한지 여부를 말해준다. 앞에서처럼, 양립 가능성(◊) 관계, 양립 불가능성(⌐) 관계, 함의 관계(□)가 있을 수 있다.

표 1.2. 메타철학적 견해와 메타메타철학적 견해들

	선험적 메타메타철학	후험적 메타메타철학
AC-Phi	◊	◊
A-Phi	◊	◊
X-Phi$_C$	◊	◊
E-Phi	◊	◊
X-Phi$_P$	◊	◊
X-Phi$_N$	⌐	□

위 행렬은 어떤 사람들에게는 좀 놀라운 것일 수 있는 결과를 보여준다. 즉 X-Phi$_N$을 제외하면 모든 철학관은 엄밀한 논리적 관점에서 선험적 메타메타철학과 후험적 메타메타철학 모두와 양립 가능하다는 것이다. 그것은 먼저 선험주의적 순수주의를 요구하는 안락의자 철학과 분석철학에 대한 메타철학적 견해는 원리적으로 후험적—심지어 실험적—방법을 사용하여 정당화될 수 있다. 철학에서 선험적 방법의 신빙성을 확립하기 위해서 우리는 인간의 인지 과정에 대한 연구를 사용함으로써 이 방법들이 사실상 신빙성 있다는 것을 보여주려고 할 수도 있

다.[21] 따라서 우리는 두 가지 형태의 안락의자 철학, 즉 AC-Phi를 구별
해야 한다.

- 첫 번째 형태 AC-Phi$_{AC}$는 그 자체가 안락의자, 즉 오직 선험적
  방법만을 사용해서 정당화된다.
- 두 번째 형태 AC-Phi$_E$는 안락의자에서 정당화되는 것이 아니라
  후험적 방법을 통해 정당화된다.

분명히 우리는 A-Phi$_{AC}$와 A-Phi$_E$ 사이에도 유사한 구별을 끌어낼
수 있다.

게다가 우리의 결과는 그 자신이 선험적 메타메타철학적 견해에 기
초를 둔 경험적 정보에 근거한 철학과 실험철학의 변형들이 있을 수 있
다는 것을 함의한다. 사실 우리는 이미 이러한 조합의 실례, 즉 조슈아
노브와 숀 니콜스의 견해에서 이 실례를 마주친 적이 있다. 그들은 자
신들이 추구하고자 하는 물음이 사실상 전혀 철학적 물음이 아니라는
주장 앞에서 스스로를 옹호한다. 그들이 표현한 바에 따르면, 그들은
"조롱하는 듯한 시선"(quizzical stare)으로 이 반론에 반응한다. 이 반
격은 물론 선험적 논증으로 해석될 수 있다. 사실상 그것은 데카르트의
"이성의 빛"(프랑스어로 "lumière naturelle")에 대한 호소를 생각나게
한다. 노브와 니콜스는 자신들의 물음들도 철학적 물음이라는 것은 그
저 **뻔한 일**이라고 말하고 싶어 하는 것처럼 보인다. 마찬가지로 E-Phi
와 X-Phi$_P$를 선험적으로 정당화하는 것도 가능할 수 있다. 이를 위해

---

21   모르텐센과 네이글(2016)이 제시한 견해는 아마 분석철학과 후험적 메타메타철
학의 조합을 예화한 것으로 해석될 수 있을 것이다.

우리는 어쩌면 우리는 철학적 논변의 본질에 대한 선험적 탐구가 경험적으로, 또는 심지어 실험적으로 다루어야 하는 어떤 후험적 물음들을 시사한다고 주장할 수도 있다.

따라서 우리의 탐구는 한편으로 경험적 정보에 근거한 철학자들 및 실험철학자들과, 다른 한편으로 분석적 안락의자 철학자들 사이의 명료하다고 추정되는 구별이 더 차별화되어야 한다는 것을 분명히 한다. 그것은 차별화되어야 하는데, 왜냐하면 AC-Phi와 A-Phi 자체가 후험적으로, 그리고 심지어 실험적으로 정당화될 수 있는 반면에, E-Phi, X-Phi$_C$, X-Phi$_P$의 지지자들은 그들의 메타철학적 견해를, 말하자면 메타메타철학적 안락의자에서 지지할 수 있기 때문이다.

1.8 요약

이 장에서 우리는 실험철학의 포장지인 메타철학적 철학관을 논의하고, 경험적 정보에 근거한 철학과 실험철학의 몇 가지 버전을 구별하였다.

처음 두 절에서 우리는 전통적인 안락의자 철학(AC-Phi)과 그것의 좁은 분석적 버전(A-Phi)에서 시작하였다. 그것들 둘 다 철학적 문제를 해결하는 적절한 방법이 순수 선험적 반성으로 이루어지며, 경험적 고찰과 무관하다고 주장한다. 거기에 덧붙여 A-Phi의 지지자들은 선험적 방법의 특수 형태, 즉 MAP를 믿는다. 이 방법은 철학적 사고실험에 관한 직관이 철학적 탐구에서 중요한 역할을 하는 것을 허용한다.

그런 다음 우리는 실험철학의 첫 번째 변형, 즉 X-Phi$_C$를 살펴보았다. 우리는 그것을 철학에 대한 인지과학으로 해석했다. AC-Phi 및

A-Phi의 신봉자들과 달리 그것의 지지자들은 모든 철학적 물음이 오직 선험적 방법만 사용해서 다룰 수 있는 종류의 물음이라고 믿지 않는다. 오히려 그들은 우리가 진정한 철학적 물음으로 간주해야 하는 어떤 비고전적인 물음들도 있다고 믿는다. 이런 물음들은 일차질서 철학적 물음이 아니라 이런 물음들에 관한 철학적 판단은 물론이고 이 판단들의 근저에 있는 인지 과정들과 관계가 있다고 그들은 믿는다. 이 비고전적 물음들은 물론 후험적 방법, 특히 실험을 받아들인다.

AC-Phi 및 A-Phi와 마찬가지로 경험적 정보에 근거한 철학(E-Phi)은 고전적인 철학적 물음들에 초점을 맞춘다(예컨대 자유의지 문제). 그렇지만 그것들과 달리 경험적 정보에 근거한 철학은 그런 물음들을 탐구하기 위해 후험적 방법을 옹호한다. 긍정적 실험철학(X-Phi$_P$)은 특수 후험적 방법, 즉 실험의 사용을 제안하는 E-Phi의 변형이다.

이와 대조적으로 부정적 실험철학(X-Phi$_N$)은 철학을 하는 적절한 방법에 대해서는 불가지론적이다. 그것은 부정적인 방법론적 주장, 즉 분석철학의 방법인 MAP가 철학적 물음들에 답하는 데 적합하지 않은 한 분석철학이 결함이 있다는 주장만을 포함한다.

이 장 끝 무렵에 우리는 다양한 철학관들 사이의 논리적 관계를 검토했다. 첫째, 우리는 그것들 모두가 메타철학적 견해라고 보고했다. 둘째, 우리는 논리적 관점에서 그것들 사이의 관계를 분석했고, 그것을 통해 분석철학이 모든 유형의 경험적 정보에 근거한 철학 및 실험철학과 양립 불가능하다고 판단했다. 그렇지만 후자는 대체로 논리적으로 독립적이다. 셋째, 우리는 메타철학 수준과 메타메타철학 수준을 구별하였다. 그 구별을 기초로 우리는 지금까지 논의한 모든 메타철학적 철학관이 원리적으로 선험적 메타메타철학과 후험적 메타메타철학 모두와 양립 가능하다고 진단했다─후험적인 것을 기초로 분석철학을 거부하는 X-Phi$_N$이라는 주목할 만한 철학관을 제외하면. 그것은 철학에서 선험적 방법과 후험적 방법의 사용 자체가 선험적 논증이나 후험적 논증을 사용해 정당화될 수 있다는 것을 의미한다.

2

실험적 정보에 근거한 논증

앞 장에서 우리는 여러 가지 다른 철학관을 구별하였다. 첫째, 우리는 안락의자 철학(AC-Phi)과 특히 그 변형인 분석철학(A-Phi)을 살펴보았다. 두 철학관 모두 철학적 물음이 선험적 방법만을 사용해 대답되어야 한다고 주장한다. 그다음에 우리는 안락의자 철학의 선험주의에 문제를 제기하는 경험적 정보에 근거한 철학(E-Phi)과 실험철학(X-Phi$_C$, X-Phi$_P$, X-Phi$_N$)으로 넘어갔다.

우리의 분석은 실험철학의 한 가지 변형, 즉 X-Phi$_C$가 고전적인 철학적 물음들이 방법적으로 어떻게 다루어져야 하는지에 대해 아무런 주장도 하지 않는다는 것을 보여주었다. 특히 그것은 고전적인 철학적 물음들을 다루기 위해 후험적 방법을 사용해야 한다고 말하지 않는다. X-Phi$_C$는 단지 고전적인 물음들 외에 실험을 통한 경험적 탐구를 요구하는 또 다른 철학적 문제들이 있다고 주장할 뿐이다. 그렇지만 경험적 정보에 근거한 철학(E-Phi)과 그 한 형태인 긍정적 실험철학(X-Phi$_P$)은 정말이지 우리가 고전적인 철학적 문제들에 대한 탐구에 후험적 방법을 사용해야 한다고 주장한다. 한편 X-Phi$_N$은 철학 방법론에 대한 어떠한 긍정적 견해에도 언질을 주지 않는다. 그것은 단지 실험적 증거에 기반하여 분석철학 및 그것의 핵심인 방법, 즉 MAP를 거부할 뿐이다. 다시 말해서 E-Phi, X-Phi$_P$, X-Phi$_N$은 경험적 사실 진술과 비경험적 철학적 입장 사이의 논리적 틈새에 다리를 놓을 수 있다고 가정한다. 이 장에서는 이 가정이 초기의 반대쪽으로의 의심에도 불구하고 그럴듯하지 않은 것은 아니라는 것을 보여주려고 할 것이다. 우리가 보여줄 것처럼, 철학적 관련성이 있는 경험적 물음들이 있으며, 이 물음들 또한 경험적으로 탐구될 수 있다.

우리는 실험적 연구가 사실상 MAP가 기능하는 방식에 대한 면밀한 고찰이 동기라는 기본 주장을 지지할 것이다. 이 기본 주장을 지지하기 위해 우리는 다음 전략을 사용할 것이다. 우리는 철학적 명제에 대한 실험적 자료의 관련성이 지각 및 인지심리학의 실험적 자료가 경험적 명제에 대해 갖는 관련성과 유사하다는 것을 보여줄 것이다. 이 전략은 매력적인 것처럼 보이는데, 왜냐하면 우리 심리의 작용이 우리가 세계를 해석하는 방식과 관련이 있다고 가정하는 일이 다소 논란의 여지가 없는 전제인 것으로 보이기 때문이다.[1]

우리 논증을 전개하기 위해 먼저 우리는 경험적 기본 주장이 어떻게 시험되는지 분석할 것이다(2.1절). 그런 다음 우리는 MAP를 따르는 철학적 주장에 대한 검토가 경험적 주장에 대한 시험과 세 가지 방식에서 닮았다는 것을 보여줄 것이다(2.2절). 다음 단계로 우리는 지각 및 인지심리학의 실험적 자료가 경험적 주장의 올바름을 어떻게 지지할

---

1 유비에 의존하는 논증은 종종 꽤 취약하다는 것을 언급하지 않을 수 없다(Mukerji 2017, 9장을 볼 것). 그래서 나는 우리가 의존할 유비가 단지 설명 목적으로 기여할 뿐이라는 것을 덧붙이지 않을 수 없다. 그 유비는 어떠한 논증적 무게도 지니지 않는다.

(의문시할) 수 있는지 설명할 것이다. 그런 다음 철학 논변에서 직관의 작용에 관한 실험적 자료도 마찬가지라는 것을 보여줄 것이다. 그러면 이것은 철학에서 실험적 연구에 대해 합리적인 동기를 제공하는 것처럼 보인다(2.3절). 실험철학을 옹호하는 논증을 더 구체적으로 만들기 위해 우리는 대체로 추상적인 1, 2, 3절의 우리 논의를 철학에서 실험적 정보에 근거한 논증을 전개하는 데 사용될 수 있는 세 개의 특수한 논증 도식으로 보완할 것이다(2.4절). 이 장 끝 무렵에 실험적 연구가 철학적 탐구에 활기를 불어넣을 수 있다는 것을 확립하려는 추가 논증을 확인할 것이다. 흥미롭게도 이 논증은 안락의자 철학자들조차도 승인할 만한 것일 수 있다(2.5절). 그 논증의 목표는 실험적 자료가 고전적인 철학적 물음들에 답할 때 역할을 할 수 있다는 것을 보여주려는 것이 아니라 오히려 이 물음들을 해석할 때 역할을 할 수 있다는 것을 보여주려는 것이다. 마지막으로 우리는 이 장 전체를 통해 확립했던 결과들을 요약하는 것으로 마무리 지을 것이다(2.6절).

2.1 경험적 명제

MAP를 따르는 철학적 주장에 대한 검토는 예컨대 과학에서 경험적 주장이 검토되는 방식과 유사하다. 과학적 탐구에서 그 탐구의 목적은 종종 "모든 X에 대하여 Y라는 것은 옳다" 형식의 일반 법칙을 확인하는 것이다. 이것을 설명하기 위해 일반적인 경험적 주장의 흔한 예를 생각해 보자.

  (E) 모든 백조는 희다.

분명히 우리는 이 명제를 **관찰**을 통해 시험할 수 있다. 예컨대 우리는 인근에 있는 공원을 걸으며 연못의 백조를 볼 수 있다. 우리가 그렇게 한다고 해보자. 우리는 연못을 따라 걸으며, 각각의 개별 백조를 본다. 그것들은 모두 희다. 우리에게는 이것으로부터 어떤 결론을 내리는 것이 보증되는가? 우리가 모든 백조가 희다고 결론지을 수 있을까?

물론 그러한 광범한 추리는 정당화되지 않을 것이다. 그 결론은 결국 실존하는 모든 백조와 관련이 있을 것이다. 비록 검사를 한 **모든** 백조가 희다 할지라도, 우리가 만나는 다음 백조가 다른 색깔이라는 것은 생각 불가능한 것은 아닐 것이다. 철학에서 **귀납의 문제**로 알려진 이 문제는 스코틀랜드 철학자 데이비드 흄(David Hume, 1739-40/1960)이 이미 지적하였다.

이것은 우리가 결코 모든 백조가 희다는 명제를 그 진리치에 의거해 평가할 수 없다는 것을 의미하는가? 그런 것 같지 않다. 왜냐하면 우리가 관찰하는 다음 번 백조가 실제로 다른 색깔을 띠는 일이 있을 수 있기 때문이다. 그 경우에 모든 백조가 희다는 명제는 반대 사례에 의해 반증될 것이다. 그래서 일반적인 경험적 기본 주장에 대한 검토를 할 때면, 다음 원리가 나타난다.

반증 원리

일반적인 경험적 기본 주장을 확증하는 개별 사실들은 그것을 결정적으로 증명하지 못한다. 그렇지만 일반적인 경험적 기본 주장과 모순되는 하나의 사실은 그것을 반증한다.

특정 백조가 희지 않다는 **사실**은 모든 백조가 희다는 일반적인 경험적 기본 주장을 결정적으로 반증한다. 만일 백조인데 희지 않은 표본이 하나라도 실존한다면, 그 명제는 실제로 그르다. 그렇지만 그것은 일단 주어진 백조가 다른 색깔을 띠는 것처럼 보인다고 할 때 모든 백조가 희다는 기본 주장을 버려야 한다는 것을 의미하지 않는다. 무엇보다도 우리의 관찰이 오류를 범할 수 있다. 따라서 완강하게 저항하는 개별 관찰은 일반적인 경험적 기본 주장을 결정적으로 반증하지 못하는데, 왜냐하면 이 관찰을 결국 그 기본 주장과 모순되지 않게 만드는 그럴듯한 설명이 있을 수 있기 때문이다.

- 어쩌면 우리는 백조처럼 보이지만 백조가 아닌 새를 관찰했을 수 있다.
- 어쩌면 우리가 색깔 지각에서 오류를 범할 수 있을 정도로 빛이 너무 희미했거나 거리가 너무 멀었을 수 있다.
- 어쩌면 어떤 장난꾼이 흰 백조에 검은 색을 칠해서 장난을 쳤을 수 있다.[2]

그럼에도 불구하고 만일 모든 백조가 희다는 명제와 맞지 않는 관찰을 반복한다면 우리는 당연히 그 명제를 거부해야 한다. 개별 관찰들은 모두 오류를 범할 수 있지만, 소수의 개별 관찰이라도 일반적인 경험적 주장이 그를 가능성을 크게 높일 수 있다. 그러면 그 주장을 계속해서 믿는 것은 비합리적일 것이다. 예컨대 우리가 네 개의 관찰을 한다고 가정해 보자. 맞다면 각각의 관찰은 모든 백조가 희다는 주장을 전복시킬 것이다. 그렇지만 그것들 모두 몹시 오류가 발생하기 쉽다고 가정해

---

2   드레츠키(Dretske 1970)의 사고실험을 생각나게 하는 가능한 설명은 있음직하지 않지만 불가능한 것은 아니다. 얼마 전 이탈리아 동물원은 차우차우 강아지를 판다로 위장하기 위해 흑백으로 염색했다.

보자. 그것들이 그를 가능성이 각각의 경우에 75%라고 가정해 보자. 그러한 가정에서 네 관찰 모두 잘못을 범할 개연성은 $(75\%)^4 = 31.64\%$에 불과하다.[3] 따라서 모든 백조가 희다는 가설을 거부하는 것이 합리적일 것이다. 결국 그 가설은 옳을 가능성보다 그를 가능성이 더 높다. 결정적으로 우리가 지금까지 얼마나 많은 흰 백조를 관찰했는지도 역할을 하지 않는다. 설령 그 숫자가 수백만에 달하더라도, 소수의 반항하는 관찰만으로도 모든 백조가 희다는 주장의 신용을 떨어뜨리기에 충분할 것이다. 따라서 관찰의 경우에 다음 일반 원리가 떠오른다.

반대칭성 원리
일반적 기본 주장과 상충하는 관찰은 그것을 확증하는 관찰보다 훨씬 더 많은 무게가 실린다.

2.2 철학적 명제

MAP를 따르는 류의 철학적 명제에 대한 검토는 경험적 사실 진술에 대한 검토와 세 가지 방식으로 닮았다.

특징 1
많은 철학적 명제는 "모든 X에 대하여 Y라는 것은 옳다" 형식의 일반적 기본 주장이다.

---

3   모든 관찰이 그를 전체 개연성 계산은 물론 잘못된 관찰의 개별 개연성들이 서로 독립적일 경우에만 타당하다.

특징 2

철학에서 우리는 사실 진술과 관찰 진술을 구별할 수 있다.

특징 3

일반적인 철학적 명제는 그것과 모순되는 하나의 사실에 의해 반증된다(반증 원리). 그렇지만 일반적인 철학적 명제에 반하는 이야기를 하는 하나의 철학적 관찰은 보통 그것의 신용을 완전히 떨어뜨리기에 충분하지 않다. 그럼에도 불구하고 관찰된 반대 사례는 철학적 탐구에서 매우 높은 무게가 실린다(반대칭성 원리).

명료성을 위해 경험적 명제와 철학적 명제 사이의 이러한 세 가지 공통점을 간단한 예를 들어 설명하는 것이 좋을 것 같다. 이를 위해 2절에서 맞닥뜨렸던 "지식이란 무엇인가?"라는 물음을 생각해 보자. 우리는 이 물음에 대한 표준 답이 있다는 것을 이미 안다. 그것은 **지식에 대한 표준 분석**이라 불린다. 이 분석은 지식을 정당화된 옳은 믿음으로 해석한다. 그렇게 해서 제안된 철학적 명제는 다음이다.

지식에 대한 표준 분석

지식은 정당화된 옳은 믿음이다.

이 철학적 기본 주장은 "모든 X에 대하여 Y라는 것은 옳다" 형식의 일반 명제이다. 결국 지식에 대한 표준 분석은 **모든 상황**에서 만일 어떤 사람이 **p**를 믿고, 만일 그가 **p**를 믿는 일이 정당화되고, 만일 **p**가 옳다면, 그는 **p**라는 것을 안다고 말한다. 그런 점에서 그것은 모든 백조는 희다는 일반적인 경험적 명제와 똑같은 종류의 것이다(특징 1).[4]

더 나아가 우리는 사실과 관찰을 구별할 수 있다(특징 2).

- 애나는 p라는 것을 안다.
- 애나는 p라는 것을 믿는다.
- 애나는 p라고 믿는 데 대해 정당성이 있다.
- p는 옳다.

이 모든 것은 성립하거나 성립하지 않을 수 있는 **사실들**이다.

이제 우리는 그것들을 어떻게 **관찰**할 수 있을까? 철학적 명제의 경우에 역할을 하는 종류의 관찰이 앞 절에서 논의했던 경험적 사례에서 우리가 사용하는 종류의 관찰과 다른 종류의 것임은 분명하다. 모든 백조가 흰지 알아내고 싶을 때 우리는 **감각 자료**, 또는 좀 더 특수하게 시각 자료에 의지한다. 철학적 명제에 관해서는 이것은 작동하지 않을 것이기 때문에 배제될 것이다. 무엇보다도 우리는 어떤 사람이 p라는 것을 안다는 것을 볼 수 없다. 우리는 그것을 들을 수도 없다. 그렇다면 우리는 그것을 어떻게 관찰할 수 있을까?

사실상 우리는 앞 장에서 이 물음에 이미 답을 했다. 현대 분석철학에서 특수한 방법이 표준이 되었다. 그것은 **직관**의 방법적 사용이다. 직관은 말하자면 철학적 관찰이다.[5]

그러나 직관이란 무엇인가? 철학자들은 저마다 이 물음에 다소 다른

---

4   물론 개별 사례들과만 관계가 있는 철학적 명제도 있다. 예컨대 "애나는 버트가 그녀를 사랑한다는 것을 안다"나 "크리스티나가 대니얼에게 거짓말하는 것은 부도덕한 일이다" 같은 철학적 명제도 있다.

5   어떤 철학자들은 직관을 철학적 관찰이 아니라 **철학적 감각**으로 생각하는 것을 선호하는 것처럼 보인다. 예컨대 네이글 외(2013, 653)는 "지식의 지각"에 관해 이야기할 때 이 태도를 표현하는 것처럼 보인다.

방식으로 대답해 왔다(Cohnitz & Haukioja 2015 ; Pust 2014).[6] 어떤 사람들은 직관이 단순히 의견에 지나지 않는다고 믿는 것처럼 보인다(예컨대 Lewis 1983). 그 견해에 따르면, p라는 직관을 갖는다고 말할 때 우리는 단지 우리가 p라고 믿는다는 것을 표현하고 싶어 할 뿐이다. 그렇지만 직관 개념에 대한 이 해석은 문제가 있다. 무엇보다도 어떤 직관을 가지고 있는 사람이 이 직관이 틀렸다는 결론에 도달할 수 있다는 것은 흔히 인정된다(Bealer 1996, 1999). 나는 내가 p라는 직관을 가지고 있지만, 반성을 통해 p가 그르다는 견해에 도달했다고 모순 없이 말할 수 있다. 예컨대 나에게는 n차원 공간에 있는 점들의 집합이 직선상의 점들의 집합보다 커야 하는 것처럼 보일 수 있다. 그렇지만 게오르크 칸토어(Georg Cantor)의 증명 덕분에 나는 이 직관이 그르다는 결론에 도달할 수 있다.[7] 따라서 우리는 의견과 직관을 구별할 개념적 자원이 있어야 한다. 그것은 우리가 전자를 후자와 동일시하지 않을 경우에만 가능하다.

  철학적 역설이 적절한 사례이다. 역설은 모두 옳은 것처럼 보이지만, 합치면 모순을 산출하고, 그래서 모두가 동시에 옳을 수는 없는 명제들 집합이다. 역설을 해결하는 한 가지 방식은 그 모순을 해소하는 일로 이루어진다. 이를 위해 우리는 외견상의 모순이 사실의 관점에서 보면 진짜 모순이 아님을 보여준다. 역설을 해결하는 두 번째 방식은 명제들 중 하나를 거부하는 일로 이루어진다. 그 경우에 우리는 해당 명제가

---

6 나도(Nado 2016)가 언급하듯이, 철학자들이 직관 전체 집합의 본질적 특성으로 만장일치로 간주할 속성은 없다.

7 나와 마찬가지로 칸토어도 이 결과가 몹시 반직관적이라고 판단했다. 리하르트 데데킨트(Richard Dedekind)에게 보낸 편지에서 그는 "난 그것을 보지만 믿지 않아!" ("Je le vois, mais je'n le crois pas!")라고 썼다. (Wallace 2003, 259에서 인용).

단순히 옳은 것처럼 보이지만(철학적 관찰), 실제로는 (사실이) 아니라고 말할 것이다.

따라서 직관은 의견이 아니라 직접적 인상(impression)으로 해석되어야 한다(Mukerji 2014). 어떤 사람이 p라는 것을 아는지 확인하고 싶을 때 우리는 우리에게 그가 p라는 것을 아는 것처럼 보이는지 묻는다. 이렇게 물음으로써 우리는 말하자면 그 사람이 p라는 것을 안다는 **사실을 관찰한다**. 그래서 우리는 철학에서도 사실과 관찰을 구별할 수 있다. 또한 둘 사이의 관계는 경험적 사례와 유사하다. 철학적 관찰—즉 직관—은 철학적 사실 문제에 관한 우리의 판단을 뒷받침한다. 어떤 사람이 p라는 것을 아는 것처럼 보인다는 관찰은 그가 실제로 p라는 것을 안다는 명제를 뒷받침한다.

어떤 사람이 옳고 정당하게 p라는 것을 믿으면서 p라는 것을 알지 못한다는 사실은 지식이 정당화된 옳은 믿음이라는 기본 주장을 반증한다(반증 원리). 어떤 사람이 옳고 정당하게 p라는 것을 믿으면서 p라는 것을 알지 못한다는 우리의 직관은 지식이 정당화된 옳은 믿음이라는 기본 주장을 의심하게 한다. 그러나 엄밀히 말해 그것은 그 기본 주장을 반증하지 못한다. 무엇보다도 우리의 직관이 우리를 속일 가능성이 있다. 그럼에도 불구하고 반대칭성 원리는 철학에서도 지배력이 있다. 즉 우리가 직관을 통해 관찰하는 반대 사례들은 큰 비중을 차지한다(특징 3).[8]

---

8 에드문트 게티어가 제안한 사고실험들은 적절한 사례다. 게티어(1963)에서 그는 그 사고실험들을 지식에 대한 표준 분석에 대한 반대 사례로 사용하였다. 그의 비판은 대부분의 철학자가 곧바로 게티어의 논증을 수용하고, 지식에 대한 표준 분석을 거부할 정도로 치명적이었다.

2.3 실험적 자료의 관련성

일반적인 경험적 주장을 시험하고 싶을 때 우리는 관찰을 한다. 앞에서 이미 언급했듯이, 이러한 관찰은 오류를 범하기 쉽다. 그렇지만 오류가 발생하기 쉬운 정도는 저마다 다르며, 이 정도들은 우리가 관찰에 기초하여 형성하는 확신들의 신빙성을 평가할 때 역할을 한다. 관찰이 정확할 가능성은 그 관찰을 나오게 하는 원천에만 의존하는 것이 아님을 유의하는 것이 중요하다. 관찰이 이루어지는 환경 또한 커다란 역할을 한다.

우리의 시각을 생각해 보라. 시각은 보통 매우 신빙성 있다. 시각을 통해 어떤 사태를 관찰할 때 우리는 고도의 개연성을 가지고 우리의 관찰이 실제로 실재를 적합하게 표상한다고 결론지을 수 있다. 백조처럼 보이는 새를 보는데 그 새가 흴 때, 우리는 십중팔구 흰 백조를 보고 있다고 결론지을 수 있다. 그러나 우리는 모든 환경에서 우리 시각을 신뢰할 수는 없다. 조명 조건이 최적이 아닐 때, 또는 관찰 대상이 멀리 떨어져 있을 때 우리는 분명히 우리의 눈을 덜 신뢰해야 한다.

또한 착시도 있다. 예컨대 그림 2.1에서 두 수평선의 상대적 길이를 판단하려고 하면, 우리는 오류를 범하기 쉽다. 위에 있는 것이 더 긴 것처럼 보일 수 있지만, 사실상 두 수평선은 길이가 같다. 이른바 이 뮐러-라이어 착시(Müller-Lyer illusion)는 우리가 언제나 서로에 상대적인 선의 길이를 정확히 측정할 수 있는 것은 아니라는 것을 예증한다. 그 수평선들에 붙어 있는 지느러미들이 우리를 속이는 데 한몫을 한다. 그 지느러미들이 선에서 멀어지면(그림 2.1에서 위), 이것은 그 선들을 더 길어 보이게 한다. 이와 대조적으로 지느러미들이 안쪽을 향하면(그림 2.1에서 아래), 이것은 그것들을 더 짧아 보이게 한다. 이 경우에 우리는 우리의 지각을 착시라 부르는데, 왜냐하면 지각된 선들의 길이가 그것들의 실제 길이를 적합하게 나타내지 않기 때문이다.[9]

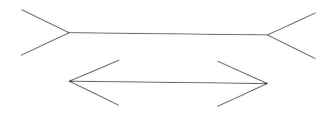

그림 2.1. 뮐러-라이어 착시

이런 종류의 착시 가능성은 시각이 때로 신빙성이 없다는 것을 암시한다. 그러나 이것이 우리가 시각의 평결을 의심하는 것이 합리적일 수 있는 유일한 이유는 아니다. 우리는 때로 사태의 측면을 부정확하게 지각하는 것만이 아니다. 게다가 우리는 때로 어떤 것들을 **지각하지 못한**다. 미국 심리학자 대니얼 J. 시몬스와 크리스토퍼 F. 차브리스(Daniel J. Simons and Christopher F. Chabris)는 잘 알려진 실험에서 이것을 분명히 했다(Simons & Chabris 1999). 그들은 피험자들에게 농구공을 주고받는 여러 사람을 보여주는 짧은 비디오를 보게 했다. 비디오 속 사람들 중 절반은 흰 셔츠를 입었다. 다른 절반은 검정 셔츠를 입었다. 피험자들은 흰 셔츠 팀의 멤버들이 던진 패스의 수를 세도록 요구받았다. 시몬스와 차브리스는 그들에게 검정 셔츠를 입은 사람들이 던진 패스를 무시하라고 구체적으로 요구했다. 대략 45초 후 예상치 못한 일이 발생했다. 검은 고릴라 복장을 한 한 여성이 화면을 가로질러 걸

---

9 흥미롭게도 이 착시는 문화 간 연구가 보여주었듯이 모든 사람에게 효과가 있는 것처럼 보이지 않는다. 칼라하리의 산(San)족 수렵 채집인들은 이 착시에 면제되어 있는 것처럼 보인다(Segall et al. 1966).

어서 몇 초 동안 눈에 띄었다. 전체 동영상을 보고 던져진 패스의 수를 세어본 후 피험자들에게 평소와 다른 점을 알아차렸는지 물었다. 그들의 답으로부터 시몬스와 차브리스는 참가자들 중 절반이 고릴라 복장을 한 여성을 알아차리지 못했다고 결론지을 수 있었다. 그들은 패스를 세느라 너무 바빠서 그들의 인지능력을 충분히 사용하지 않았고, 추가 정보를 처리하지 않았다.

따라서 우리는 우리의 시각적 관찰을 무조건적으로 신뢰하는 것이 비합리적이라고 결론지어야 한다. 오히려 우리는 착시의 가능성을 허용해야 하고, 우리의 지각에 틈새가 있을 수 있다는 것을 고려해야 한다. 그와 연관해서 우리는 **지각심리학**과 **인지심리학**의 실험적 자료를 참고하는 것이 유익하다고 판단할 수도 있을 것이다. 그 연구를 통해 우리는 오류와 맹점의 가능성을 의식하게 되고, 이것은 다시 우리가 우리 관찰의 신빙성에 대해 더 정확한 이해를 형성하는 데 도움이 될 수 있다. 화살촉이 반대 방향을 가리키고 있는 두 선을 볼 때 우리는 한 선이 실제로 다른 선보다 길지 않을 가능성을 고려해야 한다.[10] 그리고 우리가 인지적으로 힘든 일을 수행하고 있을 때, 우리는 상황의 모든 세부 사항을 처리할 수 없을 가능성을 열어두어야 한다. 다시 말해서 우리의 지각 기관과 우리의 인지능력의 한계에 관한 경험적 지식은 우리의 관찰이 올바를 가능성을 평가하는 데 도움이 될 수 있다.

앞 절에서 우리는 경험적 관찰과 철학적 직관 사이의 유비를 끌어냈다. 후자는 어떤 의미에서 **철학적 관찰**이라고 우리는 말했다. 직관을 통해 우리는 철학자들에게 흥미로운 어떤 사실들, 예컨대 어떤 사람이 주

---

10   그렇지만 만일 당신이 칼라하리 출신이라면, 당신은 괜찮을 수도 있을 것이다(이 장 각주 9를 볼 것).

어진 명제를 안다(또는 알지 못한다)는 사실을 관찰할 수 있다. 우리는 또한 감각적 관찰이 경험적 사실에 대한 검토에서 하는 역할과 유사하게 직관이 철학적 탐구에서 역할을 한다고 진술했다. 우리가 감각을 통해 어떤 추정적 사실을 관찰할 때 그것은 그 추정적 사실이 실제로 성립한다고 믿을 이유이다. 이제 우리는 경험적 관찰이 오류를 범하기 쉽다는 점이 우리의 지각 및 인지능력의 작용에 대한 실험적 연구의 관련성을 만든다는 것을 알았다. 경험적 관찰의 역할과 철학적 직관의 역할 사이의 명백한 유비 때문에 직관의 경험적 속성에 관한 실험적 연구가 철학적 탐구와도 관련이 있을 수 있다는 것을 찾는 것은 그리 멀리 떨어져 있지 않다. 결국 만일 우리가 실험적 연구를 통해 경험적 관찰의 신빙성을 측정할 수 있다면, 왜 우리는 철학적 탐구에서도 직관의 신빙성을 평가하는 데 그것을 사용할 수 없어야 하는가?

언뜻 보기에 한 가지 고찰은 경험적 사례와 철학적 사례 사이에 실제로 비유사성이 있다는 것을 암시하는 것처럼 보인다. 보통 우리는 우리의 관찰이 틀렸는지 여부를 아주 쉽게 결정할 수 있다. 그렇지만 직관의 경우에는 이것이 훨씬 더 어려운 것처럼 보인다. 이 논증을 다루기 전에 그것이 말하는 것이 무엇인지를 명확히 밝히는 것이 중요하다. 그러니 이 일을 먼저 하기로 하자.

우리는 주어진 시지각이 사실상 착시에 기초를 두고 있는지 쉽게 확인할 수 있다. 예컨대 그림 2.1을 살펴본 후 우리는 자를 꺼내 두 선이 실제로 길이가 같은지 측정할 수 있다. 우리는 또한 우리의 관찰이 틈새가 있는지도 검사할 수 있다. 시몬스와 차브리스의 경우에 우리는 영상을 되돌려 고릴라가 실제로 거기에 있었는지 확인할 수 있다. 또한 많은 관찰을 독립적인 감각적 지각을 통해 검사할 수 있다. 예컨대 이 순간에 나에게는 내 앞에 노트북이 있는 것처럼 보인다. 나는 내 시각이 나를 속이지 않는다고 꽤 확신한다. 무엇보다도 나는 노트북에 손을 뻗어 그것을 만질 수 있다. 내 촉각은 내 시각 인상을 확증한다. 내가 자판을 두드리면, 나는 어떤 소리를 들을 수 있다. (그것들 중 어떤 것들은 나를 당혹스럽게 할 수 있다. 어쩌면 나는 새 노트북을 사야 할 것 같다.) 그렇지만 철학적 사고실험에 관한 직관의 경우에는 이것이 어려워 보인다. 여기서는 이를테면 어떤 사람이 p라는 것을 안다는 나의 직접적 인상이 내가 가진 것 전부이다. 나에게 내 인상을 확증하거나 반증하게 해줄 관찰 방법이 전혀 없다. 그것은 우리가 경험적 수단을 사용해 직관을 검사할 수 없다는 것을 시사하는 것처럼 보인다. 내가 직관을 "측정하기" 위해 사용할 수 있는 자가 없으며, 우리의 직관을 시험하기 위해 사용할 수 있는 다른 감각 인상도 없다(Cummins 1998). 그렇다면 이것은 감각 지각의 경우에 할 수 있는 방식으로 우리가 우리 직관의 신빙성을 평가할 수 있는 가능성을 배제하는가?

반드시 그렇지는 않다. 대체로 이렇게 진술될 수 있는 반대 논증이 있다. 비록 우리 직관을 검사하는 데 사용할 수 있는 외부 표준이 없긴 하지만, 그럼에도 불구하고 우리는 그것들이 어떤 경험적 속성을 소유하는지를 확인할 수 있다. 그리고 이 경험적 속성은 직관의 신빙성에 대한 평가와 관련이 있을 수 있다. 이러한 생각을 통해 우리는 다음 논증을 정식화할 수 있다.[11]

신빙성으로부터의 논증

(P1) p라는 우리의 직관은 경험적 속성 E를 소유한다. (경험적 전제)

(P2) 만일 어떤 직관이 경험적 속성 E를 소유한다면, 그것은 **그 정도까지** 신

11　다음 도식은 내가 Mukerji(2014)에서 제안한 논변 도식의 일반화된 형식이다.

빙성 있다(없다). (가교 역할 전제)

(C) p라는 우리의 직관은 그 정도까지 신빙성 있다(없다).

이 일반 도식으로부터 우리는 두 종류의 실험적 정보에 근거한 논증, 즉 주어진 직관의 **신용을 증가시키는** 논증과 주어진 직관의 **신용을 감소시키는** 논증을 도출할 수 있다. E-Phi와 X-Phi$_p$의 지지자들은 두 종류의 논증을 모두 사용하는 반면에, X-Phi$_N$의 지지자들은 후자만 사용한다.

위 도식을 따르는 개별 논증들이 제한된 힘만을 갖는다는 것을 주목하는 것이 중요하다. 주어진 실험적 정보에 근거한 임의의 논증은 단지 주어진 직관의 신용을 증가시키거나 감소시킬 뿐이며, 그 **정도까지만** 그렇게 한다. 즉 그 논증은 문제의 경험적 속성을 소유하는 한에서만 그 직관의 신용에 대해 말한다. 다시 말해서 실험적 정보에 근거한 논증은 보통 우리가 어떤 특정 직관의 신용에 대해 명확한 언명을 하도록 허용하지 않는다.

그럼에도 불구하고 실험적 정보에 근거한 논증들은 철학적 문제에 관한 논쟁에서 커다란 영향을 미칠 수 있다. 그러한 많은 논쟁은 교착 상태에 빠져 있다. 반대 진영의 철학자들은 그들이 직관적이라고 말하는 전제들을 주장하는데, 비록 다른 쪽의 성원들은 거부한다 할지라도 그렇다. 이 "직관 팔이"는 직관에 대한 모든 호소를 약하게 만들기 때문에 누구의 견해가 더 설득력 있는지 알아내는 일을 어렵게 만들 수 있다(Mizrahi 2012). 그런 상황에서 실험적 정보에 근거한 논증은 이런저런 견해에 유리하게 저울추를 기울게 할 수 있다. 논쟁의 한 쪽에서 사용되는 직관이 다른 쪽에서 사용되는 직관보다 더 신용할 만하다는 것을 보여주는 데 성공한다면, 그들은 상당한 성과를 거둘 수 있다.

　　우리가 실험적 정보에 근거한 논증이 가질 수 있는 영향력을 관찰할수 있는 철학 분야 중 하나는 **규범윤리학**이다. 이 분야의 현대 논쟁은대부분 결과주의자와 의무주의자 사이의 논쟁이 만들어 냈다. 결과주의자들은 최선의 결과를 갖는 것을 행하는 것이 언제나 도덕적으로 허용 가능하다고 믿는다. 겉보기에 이 생각은 상당히 매력적이다. 그 생각은 우리가 직관적으로 믿는 것과 일치하는 것처럼 보인다. 그렇지만의무주의자들은 결과주의적 관점을 거부한다. 결과주의를 비판하기 위해 그들은 결과주의가 다소 반직관적인 결과로 이끄는 개별 시나리오에 관한 직관에 주의를 기울인다. 따라서 결과주의자와 의무주의자 사이의 논쟁에서 우리는 결과주의가 추상적인 견지에서 직관적으로 호소하는 반면에, 구체적 사례들에서는 직관적으로 구미에 맞지 않는 결과로 이끈다는 문제에 직면한다(Nida-Rümelin 1997b). 직관을 지지함과 반대함의 이 공존은 비생산적인 논증적 교착상태를 만들어 내는데, 이 교착상태에서 반대쪽 철학자들은 자신들의 견해를 형성하는 전제들의 직관적 호소력을 계속해서 내세운다.[12] 어떤 결과주의적 도덕철학자들(특히 Greene 2008과 Singer 2005)은 실험에 입각한 논증을 사용해그것을 제거하려 했다. 이를 위해 그들은 결과주의를 약화시키는 경향이 있는 사례에 관한 직관들을 신뢰해서는 안 된다고 주장하였다. 신

12　마이클 리지(Michael Ridge)는 규범윤리학에서 이러한 유형의 교착상태를 진단한다. 그는 "많은 현대의 일차질서 도덕 이론은 결과주의자와 의무주의자 사이의 논쟁을 중심으로 전개되는데," "이 논쟁은 폭주하는 트롤리, 얕은 연못에서 아이들을 익사시키는 일, 문 앞에서 살인자에게 거짓말하는 일 등에 관한 해결 불가능한 일차질서 직관 팔이로 귀결되는 것처럼 보인다."고 말한다(Ridge 2015, 17). 곧바로 그는 말한다. "필요해 보이는 것은 일차질서 도덕적 직관에 크게 의존하지 않는 결과주의나 의무주의에 대한 논증이다."(Ridge 2015, 17). 비록 리지 자신은 확실히 실험적 정보에 근거한 논증을 염두에 두고 있지 않지만, 그러한 논증이 그의 기준을 충족시킨다는 것은 분명하다.

경 과학적 자료를 인용함으로써 그들은 의무주의적 관점의 기초를 이루는 직관이 전형적으로 정서적으로 유도된 반응에서 도출되는 반면에, 의무주의적 철학자들이 안출하는 원칙적 설명은 이 정서적 반응에 대한 합리화로 간주해야 하는 것이 적절하다고 주장하였다. 이와 대조적으로 그린과 싱어는 결과주의적 이론은 정서적 반응이 아니라 오히려 더 신빙성 있는 것처럼 보이는 인지 과정의 산물이라고 주장한다. 따라서 이 저자들은 의무주의적 논증들의 무게는 무시해야 하는 것이 그럴듯하며, 이유들의 균형은 결과주의자 쪽을 지지한다고 결론짓는다.[13]

2.4 간극 메우기

앞 절에서 우리는 실험적 정보에 근거한 논증, 즉 신빙성으로부터의 논증의 일반 도식을 소개했다. 우리는 그것의 두 가지 변종을 구별하고, 그것들의 잠재적 범위에 대해 논의했다. 이 절에서는 이 논증들의 철학적 그럴듯함에 대해 더 검토할 것이다. 요나 슈프바흐(Jonah Schupbach)가 지적하듯이, "신빙성 개념은 상대적이고 규범적이다." 그것은 "어떤 것은 무조건적으로 신빙성이 있을 수 없다. 그것은 어떤 특정 규범에 상대적으로만 신빙성 있다"는 것을 의미한다(Schupbach 2017, 696). 따라서 그 일반 도식의 구체적 버전은 직관의 구체적 속성 및 이 속성에 기초하여 그 직관에 신빙성(비신빙성)을 귀속시키는 규범을 구

---

13   나는 이 논증의 어떤 측면을 다른 곳에서 비판하였다(Mukerji 2014, 2016). 또한 Heinzelmann(2018)과 Paulo(2019)를 볼 것. 의무주의적 관점에서 결과주의에 대한 일반적 비판은 Nida-Rümelin(1997a, 1997b, 2018)을 볼 것.

체화해야 한다. 이 절에서 논의할 속성들은 다음과 같다.

속성 1

p라는 직관에 관한 일치(또는 불일치)가 있다.

속성 2

p라는 직관은 당면한 문제와 무관한 요인에 의해 야기된다.

속성 3

p라는 직관은 틀 짜기 효과에 민감하다.

2.4.1 일치와 불일치

철학자들은 종종 철학적 물음에 대한 논의를 그 물음에 대한 특정 답이 대부분의 사람이 직관적으로 그럴듯하다고 판단하는 생각과 일치하는 것처럼 보인다고 언급하는 것으로 시작한다. 우리는 1.5절에서 이미 이것의 예를 만난 적이 있는데, 거기서 자유의지 문제에 관한 논쟁의 몇 가지 측면을 살펴보았다. 이 논쟁에서 기고자들은 종종 대부분의 사람이 양립 불가능론의 견해를 직관적으로 수용한다고 주장한다. 양립 불가능론은 세계의 흐름에 대한 완전한 인과적 결정론이 자유의지의 가능성을 배제한다는 생각이다. 예컨대 그 논쟁의 저명한 당사자인 로버트 케인(Robert Kane)은 다음과 같이 쓰고 있다. "내 경험상 대부분의 사람은 처음 접할 때 자유의지와 결정론이 양립 가능할 수 있다는 생각에 저항한다."고 그는 말한다(Kane 2005, 12). 양립 불가능론의 직관성에 관해 주장되는 이러한 일치는 그것의 철학적 신용을 증가시킨다—적어도 우리가 그것을 의심할 실질적 이유를 알지 못하는 한.

다시 말해서 양립 불가능론은 "무단 거주자의 권리"(squatter's rights)를 갖는다.

이 노선의 추론은 신빙성으로부터의 논증의 변형인 일치로부터의 논증 도식을 따른다.

일치로부터의 논증

(P1) p라는 직관에 대해 일치가 있다.

(P2) 만일 p라는 직관에 대한 일치가 있다면, 이 직관은 그 정도까지 신빙성이 있다.

(C) p라는 직관은 그 정도까지 신빙성이 있다.

그렇다면 이 논증은 현대 분석철학자들의 발자취를 따른다. 이 논증을 끄집어내는 실험철학자들은 단지 분석철학자들이 오랫동안 해왔던 논의를 이어가는 것처럼 보인다. 그런 만큼 일치로부터의 논증에 따르는 그들의 추론은 건전한 것처럼 보인다. 만일 있다면, 그 추론은 분석철학자들이 과거에 내놓은 논증들보다 더 건전한 것처럼 보인다. 무엇보다도 경험적 전제 P1을 지지하기 위해 실험철학자들은 단순한 일화에 안주하지 않는다("내 경험상 … "). 그들은 P1이 사실상 경험적 증거에 의해 지지될 수 있는지 여부를 확인하려 한다. 그들은 예컨대 양립 불가능론이 직관적 견해로 불리는 것이 적절한지를 실험을 통해 시험할 준비가 되어 있다.[14]

과거에 실험적 연구자들은 종종 철학자들이 아마추어 일반인들이 직

---

14   이런 이유로 푸스트(Pust 2014)는 이런 유형의 실험적 연구를 실험철학 내의 "검증 기획"이라고 불렀다.

관적이라고 판단하는 것과 판단하지 않는 것을 잘못 판단한다는 것을 발견했다. 1.5절에서 보았듯이, 나미아스 외(2005, 2006)는 대부분의 사람이 어떤 시나리오들을 판단해야 했을 때 양립 가능론적(양립 불가 능론이 아니다!) 판단이 직관적으로 그럴듯하다고 판단했음을 시사하는 증거를 발견했다. 다른 경우에 실험철학자들은 우리를 특정 직관에 대해 불일치가 있다는 결과에 맞닥뜨리게 했다. 1.6절에서 논의했듯이, 웨인버그 외(2001)는 서로 다른 인종 집단의 성원들이 지식 개념에 관해 상당히 다른 직관을 보고한다는 것을 발견했다. 직관의 불일치 현상은 일반적으로 실험철학자들의 논쟁에서 커다란 역할을 한다(글상자 2.1). 그러한 연구 결과는 이 직관들을 그 정도까지 신빙성 없는 것으로 간주하도록 보증한다고 그들은 주장한다.

글상자 2.1. 불일치의 차원

실험철학자들은 다양한 차원에서 사람들 사이의 불일치를 발견했다. 웨인버그 외(2001)는 인종적·사회경제적 집단들 사이의 불일치를 보고했다. 그 후 또 다른 종류의 차이에 관한 탐구, 예컨대 성별(Buckwalter & Stich 2014; Seyedsay-amdost 2014), 연령 집단(Colaço et al. 2014), 성격 유형(Feltz & Cokely 2009) 사이의 차이에 관한 탐구가 이어졌다. 문헌의 최근 개요는 Mach-ery(2017, 2장)를 볼 것.

불일치에 관한 연구 결과에 흥미가 있는 실험철학자들은 종종 일반

적인 신빙성으로부터의 논증의 어떤 형태, 즉 불일치로부터의 논증을
사용하여 그것들로부터 철학적 결론을 추출한다.[15]

불일치로부터의 논증

(P1) p라는 직관에 대해 불일치가 있다.

(P2) 만일 p라는 직관에 대해 불일치가 있다면, 이 직관은 **그 정도까지** 신빙
성이 없다.

(C) p라는 직관은 **그 정도까지** 신빙성이 없다.

이 논증 역시 그 뿌리를 전통적인 철학적 관행에 두고 있다. 영향력
있는 책 『윤리학의 방법』(*The Methods of Ethics*, 1907)에서 헨리 시즈
윅(Henry Sidgwick)은 그것을 사용한다. 그는 다음과 같이 쓰고 있다.

내가 긍정해 온 명제를 다른 사람이 부정하면 그 명제의 타당성에 대한 나의
확신을 손상하는 경향이 있다. … 왜냐하면 직관적이든 추리적이든 내 판단
들 중의 어떤 것이 다른 어떤 사람들의 판단과 직접적으로 상충하는 것을 발
견한다면, 어딘가에 오류가 있음에 틀림없기 때문이다. 그리고 만일 내 마음
보다 타인의 마음의 오류를 의심할 이유가 더 이상 없다면, 두 판단 사이의
반성적 비교는 필연적으로 나를 일시적으로 중립 상태로 떨어뜨린다.
(Sidgwick 1907, 341-42)

그래서 시즈윅은 우리에게 합리적인 것처럼 보이는 타인들이 우리의

---

15 나는 "불일치로부터의 논증"을 내가 Mukerji(2014, 230ff)에서 사용했던 의미로
사용한다. 그렇지만 다른 철학자들, 예컨대 카우피넨(2007, 107ff)은 그 용어를 달리
사용한다.

판단을 공유하지 않는다는 것을 알게 되면 우리의 판단—그리고 특히 우리의 직관적 판단—이 신용을 잃는다고 믿는다. 그는 아예 한 걸음 더 나아간다. 만일 우리가 "타인의 마음에서 오류를 의심할 이유가 더 이상 없다"면, 우리는—적어도 일시적으로라도—판단을 중지해야 한다. 따라서 우리는 명제 **p**가 우리에게 직관적인 것처럼 보인다는 사실을 **p**가 옳을 가능성이 높다는 증거로 취급해서는 안 된다. 자신들의 실험적 연구로부터 결론을 끌어내기 위해 불일치로부터의 논증을 이용하는 실험철학자들은 자신들이 헨리 시즈윅이 오래전에 사용했던 논증 방식을 사용하고 있다고 온당하게 주장할 수 있다.

그렇지만 이 시점에서 나는 시즈윅이 그의 논의에서도 만드는 제약 조건을 추가해야 한다.[16] 그는 우리 자신보다 "만일 타인의 마음에서 오류를 의심할 이유가 더 이상 없다면" 우리는 판단을 중지해야 한다고 말한다. 그러나 인간이 자신들의 직관을 신뢰할 때 종종 오류를 범한다는 것은 인지심리학의 연구로부터 잘 알려져 있다. 이것을 예증하는 예를 생각해 보자.

배트와 공 문제

배트와 공의 가격은 총 1.10달러이다. 배트는 공보다 1달러 더 비싸다. 공의 가격은 얼마인가?

심리학자 셰인 프레더릭(Shane Frederick)은 프린스턴대학교와 미시건대학교의 학생들에게 이 물음에 답하라고 요구했다. 카네만

---

16   또한 내가 Mukerji(2014)에서 주장한 것처럼, 불일치 개념을 정확하게 보정할 필요가 있다. 그렇지만 여기서는 이 문제를 다루지 않을 것이다.

(Kahneman 2003)이 보고한 바에 따르면, 50% 이상이 답이 10센트라고 말했다. 이 결과로 인해 우리가 정답이 실은 5센트라는 것을 의심해서는 안 된다. 결국 그 문제는 정확히 하나의 해답이 있으며, 그것은 산술학 법칙으로부터 따라 나온다. 이 해답이 직관적인지 여부는 중요하지 않으며, 그것의 직관성에 대해 불일치가 있는지 여부도 마찬가지로 중요하지 않다.

배트와 공 문제의 예는 우리에게 일치로부터의 논증과 불일치로부터의 논증과 관련하여 두 가지 결론을 끌어낼 수 있게 해준다.

- 만일 **p**가 옳은지 확인할 독립적 방식이 없다면, 불일치로부터의 논증만이 직관에 대해 의심을 제기한다(예컨대 산술학의 법칙).[17]
- 마찬가지로 만일 **p**가 옳은지 검사할 독립적 방식이 없다면, 일치로부터의 논증만이 **p**라는 직관의 신용을 증가시킨다.

2.4.2 무관한 요인

그렇다면 이제 지금까지의 이야기를 점검해 보자. 보통 대부분의 사람이 **p**라는 직관을 갖는다는 사실은 이 직관이 옳다는 생각을 지지한다. 마찬가지로 직관적 불일치 사실은 각각의 직관을 덜 신용 있게 만든다. 이 두 가지 발견은 어쨌든 우리가 앞 절에서 살펴본 일치로부터의 논증과 불일치로부터의 논증의 정수였다. 그렇지만 우리는 두 논증을 통해 명확한 어떤 결론도 도출할 수 없다. 주어진 직관에 관해 일치가 있다는 사실은 모든 것을 고려해 볼 때 그것을 신뢰해야 한다는 것을 함의하지 않는다. 마찬가지로 특정 직관에 관해 불일치가 있다는 사

---

17   이것을 설명하는 예는 Ludwig(2007, 147-48)를 볼 것.

실은 그것이 신빙성 없다는 전면적 결론을 끌어내도록 허용하지 않는다. 끝. 이것에는 세 가지 이유가 있다.

첫 번째 이유는 앞 절에서 이미 말했듯이 주어진 직관이 옳은지 검사할 독립적 방식이 있을 수 있다는 것이다. 배트와 공 문제에서 산술학 법칙은 그러한 방식을 제공한다. 그래서 그 경우에 사람들의 직관적 판단은 별로 중요하지 않다.

두 번째 이유는 사소하다. 실제로는 그렇지 않은데 단순히 직관적 불일치가 있는 것처럼 보일 수도 있다. 이런 일은 불일치하는 측들이 특정 구절을 달리 해석할 때 발생할 수 있다. 그 경우에 우리는 단순한 언어적 논쟁에 직면한다.[18] (이와 유사하게 단순한 "…처럼 보임"이 일치하는 경우에 우리는 언어적 일치에 대해 이야기할 수 있다.)

세 번째 이유—그리고 이것은 여기서 우리가 관심을 가질 이유이다—는 직관이 때로 **오류 이론**(Error theory)에 의해 설명될 수 있다 (또는 해명될 수 있다)는 사실이다. 그러한 이론은 왜 어떤 사람이 주어진 직관을 갖는지를 인과적으로 설명하는데, 여기서—결정적으로!—그 설명을 제공하는 요인은 그 직관이 옳은지 여부의 물음과 무관하다. 철학적 사례와 경험적 사례의 유비가 이것이 의미하는 것을 명료하게 만들 수 있다.

우리가 어떤 경험적 기본 주장이 옳은지 확인하려 할 때 정상적으로는 우리 눈을 신뢰하는 것이 합리적이다. 만일 우리가 시각적으로 주어진 사태를 지각한다면, 우리는 우리의 지각이 정확하게 실재를 표상한다고 합리적으로 결론지을 수 있다. 예컨대 만일 우리가 어떤 대상을 파랗다고 지각한다면, 정상적으로는 그 대상이 실제로 파랗다고 결론

---

18   언어적 논쟁에 대해서는 각주 8(1장)은 물론이고 1.4절을 볼 것.

짓는 것이 합리적이다. 결국 그 대상이 파랗다고 하는 사실은 왜 우리가 그것을 그렇게 지각하는지를 인과적으로 설명할 수 있다. 그렇지만 만일 우리가 이를테면 모든 것을 파랗게 지각하도록 만드는 알약을 복용한다면, 우리는 우리의 색 지각을 더 이상 신뢰할 수 없다. 그 경우에 만일 어떤 대상이 우리에게 파란 것처럼 보인다면, 이것은 두 요인 중 하나에 의해 인과적으로 설명될 수 있다. 이 대상은 실제로 파랗거나, 알약이 이러한 착시를 일으킨 것이다. 두 번째 설명은 그 대상이 실제로 파랗다고 하는 사실과 아무런 관련이 없는 요인을 끌어들인다. 그것은 파랗거나 파랗지 않거나 둘 중 하나이며, 이것은 우리가 그 알약을 복용했는지 여부에 의존하지 않는다.

철학적 사례에서 이 점은 꽤 유사하다. 철학적 기본 주장을 검토할 때 정상적으로는 우리의 직관을 신뢰하는 것이 합리적이다—적어도 어느 정도로. 예컨대 만일 어떤 규범윤리학 이론이 주어진 행위가 우리에게 분명히 그릇된 것처럼 보이지만 도덕적으로 허용 가능하다고 말한다면, 그 이론을 의심을 가지고 취급하는 것이 합리적이다. 그렇지만 그 실례에서도 우리의 직관이 틀렸음을 드러내는 방식으로 그것을 설명하는 것이 가능하다. 아마도 우리의 직관이 각각의 윤리적 물음에 대한 답과 무관한 요인에 의해 야기될 가능성이 높다는 것을 사고실험을 통해 보여줄 수 있을 것이다. 그 경우에 우리의 직관은 다음 논증 도식을 따라 의문이 제기될 수 있다.

무관한 요인으로부터의 논증

(P1) p라는 우리의 직관은 무관한 요인에 의해 야기된다.

(P2) 만일 어떤 직관이 무관한 요인에 의해 야기된다면, 그 직관은 그 정도까지 신빙성이 없다.

(C) p라는 우리의 직관은 그 정도까지 신빙성이 없다.

우리의 도덕적 판단이 많은 요인에 의해 영향을 받는다는 증거가 있으며, 적어도 그중 일부는 각각의 도덕적 물음들과 무관한 것처럼 보인다. 이것을 예증하는 예를 생각해 보자.

하이트 외(Haidt et al. 1993)는 도덕적 판단이 무엇보다도 정서 상태(예컨대 혐오감)에 영향을 받는다는 것을 발견했다. 그들은 참가자들에게 다음과 같은 시나리오를 제시했다.

남매는 서로 입에 키스하는 것을 좋아한다. 주위에 아무도 없을 때 그들은 비밀 은신처를 찾아 서로의 입에 열정적으로 키스한다. (Haidt et al. 1993, 617)

이 시나리오에서 두 남매는 적어도 어떤 사람들에게 혐오감을 일으킬 수 있는 일을 한다. 그들은 서로 키스하고, 그것을 즐기고 있잖아! 그렇지만 그러한 즐거움은 누군가 다른 사람을 희생해서 오는 것처럼 보이지 않는다. 하이트 외(1993)는 피험자들에게 남매의 행동을 평가하라고 요구한 뒤 자료를 분석했다. 이렇게 함으로써 그들은 흥미로운 결과를 발견했다. 명백히 피험자들에게 간단한 질문을 던짐으로써 피험자들이 남매의 행동을 어떻게 판단할 것인지를 예측할 수 있었다. 그 질문은 "이것을 보는 것이 당신을 괴롭힐까요?"였다(Haidt et al. 1993, 625). 그렇다고 말한 사람들은 남매가 그릇된 일을 하고 있다고 판단할 가능성이 훨씬 더 높았다. 따라서 우리는 위 논증 도식을 사용하여 이 도덕적 직관이 틀렸음을 드러낼 수 있다.

(P1) 남매가 서로 열정적으로 키스하는 것이 그릇되다는 직관은 무
관한 요인, 즉 혐오감에 의해 야기된다.

(P2) 만일 어떤 직관이 무관한 요인에 의해 야기된다면, 그 직관은
그 정도까지 신빙성이 없다.

(C) 남매가 서로 열정적으로 키스하는 것이 그릇되다는 직관은 그
정도까지 신빙성이 없다.

이미 지적했듯이, 이 논증은 연역적으로 타당하며, 두 번째 전제 P2
는 논란의 여지가 없는 것으로 간주할 수 있다. 따라서 그 논증의 건전
성은 첫 번째 전제 P1의 설득력에 달려 있다. 그 전제의 그럴듯함은 다
시 혐오감이 실제로 각각의 직관을 야기하는지의 물음에만 의존하지
않는다. 그것은 또한 우리가 이 원인을 정당하게 무관한 것으로 간주
할 수 있는지 여부에도 달려 있다. 자, 이제 이것에 관해 뭐라고 해야
할까?

우리는 다음과 같이 주장할 수 있는 것처럼 보인다. 남매의 행동이
도덕적으로 그릇된지 아닌지는 그들이 그 행동으로 다른 사람들에게
해를 끼치는지에 달려 있다는 말이 옳을 성싶다.[19] 다른 사람들이 그들
의 키스를 목격해야 하는 경우에 불편함을 느낄 것이라는 사실 자체는
이 조건을 만족시키지 못한다. 우선 무엇보다도 아무도 그들에게 남매
가 그것을 하는 것을 보라고 강요하지 않는다. 남매는 그들의 비밀 은

19　이 판단에 대해 원칙적 정당화를 하기 위해 우리는 존 스튜어트 밀이 그의 영향
력 있는 논저 『자유에 관하여』(*On Liberty*, 1859)에서 제안한 그의 유명한 "위해 원리"
(harm principle)를 가리킬 수 있다. 이 원리는 보통 개인의 자유에 대한 국가 간섭의
합법성에 대한 조건을 표현하는 데 사용된다. 그것은 그럴듯하게 정치적 맥락에서 사적
도덕의 문제로 넘어간다.

신처가 있다! 따라서 남매가 서로 키스하는 것을 보는 일이 어떤 사람들을 불편하게 만들 것이라는 사실은 남매의 행동에 대한 평가와 무관한 것으로 간주하는 것이 온당할 것이다.

그렇지만 이 추론의 그럴듯함은 우리가 가정하는 배경 이론에 달려 있다. "반감의 지혜"(The Wisdom of Repugnance, 1997)라는 제목의 논문에서 미국 철학자 레온 카스(Leon Kass)는 예컨대 도덕적 문제에 대해서는 우리가 실제로 우리의 직감을 신뢰해야 한다는 견해를 제시한다. 예컨대 우리가 주어진 인간의 관행이 역겹다는 것을 발견할 때 카스는 이것을 우리가 그것을 부도덕한 것으로 거부해야 한다는 징표로 간주한다.[20] 다시 말해서 카스는 주어진 도덕적 직관이 혐오 정서에 의해 이끌린다는 실험적 결과에 인상을 받지 않을 텐데, 왜냐하면 그에게는 혐오감이 무관한 요인이 아니기 때문이다.

나는 우리 논의로부터 무관한 요인으로부터 논증의 변증적 힘과 관계가 있는 중요한 교훈을 끌어낼 수 있다고 믿는다. 그것의 설득력은 결정적으로 논쟁의 모든 측이 해당 요인이 무관하다는 것을 실제로 수용하는지 여부에 달려 있다. 이것을 고려하지 않는 사람들은 논변 이론가들이 "선결문제 요구의 오류"라고 부르는 오류를 범할 수 있다. 즉 그들은 그들의 논증을 그들의 결론을 공유하지 않는 사람들이 승인하지 않을 가정에 기초를 두고 있다.

2.4.3 틀 짜기 효과

그렇지만 우리의 직관에 인과적으로 영향을 미치는데, 의심할 여지

---

20 사실상 카스(1997)는 인간 복제에 반대하는 논증을 세우는 일에 관심이 있다. 그렇지만 그가 제시하는 추론은 일반적이다. 비판적 대꾸는 Pinker(2008)를 볼 것.

없이 무관한 것으로 간주해야 하는 어떤 요인들이 있다. 이른바 **틀 짜기 효과**(framing effects)가 바로 그러한 한 가지 요인이다. 틀 짜기 효과를 논의하기 전에 우리는 세 가지 유형, 즉 언어적 틀 짜기 효과, 맥락효과, 순서 효과를 구별해야 한다.[21] 우리는 그것들을 차례대로 논의할 것이다.

언어적 틀 짜기 효과는 두 조건이 충족될 때 성립한다.

- 우리는 주어진 사태를 적어도 두 가지의 논리적으로 동등한 방식으로 기술할 수 있다.
- 표현의 선택은 우리가 그것을 평가하는 방식에 심리적 영향을 미친다.

언어적 틀 짜기 효과를 그와 유사한 언어가 관계된 현상과 구별하는 것이 중요하다. 예컨대 학식 있는 수사학자들은 언어가 강력한 도구라는 것을 고대부터 알고 있었다. 그들은 상황에 대한 언어적 틀 짜기가 우리 생각에 크게 영향을 미친다는 것을 알고 있다. 예컨대 우리는 숨은 뜻이 적재된 용어들을 사용함으로써 대화 상대가 질문할 가능성이 낮은 암묵적 가정을 전달할 수 있다.[22] 예컨대 우리는 군사 개입을 "선제 타격"이 아니라 "도발 없는 공격"으로 기술할 수 있다. 그 경우에 우리의 언어적 틀 짜기는 두 번째 표현을 사용할 경우와는 전혀 다른 판단을 청자에게 전달한다. "도발 없는 공격"과 "선제 타격"은 다른 것들을 말한다. 언어적 틀 짜기 효과는 그 점에서 다르다. 여기서는 다른 낱

---

21   이 구별은 Sinnott-Armstrong(2008)에서 차용한 것이다.

22   C. L. 스티븐슨(C. L. Stevenson, 1937, 1938)의 두 편의 고전적 논문은 그처럼 숨은 뜻이 적재된 용어들에 대한 영향력 있는 분석을 포함하고 있다.

말들임에도 불구하고 똑같은 메시지가 전달된다.

이스라엘 심리학자 아모스 트버스키와 대니얼 카네만(Amos Tver-
sky and Daniel Kahneman)의 유명한 논문의 유명한 예를 사용해 이
것을 설명해 보자. 그들은 결정 문제에 관한 우리의 직관이 그것들에
대한 표현이 바뀜에 따라 어떻게 변하는지에 관심이 있었다. 그것을 조
사하기 위해 트버스키와 카네만은 피험자들에게 다음 시나리오를 제시
했다.

> 미국이 600명의 목숨을 앗아갈 것으로 예상되는 특이한 아시아 질병의 발발
> 에 대비하고 있다고 상상해 보라. 그 질병에 대처할 두 가지 대안 프로그램
> A와 B가 제안되었다. 그 프로그램들에 대한 정밀한 과학적 평가는 다음과
> 같다고 가정해 보라. (Tversky & Kahneman 1981, 453)

아울러 첫 번째 집단의 참가자들은 A와 B에 관해 다음 정보를 받
았다.

> 만일 프로그램 A가 채택된다면, 200명이 구제될 것이다. 만일 프로그램 B가
> 채택된다면, 600명이 구제될 확률이 1/3이고, 아무도 구제받지 못할 확률이
> 2/3이다. (Tversky & Kahneman 1981, 453)

두 번째 집단에게는 선택지 C와 D 사이에서 선택권이 주어졌다. 트
버스키와 카네만은 그 결과를 다음과 같이 기술했다.

> 만일 프로그램 C가 채택된다면, 400명이 죽을 것이다. 만일 프로그램 D가
> 채택된다면, 아무도 죽지 않을 확률이 1/3이고, 600명이 죽을 확률이 2/3이

다. (Tversky & Kahneman 1981, 453)

그다음에 모든 참가자에게 A와 B(첫 번째 집단에서) 또는 C와 D(두 번째 집단에서) 중에서 선택하도록 요구했다. 첫 번째 집단에서 72%의 참가자는 선택지 A를 찬성했고, 28%는 선택지 B를 선호했다. 이와 달리 두 번째 집단에서 피험자 22%는 자신들이 선택지 C를 선택할 것인 반면에, 78%는 선택지 D를 선택한다고 말했다.

이 결과는 A와 B 사이의 선택이 C와 D 사이의 선택과 논리적으로 동등하기 때문에 주목할 만하다. 두 가지 선택은 단지 다른 언어로 나타났을 뿐이다.

- 첫 번째 집단의 참가자들은 선택지 A가 600명 중 200명의 목숨을 구할 것이라는 말을 들었다. 다시 말해서 A를 채택하는 결과로 400명이 죽을 것이다. 그래서 후자의 정보는 트버스키와 카네만이 두 번째 집단의 피험자들에게 선택지 C의 결과를 기술하는 데 사용했던 것과 똑같은 정보이다.
- 더 나아가 첫 번째 집단의 참가자들은 B를 선택하는 일이 1/3의 확률로 600명 모두 구제될 것이고, 2/3의 확률로 아무도 구제받지 못하는 쪽으로 이끌 것이라는 정보를 받았다. 다시 말해서 B는 1/3의 확률로 아무도 죽지 않게 할 것이고, 2/3의 확률로 600명 모두를 죽게 할 것이다. 따라서 B에 관한 후자의 정보는 트버스키와 카네만이 두 번째 집단의 참가자들에게 제시했던 D에 관한 정보와 동일하다.

맥락 효과는 선택권의 언어적 틀 짜기와 무관한 틀 짜기 효과다. 우리는 다음 두 조건이 충족되면 맥락 효과에 대해 이야기한다.

- 우리는 적어도 두 가지 다른 맥락의 배경에서 주어진 상황을 기술할 수 있다. 그렇지만 이 맥락들은 각각의 상태를 바꾸지 못한다.
- 그 상황이 제시되는 맥락은 우리가 그것을 평가하는 방식에 심리적 영향을 미친다.

예컨대 달라지는 맥락은 판단해야 할 사태와 함께 제공되는 다른 상황들로 이루어질 수 있다. 예컨대 우리는 주어진 사례가 C와 반대되는 것으로서의 또 다른 사례 B를 동반하는 경우에 달리 평가되는지를 알아보기 위해 실험을 행할 수 있다. 이것을 조사하기 위해 우리는 예컨대 참가자들을 두 집단으로 나눌 수 있다. 그다음에 우리는 첫 번째 집단의 피험자들에게 B와 함께 A를 판단하게 하고, 두 번째 집단의 피험자들에게 C와 함께 A를 판단하게 할 것이다. 그 뒤 우리는 변화된 맥락이 실제로 중요한 차이를 만들었는지 알아보기 위해 두 집단의 반응을 통계적으로 분석할 것이다.

순서 효과는 맥락 효과의 특수 집합이다. 그것은 다음 두 조건이 충족될 것을 요구한다.

- 적어도 두 사례가 있다.
- 우리가 그것들을 평가하는 순서는 우리의 평가 내용에 심리적 영향을 미친다.

B와 관련해서 사례 A에 대한 평가에서 순서 효과가 있다는 것을 알아내기 위해서 우리는 다음 실험을 행할 수 있다. 다시 한번 우리는 연

구 참가자들을 두 집단으로 나눌 것이다. 그다음에 첫 번째 집단의 사람들은 AB 순서로 A와 B를 판단하는 반면에, 두 번째 집단의 사람들은 BA 순서로 두 사례를 평가하라는 요구를 받을 것이다. 다시 한번 우리는 두 집단의 반응에서 중요한 차이가 있는지 분석할 것이다.[23]

우리가 주어진 상황이 십중팔구 틀 짜기 효과의 영향을 받는다는 것을 알게 되면, 이것은 다음 논변 도식에 따라 그것의 신빙성을 감소시킨다.

틀 짜기 효과로부터의 논증

(P1) p라는 직관은 틀 짜기 효과의 영향을 받는다.

(P2) 만일 어떤 직관이 틀 짜기 효과의 영향을 받는다면, 그 직관은 그 정도까지 신빙성이 없다.

(C) p라는 직관은 그 정도까지 신빙성이 없다.

이 논증이 연역적으로 타당하다는 것을 다시 한번 유의해야 한다. 따라서 그 논증을 비판적으로 평가하려면 우리는 그 논증의 전제들을 살펴보아야 한다.

첫 번째 전제와 관련하여 우리는 예컨대 주어진 직관에서 틀 짜기 효과의 존재에 대한 증거를 제공하려고 하는 실험적 연구가 실제로 이것을 확립하는지 물을 수도 있다. 만일 우리가 언어적 틀 짜기 효과에 관해 언급한다면, 우리는 연구자들이 사례의 틀을 짜는 데 사용된 서로 다른 표현들이 실제로 논리적으로 동등한지 물어야 한다. 이른바 맥락

23　스웨인 외(2008)는 인식론에서 이런 종류의 영향력 있는 연구를 행했다. 그것은 3.1.3절에서 논의할 것이다.

효과의 경우에 우리는 맥락의 변화들이 피험자들을 관련된 사례에 대한 다른 해석들로 이끌 가능성을 어떻게 배제할 수 있는지 물어야 한다. 그리고 순서 효과에 관해서는 우리는 마찬가지로 연구자들이 사례들을 다른 순서로 판단해야 했을 때 그 사례들을 다르게 이해한다는 것이 가능한지 물어야 한다.

두 번째 전제에 관해서는 우리는 주어진 직관이 틀 짜기 효과의 영향을 받는다는 경험적 사실이 그 직관의 가치를 떨어뜨린다는 것이 그럴듯한지 물어야 한다. 그와 연관해서 효과 크기(effect size)를 살펴볼 필요가 있다. 결국 틀 짜기 효과는 그것들이 충분한 크기를 가질 경우에만 주어진 직관의 인식적 신용에 대해 의심을 제기할 수 있다.

이것은 무엇을 의미하는가? 우리가 어떤 실험의 피험자들에게 주어진 행위를 어떻게 평가할 것인지를 1에서 5까지의 척도로 진술하라고 요구한다고 해보자. 피험자들은 다음 선택지 중에서 선택할 수 있다. 1(=그릇되다), 2(=약간 그릇되다), 3(=그릇되지도 칭찬할 만하지도 않다), 4(=약간 칭찬할 만하다), 5(=칭찬할 만하다). 이제 만일 우리가 첫 번째 틀에서 피험자들이 보고한 평균 판단이 1.2이고, 두 번째 틀에서 4.6이라는 것을 발견한다면, 효과 크기는 매우 클 것이다. 이와 대조적으로 만일 우리가 변동이 첫 번째 틀에서 2.1, 두 번째 틀에서 2.4 사이에서 이루어진다는 것을 발견한다면, 효과 크기는 더 작을 것이며, 우리는 이것 때문에 직관을 신빙성 없는 것으로 기각해서는 안 된다. 결국 우리 지식의 원천 중 많은 것은 무관한 요인들의 무작위적 영향을 받는다(Boyd & Nagel 2014). 예컨대 명백히 비슷한 효과의 영향을 받는 우리의 온도 감각을 생각해 보자. 그것을 시험하기 위해서는 다음 실험을 행할 수 있다. 당신의 왼손을 차가운 물에 넣고 오른손을 뜨거운 물에 넣어보라. 잠시 후 두 손을 꺼내어 재빨리 미지근한 물에 넣어

보라. 당신의 왼손은 그 미지근한 물을 오른손보다 더 따뜻하다고 지각할 것이다. 이것은 당신의 온도 감각이 일반적으로 신빙성 없다는 것을 의미하지 않는다.

2.5 관련된 물음

앞 절들에서 우리는 철학적 문제들에 대한 논의를 전개하는 데 실험적 발견 결과를 어떻게 사용할 수 있는지 보여주었다. 우리가 배운 핵심 교훈은 이렇게 정리할 수 있다. 철학자들이 철학적 탐구에 종사할 때 그들은 어떤 물음들을 묻는다. 그 물음들에 답하기 위해 그들은 왜 그것들에 대한 특정 답들이 옳을 수 있는지의 이유를 제시하는데, 이 이유들 중 약간은 사고실험에 관한 직관에 의존한다. 이것은 어쨌든 현대 분석철학의 범형이 되는 방법(MAP)이다. 실험적 연구는 철학자들의 논증의 전제들을 형성하는 직관이 실제로 신빙성 있는지를 확인하는 데 도움이 될 수 있다. 이를 위해 우리는 그 직관들에 대해 일치가 있는지 검토할 수 있다. 우리는 또한 그런 직관을 끌어내는 무관한 요인들, 특히 다양한 유형의 틀 짜기 효과를 찾아볼 수 있다. 이런 식으로 우리는 상정이 된 논증들을 그것들을 지지하기 위해 인용된 직관의 신빙성에 의해 평가하는 데 도움이 될 수 있는 정보를 얻는다.

이 시점에서 우리는 어떤 진단, 즉 실험적 연구가 철학적 탐구와 연결되는 방식은 철학적 물음이 대답되는 방식에 있다는 진단을 내릴 수 있다. 그렇지만 이것은 유일한 방식이 아니다. 실험적 연구는 철학적 물음들이 처음에 어떻게 물어져야 하는지를 탐구함으로써 철학에 기여할 수 있다. 이제 그것을 설명해 보자.

철학은 매우 다른 종류의 물음들을 수용하는 매우 다양한 분야이다. 그런 물음들 중 많은 것은 매우 추상적이고, 대체로 순수 이론적 관심사에서 나온 물음들이다. 그래서 그것들은 우리가 삶을 사는 방식에 대해 말하지 않는다. 아마도 우리는 수학철학자가 추구하는 물음들을 그런 식으로 볼 수 있을 것이다. 그렇지만 의심할 여지 없이 정말로 우리의 생활 세계와 관계가 있는 다른 물음들이 있으며, 이런 물음들에 대한 답은 아마 틀림없이 우리 삶에 영향을 미칠 것이다. 그것들은 우리가 우리 자신을 보는 방식을 만들어 내며, 우리가 우리의 동료 인간들에 대해 형성하는 이미지에 영향을 미친다. 이것을 특별히 명료하게 만드는 고전적인 철학적 물음 하나는 앞에서 우리가 이미 맞닥뜨렸던 자유의지 문제이다. 우리가 그 문제에 대해 제시하는 답은 우리가 우리 자신의 행위와 타인의 행위에 대해 생각하는 방식에 영향을 미친다. 그것은 다시 우리가 책임 개념과 도덕 개념을 더 넓게 이해하는 방식을 만들어 낸다. 그렇지만 이 특정 문제에 달라붙는 복잡한 물음들을 어떻게 해석해야 하는지는 전혀 분명하지 않다. 무엇보다도 1.5절에서 이미 논의했던 것처럼 여러 가지 다른 해석들이 있다.[24] 그래서 프랭크 잭슨 (Frank Jackson)은 묻는다.

> 그렇다면 자유로운 행위의 존재 및 결정론과 그것의 양립 가능성에 대해 논쟁할 때 우리가 다루려 하는 흥미로운 철학적 물음들은 무엇인가? (Jackson 1998, 31)

---

24   대니얼 데넷(Daniel Dennett)의 영향력 있는 책 『엘보우 룸』(*Elbow Room*, 1984)의 부제는 이것을 분명히 한다. 그것은 「원할 가치가 있는 자유의지의 다양성」 (*The Varieties of Free Will worth Wanting*)이다.

명백히 잭슨은 우리가 자유의지 문제에 대해 어떤 해석을 선택하는
지가 임의적이라고 생각하지 않는다. 그에게는 이런 물음들이 **흥미롭다**
는 것이 중요하다. 그러나 그것은 무엇을 의미하는가? 잭슨은 그것에
대한 기준을 제시한다.

> 우리가 다루려 하는 것은 **우리의 일상적 개념에 따른** 자유로운 행위, 또는 우
> 리의 일상적 개념에 적당히 가까운 어떤 것이 존재하는지 여부, 그리고 그
> 자유로운 행위가 결정론과 양립 가능한지 여부이다. (Jackson 1998, 31 ; 고
> 딕체 강조는 원문에서 한 것임)

그래서 잭슨은 철학적 논의에서 우리가 전제 가정하는 자유의지 개
념은 전문 개념이어서는 안 된다고 말한다. 그는 오히려 우리가 일상적
으로 이해되는 대로의 자유의지가 이를테면 인지과학과 신경 과학의
경험적 연구 결과가 드러내는 것과 조화를 이룰 수 있는지 물어야 한다
고 생각한다.[25] 그래서 잭슨은 우리에게 자유의지 개념을 일상적 해석,
또는 적어도 충분히 유사한 방식으로 사용할 것을 권장한다.

그렇지만 어떤 철학적 개념에 대한 일상적 해석이 무엇인지를 우리
가 어떻게 결정하는가의 문제가 제기된다. 물론 실험철학자들은 이 물
음에 대한 답을 가지고 있다. 그것은 후기 비트겐슈타인이 그의 『철학
적 탐구』(*Philosophical Investigations*, 1958/1986)에서 제안한 것과

---

25 일련의 출판물에서 독일 철학자 율리안 니다류멜린(Julian Nida-Rümelin)은 다
소 포괄적으로 비슷한 입장을 주장하였다(Nida-Rümelin 2009, 2016). 그에 따르면,
철학은 우리의 일상적 관행과 관습은 물론이고 우리가 서로 상호작용하고 소통하는 방
식을 망라하는 "삶의 형태"(Lebensform)에 주의를 기울여야 한다. 이 입장 역시 잭슨
의 견해와 유사한 방식으로 경험적으로 고찰할 여지가 있는 것처럼 보인다.

꽤 밀접하게 일치한다.

> 우리는 어떤 낱말이 어떻게 기능하는지 짐작할 수 없다. 우리는 그 낱말의
> 사용을 **살펴보고**, 그것으로부터 배워야 한다. (Wittgenstein 1958/1986,
> §340; 고딕체 강조는 원문에서 한 것임)

실험철학자들은 우리가 이 통찰을 따르라고 제안한다(비록 그들이 이것을 비트겐슈타인 덕분으로 돌리는 일은 거의 없지만). 그들은 철학 문외한들이 핵심적인 철학적 개념들을 어떻게 사용하는지 탐구하라고 제안한다. 이를 위해 우리는 그들에게 이를테면 자유의지 개념을 기술하라고 요구하거나, 또는 주어진 사람이 주어진 사례에서 그들의 자유의지로 행위했는지 판단하도록 요구할 수 있다.[26] 그런 다음 우리는 그들의 대답으로부터 통속적인 자유의지 개념을 특징짓는 데 도움이 되는 결론을 끌어낸다. 그러면 이 새로운 개념은 우리가 그것을 중심으로 돌아가는 고전적인 철학적 물음을 재구성하는 데 도움이 될 수 있다.[27]

그렇다면 다음을 보고해 두자. 실험적 연구가 철학에 기여할 수 있는 또 다른 방식이 있다. 그것의 연구 결과는 철학자들이 그들의 논증의 기초를 둔 직관의 신빙성을 판단하는 데 도움이 되는 것만이 아니다. 그것들은 또한 어떤 고전적인 철학적 물음들을 더 잘 이해하는 데 도움

---

26 첫 번째 전략은 질적 연구 방법을 포함할 텐데, 이 방법은 우리 논의의 초점이 아닐 것이다(그렇지만 부록 C를 볼 것). 두 번째 전략은 예컨대 나미아스 외(2005, 2006)가 추구하는데, 우리는 그들의 연구를 1.5절에서 만났었고, 3.4절에서 더 자세히 논의할 것이다.

27 4.1절에서 우리는 이 추론을 좀 더 형식적으로 포착하는 논증 도식을 소개할 것이다.

이 될 수도 있다. 그것들은 우리에게 핵심적인 철학 용어들의 통속적 용법에 관해 알려줌으로써 그렇게 한다. 그렇게 함으로써 그것들은 고전적인 철학적 물음들을 우리 삶과 가장 관련 있게 하는 방식으로 재해석할 수 있게 해준다. 흥미롭게도 철학에 대한 이 실험적 기여는 안락의자 철학, 즉 철학자들이 안락의자에서 철학적 물음에 답해야 하는 견해와 어울리지 않는 것이 아니다. 일단 우리가 실험을 통해 어떤 철학적 물음들에 대한 가장 자연스러운 해석을 발견하고 나면, 안락의자 철학자들은 이런 물음들을 다시 전통적인 방식으로 추구할 수 있다.[28]

이 절을 마무리하기 전에 우리는 가능한 오해를 미연에 방지하기 위해 노력해야 한다. 아무도 철학자들이 일반인이 어떤 개념들을 사용하는 방식에 노예처럼 집착해야 한다고 제안하지 않는다. 아무도 철학자들이 우리가 실험적 연구를 사용해 탐구하는 통속적 개념들을 조야한 형태로 채택해야 한다고 제안하지 않는다. 확실히 사용하기 쉽도록 어떤 개념들을 수정하거나, 우리의 일상적 사고에서 전례가 없는 전문 개념을 도입하는 것은 때때로 권장된다. 무엇보다도 통속적 개념들은 부정합할 수 있다. 이것은 예를 들어 그 개념의 어떤 요소들이 그것의 다른 부분들과 맞지 않거나, 어떤 개념들이 다른 개념들과 모순을 일으킨다면 일어날 수 있다. 이런 일이 일어날 때마다 철학자들은 자신이 마음대로 사용할 수 있는 철학적 개념들의 물품 명세서를 개선하려고 해야 한다.[29]

---

28 이렇게 말할 때 나는 물론 논리적 가능성만을 지적하고 있을 뿐이다. 나는 확고한 안락의자 철학자들이 실험철학자들이 그들의 물음에 대해 적절한 해석을 결정할 때 도움을 줄 수 있다는 제안에 흥분할 것이라고 믿지 않는다.

29 이 일을 하는 많이 논의된 방법은 카르납의 해명(explication)이다. 형식적 방법에 대해서는 부록 C.2, 추가 논의로는 Machery(2017, 7장)을 볼 것.

사실 개념의 **물품** 명세서라는 은유는 재조정을 하는 한 가지 합리적인 방식을 시사한다. 철학자들은 훌륭한 인테리어 디자이너처럼 행동해야 하는 것처럼 보인다. 그렇다면 이 유비 배후의 요점은 무엇인가?[30] 이 물음에 답하기 위해 당신의 연립주택이 물건들로 너무 꽉 채워져 있어서 기능을 못하고 있다고 가정해 보자. 움직이는 것은 불가능하다. 동시에 당신은 당신의 많은 물건을 내놓으려 하지 않는다. 그래서 당신은 인테리어 디자이너를 불러 그에게 당신의 집 리모델링 작업을 맡긴다. 좋든 나쁘든 간에 당신은 정말이지 당신 집에 있는 오래된 물건들 중 일부를 없애야 한다는 것을 깨닫는다. 그러나 디자이너가 모두 다 버리고 새 것으로 대체하자고 제안한다면 당신은 더 놀랄 것이다. 만일 그 계획이 실행된다면, 당신은 그곳을 **당신의** 장소로 인식하지 못할 것이다. 대신 당신은 아마도 디자이너가 당신의 거주 공간의 일부 요소들을 재편성하고, 사용 가능한 방을 더 잘 이용하도록 다른 것들로 바꾸자고 제안할 것으로 기대했을 것이다. 당신은 좋은 계획을 실행하기 위해 필요하다면 몇 가지를 없앨 준비가 되어 있다. 예컨대 당신은 오래된 옷장을 더 새롭고 실용적인 모델로 기꺼이 교체할 것이다. 다시 말해서 당신은 생활의 안락함을 증가시킬 것을 약속하는 리모델링 제안을 수용할 것이다. 그러나 당신은 거기까지만 기꺼이 하려 할 것이다. 그 과정이 완료된 후에도 당신은 그 장소를 **당신의** 장소로 인식할 수 있어야 한다. 훌륭한 인테리어 디자이너는 그 점을 염두에 두어야 한다.

철학자들은 만일 우리의 자아상과 그것에 달라붙는 개념들을 진지하

---

30 각주 1에서 내가 말했던 것을 되풀이하자면, 논증을 유비에 기초를 두는 것은 꽤 문제가 있다. 그렇지만 여기서 우리가 사용하고 있는 유비는 어떤 논증의 짐을 지는 것으로 간주해서는 안 된다. 그것을 사용하는 의도는 단지 설명을 하기 위한 것일 뿐이다.

게 받아들인다면, 그것들과 함께 기꺼이 작업하고자 한다면, 그리고 필
요할 때만 인색한 방식으로 개념적 조정을 한다면, 훌륭한 인테리어 디
자이너처럼 행동한다. 자유의지, 개인의 동일성, 합리성, 도덕 등의 철
학적 개념들은 우리가 삶을 사는 방식 및 우리의 자아 인식과 풀어헤칠
수 없을 정도로 연결되어 있다. 따라서 그것들은 우리가 이 개념들에
대해 일상적으로 어떻게 생각하는지에 의해 알아볼 수 있게 알려져야
한다.

미국 철학자 존 설(John Searle)은 다음과 같이 말할 때 이 점을 다
소 우아하게 강조한다. "현대 철학에서 가장 중요한 하나의 물음이 있
다 … 우리는 어떻게 들어맞는가?"(Searle 2007, 4). 다시 말해서 우리
의 자아상은 우리 세계를 특징짓는 "기초적 사실들"에 어떻게 들어맞
는가? 이 물음을 다루려 하는 철학이 경험적 정보에 근거해야 한다는
것은 분명하다. 무엇보다도 기초적 사실은 우리의 세계의 본성에 관한
근본적인 경험적 사실이다(예컨대 자연선택에 의한 진화론). 따라서
그것들은 안락의자 탐구를 통해서는 드러낼 수 없다. 그렇지만 철학이
기초적 사실들과 조화를 이루어야 하는 우리의 자아상 또한 경험적 정
보에 근거해야 한다는 것도 똑같이 분명한 것처럼 보인다. 실험철학은
우리의 인간 자아상 및 그것을 형성하는 개념들을 경험적으로 탐구함
으로써 우리를 도울 준비가 잘 되어 있는 것처럼 보인다.

2.6 요약

E-Phi와 X-Phi$_p$의 지지자들은 우리가 고전적인 철학적 물음들에 대
한 답을 추구할 때 직접적으로 실험적 방법을 배치해야 한다고 믿는다.

X-Phi$_N$의 지지자들은 실험적 연구 결과가 우리가 분석철학과 그것의 핵심 방법(MAP)을 신뢰해서는 안 된다는 것을 시사한다고 주장한다. 따라서 E-Phi, X-Phi$_P$, X-Phi$_N$은 우리가 후험적 방법을 통해 철학적 결론, 또는 적어도 철학적으로 관련 있는 결론을 끌어낼 수 있는 정보를 획득할 수 있다는 생각에 기초를 두고 있다. 이 장에서 우리는 이 주장이 어떻게 하면 그럴듯해질 수 있는지를 분석하였다.

이를 위해 우리는 먼저 지각 및 인지심리학의 연구 결과가 경험적 주장의 신빙성을 시험하는 일과 관련하여 하는 역할을 검토했다. 그 뒤 우리는 경험적 연구 결과와 철학적 탐구 사이에 유사한 연결점이 있다는 것을 보여주었다. 우리는 철학에서 실험적 결과의 역할을 명료화하는 일반적인 논증 도식을 정식화했으며, 실험철학의 관행에서 이 도식의 구체적 표현을 논의했다.

가장 순수한 본질은 경험적·실험적 연구 결과를 통해 우리가 철학적 논의에서 관례적으로 전제로 사용된 직관의 신빙성에 관한 추리를 끌어낼 수 있는 한 그것들이 관련이 있다는 것이었다. 생각건대 우리는 그 연구 결과들을 통해 교착상태에 도달한 논쟁들을 판결할 수 있다. 특정 직관들의 신뢰성에 관한 새로운 경험적 결과로 무장하고 우리는 주어진 논쟁에서 논증에 할당하는 비중을 다시 조정할 수 있다. 우리는 직관적 전제들이 경험적 탐구를 통해 확증되는 경향이 있는 논증의 비중을 증가시키고, 전제들이 의심할 가치가 있는 논증의 비중을 감소시킬 수 있다. X-Phi$_N$의 지지자들은 한 걸음 더 나아갈 수도 있다. MAP를 약화시키기 위해 그들은 철학적 직관의 일반적인 비신빙성을 증명한다고 생각되는 자료를 수집해 왔다.

우리는 또한 왜 실험적 정보에 근거한 논증이 문제가 있을 수 있는지도 논의했다. 세 논증 도식 각각은 실험철학자들이 경험적 증거로부터 철학적 추리를 끌어내기 전에 신중하게 답하는 것이 현명한 어떤 비판적 물음들의 가능성에 열려 있다.

  이 장 끝 무렵에 우리는 실험적 연구 결과가 철학에 기여할 수 있는 또 다른 방식을 논의했다. 우리는 실험철학이 훨씬 더 이른 단계, 즉 고전적인 철학적 물음에 대한 해석이 협상이 되는 시점에서 철학적 논쟁에 가담할 수 있다는 것을 인식했다. 이미 지적했듯이, 현대 철학의 많은 부분의 과제는 우리의 인간 자아상과 경험적-과학적 관점에서 우리가 세계가 기능하는 방식에 관해 아는 것을 조화시키는 것이다. 이것을 하기 위해서는 우리는 우리의 세계에 관한 많은 경험적 정보를 필요로 한다. 그렇지만 우리는 또한 우리가 우리 자신을 보는 방식 및 우리의 자아상을 만들 때 등장하는 개념들에 대한 많은 경험적 연구도 필요하다. 철학에서 실험적 정보에 근거한 논증은 후자를 제공하는 데 도움이 될 것이다.

실험적 연구

앞의 두 장에서 우리는 경험적 정보에 근거한 실험철학의 다른 버전들을 논의했으며, 경험적 연구와 철학적 탐구의 간극을 메우는 것이 어떻게 가능한지 논의하였다. 설명을 하기 위해 우리는 어떤 철학자들이 주장했듯이 철학적 관련성이 있는 실험적 연구 결과의 예들에 의지했다. 이 장에서는 실험철학 연구에 더 깊이 초점을 맞출 것이다. 우리는 실험철학 제안자들이 했던 가장 영향력 있는 기여, 그리고 그들이 오늘날에 이르기까지 다양한 철학적 논쟁에 어떻게 영향을 미쳤는지를 논의할 것이다.

그 과정에서 우리는 앞서 소개한 개념들을 이용하여 실험철학자들이 제시한 논증들을 분류해 볼 것이다. 가장 중요한 것으로, 우리는 실험철학에 대해 각각의 연구—즉 X-Phi$_C$, X-Phi$_P$, X-Phi$_N$—가 어떤 이해를 표현하는지 확인하려고 할 것이다.

다음 절들에서는 지식(3.1절), 언급(3.2절), 의도적 행위(3.3절), 자유의지(3.4절)에 대한 실험적 연구를 살펴보고, 요약으로 장을 마무리할

것이다.[1] 처음 네 절(3.1-3.4절)은 구조가 한결같을 것이다. 먼저 우리
는 각각의 연구가 다루는 분야에 관한 어떤 배경 이론을 소개할 것이
다. 그다음에 우리는 곧장 선구적인 실험적 연구들에 집중할 것이다.
마지막으로 그 뒤의 후속 연구 결과에 대한 논의와 최근 발전에 대한
간단한 선택적 논평으로 마무리할 것이다.

3.1 지식

인식론은 **지식**에 대한 이론이다. 인식론은 다음과 같은 물음들을 다
룬다.

- 지식이란 무엇인가?
- 지식의 구조는 무엇인가?
- 지식을 획득하는 것이 가능한가, 가능하다면 어떻게 가능한가?
- 지식의 가능한 대상은 무엇인가?

이런 물음들은 지식의 다양한 측면에 관한 물음들이다. 이 모든 측면
들은 복잡한 방식으로 연관되어 있다. 그러므로 다양한 인식론적 물음
및 그것들의 상호 연관성에 관해 할 말이 많이 있다. 그렇지만 아래에
서 우리는 이 일을 하지 않을 것이다. 오히려 이런 물음들 중 가장 기초
적인 물음에 초점에 맞출 것이다. 그것은 "지식이란 무엇인가?"라는

---

[1]   실험철학 연구의 또 다른 분야들, 즉 윤리학(A.1), 형이상학(A.2), 과학철학
(A.3), 논리학과 합리성(A.4)에 대한 간단한 논의는 부록 A를 볼 것.

물음이다.

3.1.1 지식이란 무엇인가?

이 물음에 대한 고전적 답이 있다. 우리는 1.2절과 2.2절에서 MAP의 적용을 설명하기 위해 그 물음을 이미 다루었다. 그 답은 다음 명제이다.

지식에 대한 표준 분석
지식은 정당화된 옳은 믿음이다.

표준 분석에 따르면 어떤 사람은 다음 조건이 성립한다면, 그리고 오직 그 경우에만 안다.

조건 1(믿음 조건)
그 사람은 p가 옳다는 것을 믿는다.

조건 2(진리 조건)
p가 옳다.

조건 3(정당화 조건)
그 사람은 p가 옳다고 믿는 데 대해 정당성을 가지고 있다.

많은 경우에 표준 분석은 어떤 사람이 아는지의 물음에 대해 직관적으로 건전한 답을 제공한다. 사고실험 1은 이것의 예다.

사고실험 1

애나는 몇 시인지 알고 싶어 한다. 그래서 그녀는 오후 2시 51분을 가리키는 자신의 시계를 본다. 그것을 기초로 애나는 오후 2시 51분이라는 믿음을 형성한다. 애나는 오후 2시 51분이라는 것을 아는가?

직관적으로 애나는 이 경우에 지식을 갖는다. 조건 1, 2, 3이 충족되는지 검사해도 똑같은 결과가 나온다. 그래서 표준 분석은 이 경우에 직관적으로 올바른 답을 산출한다. 그렇지만 모든 경우에 그렇지는 않다. 사고실험 2는 이것을 증명한다. 그것은 표준 분석에 대한 반대 사례이다.

사고실험 2

애나는 몇 시인지 알고 싶어 한다. 그래서 그녀는 오후 2시 51분을 가리키는 자신의 시계를 본다. 그것을 기초로 오후 2시 51분이라는 믿음을 형성한다. 시간은 실제로 오후 2시 51분이다. 그렇지만 시계가 맞는 시간을 가리키는 이유는 그것이 어제 정확히 오후 2시 51분에 멈췄다는 것이다. 애나는 오후 2시 51분이라는 것을 아는가?

직관적으로 올바른 답은 아니오, 즉 그녀는 모른다는 것이다. 그럼에도 불구하고 표준 분석은 이 사례에서 역시 애나가 오후 2시 51분이라는 것을 안다는 것을 함의한다. 무엇보다도 세 조건이 여전히 충족된다. 애나는 지금 2시 51분이라고 믿고(조건 1), 시간은 실제로 오후 2시 51분이며(조건 2), 애나는 오후 2시 51분이라고 믿는 데 대해 정당성을 가지고 있다(조건 3).

표준 분석은 한 가지 점에서만 올바른 것처럼 보인다. 즉 세 조건은 실제로 지식의 존재에 필요한 것처럼 보인다는 것이다. 그렇지만 표준 분석은 그것 이상을 주장한다. 그것은 **분석**, 즉 **필요충분조건**에 대한 진술이라고 주장한다. 이 주장은 사고실험 2가 보여주는 것처럼 올바른 것처럼 보이지 않는다. 여기서 표준 분석에 따르면, 지식의 존재에 충분한 것이어야 하는 세 조건 모두가 충족된다. 그러나 애나는 오후 2시 51분이라는 것을 알지 못하는 것처럼 보인다. 그 이유는 그녀의 믿음에서 우연의 요소가 있다는 사실에 있는 것처럼 보인다. 즉 그녀는 시간이 실제로는 오후 2시 45분이나 3시 3분이었다고 해도 오후 2시 51분이라고 믿었을 가능성이 아주 높다(또한 글상자 3.1을 볼 것).

글상자 3.1. 지식은 정당화된 옳은 믿음인가?

지식이 정당화된 옳은 믿음으로 분석될 수 있다는 견해는 종종 플라톤의 대화편 『테아이테토스』(*Theaetetus*)에까지 거슬러 올라간다. 그렇지만 거기서는 실제로 우리가 지식이 무엇인지 알지 못한다고 결론지어진다. 지식이 정당화된 옳은 믿음일 수 있다는 견해는 단지 가능성으로만 생각될 뿐이다. 플라톤의 『테아이테토스』에서의 지식 문제에 대한 유익한 논의는 Chappell(2013)을 볼 것. 그럼에도 불구하고 이 생각은 나중에 표준적 설명이 되었다. 그 설명에 대한 반대 사례들이 있다는 발견은 보통 에드문트 게티어(Edmund Gettier)에게서 기인하는 것으로 간주된다. 대부분의 철학자에 따르면, 게티어는 3쪽짜리 논문에서 지식에 대한 표준 분석을 결정적으로 반증했는데(Gettier 1963), 비록 일부 철학자들은 이에 대해 회의적인 태도를 유지했다고 할지라도 그렇다(예컨대 Sartwell 1991). 그 논문에서 그는 사고실험 2와 아주 비슷하게 작동하는 두 가지 반대 사례를 사용했다. 그렇지만 덜 알려지긴 했지만, 다른 철학자들도 과거에 비슷한 사례들을 고안했다. 사실 우리가 설명을 위해 사용한 시계 사례는 버트런드 러셀(Bertrand Russell)이 그의 책 『인간의 지식 — 그 범위와 한계』(*Human Knowledge — Its Scope and Limits*, 1948)에서 소개한 것으로, 이 책은 게티어의 논문이 나오기 전에 출판되었다. 그보다 훨씬 더 일찍 중세철학자 만토바의 피에트로(Peter of Mantua)도 표준 분석에 대한 유사한 반대 사례를 제시했다(Boh 1985).

인식론자들은 표준 분석을 반증하는 사고실험 2와 같은 사례를 구성할 수 있다는 것을 알고 있었기 때문에 그러한 반대 사례들에 노출되지 않을 지식에 대한 분석을 정식화하려 했다. 그들이 추구한 한 가지 가능성은 **신빙론**(reliabilism)이었다. 지식에 대한 신빙론의 견해에 동의하는 사람들은 조건 3(정당화 조건)을 다듬어야 한다고 생각한다. 그들은 우리가 어떤 확신이 신빙성 있는 방법을 사용해 형성되었을 경우에만 정당화되는 것으로 간주해야 한다고 제안한다. 이러한 해결책은 실제로 표준 분석이 사고실험 2에서 맞닥뜨렸던 문제를 해결할 것이다. 애나는 오후 2시 51분이라는 그녀의 믿음을 신빙성 없는 방법을 통해 형성한다. 그녀는 고장 난 시계를 보는데, 이 시계는 물론 신빙성 없는 기구다. 따라서 우리는 애나가 오후 2시 51분이라고 믿는 일은 사실상 정당화되지 않으며, 그래서 알지 못한다고 말할 수 있다.

지금까지는 좋다. 그렇지만 신빙론자들은 다른 종류의 골칫거리에 봉착한다. 왜냐하면 우리는 레러(1990)가 주장했듯이 다른 종류의 반대 사례들을 구성할 수 있기 때문이다. 이 반대 사례들은 어떤 사람이 신빙성 있는 과정에 기초한 옳은 믿음을 형성하지만, 이 과정이 실제로 신빙성 있다는 것을 알지 못하는 시나리오를 제시한다. 그러한 경우에 그 사람은 지식을 갖는 것처럼 보이지 않는다. 사고실험 3은 이 점을 명료하게 드러낸다.

사고실험 3

버트는 미쳤지만 매우 유능한 뇌 외과의사에게 납치되는데, 이 외과의사는 버트의 뇌에 디지털시계를 이식한다. 그 디지털시계는 버트가 시간에 대해 생각할 때마다 정확한 시간이 그의 마음속에 갑자기 떠오르게 하는 방식으로 그의 뇌에 연결되어 있다. 그렇지만 그는 이식된 시계가 그의 생각을 인도한다는 것을 알지 못한다. 또한 그는 자신이 시간에 관해 항상 맞는지 검사하려 애쓰지 않는다. 어떤 시점에 버트는 오후 3시라는 믿음을 형성한다. 시간은 실제로 오후 3시다. 버트는 오후 3시라는 것을 아는가?

사고실험 3에서는 많은 철학자가 믿는 것처럼, 버트가 오후 3시라는 것을 안다고 말하는 것이 직관적으로 그럴듯하지 않은 것처럼 보인다. 우리는 버트가 오후 3시라는 옳은 믿음을 가지고 있음에도 불구하고 이런 직관을 갖는데, 이 믿음은 신빙성 있는 과정의 결과이다. 여기서 그 과정의 신빙성은 정당화된 믿음을 보증하기에 충분하지 않은 것처럼 보인다. 게다가 버트가 그것을 의식할 것을 요구해야 하는 것처럼 보인다. 그 과정의 신빙성 자체만으로는 불충분해 보인다.

이 대목에서 우리는 더 견고한 지식에 대한 분석에 이르기 위해 신빙론자의 안을 대체하거나 다듬을 수도 있다. 그렇지만 이 기획은 우리가 다른 안들을 평가하기 위해 사용하는 직관 자체가 신뢰할 만하다는 것을 당연시할 경우에만 합리적인 것처럼 보인다. 아마도 그것은 사실이 아닐 것이다. 실제로 조나단 웨인버그, 숀 니콜스, 스티븐 스티치는 그들의 영향력 있는 논문 "규범성과 인식적 직관"(Normativity and Epistemic Intuitions, 2001)에서 바로 이것을 주장했다. 그것을 더 자세히 살펴보자.

3.1.2 웨인버그 외(2001)

웨인버그 외(2001)는 분석적 인식론자들이 지식에 대한 분석들을 시험하기 위해 사용하는 직관이 신뢰할 만하지 않다고 주장한다. 그들의 연구는 인식론의 실험적 연구에 대한 최초의 기고였고, 부정적 실험철학(X-Phi$_N$)의 실례로 볼 수 있다. 저자들은 인식론자들의 표준 방법론인 MAP의 적용을 비판한다. 후자는 "직관 주도적 낭만주의"에 의해 받아들여진다고 웨인버그 외(2001)는 주장한다.

스티븐 스티치의 책 『이성의 파편화』(The Fragmentation of Reason, 1990)는 저자들이 전개하는 논증의 근원으로 볼 수 있다. 그 책에서 스티치는 우리와 다른 문화들이 있을 수 있으며, 이런 문화들에 속한 사람들은 우리 자신과 다른 인지 과정들을 발달시켰을 수 있다고 지적한다. 그러한 문화들의 단순한 가능성은 문화적으로 진화한 우리의 인지 과정, 특히 우리의 직관이 어떠한 정당화적 힘도 갖지 않는다는 것을 시사한다고 스티치는 추론한다. 이것은 적어도 우리의 과정이 다른 사람들의 과정보다 왜 더 나은지를 설명할 수 없다면 유효하다고 그는 생각한다. 우리가 가진 과정을 우리가 갖고 있다는 단순한 사실은 단지 역사적 우연이지 그 과정의 신빙성에 대한 증거가 아니다.

웨인버그 외(2001)는 이러한 노선의 추론에 대해 반대 논증이 있을 수 있다는 것을 인정한다. 아마도 비판자는 스티치의 가능한 문화들은 단지 "철학적 허구 아냐?"라고 말할 수 있을 것이다. 어쩌면 그런 것들은 심리적으로 가능하지 않잖아? 어쩌면 모든 문화의 모든 사람은 똑같은 인지 과정을 갖는 것 아냐? 그들 자신의 말로

추론 패턴과 인식적 직관이 우리와 체계적으로 다른 집단의 사람들이 있다는 것이 논리적으로 가능할 수 있지만, 그것이 법칙적으로, 또는 심리적으로 가능하다고 가정할 이유가 없다. (Weinberg et al. 2001, 435)

이 응답은 자신들을 설득하지 못한다고 저자들은 말한다. 그러나 그들은 "단순히 논리적으로 가능한 직관에 기초한 규범적 주장보다 실제 직관에 기초한 규범적 주장에 특권을 부여하는 그럴듯한 사례가 만들어질 수 있다"는 것을 인정한다(Weinberg et al. 2001, 435). 이에 대응하기 위해 그들은 어떤 사람들이 정말로 이러한 논리적으로 가능한 직관을 가지고 있다는 것을 보여주는 일에 착수한다. 스티치의 추론에 따르면, 인식론에서 직관의 방법적 사용, 즉 MAP를 불신하기 위해 이 결과를 이용하는 것이 가능할 것이다.

그런데 이제 우리는 그런 사람들을 어디에서 발견할 수 있는가? 그 물음에 답하기 위해 웨인버그 외(2001)는 계속해서 해야 할 무언가, 즉 심리학 문헌에서 나온 두 가지 흥미로운 결과를 가지고 있다.

- **첫 번째 결과는** 스티치의 오랜 협력자였던 리처드 니스벳(Richard Nisbett)이 이끄는 심리학 연구팀의 연구로 거슬러 올라간다. "문화와 사고 체계: 전체론적 인지 대 분석적 인지"라는 제목의 많이 논의된 연구에서 니스벳 외(2001)는 동아시아 피험자들이 그들의 인지 과정에서 서양 혈통의 피험자들과 다르다는 것을 발견했다.

후자는 전자보다 더 분석적인 사고방식을 가진다고 저자들은 주장한다.

- 두 번째 결과는 심리학자 조나단 하이트(Jonathan Haidt) 주변의 팀이 수행한 연구를 기반으로 한다.[2] 하이트 외(1993)는 도덕적 판단들을 검토했으며, 어떤 행위들 부분집합에 특히 주의를 기울였다. 이것들은 누구에게도 해를 끼치지 않지만 어떤 사람들에게는 부정적인 정서적 반응(예컨대 혐오)으로 이끌 수 있는 행위들이다. 저자들은 높은 사회경제적 지위를 가진 피험자들이 낮은 사회경제적 지위를 가진 피험자들보다 해당 범주의 행위를 훨씬 더 호의적으로 판단한다는 것을 발견했다.

비록 니스벳과 하이트가 각각 이끈 두 연구팀의 연구를 통해 우리가 웨인버그 외(2001)가 관심을 가진 인식적 직관들의 사람과 사람 사이의 변이 가능성에 관해 어떤 결론을 끌어낼 수는 없다고 할지라도, 그 연구들은 아마 틀림없이 두 가지 연구 가설을 시사한다.

가설 1
인식적 직관은 문화마다 다르다.

가설 2
인식적 직관은 사회경제적 집단마다 다르다.

웨인버그 외(2001)는 다양한 설문지를 이용해 이 두 가설을 시험했

---

2   우리는 2.4절에서 하이트 외(1993)의 연구를 잠시 만났었다.

다. 우리는 그들의 결과 중 두 가지로 논의를 제한할 것이다.

가설 1을 시험하기 위해 웨인버그 외(2001)는 서로 다른 인종 집단의 성원들을 모집했다. 그들 중에는 서양인들, 즉 유럽 혈통의 미국인(W), 동아시아인(EA), 인도 아대륙인(SC)이 있었다. 그들에게는 앞 절의 사고실험 2와 닮은 다음 사례가 제시되었다.

자동차

보브에게는 여러 해 동안 뷰익을 몰아온 친구 질이 있다. 그래서 보브는 질이 미국 차를 몬다고 생각한다. 그렇지만 그는 질이 최근 뷰익을 도난당했다는 것을 모르고 있고, 질이 그 차를 다른 종류의 미국 차인 폰티악으로 바꾸었다는 것도 모르고 있다. 보브는 질이 미국 차를 몬다는 것을 실제로 아는가, 아니면 그렇게 믿고 있을 뿐인가? (Weinberg et al. 2001, 443)

참가자들이 고를 수 있는 선택지는 "실제로 안다"와 "믿고 있을 뿐이다"였다.

W-집단의 66명 피험자 중 49명(=74%)의 확실한 대다수가 선택지 "믿고 있을 뿐이다"를 선택했다. 그들에게는 보브가 질이 미국 차를 몬다는 것을 아는 것처럼 보이지 않았다. 흥미롭게도 EA-집단에서는 23명 중 13명(=57%)이 보브에게 지식을 귀속시켰다. 그들에게는 보브가 질이 미국 차를 몬다는 것을 아는 것처럼 보였다. 훨씬 더 극적인 것은 W-집단과 SC-집단 사이의 차이였다. 후자에서는 23명 중 9명(=39%)이 서양인 다수가 찬성했던 응답 "믿고 있을 뿐이다"를 선택했다. SC-집단에서 대부분의 피험자는 보브가 질이 미국 차를 몬다는 것을 안다고 판단했다.

가설 2를 시험하기 위해 웨인버그 외(2001)는 두 집단과 함께 작업을 했다. 한 집단은 높은 사회경제적 지위(높은 SES)를 가졌다. 다른 한 집단은 낮은 사회경제적 지위(낮은 SES)를 가졌다. 개인이 높은 SES를 가졌는지 여부는 그가 받은 교육의 양에 의해 결정되었다. 연구 목적상 적어도 1년 이상의 대학 교육을 받은 사람은 높은 SES로 간주 하였다. 다른 모든 사람은 다른 집단에 할당되었다. 웨인버그 외(2001) 는 무엇보다도 다음 시나리오를 사용했다. 그들은 그것을 14명의 낮은 SES 개인들과 35명의 높은 SES 개인들에게 제시했다.

암 음모론

흡연이 암에 걸릴 가능성을 높인다는 것은 분명하다. 그렇지만 지금은 담배 를 피우지 않고 그냥 니코틴만 사용하는 것(즉 니코틴 알약을 복용함으로 써) 자체는 암에 걸릴 가능성을 증가시키지 않는다는 많은 증거가 있다. 짐 은 그 증거에 관해 알고 있고, 그 결과 니코틴을 사용하는 일이 암에 걸릴 가 능성을 증가시키지 않는다고 믿는다. 담배 회사들이 니코틴을 사용하는 것 이 암의 가능성을 증가시키지 않는다는 이 증거를 부정직하게 만들어 공표 했을 가능성이 있는데, 그 증거는 실제로는 그르고 오도적일 수 있다. 그런 데 담배 회사들은 실제로 이 증거를 만들지 않았다. 하지만 짐은 이 사실을 모르고 있다. 짐은 니코틴을 사용하는 것이 암에 걸릴 가능성을 증가시키지 않는다는 것을 실제로 아는가, 아니면 그렇게 믿고 있을 뿐인가? (Weinberg et al. 2001, 444)

참가자들은 이번에도 "실제로 안다"와 "믿고 있을 뿐이다" 중에서 선택할 수 있었다. 낮은 SES 집단에서는 12명이 "실제로 안다" (=86%), 2명이 "믿고 있을 뿐이다"(=14%)를 선택했다. 높은 SES 집단에서는 다른 그림이 나타났다. 여기서는 6명의 참가자만이 선택지

"실제로 안다"를 선택했고(=17%), 29명이 "믿고 있을 뿐이다"(=83%)를 선택했다.

요컨대 결국 우리는 다음을 보고할 수 있다. 웨인버그 외(2001)는 가설 1과 가설 2에 대한 증거를 발견할 수 있었다. 그들의 연구는 인식적 직관이 문화 집단마다 다르고, 사회경제적 지위를 가진 집단마다 다르다는 것을 시사한다.

이 두 결과는 2.4.1절에서 논의한 두 가지 논증 도식의 도움을 받아 이용할 수 있다. 첫 번째는 불일치로부터의 논증이다. 결국 웨인버그 외(2001)는 서로 다른 인종 및 사회경제적 집단들이 그들의 인식적 직관에서 불일치한다는 것을 보여주는 자료를 보고한다.

불일치로부터의 논증

(P1) 인식적 직관들에 관해 불일치가 있다.

(P2) 만일 어떤 직관에 관해 불일치가 있다면, 그 직관은 **그 정도까지** 신빙성이 없다.

(C) 우리의 인식적 직관들은 **그 정도까지** 신빙성이 없다.

웨인버그 외(2001)의 결과를 철학적으로 이용하기 위해 사용할 수 있는 두 번째 도식이 있다. 그것들은 결국 피험자들의 직관이 무관한 요인들, 즉 그들의 문화적 배경이나 사회경제적 지위의 영향을 받는다는 것을 시사한다. 따라서 무관한 요인으로부터의 논증이 떠오른다. 이 논증은 두 가지 형태로 나타날 수 있다.

문화 간 변이로부터의 논증

(P1) 우리의 인식적 직관은 부분적으로 무관한 요인인 우리의 문화적 배경

에 의해 야기된다.

(P2) 만일 우리의 인식적 직관이 무관한 요인에 의해 야기된다면, 그 직관
은 그 정도까지 신빙성이 없다.

(C) 우리의 인식적 직관은 그 정도까지 신빙성이 없다.

사회경제적 변이로부터의 논증

(P1) 우리의 인식적 직관은 무관한 요인인 우리의 사회경제적 배경에 의해
야기된다.

(P2) 만일 우리의 인식적 직관이 무관한 요인에 의해 야기된다면, 그 직관
은 그 정도까지 신빙성이 없다.

(C) 우리의 인식적 직관은 그 정도까지 신빙성이 없다.

3.1.3 스웨인 외(2008)

웨인버그 외(2001)는 우리가 앞 절에서 논의한 가설 1과 가설 2만
내놓은 것이 아니다. 그들은 다음 가설들도 제안한다.

가설 3

인식적 직관은 사람이 얼마나 많은 철학 과정을 이수했는지에 따라 달라
진다.

가설 4

인식적 직관은 부분적으로 사례들이 제시되는 순서에 따라 달라진다.

그렇지만 웨인버그 외(2001)는 이 추측에 대한 증거를 제공하지 않
는다. 이것이 바로 스테이시 스웨인, 조슈아 알렉산더, 조나단 웨인버

그(Stacey Swain, Joshua Alexander, and Jonathan Weinberg)가 그들의 연구를 시작한 대목이다.

스웨인 외(2008)는 그들이 행한 실험에 대해 보고한다. 그 실험은 가설 4를 시험하기 위한 것이었다. 웨인버그 외(2001)와 마찬가지로, 그들은 그 결과를 인식론에서 직관의 방법적 사용에 반대하는 논증을 구성하는 데 사용하려 했다. 그래서 그들의 연구 또한 X-Phi_N의 표현으로 분류될 수 있다. 그들이 제시한 논증은 우리가 2.4.3절에서 살펴본 틀 짜기 효과로부터의 논증이다.

틀 짜기 효과로부터의 논증

(P1) **p**라는 직관은 틀 짜기 효과의 영향을 받는다.

(P2) 만일 어떤 직관이 틀 짜기 효과의 영향을 받는다면, 그 직관은 그 정도까지 신빙성이 없다.

(C) **p**라는 직관은 그 정도까지 신빙성이 없다.

첫 번째 전제를 뒷받침하기 위해 스웨인 외(2008)는 3.1.1절의 사고실험 3과 닮은 사례에 초점을 맞추는데, 이 사례는 키스 레러(Keith Lehrer)의 진온도(Truetemp, 眞溫度) 시나리오의 양식화된 버전이었다. 앞에서 논의했듯이, 레러는 이 사례를 지식철학에서 신빙론의 견해에 반대하는 주장을 하기 위해 사용한다. 요점을 되풀이하자면, 신빙론은 만일 어떤 사람이 **p**가 옳다고 믿고, **p**가 실제로 옳으며, 그가 **p**라는 그의 확신을 신빙성 있는 과정에 기초를 두고 있다면, 그리고 오직 그 경우에만 그가 **p**를 안다고 주장한다. 레러의 견해에 따르면, 신빙론이 제안하는 조건들은 충분하지 않다. 만일 그 사람이 자신에게 그 믿음을 형성하게 만드는 과정이 신빙성 있다고 추정할 이유를 가지고 있지 않다면, 우리는 그에게 지식을 귀속시켜서는 안 된다. 진온도 사례는 이 것을 명백히 한다고 레러는 생각한다.

이제 스웨인 외(2008)는 레러의 논증이 기초를 두고 있는 직관이 신 빙성 있는지 묻는다. 이를 위해 그들은 인디애나대학교 블루밍턴 학생 220명의 도움을 받아 행한 실험에 대해 보고한다. 학생들에게는 변형 진온도 사례 (C)를 포함하고 있는 버전의 설문지가 제공되었다.

찰스(C)

어느 날 찰스는 떨어지는 바위를 맞고 쓰러졌다. 그 결과 그의 뇌는 그가 있 는 곳의 온도를 추정할 때마다 항상 맞도록 "재배선되었다." 찰스는 자신의 뇌가 이런 식으로 바뀌었다는 것을 모르고 있다. 몇 주 뒤 이 뇌 재배선으로 인해 그는 자신의 방 온도가 71도라고 믿게 된다. 그의 추정을 제외하면, 그 는 71도라고 생각할 다른 이유가 없다. 온도는 실제로 71도다. (Swain et al. 2008, 154)

피험자들은 다음과 같이 요약될 수 있는 세 개의 추가 사례를 제공받 았다.

- 사례 D에서 데이브는 동전을 던지는 게임을 하고 있다. 때로 그 는 "특별한 느낌을" 가지며, 다음 번 던지는 동전이 앞면이 나올 것이라고 예상한다. 그는 이 예상과 관련하여 대략 50% 정도로 맞는다. 다음 번 동전을 던지기 전에 그는 바로 그 특별한 느낌을 얻고, 동전이 앞면이 나올 것이라고 생각한다. 동전은 앞면이 나 온다.
- 사례 S에서 수지는 자신의 차를 몰고 있다. 그녀는 차창 밖을 보다

가 헛간을 본다. 그래서 길 옆에 헛간이 있다는 믿음을 형성한다. 그녀가 알지 못하는 것은 그 시골 지역이 영화 세트장으로 사용된 다는 것이다. 영화 제작자들은 그곳에 진짜처럼 보이는 가짜 헛간을 많이 만들어 놓았다. 그렇지만 수지는 가짜가 아닌 유일한 헛간을 보고 있다.

• 사례 K에서 화학 교수인 카렌은 평판이 높은 학술지에서 어떤 과학 논문을 읽는다. 이 논문에서는 두 가지 바닥 소독제 클린오플러스와 워셔웨이를 섞으면 인간에게 치명적인 위험한 가스가 생성된다고 설명되어 있다. 관리인이 두 소독제를 섞으려 하고 있다. 카렌이 이것을 보고 그에게 경고하려 한다. 그녀는 소리친다. "떨어져요! 이 두 제품을 섞으면 독가스가 만들어져요!"

이 시나리오들을 읽은 후 참가자들은 네 명의 주인공—데이브, 찰스, 수지, 카렌—이 각각 71도라는 것, 동전을 던지면 앞면이 나올 것이라는 것 등등을 **알았다**는 것에 어느 정도 동의할 것인지 질문을 받았다. 각각의 경우에 그들은 다음 선택지들 중에서 선택할 수 있었다.

강하게 동의한다/동의한다/중립이다/동의하지 않는다/강하게 동의하지 않는다

설문지의 각각의 버전에는 네 가지 사례 C, D, S, K가 포함되어 있었다. 그렇지만 그 설문지 버전은 피험자들이 받은 순서가 달랐다. 전반적으로 4개 사례를 8가지 다른 순서로 진술하는 8개의 설문지 변형이 있었다. 이 설문지들은 학생들에게 무작위로 배부되었다. 그렇지만 사례들이 제시되는 순서는 무작위가 아니었다. 스웨인 외(2008)는 그

이전에 피험자들이 각각 K나 D를 생각했는지 여부에 따라 C를 어떻게 평가할 것인지 알아내려 했다. 즉 그들은 찰스에게 지식을 귀속시키려는 경향이 그들이 그 이전에 어떤 사례들을 생각했는지에 달려 있는지를 알아내고 싶었다.

그렇다면 왜 스웨인 외(2008)는 K와 D가 특히 관련이 있다고 생각했는가? 답은 간단하다. K와 D는 C의 대비 사례로 잘 맞는 것 같았다는 것이다.

- K는 명료한 지식의 사례다. 화학 교수 카렌은 화학에서의 그의 전문적 식견에 기초하여 클린오플러스와 워셔웨이를 섞으면 독가스가 만들어진다는 것을 안다.
- 한편 D는 명료한 비지식의 사례다. 확실히 데이브는 동전이 앞면이 나올 것이라고 믿고, 실제로 동전은 앞면이 나온다. 그렇지만 그의 믿음은 그를 반쯤 잘못된 길로 인도하는 단순한 느낌에 기초하고 있다.

그렇다면 우리는 만일 피험자들이 이전에 D를 생각했다면 C에서 찰스에게 지식을 귀속시키는 경향이 더 강했어야 하고, 만일 방금 K를 생각했다면 그렇게 하는 경향이 비교적 덜했을 것이라고 의심할 수 있다. 실제로 스웨인 외(2008)가 보고하는 결과들은 정확히 이것을 지지한다. 그것들을 분석하기 위해 그들은 수치를 사용하여 답을 다음과 같이 인코딩했다. 5(="강하게 동의한다"), 4(="동의한다"), 3(="중립이다"), 2(="동의하지 않는다"), 1(="강하게 동의하지 않는다"). 표 3.1은 설문지의 다른 버전들에서의 C의 평균값을 보여준다.

표 3.1. 스웨인 외(2008)의 결과

설문지 버전	C의 평균값
KCDS	2.4
CSDK	2.6
SCDK	2.9
DSKC	2.9
CDSK	3.0
CKDS	3.0
DCSK	3.2
DSCK	3.6

표 3.1이 증명하듯이, 스웨인 외(2008)에 따를 때 통계적으로 유의미한 순서 효과가 있는 것처럼 보였다. C에서 찰스에게 지식을 귀속시키려는 피험자들의 경향은

- 참가자들이 이전에 K와 만났을 때 비교적 작았고(KCDS 순서의 경우에 2.4, DSKC 순서의 경우에 2.9),
- 참가자들이 읽은 첫 번째 사례가 C였을 때 중간 범위에 있었으며 (즉 2.6에서 3.0 사이),
- 피험자들이 이전에 D를 생각했을 때 비교적 높았다(DCSK 순서의 경우에 3.2, DSCK의 경우에 3.6).

이러한 자료는 일단 우리가 3.0의 값이 중립적 입장(동의도 부동의도 아님)을 나타낸다고 생각할 때 떠오르는 주목할 만한 결과를 시사

하는 것처럼 보인다. 스웨인 외(2008)는 "찰스는 그의 방 온도가 71도라는 것을 안다"는 주장에 대한 동의와 부동의의 강도가 각각 사례들의 순서에 따라 달랐다는 것을 명백히 보여줄 수 있었다. 게다가 그들은 이 순서 효과가 중간 수준의 부동의를 중간 수준의 동의로 바꾸기에 충분할 정도로 강하다는 것을 보여줄 수 있었던 것처럼 보인다. 스웨인 외(2008)가 말한 바에 따르면, "진온도 사례에 관한 직관은 그 사례가 명료한 비지식의 사례 후 제시되는지 여부에 따라 방향을 바꾼다." (Swain et al. 2008, 144).

3.1.4 논의

웨인버그 외(2001)와 스웨인 외(2008)는 둘 다 인식적 직관의 신빙성에 관해 회의적 결론에 도달한다. 하지만 이것이 그 문제에 대한 마지막 말인가? 물론 이 두 기고 이후에도 논의는 계속되었다. 그러니 이어진 논쟁의 몇 가지 측면을 검토해 보자.

시작하려면 우리는 다음을 주시해야 한다. 즉 두 저자 팀이 암시한 회의적 결론은 상당히 원대하다. 그들의 연구 결과를 가지고 그들은 X-Phi$_N$을 지지하려 한다. 즉 그들은 적어도 인식론에서 사례들에 관해 직관을 사용하는 방법(MAP)에 대해 의심을 제기하려 한다. 추가 연구들이 요구된다는 것을 인정하긴 하지만, 그들은 자신들의 결과가 분석철학의 핵심을 이루는 탐구 방법에 심각한 타격을 주는 것으로 본다고 제안한다. 이 결론은 세 가지 이유로 시기상조인 것처럼 보인다.

(1) 설문조사에 포함된 피험자 수가 작다—특히 웨인버그 외(2001) 의 경우에.

(2) 웨인버그 외(2001)도 스웨인 외(2008)도 모든 사례에서 통계적

으로 유의미한 결과를 발견하지 못했다. 예컨대 웨인버그 외 (2001)는 단 두 사례에서만 EA-집단과 W-집단 사이의 유의미한 차이를 발견했다. 두 가지 추가 사례에서는 그들은 아무것도 발견하지 못했다. 마찬가지로 스웨인 외(2008)도 사례 S에서 틀짜기 효과를 발견하지 못했다.

(3) 또한 웨인버그 외(2001)와 스웨인 외(2008)는 인식론에서 역할을 하는 많은 사고실험 중 일부만을 시험했으며, 그들은 하나의 실험적 설계만을 통해 그렇게 했다. 그래서 그들의 연구 결과가 설계들 전체를 통해 견고한지는 불분명하다.

웨인버그 외(2001)와 스웨인 외(2008)가 염두에 두는 다소 전면적인 결론을 확립하려면, 비슷한 결과들이 더 큰 집단들, 다른 사고실험들, 똑같이 합법적인 것처럼 보이는 다른 연구 설계들을 이용하는 일에서도 발견될 수 있다는 것을 보여주어야 할 것이다. 결국 과학적 방법의 초석 중 하나는 **결과의 반복**이다. 그 원리는 연구 결과가 서로 다른 연구자들이 독립적으로 확증할 수 있었을 경우에만 심각하게 받아들여진다는 것이다(글상자 3.2를 볼 것)!

글상자 3.2. 실험철학 연구 결과의 반복 가능성

최근 몇 년 동안 실험심리학은 #반복게이트(#repligate)로 알려진 위기를 겪었다. 연구자들이 필요한 시험을 다시 실행했을 때 그 분야의 많은 핵심 연구 결과들은 반복되지 않았다. 이에 대한 다양한 이유가 확인되었다(간명한 논의는 Doris 2015, 44-49를 볼 것). 하나는 일반적으로 말해 실험심리학자들이 반복 노력에 우선 순위를 두지 않았다는 것이다. 메이클 외(Makel et al. 2012)의 연구에 따르면, 가장 영향력 있는 100대 심리학 학술지(영향력 지수 (impact factor)로 측정한)에서 이 학술지들이 출판한 논문들 중 1.07%만이 선행 결과를 반복하려는 시도였다. 이것은 대체로 실험심리학과 연관된 방법에 의존하는 실험철학 또한 문제가 될 수 있다는 우려를 제기한다. 사실상 어떤 사람들이 주장하는 것처럼 (예컨대 Cullen 2010; Deutsch 2009), 실험철학 종사자들은 대부분 실험적 연구를 행하기 위한 적절한 훈련이 부족한 철학자들이기 때문에 상황은 훨씬 더 나쁠 수 있다. 게다가 세예드사얌도스트(Seyedsayamdost 2015)는 웨인버그 외(2001)의 연구가 출판된 이후 거의 10년 동안 그들이 보고한 연구 결과를 반복하려는 단 한 건의 시도도 없었다고 비판적으로 지적했다. 그렇지만 최근에 콜롬보 외(Colombo et al. 2018)는 실험철학 연구의 방법론적 건전성의 적어도 한 측면에 관해 고무적인 결과를 보고했다. 구체적으로 통계적 부정합성에 초점을 맞춤으로써 그들은 "부정합성의 비율이 행동과학 및 사회과학의 다른 학문 분야들보다 낮다"는 것을 발견했다. 더 나아가 많은 저명한 실험철학 연구자들은 실험철학 반복 가능성 기획(XRP)을 위해 팀을 구성했는데, 이 기획은 실험철학 연구의 반복 가능성을 추정해 보려는 것이다. 첫 번째 간행된 보고서는 4개의 실험철학 연구 중 대략 3개가 반복되는 것으로 추정했다(Cova & Strickland et al. 2021).

더 나아가 우리가 논의한 두 논문에서 두드러지게 등장하는 논증들 중 약간은 의심할 가치가 있어 보인다. 웨인버그 외(2001)가 사용한 사회경제적 배경으로부터의 논증은 참가자들의 사회경제적 배경이 결국은 무관한 요인이 아닐 수 있기 때문에 비판받을 수 있다(Cullen 2010). 교육제도 속에서 시간을 덜 보낸 사람들이 암 음모론 같은 사례를 다르게 판단하는 것처럼 보일 수 있는데, 이것은 그들이 그것에 관해 근본적으로 다른 판단을 형성하기 때문이 아니라 그 사례의 세세한 내용에 면밀한 주의를 기울이지 않기 때문이다. 이것은 우리를 방법론적 요점으로 이끈다. 이 경쟁하는 설명들을 배제하기 위해서는 우리는 사례들의 가장 결정적인 측면을 더 쉽게 이해하고 계산하게 만드는 방식으로 그 사례들을 제시할 경우에 동일한 결과를 얻는다는 것을 확실히 해야 할 것이다. 투리(Turri 2013)는 이것을 실험적으로 시험했으며, 사례들이 그 내용을 더 쉽게 접근할 수 있게 만드는 구조적 형태로 제시되는 경우에 직관은 거의 한결같다는 결론에 도달했다.[3]

그러나 시나리오의 제시만이 피험자들의 판단에 영향을 미쳤던 것은 아닐 수 있다. 피험자들이 선택할 수 있는 선택지의 수와 그것들의 정확한 표현도 모두 피험자들의 판단에 영향을 미쳤을 수 있다. 네이글 외(2013)는 웨인버그 외(2001)가 그들의 자동차 사례에서 발견했던 결과를 반복하려 시도했다.[4] 그들은 피험자들에게 사례에 대한 똑같은

---

3 게다가 존 투리(John Turri)는 현재 논의되는 문제들의 범위 밖에 있는 실험적 인식론에 대해 많은 흥미로운 기여를 했다. 그렇지만 한 가지 예는 지식과 주장의 규범에 관한 투리의 연구는 물론이고 3.1.5절을 볼 것.

4 그렇지만 김과 위안(Kim & Yuan 2015)이 지적하듯이, 네이글 외(2013)의 연구는 반복 연구로 적절하지 않은데, 왜냐하면 네이글 외(2013)가 피험자들에게 다양한 다른 사례들을 제공하기 때문이다. 따라서 이것이 자동차 사례에 대한 피험자들의 평가에서 순서 효과를 일으키는지는 분명하지 않다. 그렇지만 김과 위안(2015)은 웨인버그 외(2001)에 대해 똑같이 비판적 평가에 도달한다. 세예드사얌도스트(2015)도 마찬가지다. 노브(2015b)는 유익한 블로그 게시물에서 인식론의 다양한 여러 가지 다른 실험

표현을 제시했지만, 가능한 응답으로 또 다른 선택지를 포함시켰다. 그들의 연구에서 피험자들은 "불분명하다"를 선택할 수 있었다. 다시 말해서 그들은 불가지론자로 남을 수 있었다. 이러한 실험적 설계에서 네이글 외(2013)는 서로 다른 인종 집단의 직관들 사이에 통계적으로 유의미한 차이를 발견하지 못했다.

　응답 선택지의 표현 또한 역할을 했다. 자동차 사례에서 웨인버그 외(2001)는 피험자들에게 "실제로 안다"와 "믿고 있을 뿐이다"의 선택지 중에서 선택하게 했었다. 이 표현은 피험자들이 지식을 다소 제한적으로, 즉 "진짜 지식"이라는 의미로 귀속시킬 것이 기대된다는 것을 암시하는 것으로 간주될 수도 있다. 컬렌(2010)은 단순한 비교 연구에서 이 가능성을 조사했다. 그는 피험자들을 두 집단 중 하나에 배당했다. 한 집단은 자동차 사례를 제공받고, 원래 연구에서처럼 다음 물음에 답하라는 요구를 받았다. "보브는 질이 미국 차를 몬다는 것을 실제로 아는가, 아니면 믿고 있을 뿐인가?" 피험자들은 동일한 가능한 응답들, 즉 "실제로 안다"와 "믿고 있을 뿐이다" 중에서 선택할 수 있었다. 두 번째 집단 또한 자동차 사례를 제공받고, 동일한 질문을 받았다. 그렇지만 컬렌은 피험자들에게 부사 "실제로"를 삭제하고, "안다" 또는 "알지 못한다" 중에서 선택하도록 요구했다. 첫 번째 집단에서는 29%가 "실제로 안다"를 선택한 반면에, 여기서는 유의미하게 더 많은 피험자―즉 42%―가 "안다"를 선택했다.

　게다가 컬렌은 스웨인 외(2008)와 관련해서 중요한 비판 지점을 언급한다. 그들은 인식적 직관이 순서 효과의 영향을 받기 쉽다고 결론지었는데, 이것은 그들의 자료가 피험자들이 이전에 D(명료한 비지식의

───────

적 연구의 연구 결과를 요약했다.

사례)를 생각했다면 지식을 귀속시키는 경향이 더 높았고, K(명료한 지식의 사례)에 관해 생각했다면 그런 경향이 덜했을 것임을 암시하기 때문이다. 그러나 컬렌이 지적하듯이, 찰스에게 지식을 귀속시키려는 피험자들의 의지의 차이는 다소 다르게 설명될 수 있다. 우리는 실험철학 연구에서 참가자들의 과제를 그들의 관점에서 살펴본다면 이것을 이해할 수 있다. 참가자들은 그들에 관한 한 다소 낯선 사례와 사고실험을 포함하는 설문지를 받는다. 이런 것들은 전문 철학자들에게는 의미가 있을 수 있다. 그렇지만 일반인은 그것들 배후의 의도를 알 수 없다. 아마 그들은 실험자들이 왜 자신들을 이런 시나리오에 직면하게 하는지, 그리고 실험자들이 어떤 응답을 기대하는지 스스로에게 물을 것이다.[5] 스스로 그 물음에 답하기 위해 그들은 사고실험이 나타나는 맥락으로부터 추리를 끌어내려 할 가능성이 높다. 만일 우리가 그들에게 먼저 K(명료한 지식의 사례)를 제시하고, 그다음에 C(덜 명료한 사례)를 제시한다면, 그들은 이것으로부터 실험자들이 자신들에게 이 경우에 지식을 귀속시키지 않기를 기대하고 있다고 추리하고 싶게 할 수 있다. 한편 만일 우리가 그들에게 먼저 D(명료한 비지식의 사례)를 검토하게 하고, 그다음에 C를 검토하게 한다면, 그들은 두 사례들 사이의 대비로부터 실험자들이 그들에게 후자를 지식의 사례로 분류하기를 기대하고 있다고 연역할 수 있다. 스웨인 외(2008)가 발견했다고 믿는 순서 효과가 적어도 부분적으로 참가자들이 인식하는 기대에 의해 설명될 수 있는지 여부는 불분명하다.

---

5 피험자들이 실험자가 듣고 싶어 하는 것을 말하는 효과는 심리학 연구 문헌에서 커다란 역할을 하는 일반적 현상이다. 그것은 "실험자 편향"이나 "실험자 요구"라는 이름으로 통한다(Rosenthal et al. 1963 ; 1964). 우리는 4.2.2절에서 이 문제로 되돌아올 것이다.

일반적으로 우리는 이 시점에서 웨인버그 외(2001)와 스웨인 외 (2008)가 보고한 원래 결과를 반증하는 꽤 많은 증거가 있다고 기록할 수 있다(Knobe 2015b). 포괄적인 문화 간 연구는 이것을 확증한다 (Machery & Stich et al. 2015). 저자들은 미국, 브라질, 인도, 일본 출신의 피험자 521명과 함께 작업을 했고, 그들 피험자들에게 그들 각각의 모국어(영어, 포르투갈어, 벵골어, 일본어)로 사례를 제시했다. 그들은 서로 다른 문화의 사람들이 "게티어 직관"을 공유할 것인지에 관심이 있었다. 즉 그들은 사고실험 2 같은 사례들에서 그들이 지식을 부정할 것인지를 확립하려 했는데(1.2절과 3.1.1절을 볼 것), 이런 사례들에서 어떤 사람의 정당화된 옳은 믿음은 우연히 옳을 뿐이다. 연구는 집단들 사이에 어떠한 유의미한 차이도 보여주지 못했다. 즉 "인도인, 미국인, 브라질인, 일본인들은 게티어 직관을 공유하는 경향이 있다." (Machery & Stich et al. 2015, 7).

이 대목에서 실험철학에 대한 비판자는 웨인버그 외(2001)가 인식적 직관의 신빙성에 관해 시작한 논쟁이 완전히 시간 낭비였다고 논쟁적으로 평할 수 있다.[6] 결국 10년 이상의 논의를 통해 우리는 인식론에서 직관의 방법적 사용의 유지 가능성에 관한 경험에 입각한 의심들은 근거가 없다는 결론에 이르렀는데, 이것은 분석철학자들이 내내 가정해 왔던 것이었다. 그렇지만 나는 그 논쟁이 헛되었다고 생각하지 않는다. 두 가지 이유가 있다.

첫째, 그 논쟁은 철학 방법론에 관한 메타철학적 논의에 대해 흥미로운 토대적 결과를 낳았다. 비록 새로운 패러다임으로 인도하지는 않지

---

6   요아킴 호르바트와 클레이턴 리틀존(Joachim Horvath and Clayton Littlejohn) 또한 노브(2015a)의 블로그 게시물에 관한 논평에서 이 견해를 표명한다.

만, 그럼에도 불구하고 그 논쟁은 중요하다. 왜냐하면 그 논쟁은 인식
론에서 관례적인 분석적 방법론에 대한 하나의 잠재적 반대 논증에 대
응하는 것이기 때문이다.[7] 따라서 그것은 인식론적 탐구를 좀 더 견고
한 토대 위에 있게 한다.

둘째, X-Phi$_C$의 지지자들은 그 논쟁이 산출한 결과가 그 자체로 철
학적으로 흥미롭다고 주장할 수 있다. 서로 다른 문화적 배경의 사람들
의 지식 귀속이 다소 한결같다는 사실은 기초적 인지 과정들에 관해 흥
미로운 가설을 산출할 수 있으며, 이것은 철학에 대한 인지과학에서 추
가 연구를 자극할 수 있다(Knobe 2015a).

3.1.5 최근의 발전

최근 몇 년 동안 많은 흥미로운 연구가 인식론의 실험적 연구에 대한
웨인버그 외(2001)와 스웨인 외(2008)의 기고의 뒤를 이었다. 놀랄 것
도 없이 이 논문들은 연구의 범위를 상당히 넓혔고, 또 다른 많은 물
음을 다루었다. 아래에서 나는 그것들 중 세 가지를 간단히 논의하고
싶다.

예컨대 투리 외(2017)는 믿음적 의지주의(doxastic voluntarism)의
문제를 실험적으로 연구했다. 누구보다도 캔터베리의 아우구스티누스,
토마스 아퀴나스, 르네 데카르트, 블레즈 파스칼, 윌리엄 제임스가 옹
호한 믿음적 의지주의는 우리가 어떤 명제를 우리 의지대로(뜻대로)

---

7 1.7절에서 우리는 이미 분석적 안락의자 철학자들의 방법론이 실제로 실험적 수단
을 이용해 정당화될 수 있다고 지적했었다. 인식론에서는 그들이 실제로 실험적 논쟁이
지금까지 산출한 결과를 지적하고, 그것들을 그들의 방법론적 견해를 지지하는 논증으
로 해석할 수 있는 것으로 보인다. 모르텐센과 네이글(Mortensen & Nagel 2016)은
그러한 접근 방식을 추구한다.

믿을 수 있다고 주장한다. 이것은 물론 논란이 되는 기본 주장인데, 철학사의 많은 저자는 이 기본 주장을 부정해 왔다. 특히 현대 철학에서 우리가 믿음을 마음대로 야기할 수 있다는 견해는 투리 외(2017)가 지적하듯이 지지를 잃은 것처럼 보인다. 그들이 지적하듯이, 의지주의를 거부하는 믿음적 비의지주의는 통상 두 유형의 논증을 사용한다. 첫 번째는 개념적 논증으로, 의지적 믿음이라는 개념이 아예 의미가 없다고 주장한다. 두 번째는 심리적 논증이다. 이 논증은 믿음적 의지주의가 그르다는 것에 대해 심리적 이유를 든다. 비록 의지적 믿음 개념이 개념적으로 가능할 수 있다 할지라도, 심리적 사실의 문제로서는 그 개념이 불가능하다고 이 두 번째 논증의 옹호자들은 말한다. 그들의 추론을 지지하기 위해 그들은 주어진 명제를 믿으려고 했던 경우─그들은 그렇게 하려고 했지만 물론 성공하지 못한 경우─의 예를 자주 사용한다. 그렇지만 투리 외(2017)가 지적하듯이, 심리적 논증은 만일 통속심리학의 문제로서 일반인이 의지적 믿음이 가능하다고 판단하는 것으로 판명된다면 그 신뢰성을 많이 잃을 것이다. 게다가 이것은 믿음적 의지주의가 개념적으로 불가능하다는 생각의 신용을 해치게 될 것이다. 평범한 보통 사람들이 정말로 의지적 믿음이 가능하다고 생각하는지 조사하기 위해 투리와 동료들은 일련의 실험을 진행했고, 피험자들이 실제로 믿음을 의지적인 것으로 보는 경향이 있다는 것을 발견했다. 사실상 그들의 처음 두 실험은 믿음이 다른 종류의 정신 상태, 예컨대 지식, 의견, 신앙보다 더 의지적인 것으로 판단된다는 것을 증명하는 것처럼 보였다.[8] 이러한 결과는 통속적 믿음 개념을 조명해 주기 때문에 X-

---

8 게다가 투리 외(2017)는 믿음에 대한 통속적 개념에 관해 또 다른 흥미로운 발견 결과를 보고한다. 예컨대 그들의 실험들 중 어떤 것에서 그들은 참가자들이 의지적 믿음을 약한 의지를 가진 개인보다 강한 의지를 가진 개인에게 더 쉽게 귀속시키는 경향

Phi_C의 관점에서 분명히 흥미롭다. 더 나아가 X-Phi_p의 지지자들도 그런 결과들이 믿음이란 무엇인가라는 고전적인 철학적 물음과 직접적으로 관계가 있기 때문에 흥미롭다고 판단할 것이다. 만일 투리 외 (2017)가 올바르다면, 믿음적 비의지주의자들의 공통적 주장은 결함이 있을 가능성이 높다. 믿음적 비의지주의자들이 의지적 믿음의 불가능성에 관한 개념적 직관에 의존한다는 것을 보여줄 수 있는 한, X-Phi_N의 지지자는 철학적 직관이 신빙성 없다는 추가 증거를 제공하기 위해 이 결과를 가리킬 수 있다.

앤도우(Andow 2017)는 최근 인식적 결과주의에 관한 통속적 판단을 조사해 왔다. 그의 연구는 방금 논의한 투리 외(2017)의 탐구와 꽤 잘 맞아떨어진다. 투리 외(2017)의 피험자들이 믿듯이, 만일 우리가 주어진 믿음을 의지적으로 믿는 것이 개념적·심리적으로 가능하다면, 이것이 인식적 합리성의 요구에 부합하는지의 문제가 제기된다. 즉 그것이 인식적으로 허용 가능한지의 문제가 제기된다. 인식적 결과주의는 이 문제에 대해 할 말이 있다. 인식적 결과주의는 윤리학의 결과주의와 유사한데, 윤리학의 결과주의는 행위가 도덕적으로 허용 가능한지 여부가 그 행위가 도덕적 가치를 최대화하는지 여부에 달려 있다고 주장한다.[9] 마찬가지로 인식적 결과주의는 인식적 행위자에게 특정 믿음을 지니는 일이 인식적으로 허용 가능한지 여부가 그 믿음이 인식적 가치를 최대화하는지 여부에 달려 있다고 주장한다. 우리는 엘스타인과 젠킨스(Elstein & Jenkins 2020)가 제안하는 진리 요정(Truth Fairy) 시나리오 같은 사례를 생각해봄으로써 인식적 결과주의가 함의

이 있다는 것을 발견했다. 그들은 또한 믿음이 지각보다 추리에 기초를 두고 있을 때 그 믿음을 의지적으로 지닌다고 판단하는 경향이 더 많았다.

9   윤리학에서의 포괄적 논의는 Mukerji(2016)를 볼 것.

하는 것을 설명할 수 있다. 진리 요정은 매우 강력한 존재이며, 당신에게 다음 거래를 제시한다고 가정해 보라. 당신은 주어진 명제 p를 옳은 것으로 승인한다. 그 대가로 진리 요정은 인식적 가치를 최대화할 것이다. 진리 요정은 말하자면 당신의 믿음들이 정당화되고, 옳고, 가능한 한 최고로 많이 안다는 것을 보증할 것이다. 그렇다면 당신이 요정의 제안을 수락하는 것이 인식적으로 허용 가능한가? 인식적 결과주의는 이 물음에 긍정으로 답한다. 앤도우(2017)의 물음은 통속적인 일반인이 동의하는지 하는 것이다. 확실히 많은 철학자는 진리 요정의 제안을 수용하는 일이 승인될 수 없는 일이라고 진술해 왔다. 그렇지만 앤도우가 지적하듯이, 철학자의 판단의 신빙성에 관해 우리가 이미 알고 있는 것을 감안하면, "진리 요정 사례에서 믿는 일의 승인 불가능성은 어느 정도 '철학자의 반응' 같은 것이며, 그래서 인식적 결과주의에 대한 관련된 저항도 어느 정도 '철학자의 우려' 같은 것이다"라고 생각하고 싶어진다(Andow 2017, 2635). 다시 말해서 철학자들이 생각하는 것은 통속적인 일반인들이 믿는 것에 대한 신빙성 있는 지침이 아닐 수 있다. 그렇지만 두 실험의 결과에 기반하여 앤도우가 보고하듯이, 철학자들의 판단은 정말로 이 경우에 일반인의 직관을 반영하는 것처럼 보인다. 그의 연구 결과는 일반인이 일반적으로 인식적 행위자가 인식적 가치를 최대화하는 변화를 만드는 것이 허용 가능하다고 판단하는 경향이 있음을 암시한다. 그렇지만 만일 이것이 행위자가 그른 믿음이나 증거에 의해 뒷받침되지 않는 믿음을 승인하는 것을 의미한다면, 그들은 그것을 거부한다.

또다시 이 결과는 우선 X-Phi$_C$의 렌즈를 통해 일차적으로 인식적 허용 가능성에 대한 일반인의 통속적 견해의 본성에 관한 흥미로운 발견으로 간주될 수 있다. 그렇지만 앤도우가 지적하듯이, 그의 발견은 또한 일차질서 철학적 물음, 즉 인식론적 논쟁에서 인식적 허용 가능성에 대한 올바른 견해에 관한 논쟁에 기여하는 것으로도 간주될 수 있다. 이것은 X-Phi_p의 옹호자들의 관심을 끌 수밖에 없다. 인식적 반결과주의자들의 논증이 그들 견해의 반직관성에 관한 주장들에 의존하는한, 앤도우의 결과는 이런 철학자들의 입장을 경험적으로 강화한다. 마지막으로, X-Phi_N에 대한 비판자들은 철학자들의 직관을 통속적 일반인이 공유한다는, 적어도 약간의 증거가 있다는 것을 지적하기 위해 그결과를 사용할 수 있다.

실험 인식론 분야에서 내가 보기에 언급할 가치가 있어 보이는 세 번째 최근 발전이 있다. 앞 절의 논의에서 우리가 이미 마체리와 스티치(2015)의 기고에 대해 언급했던 것을 떠올려 보라. 이 저자들은 대체로서로 다른 문화와 언어 공동체의 사람들도 게티어 직관을 공유하는 경향이 있다고 보고한다. 즉 그들은 게티어(1963)가 제기한 것 같은 사례들에서 정당화된 옳은 믿음이 반드시 지식인 것은 아니라는 견해를 공유하는 경향이 있다. 그렇지만 이러한 연구 결과는 세계의 모든 지역에있는 사람들이 지식 개념의 모든 측면에 관해 똑같은 직관을 공유한다는 것을 함의하지 않는다. 우리가 아는 한 차이점이 있을 수도 있고, 이러한 차이점을 조사하는 것은 흥미로운 일일 수 있다. 더욱이 현대 인식론자들은 이러한 차이점을 놓칠 가능성이 높은데, 왜냐하면 스티치와 미즈모토(Stich & Mizumoto 2018b)가 강조하듯이 그들은 거의전적으로 "알다"와 같은 인식적 용어들이 "우리의 언어"에서 사용되는방식에 초점을 맞추었는데, 여기서 "우리의 언어"는 거의 배타적으로"현대 영어"를 의미하는 것으로 간주되기 때문이다. 스티치와 미즈모토에 따르면, 이 시점에서 영어의 인식적 용어들의 특성을 다른 언어들의 인식적 용어들도 보편적으로 공유한다고 믿을 이유가 없기 때문에 후자를 탐구할 명료한 동기가 있다. 스티치와 미즈모토가 편집 발행한 『세계의 나머지 지역을 위한 인식론』(*Epistemology for the Rest of the World*, 2018)이라는 책에 실린 기고들은 이 일을 하기 위한 최초의 발걸음을 내딛고 있다. 경험적 발견에 기초하여 "알다"와 같은 인식적 용어들의 특성이 사실상 언어 공동체 간에 보편적으로 공유되지 않는다는 것이 밝혀지면, 이것은 철학자들이 이 사실에 대해 어떻게 반응해야 하는지의 문제를 제기한다. 한 가지 반응은 인식론적 기획을 영어 인식론, 일본 인식론 등등 하는 식으로 세분화할 것을 간청하는 것일 수 있다. 또 다른 반응은 다수의 발견 결과를 "다언어적·다문화적 인식론"으로 통합하는 것일 수 있다(Stich & Mizumoto 2018b, xiv). 어쨌든 인식적 용어와 그 특성에 대한 미래의 교차 문화 연구가 인식론적 논쟁에서 생각의 많은 소재를 제공할 것이라고 의심할 이유가 있다.

3.2 언급

앞 절에서 우리는 인식론에 관한 철학적 논쟁에 대한 실험적 기여를 논의했다. 르네 데카르트에게 철학의 그 부분은 철학이라는 학문 전체의 중심이었다. 그래서 그는 그것을 제일철학(*prima philosophia or* "first philosophy")이라고 불렀다. 그렇지만 고틀로프 프레게(Gottlob Frege), 버트런드 러셀(Bertrand Russell), 루트비히 비트겐슈타인(Ludwig Wittgenstein), 비엔나 학단(the Vienna Circle)의 영향을 통해 철학은 20세기 전반기에 "언어적 전회"(linguistic turn)로 알려진 변화를 겪었다. 그것의 역할은 점차 개념에 대한 분석 및 과학자들이 사용한 개념들의 명료화로 이해되었다. 그래서 점차 언어 자체가 철학자들이 논의하는 주제가 되었다. 처음부터 커다란 역할을 했던 핵심 물음 중 하나는 언급(reference)의 본성에 대한 물음이었다. 실험철학자들 또한 이 분야에 기여를 해왔다. 아래에서 우리는 그들이 시작했던 논쟁들의 몇 가지 측면을 살펴볼 것이다. 그렇지만 그 전에 우리는 그 논쟁에서 역할을 했던 언급 이론(theory of reference)의 몇 가지 양상을 살펴볼 것이다.

3.2.1 언급이란 무엇인가?

우리는 언어를 세계에 관한 진술을 하는 데 사용한다. 소박한 견해에 따르면, 우리는 모든 언어적 용어가 말하자면 "저기 밖에 있는"(out there) 대상을 언급하기 때문에 이 일을 할 수 있다. 물론 이 생각은 틀렸다.[10] 사실 우리는 이것을 아주 쉽게 보여줄 수 있다. 예를 들어 "눈은 희다"(Snow is white)는 문장을 생각해 보라. 낱말 "눈"(snow)은 아마 세 낱말 중에서 가장 문제가 되지 않을 것이다. 우리는 "눈"이 세계 속 모든 눈을 언급한다고 말할 수 있다. 낱말 "흰"(white)은 "눈"보다 까다롭다. 명백히 그것은 저기 밖에 있는 구체적 대상을 언급하는 것이 아니라 오히려 물리적 대상들의 속성을 언급한다. 그러면 아마 우리는 "흰"이라는 표현이 **추상적인** 것을 언급한다고 말해야 할 것이다. 그렇다고 치자. 어쨌든 세 번째 낱말, 즉 연결 동사 "이다"(is)가 있는데, 이것은 아무것도 언급하는 것처럼 보이지 않는다. 언어학적으로 말해 그것의 기능은 문장의 주어 "눈"과 술어 "흰"을 연결하는 것이다. 그렇게 함으로써 그것은 "눈"이라는 낱말이 눈을 언급하는 것처럼 어

10　비트겐슈타인(Wittgenstein 1953/1999)은 그 생각에 대해 특히 영향력 있는 비판을 제시하였다.

떤 대상을 언급하지 않는다. 게다가 세계 속 어떤 대상에도 할당될 수 없는 "매우"(very)나 "다행히"(fortunately) 같은 많은 낱말이 있다.

그럼에도 불구하고 언어에 대한 소박한 견해는 일말의 진실을 포함할 수 있다. 그 견해는 우리가 개체 용어(singular terms)로 한정하는 한 분명히 그르지 않다. 이런 용어는 우리가 세계 속 개별 대상들에 관해 언급하기 위해 사용하는 용어이다. 우리는 그러한 각각의 용어 하나하나를 그것이 언급하는 대상에 할당할 수 있는 것처럼 보인다.

개체 용어 중에서는 특히 두 범주, 즉 기술(descriptions)과 고유명(proper name)이 구별된다. "미국의 44대 대통령"은 기술의 예다. "버락 후세인 오바마"는 고유명의 예다. 둘 다 똑같은 대상, 즉 사람 버락 오바마를 언급한다.

그렇지만 이 언급 이론은 문제가 있다. 다음 세 진술을 생각해 보면 그 문제가 명백해진다.

(1) "버락 후세인 오바마는 미국의 44대 대통령이다."
(2) "버락 후세인 오바마는 버락 후세인 오바마이다."
(3) "미국의 44대 대통령은 미국의 44대 대통령이다."

세 진술 모두 동일성 진술이다. 그것들은 형식 (1) a=b, (2) a=a, (3) b=b를 가지고 있다. 동일성 진술은 동일성 기호 "="의 왼쪽과 오른쪽에 있는 표현들이 똑같은 것을 언급하면 옳다. "버락 후세인 오바마"와 "미국의 44대 대통령"이라는 표현들은 똑같은 대상을 언급하기 때문에 세 진술 모두 옳다. 그러나 (1)만이 인지적으로 가치 있는 정보를 포함하고 있다. 반면에 (2)와 (3)은 정보를 제공하지 않는다. 어떻게 그럴 수 있는가?

고틀로프 프레게는 용어의 **지시체**(Bedeutung)나 언급 대상, 즉 그 용어가 지시하는 대상과, 뜻(Sinn)이나 의미를 구별하자고 제안했다 (Frege 1892).[11] 비록 "버락 후세인 오바마"와 "미국의 44대 대통령"이 라는 용어들이 똑같은 언급 대상을 갖긴 하지만, 그것들은 똑같은 의미 를 갖지는 않는다. 두 용어는 다른 방식으로 버락 오바마를 언급한다. 전자는 그를 그의 이름으로 부른다. 후자는 그가 한때 가졌던 직책의 관점에서 그 사람을 기술한다. 따라서 2007년에 혼수상태에 빠졌다가 오늘 깨어난 사람은 버락 오바마가 미국의 44대 대통령이라는 것을 알 지 못한다. (1)은 그 사람이 그런 지식을 획득하는 데 도움이 될 것이 다. (2)와 (3)은 그런 종류의 일을 전혀 하지 못할 것이다. (2)는 버락 오바마를 "버락 후세인 오바마"로서만 언급하고, (3)은 미국의 44대 대 통령을 "미국의 44대 대통령"으로서만 언급한다. 그렇지만 프레게가 지적하듯이 두 언급 방식 모두 정보가 있는 진술에 도달하기 위해 필요 하다.

그렇지만 프레게의 이론은 문제를 야기한다. 우리는 의미를 갖지만 어떤 대상도 언급하지 않는 개체 용어를 어떻게 해석하는가? 우리는 다음과 같은 진술을 어떻게 해석하는가?

(4) "현재 프랑스 왕은 대머리다."

이 문장은 명백히 유의미하다. 따라서 이 문장이 진리치(**옳음**이나 **그 름**)를 가질 것으로 기대하는 것이 합리적인 것처럼 보인다. 그러나 우

---

11   오늘날 더 흔한 것처럼 보이는 비슷한 구별은 **외연**(extension)과 **내포**(intension) 의 구별이다.

리는 그 문장의 진리치를 결정할 수 없는 것처럼 보이는데, 왜냐하면 "현재 프랑스 왕"은 언급 대상이 없기 때문이다. 그렇다면 프레게는 진리치가 없는 유의미한 표현이 있다는 생각에 언질을 주고 있는 것처럼 보인다.

버트런드 러셀은 그의 유명한 한정 기술 이론(theory of definite descriptions)을 통해 이 성가신 문제를 해결하려 했다(Russell 1905). 이 이론에 따르면, (4)는 다음과 같이 세 가지 구성 요소로 나눌 수 있다.

(5) 현재 프랑스의 왕인 적어도 하나의 것이 있다.
(6) 현재 프랑스의 왕인 기껏해야 하나의 것이 있다.
(7) 만일 어떤 것이 프랑스의 왕이라면, 그것은 대머리다.

러셀의 견해에 따르면, (4)는 만일 (5), (6), (7)이 공동으로 옳다면, 그리고 오직 그 경우에만 옳다. 그러나 (5)는 현재 프랑스의 왕인 것이 없기 때문에 그르다. 따라서 (4)를 그 논리적 연언지 (5), (6), (7)로 분석함으로써 "현재 프랑스 왕은 대머리다"라는 진술에 진리치를 할당할 수 있다.

러셀의 한정 기술 이론은 개체 용어에 대한 이론으로서는 불완전해 보인다. 무엇보다도 우리는 그 이론을 고유명에 적용할 수 없는 것처럼 보인다. 그렇지만 러셀은 이 공백을 그의 고유명에 대한 기술 이론으로 채운다. 이 이론에 따르면, 고유명은 기술을 나타낸다.

러셀의 고유명에 대한 기술주의 이론
고유명의 언급 대상은 그것과 연관된 기술에 의해 고정된다.

만일 "아놀드 슈왈제네거"라는 이름을 듣는다면, 당신은 아마 "제임스 카메론 감독의 공상과학영화 〈터미네이터〉에서 주연을 맡은 배우"라는 기술을 그 이름과 연관시킬 것이다. 그 경우에 "아놀드 슈왈제네거"라는 이름의 언급 대상은 러셀 이론에 따르면 그 기술에 의해 고정된다.

솔 크립키(Saul Kripke)는 러셀의 사상을 비판한 것으로 유명하다 (Kripke 1972/1980).[12] 일련의 실험적 연구가 그의 기고를 뒤이었다. 우리는 다음 절에서 그것을 논의할 것이다.

3.2.2 마체리 외(2004)

고유명에 대한 러셀의 기술주의 이론을 맞받아치기 위해 솔 크립키는 그 이론에 대한 반대 사례로 의도한 시나리오를 소개했다. 그 시나리오에서 어떤 사람이 그른 기술을 고유명과 연관시킨다. 크립키의 사례는 철학사의 아이콘, 즉 유명한 논리학자 쿠르트 괴델(Kurt Gödel)을 주인공으로 등장시킨다. 그는 오늘날 산술학의 **불완전성 정리**(in-completeness theorems)로 알려진 두 개의 정리를 증명했다. 그렇지만 크립키가 상상하는 시나리오는 불경스럽게도 괴델이 실제로는 이 정리를 증명하지 않았다고 가정한다. 대신 "슈미트"란 이름의 남자가 그 일을 했다. 괴델은 단지 그 원고를 손에 넣은 다음 자신의 이름으로 그것을 출판했을 뿐이다. 그래서 우리는 그의 이름과 "산술학의 불완전성 정리를 증명한 사람"이라는 기술과 연관시킨다. 그러나 크립키의 시나리오에서는 슈미트가 이 기술을 만족시킨다. 러셀 이론에 따르면, "괴델"이라는 이름을 사용하는 모든 사람은 실제로는 슈미트를 언급

---

12   Donnelan(1966)은 또 다른 영향력 있는 비판을 제시하였다.

한다.

크립키에게 이 추론은 러셀 이론에 대한 반대 사례를 나타내는데, 왜냐하면 그는 "괴델"이라는 이름을 사용할 때 우리가 괴델을 언급한다는 것은 분명하다고 생각하기 때문이다. 그는 이것으로부터 러셀 이론이 그르다는 결론을 끌어내고, 대안으로 고유명에 대한 그의 **인과-역사적 이론**(causal-historical theory)을 제시한다. 이 견해에 따르면, "괴델"이 괴델을 언급한다는 직관은 "괴델"이 애초에 괴델을 언급했으며, 그 이름이 그 사람을 언급하기 위해 사용된 일련의 사용 사슬을 통해 우리에게 전해졌다는 사실에 의해 설명될 수 있다.[13]

고유명에 대한 크립키의 인과-역사적 이론

고유명은 만일 오늘날까지 끊어지지 않은 사용 사슬이 있다면, 그것을 처음 사용할 때 화자들이 원래 언급했던 그 사물이나 그 사람을 언급한다.

마체리 외(2004)는 자신의 이론을 지지하고 러셀의 이론에 반대하는 크립키의 논증이 언급 관계에 관한 크립키의 직관이 신빙성 있다고 전제 가정하고 있다고 진단한다. 그렇지만 그들이 주장하듯이, 이 전제는 검증되지 않은 경험적 주장이다. 마체리 외(2004)는 웨인버그 외(2001)의 가설 1의 변형이 고유명에 관한 직관과 관련하여 옳은 것으로 판명될 수 있다고 믿는다. 만일 그 말이 옳다면, 그것은 크립키의 전체 논증을 의심할 만한 가치가 있음을 암시한다. 더 나아가 그러한 결과는 분석적 언어철학의 핵심 방법(MAP)에 관한 의심을 정당화할 것

---

13   고유명에 대한 크립키의 인과-역사적 견해에 대한 영향력 있는 비판은 Evans (1973)를 볼 것.

이다. 따라서 우리는 마체리 외(2004)의 연구를 또 하나의 X-Phi$_N$의 표현으로 간주할 수 있다.

그들의 가설을 시험하기 위해 마체리 외(2004)는 럿거스대학교와 뉴저지대학교의 학생 42명과 홍콩대학교의 학생 31명과 함께 실험을 행했다. 그 실험에서 그들은 피험자들에게 크립키의 시나리오를 본떠서 만든 다음 사고실험을 제공했다.

괴델 1

존이 대학에서 괴델이 산술학의 불완전성이라 불리는 중요한 수학 정리를 증명한 사람이라는 것을 배웠다고 가정해 보자. 존은 수학에 상당히 능숙하고, 불완전성 정리에 대해 정확한 진술을 할 수 있으며, 괴델을 이 정리의 발견자로 보고 있다. 그러나 이것은 그가 괴델에 관해 들었던 유일한 것이다. 이제 괴델이 이 정리의 당사자가 아니라고 가정해 보자. 여러 해 전 불가사의한 상황에서 비엔나에서 시신이 발견된 "슈미트"라고 불리는 사람이 실제로 해당 작업을 했다. 그의 친구 괴델이 어떻게 해서 원고를 손에 넣고, 그 작업에 대한 공로를 주장했는데, 이 공로는 그 후 괴델에게 귀속되었다. 그래서 그는 산술학의 불완전성 정리를 증명한 사람으로 알려졌다. "괴델"이라는 이름을 들은 대부분의 사람은 존과 비슷하다. 즉 괴델이 불완전성 정리를 발견했다는 주장이 그들이 괴델에 관해 들은 유일한 것이다.

그 사례를 읽게 한 뒤 참가자들에게 존이 "괴델"이라는 이름을 사용할 때 그가 언급하고 있는 것이 무엇인지 물었다. 선택지는 다음과 같았다.

(A) 실제로 산술학의 불완전성 정리를 발견한 사람?

(B) 원고를 손에 넣고, 그 작업에 대한 공로를 주장한 사람?(Machery et al. 2004, B6)

게다가 피험자들은 또 다른 시나리오 괴델 2를 받았는데, 이 괴델 2는 괴델 1과 매우 유사했다. 이 사례는 홍콩 학생으로 추정되는 아이비에 관한 것이다. 그녀는 천문학 수업에서 추청치(Tsu Ch'ung Chih)가 처음으로 하지와 동지의 정확한 시간을 발견했다는 것을 배운다. 이것은 그녀가 추청치에 관해 받은 유일한 정보 조각이라고 가정된다. 그렇지만 추청치는 사실 그에게 귀속된 발견을 하지 않았다는 식으로 이야기는 진행된다. 사실 그는 발견 직후 사망한 다른 천문학자에게서 그것을 훔쳤다. 그렇지만 이 도둑질은 들키지 않은 채로 남아서 오늘날 많은 사람은 동지와 하지의 정확한 시간의 발견을 추청치와 연관시킨다. 사실상 이것이 그들이 그에 관해 안다고 생각하는 유일한 것이다. 이 사례를 생각해 보게 한 다음, 참가자들에게 아이비가 "추청치"라는 이름을 사용할 때 그녀가 언급하고 있는 사람이 누구인지 물었다.

(A) 실제로 하지와 동지의 정확한 시간을 결정한 사람, 또는
(B) 하지와 동지의 정확한 시간의 발견을 훔친 사람.

두 사례에서 선택지 A는 러셀의 이론이 제안할 답과 맞는 반면에, B는 크립키의 견해와 맞는다. 마체리 외(2004)는 피험자들의 응답이 전자를 지지하는지 후자를 지지하는지와 두 집단 사이에 유의미한 차이가 있는지에 관심이 있었다. 이를 위해 그들은 답들을 수치로 코드화했다. A를 두 번 선택하고, 그래서 두 사례 모두 러셀의 이론과 완전히 일치한다고 판단한 사람들은 숫자 0이 할당되었다. A와 B를 한 번씩

선택한 학생들은 1을 받았다. 그리고 두 사례 모두에서 크립키의 이론
과 완전히 일치하도록 B가 맞다고 판단한 사람들은 숫자 2를 받았다.

자료에 대한 분석은 흥미로운 결과를 낳았다.

- 첫째, 두 집단 사이에는 중요한 차이가 있었다. 서양 학생과 중국
  학생들은 두 사례를 평가하는 방식에서 중요한 차이를 보여주었
  다. 전자의 평균값은 1.13이었다. 이와 대조적으로 후자는 0.63의
  값을 받았다. 즉 럿거스대학교의 서양 학생들은 약간 크립키 이론
  에 따라서 판단하는 경향을 보여주는 것처럼 보였던 반면에, 홍콩
  대학교의 중국 학생들은 대부분 러셀 이론에 일치하는 것처럼 보
  였다.
- 둘째, 마체리 외(2004)가 밝혀낸 자료는 상대적으로 높은 표준 편
  차, 즉 럿거스 집단에서 0.88, 홍콩 집단에서 0.84를 포함했다. 그
  것은 각 집단 내에서 비교적 커다란 정도의 직관적 불일치가 있음
  을 시사한다.

이 발견들로부터 우리는 2.4.1절과 3.1.2절에서 논의한 도식들에 따
라 논증을 도출할 수 있다. 첫 번째는 불일치로부터의 논증 버전이고,
두 번째는 무관한 요인으로부터의 논증 버전이다.

불일치로부터의 논증

(P1) 언급 관계에 관한 직관에 대해 불일치가 있다.

(P2) 만일 직관에 대한 불일치가 있다면, 그 직관은 그 **정도까지** 신빙성이
　　　없다.

(C) 언급 관계에 관한 직관은 그 **정도까지** 신빙성이 없다.

문화 간 변이로부터의 논증

(P1) 언급 관계에 관한 우리의 직관이 부분적으로 무관한 요인인 우리의 문화적 배경에 의해 야기된다.

(P2) 만일 어떤 직관이 무관한 요인에 의해 야기된다면, 그 직관은 그 정도까지 신빙성이 없다.

(C) 언급 관계에 관한 우리의 직관은 그 정도까지 신빙성이 없다.

물론 이 두 논증은 마체리 외(2004)에서 명시적으로 나타나지 않는다. 그러나 저자들의 언급은 그들이 불일치로부터의 논증(또는 그와 충분히 유사한 논증)에 동의할 것임을 명백하게 만든다. 그들은 예컨대 서양 문화의 영향을 받는 철학자들의 직관이 다른 문화와 언어 공동체에 있는 사람들이 갖는 직관보다 올바른 언급 이론에 대한 더 신빙성 있는 지시자라는 것을 "대단히 옳을 성싶지 않다"고 판단한다고 말한다. 그들은 또한 언급 이론에서 직관의 방법적 사용도 의문시한다. "왜 철학자들의 직관이 우월한지에 관한 원칙적 논증이 없는 경우에 이 기획은 극단적으로 나르시시즘의 냄새를 풍긴다."고 그들은 말한다(Machery et al. 2004, B9). 마체리 외(2004)가 주장하는 것은 원리적으로 2.4.1절에서 논의한 불일치 문제에 관한 시즈윅의 언급과 맞는다.

3.2.3 논의

이제 어떻게 해야 할까? 3.1절의 웨인버그 외(2001)와 스웨인 외(2008)의 연구에 대한 논의에서 우리는 그 발견 결과들이 반복되었는지 묻는 것이 중요하다고 진단했다. 실험적 인식론에서 웨인버그 외(2001)와 스웨인 외(2008)가 인식적 직관에 관해 보고한 놀라운 자료는 대체로 후속 연구들에 의해 뒷받침되지 못했다. 마체리 외(2004)가 보고한 결과는 어떤가?

첫째, 우리는 다음 진술이 예증하듯이, 저자들이 그들의 발견을 다루는 방식에서 다소 신중하다는 것에 주목해야 한다.

우리는 최근 언어철학에서 가장 잘 알려진 사고실험 중 하나, 즉 크립키의 괴델 사례에서 예측된 체계적인 문화적 차이를 발견했다. 그렇지만 우리는 우리의 실험이 그 문제에 대한 최종 경험적 말이라는 환상을 가지고 있지 않다. 오히려 우리의 발견은 향후 연구를 위한 많은 중요한 문제를 제기한다. (Machery et al. 2004, B8)

5년 뒤 발표된 후속 논문에서 그들은 다음과 같이 말한다.

우리는 우리의 실험이 그 문제에 대한 최종 경험적 말이라는 환상을 가지고 있지 않다. 이것은 새롭게 떠오르는 유형의 연구이며, 분명히 언급에 관한 직관의 변이에 관해 어떤 명확한 결론을 내리기에는 너무 이르다. (Mallon et al. 2009, 342)

게다가 그들의 원래 연구의 결과는 후속 탐구들에서 반복되는 것으로 밝혀졌다.[14] 사실 마체리 외(2004)가 보고한 자료는 그 자체가 이전의 시범 연구의 반복에서 도출된 것이었다. 그리고 그들이 발견한 것은 그 뒤 다른 연구자들이 행한 추가 실험들에 의해 지지되었다(글상자 3.3을 볼 것).

---

14 그 점과 관련해서 Lam(2010)은 예외다. 마체리 외(2010)는 그의 논문을 비판적으로 논의한다.

글상자 3.3. 마체리 외(2004) 이후의 경험적 발견

비록 마체리 외(2004)가 보고한 연구 결과가 그 후 다른 연구자들에 의해 도전을 받긴 했지만, 그들은 대부분 그것을 지지했다. 예컨대 비비와 언더코퍼(Beebe & Undercoffer 2015)는 그러한 연구 하나를 행했다. 그들은 괴델 사례에 상상의 인물 괴델의 비행이 포함되어 있다는 것을 주목한다. 이것이 참가자들의 판단에 영향을 미칠 수 있다고 그들은 주장한다. 노브 효과에 관한 실험적 연구를 통하여(3.3절을 볼 것), 우리는 행위의 도덕적 가치가 피험자들이 보고하는 직관에 영향을 미칠 수 있다는 것을 안다. 비비와 언더코퍼(2015)는 이 가능성을 시험했지만, 그에 대한 증거를 찾지 못했다고 보고한다. 마찬가지로 시츠마 외(Sytsma et al. 2015)도 언급에 관한 직관이 원래 에피소드의 애매성들에 의해 상당히 왜곡된다는 증거를 발견하지 못했다. 마체리(2014)는 비비와 언더코퍼(2016)가 한 것처럼 언급에 관한 이전의 실험적 연구들에 대해 유익한 개요를 제공하고 있다. 후자 또한 마체리 외(2004)의 결과가 왜곡될 수도 있었다고 주장하는 지금까지 대답되지 않은 경험적 가설들을 조사한다. 그들의 자료는 이러한 설명들 모두가 거부되어야 한다는 것을 암시한다. 아마 언급에 대한 최근 실험철학에서 가장 흥미로운 결과는 리 외(Li et al. 2018)의 발견인데, 이 발견은 서양인과 동양인의 차이가 7살 쯤 되면 이미 자리를 잡는 것처럼 보인다는 것이다.

제3장 실험적 연구   169

또한 연구자들이 마체리 외(2004)의 연구 결과를 반복하려 했을 때, 그들은 반론을 펴는 사람들이 제시했던 비판점들을 수용하려 했다. 때로 그들은 이 일을 비판자들과 협동 작업을 통해 했다. 예컨대 도이치(2009)는 마체리 외(2004)가 피험자들에게 물었던 질문이 애매하다고 지적했다.[15] 괴델 1의 끝 부분에서 그들은 자신들의 물음을 다음과 같이 표현했었다.

존이 "괴델"이라는 이름을 사용할 때, 그는 무엇에 관해 언급하고 있는가?

(A) 실제로 산술학의 불완전성을 발견한 사람?

(B) 원고를 손에 넣고 그 작업에 대해 공로를 주장한 사람? (Machery et al. 2004, B6)

도이치가 언급한 바에 따르면, 이 물음 표현은 두 가지 방식으로 그럴듯하게 해석될 수 있다.[16]

해석 1(화자 의미)

존이 "괴델"이라는 이름을 사용할 때, 그는 누구를 언급하려고 의도하는가?

---

15   Ludwig(2007)와 Ichikawa et al.(2012) 또한 이 반론을 제시한다. Sytsma and Livengood(2011)도 비슷한 반론을 전개한다.

16   솔 크립키는 그의 영향력 있는 논문 "화자의 언급과 의미론적 언급"(Speaker's reference and semantic reference, Kripke 1977)에서 화자 의미와 의미론적 의미의 차이를 지적했다. 언어철학에서 동종의 구별은 논리와 화용론의 구별이다(Grice 1989). 전자는 진술 및 그 함의의 맥락 독립적 의미에 관심이 있다. 후자는 주어진 맥락에서 진술의 의미를 분석한다. 그것은 예컨대 이른바 함축의 형태로 의미론적 내용을 넘어서는 의미의 구성 요소들에 관심이 있다.

해석 2(의미론적 의미)

존이 "괴델"이라는 이름을 사용할 때, 이 이름은 누구를 언급하는가?

언급 이론들은 의미론적 의미에 관한 주장을 한다. 그래서 그것들은 그 물음의 해석 2에 대해 답을 제시하지만, 해석 1에 관해서는 불가지론이다. 따라서 언급적 직관은 해석 2에 관한 것일 경우에만 어떤 언급 이론과 상충할 수 있다. 그렇지만 마체리 외(2004)가 사용한 실험 설계는 참가자들이 실제로 이 해석에서 그 물음에 답했는지에 대해 결론을 끌어내기에 적합하지 않다.

에두아르 마체리와 저스틴 시츠마는 막스 도이치와 진행한 공동 연구에서 이 문제를 해결하려 했다(Machery & Sytsma et al. 2015). 이를 위해 그들은 미국인 학생 82명, 중국인 학생 47명과 함께 마체리 외(2004)의 실험을 반복했다. 미국 집단에서는 62.2%가 B를 선택했고, 중국 집단에서는 63.8%가 A를 찬성했다. 그 뒤 마체리와 시츠마 외(2015)는 미국인 피험자 79명, 중국인 피험자 49명에 대해 또 다른 실험을 했다. 이번에는 그들은 물음 표현을 약간 바꾸었다.

존이 "괴델"이라는 이름을 사용할 때, 그가 **누구를 언급하려고 의도할 것인지와 상관없이** 그는 **실제로** 누구를 언급하고 있는가?

(A) 실제로 산술학의 불완전성을 발견한 사람?
(B) 원고를 손에 넣고 그 작업에 대한 공로를 주장한 사람? (Machery & Systma et al. 2015, 69; 고딕체는 원문에서 강조한 것임).

이 물음 표현에서는 그 물음이 해석 1과 비슷한 것으로 해석될 수 없는데, 왜냐하면 피험자들에게 화자 의미를 무시하고 의미론적 의미, 즉 해석 2에만 주의를 기울이라고 명시적으로 지침이 주어지기 때문이다. 이 두 번째 실험의 결과는 첫 번째 실험의 결과와 크게 다르지 않았다. 미국 집단에서는 59.5%가 선택지 B를 선택했고, 중국 집단에서는 61.2%가 A를 선택했다.[17]

따라서 마체리와 시츠마 외(2015)는 이전의 마체리 외(2004)의 입장을 확증할 수 있었다. 그들은 분석적 언어철학에서 나타나는 고유명의 언급 대상에 관한 직관이 문화 간에는 물론이고 문화 내에서도 달라지는 것처럼 보이며, 그것들은 설령 화용론적으로 잘못된 해석을 할 여지가 없다 해도 그렇다는 것을 보여주었다.[18]

3.2.4 최근의 발전

마체리 외(2004)의 연구에 이어 언어에 대한 실험철학, 그리고 좀 더 구체적으로 언급 이론에서의 실험적 연구는 여러 가지 다른 방향으

---

17   그렇지만 최근의 연구 결과들은 이 그림을 복잡하게 할 수 있다는 것을 유의할 필요가 있다. Domaneschi et al.(2017)는 다른 영역에서긴 하지만 도이치의 우려가 여전히 보증될 수 있다는 것을 발견했다. 사람들은 사람들의 고유명(예컨대 "마르코 살비")에 의미론적 의미를 할당하는 경향이 있으며, 지리적 고유명(예컨대 "얄모")의 경우에 화자 의미를 지니는 경향이 있다. 마찬가지로 Vignolo & Domaneschi(2018)는 최근 의미론적 의미와 화자 의미를 풀어헤치려고 하는 이전의 실험들이 성공하지 못했을 수 있다고 주장했다.

18   그렇지만 마체리 외(2004)에 관해 우리가 제쳐 놓은 또 다른 비판 주장들이 있다는 것을 주목할 필요가 있다. 예컨대 Devitt(2011)이 지적하듯이, 그들이 제시하는 에피소드의 어법이 기술주의에 불리하게 편향될 수도 있다. 기술주의적 견해에 따르면, 이를테면 "총각"이 미혼 남자를 언급한다고 생각하는 사람이 이를테면 아이슬란드의 총각들은 결혼했다고 가정하는 것은 이상할 것이다. 마찬가지로 마체리 외가 "괴델은 이 정리의 장본인이 아니었다고 가정해 보라"(Machery et al. 2004, B6)고 말하는 것은 이상한 것처럼 보인다.

로 뻗어나갔으며, 계속해서 또 다른 흥미로운 물음들을 다루었다. 이런 연구들이 파급효과를 산출한 한 영역은 메타철학적 논쟁이다. 마체리 외(2004)와 맬론 외(2009)는 X-Phi$_N$을 지지하는 것으로 읽을 수 있다. 결국 이 저자들은 적어도 언어철학에서 철학자들의 직관의 신빙성을 의심할 이유가 있다는 것을 보여준 것으로 보인다. 이것이 바로 X-Phi$_N$의 지지자들이 가정하는 것이다.

그렇지만 게다가 우리가 3.2.2절과 3.2.3절에서 살펴본 연구들은 특정 논증들 집합, 이른바 언급으로부터의 논증들이 결함이 있다는 증거를 제공했다. 맬론 외(2009)가 설명하듯이, 이 논증들은 "이런저런 언급 이론의 가정으로부터 철학적으로 중요한 결론을 도출한다."(Mallon et al. 2009, 332). 이제 만일 우리가 논의해 온 언급에 관한 경험적 연구들이 어떤 징후라면, 우리는 오늘날 활동하는 어떤 철학자라도 올바른 언급 이론을 소유하고 있다고 정당하게 주장할 수 있는지 의심해야 한다. 따라서 언급으로부터의 논증들은 그 신용성을 잃으며, 이것은 이런 논증들이 빈번히 사용되는 철학의 많은 분야에서 매우 문제가 된다고 주장될 수 있다.

이 문제를 예증하는 한 가지 예는 인종 철학이다.[19] 이 분야에서 인종이 생물학적으로 실재하는 것이 아니라고 생각하는 **인종 제거론자들**은 인종이 생물학적으로 실재한다고 믿는 인종 실재론자들에 반대한다. 예컨대 제거론자인 앤서니 아피아(Anthony Appiah)는 다음과 같이 쓰고 있다. "진실은 인종이 없다는 것이다. 우리가 '인종'에게 요청하는 모든 것을 우리에게 해줄 수 있는 것은 세상에 없다." 그렇지만

---

19   맬론 외(2009)가 지적하듯이, 언급으로부터의 논증들은 또한 예컨대 심리철학에서 제거론에 관한 논쟁, 과학철학에서 실재론자와 반실재론자 사이의 논쟁, 메타윤리학에서 자연주의자와 반자연주의자 사이의 논쟁들에서도 사용된다.

로빈 안드레아센(Robin Andreasen)이 지적하듯이, 이 같은 논증들은 평범한 보통 사람들이 '인종'이라는 용어와 연관시키는 특정 기술에 암묵적으로 의존한다. 그런 다음 그들은 아피아가 말하듯이 그 기술에 일치하는 것이 "세상에 없다"는 것을 보여주는 쪽으로 나아간다. 다시 말해서 그 논증은 통상적으로 이해되는 대로의 "인종"이라는 용어가 무언가를 언급하지 않는다는 것이다. 이것에 반대하여 안드레아센은 다음과 같이 주장한다.

> 어떤 종 용어[이 경우에 "인종", 니킬 무커지]와 연관된 기술은 그것의 의미의 부분을 형성하지 않으며, 그래서 설령 과학자들이 나중에 이 기술들 중 어떤 것들이 원래 언급된 대상에 대해 그르다는 것을 발견한다 할지라도, 그 용어는 여전히 언급하는 것으로 간주된다. (Andreasen 2000, S662)

이것의 결론은 만일 우리가 서로 다른 언급 이론을 사용한다면 우리가 인종의 존재론적 격위에 관해 서로 다른 결론을 얻는다는 것이다. 마체리 외(2004)와 맬론 외(2009)의 논증을 따를 때 우리의 직관을 사용해서 올바른 언급 이론이 무엇인지를 결정할 수 있다는 것을 의심할 이유가 없기 때문에 이 논증들은 모두 결함이 있는 것처럼 보인다. 이 결론은 물론 안드레아센이 다른 언급 이론에 기초를 두고 주장하는 그녀 자신의 인종 실재론적 입장에까지 확장된다.

그렇지만 언급으로부터의 논증들을 교정할 방법이 있을 수 있다. 우리는 누구의 직관에도 의존하지 않는 올바른 언급 이론을 결정할 방법이 있다는 것을 보여주려 할 수 있다. 핀더(Pinder 2017)는 최근에 그러한 접근 방식을 제안했다. 그것은 카르납(1950/1962)의 해명(explication) 방법에 의존하는데, 이 해명 방법은 어떤 형태의 개념적 공학으로 이해될 수 있다.[20] 이 방법 배후의 아이디어는 카르납이 "피해명항"(explicandum)이라고 부르는 모호한 상식적 개념에서 시작한 다음, 그것을 카르납이 "해명항"(explicatum)이라고 부르는 공학적 개념으로 대치하는 것이다. 그 대치는 임의적인 것이 아니라 카르납이 논의하고 동기를 부여하는 엄격한 품질 기준을 따른다는 것을 주목하는 것이 중요하다.[21] 그래서 핀더는 "인종" 같은 용어들의 의미를 고정시키고, 실험적 결과에 기초한 비판에 면제되는 특정 언급 이론에 대한 직관-독립적이고 비임의적인 기초를 제공하는 것이 가능하다고 생각한다. 언급 이론에 대한 그러한 "해명 옹호"가 어떻게 효과가 있을지를 예증하기 위해 그는 인종 실재론적 입장을 지지하는 로빈 안드레아센의 추론이 카르납의 해명에 의거해 어떻게 개작될 수 있는지를 보여준다.[22] 만일 성공한다면, 그의 접근 방식은 전통적 기질의 철학자들에게 실험적 비판이 그들을 빠뜨린 궁지에서 벗어날 수 있는 방법을 보여줄 것이다.[23]

전통주의자들이 언급 이론에 대한 실험적 비판에 답하는 또 다른 방식은 막스 도이치가 제안했다. 그는 "우리가 언어에 관한 우리의 직관

---

20 카르납의 해명 방법 및 그것이 실험철학과 어떻게 연결될 수 있는지에 대한 더 충분한 논의는 형식적 방법에 관한 부록 C.2를 볼 것.

21 카르납은 해명항이 피해명항과 **유사하고, 정확하고, 성과 있고, 단순할** 것을 요구한다. 이 기준들은 정밀과학에서 일반적인 개념적 요구를 본 딴 것이다. 우리 목적상 우리는 그것들이 정확히 무엇을 요구하는지는 미결로 남길 수 있다. 이에 대한 논의는 Carnap(1950/1962, 7-8)을 볼 것.

22 그는 또한 추가 예증을 위해 심리철학에서 제거론을 옹호하는 처치랜드(Churchland 1981)의 논증도 사용한다.

23 그렇지만 많은 다른 학자는 카르납의 해명과 실험적 시험의 방법론적 결합을 옹호해 왔다는 것을 주목할 필요가 있다(Schupbach 2017; Shepherd & Justus 2015). 만일 그들의 논증이 건전하다면, 언급으로부터의 논증에 대한 어떠한 옹호라도 실험적 증거에 기초를 두어야 할 것이다. 추가 논의는 부록 C.2를 볼 것.

적 판단을 참고하여 진행해야 한다"는 "공인된 견해"에 반대한다(De-vitt 2012, 554). 도이치에 따르면, 크립키 같은 기고자들은 사실상 그들의 언급 이론을 지지하기 위해 직관에 호소하지 않으며, 설령 그렇게 의존한다 해도 이것은 그 일을 하는 잘못된 방법일 것이다. 따라서 그는 "지금 당장 괴델 사례에 관한 직관에 대한 실험적 연구는 무관하다"고 말하는 것은 안전하다고 결론짓는다(Deutsch 2015a, 25). 카펠렌 (2012, 2014)과 마찬가지로, 그는 좀 더 일반적으로 철학자들이 철학의 어떤 분야에서나 증거로서 직관에 호소한다는 것을 의심한다. 그런 이유로 그의 우려는 4장에서 실험철학에 대한 많은 근본적 비판과 함께 다루는 것이 최선이다.

　마지막으로 언어에 대한 실험철학에서 또 다른 흥미로운 발전을 지적할 가치가 있다. 초기의 실험적 연구가 고유명에 대한 언급 이론에 초점을 두었던 반면에, 후속 연구들은 자연종 개념들에 대한 언급 이론도 탐구했다(Genone & Lombrozo 2012).[24] 게다가 실험철학자들은 X-Phi$_C$의 노선을 따라 철학적으로 중요한 개념들에 대한 탐구로 시선을 돌렸다.[25] 예컨대 베어와 노브(Bear & Knobe 2017)는 통속적 일반인이 "정상적"으로 이해하는 것을 탐구했다. 이 용어는 예컨대 통계적 평균을 언급하는 것과 같이 기술적인 것으로 해석되거나, 또는 정상적인 것은 규범적 표준, 예컨대 이상적인 것과 관련하여 판단되어야 하는 것이 그럴듯하다. 흥미롭게도 베어와 노브는 그들의 참가자들이 어떤

24　자연종 개념은 분명히 철학적으로 흥미로운데, 왜냐하면 퍼트넘(Putnam 1975)이 제안했던 것처럼 크립키가 제안하는 인과-역사적 언급 이론이 그것들에까지 확장될 수 있기 때문이다.

25　예컨대 Barnard & Ulatowski(2017)와 Ulatowski(2018)는 **진리**에 대한 통속적 개념을 탐구한다. Arico & Fallis(2013)는 **거짓말**에 대한 통속적 개념을 탐구한다.

것이 정상적인지를 평가하려고 할 때 기술적 고려 요인과 규범적 고려
요인을 모두 계산에 넣는 것처럼 보였다. 이 결과는 사실적 문제에 대
한 일반인의 평가에서 기술적 고려 요인과 규범적 고려 요인이 뒤섞여
있다는 조슈아 노브의 견해와 꽤 잘 어울린다(Knobe 2014a). 이 결과
는 부분적으로 "노브 효과"로 알려진 실험철학의 아주 두드러진 결과
에 달려 있다. 다음 절에서는 그것으로 넘어갈 것이다.

3.3 의도적 행위

실험철학자들은 인식론과 언어철학에만 기여한 것이 아니다. 그들은
철학적 행위 이론도 전개하려 했다. 주로 조슈아 노브의 매우 영향력
있는 논문(Knobe 2003)을 중심으로 전개된 실험철학 논쟁의 핵심에
는 의도되지 않은 부작용을 의도적인 것으로 간주하는 것이 적절한지
의 물음이 있다.[26] 이 절에서는 이 문제를 살펴볼 것이다. 우리는 "의도
적 행위란 무엇인가?"라는 물음에서 시작할 것이다.

3.3.1 의도적 행위란 무엇인가?

철학적 행위 이론은 사람들이 행위를 할 때 일어나는 물음들을 중심
으로 전개된다. 그 핵심에는 본질적으로 주어진 행위를 행위로 만드는
것이 무엇인가 하는 문제가 있다. 이와 같은 철학적 물음들에 대한 논
의에서는 "비교 연구"라고 불릴 수 있는 것에서 관심의 대상―이 경우
에 행위―을 다른 대상과 구별하는 것이 유용하다는 것이 입증되었다.

---

26   우리는 1.3절에서 노브의 주요 결과를 이미 논의했다.

인식론에서는 예컨대 우리는 지식과 단순한 믿음을 구별해 주는 것이 무엇인지 묻는다. 우리는 그 물음에 대한 답이 지식의 본성에 관한 물음에 대한 답에 더 가까워지기를 바란다. "행위란 무엇인가?"라는 물음과 관련해서는 우리는 "행위를 단순히 **일어날 뿐인** 다른 사건들과 구별해 주는 것은 무엇인가?"라고 물을 수 있다.

비트겐슈타인은 더 구체적으로 물었다. "내가 팔을 들어 올린다는 사실에서 내 팔이 올라간다는 사실을 **빼면** 남는 것은 무엇인가?" (Wittgenstein 1953/1999, §621). 비트겐슈타인이 의도하는 요점은 내가 내 팔을 들어 올리지 않더라도 팔이 올라갈 수 있다는 것이다. 내 팔이 올라가는 것은 근육 수축의 인과적 결과이거나, 다른 사람이 내 팔을 들어 올린 결과일 수 있다. 예컨대 내 어깨를 치료하고 있는 물리치료사가 다음과 같이 말할 수 있다. "이제 당신의 팔을 위아래로 움직일 것입니다. 내가 이것을 하는 동안 당신은 완전히 긴장을 풀었으면 좋겠어요." 이 경우에 내 팔은 내가 들어 올리지 않는데도 올라갈 것이다.

따라서 명백히 우리는 비트겐슈타인의 물음에 다음과 같이 답할 수 있다. 만일 내가 내 팔을 들어 올린다는 사실에서 내 팔이 올라간다는 사실을 **빼면**, 팔을 들어 올리려는 내 **의도**가 남는다. 만일 내가 내 팔을 들어 올리려는 의도를 가지고 있고, 실제로 팔이 올라간다면, 나는 내 팔을 들어 올린다.

이 답으로 우리는 올바른 길을 가고 있다. 그렇지만 그 답은 아직 충분히 정확하지 않다. 결과적으로 행위 개념과 의도 개념을 연결시키는 것만으로는 충분하지 않다. 더 나아가 우리는 후자 개념을 차별화해야 한다. 그것은 우리가 일단 어떤 사례들을 접하게 되면 분명해진다. 그 사례들에서 어떤 사람이 어떤 일이 일어나게 만들 사전 의도를 형성하고, 그 다음에 이 일이 일어나는데, 비록 우리가 직관적으로 이것을 행위의 실례로 간주하지 않을 것이라 할지라도 그렇다.

내가 내 팔을 들어 올리기로 결정한다고 가정해 보자. 내가 이 의도를 형성한 후 내 근육은 내 팔이 올라가도록 자발적으로 수축한다. 이 경우에 비록 내가 팔을 들어 올릴 의도를 형성하고, 실제로 내 팔이 올라갔다 할지라도, 나는 내 팔을 들어 올리지 않은 것처럼 보인다. 이 문제는 일단 우리가 두 종류의 의도, 즉 **사전 의도**(의도$_P$)와 **행위에서의 의도**(의도$_A$)를 구별하고 나면 사라진다(Searle 1983). 방금 기술한 사례에서 나는 내 팔을 들어올리기로 결정했다. 그렇게 함으로써 나는 의도$_P$를 형성했다. 이 의도$_P$는 이행되거나 이행되지 않은 채로 남아 있을 수 있다. 만일 실제로 이행된다면, 이것은 행위하는 사람이 의도$_P$에 따라 움직이는 행위를 통해 발생한다. 만일 내가 내 팔을 들어 올릴 의도$_P$를 형성한다면, 이 의도$_P$는 내가 팔을 들어 올리려고 의도$_A$하는 동안에 팔이 올라간다는 사실에 의해 이행된다.

따라서 의도$_A$가 없는 행위는 불가능하다. 하지만 우리가 어떻게 이런 말을 할 수 있을까? "미안, 나는 이것을 하려고 의도하지 않았어요." 이 진술은 무의미한 것처럼 보이지 않는다. 그러나 그 진술은 의도하지 않았던 행위가 있다는 것을 인정한다.

첫 번째 가능한 해석은 "의도하다"를 의도$_P$를 언급하는 것으로 간주하는 것이다. 무엇보다도 그 행위에 앞서서 그러한 행위를 형성하지 않고 어떤 것을 하는 것이 가능하다. 존 설(John Searle)은 "당신이 갑자기 그 사람을 때렸을 때, 당신은 먼저 그를 때릴 의도를 형성했습니까?"라는 물음에 "아뇨, 그냥 때렸어요."라고 말함으로써 대답할 수 있다는 것을 지적함으로써 이것을 명백히 한다(Searle 1983, 84). 요점은 의도$_P$가 행위가 있기 위한 필요조건도 충분조건도 아니라는 것이다.

우리는 행위하려는 사전 의도를 형성하지 않고도 행위할 수 있다. 그럼에도 불구하고 이 가능성은 "미안, 나는 이것을 하려고 의도하지 않았어요."라는 표현을 의미 있게 하는 데 별 도움이 되지 않는다. 그것은 분명히 그렇게 말하는 사람을 변명하기 위한 것이다. 만일 그것이 "나는 이것을 하려고 의도하지 않았어요. 그냥 그것을 했을 뿐입니다."를 의미한다면, 이것은 나쁜 변명일 것이다.

두 번째의 좀 더 적절한 해석이 있는데, 이 해석은 "의도"라는 낱말이 사용될 수 있는 또 다른 의미를 구별한다. 이 해석에 따르면, 주어진 행동은 그것에 대해 의도$_A$를 동반하지 않는 적어도 하나의 기술이 존재할 경우에만 이 세 번째 의미에서 의도적인 것으로 어떤 사람에게 귀속시킬 수 있다. 그렇지만 이것은 그 사람의 행동이 모든 기술 아래서 의도적$_A$이었다는 것을 의미하지 않는다. 누군가가 "미안, 나는 이것을 하려고 의도하지 않았어요."라고 말할 때, "이것을 하려고"라는 구절은 그가 의도$_A$하지 않은 행동에 대한 기술을 가리킨다.

이 점을 더 명료하게 드러내기 위해 앞의 예를 좀 더 자세히 살펴보자. 나는 다른 어떤 것을 하려는 의도$_A$ 없이 내 팔을 의도적으로$_A$ 들어 올릴 수 있다. 내가 동료 학자의 강연에 참석한다고 가정해 보자. 강연자는 청중에게 발표 도중에 질문을 하지 말 것을 부탁했다. 강연 주제가 꽤 지루하기 때문에(맞다, 가끔 그런 일이 있어!), 나는 꽤 졸렸고, 내 팔을 뻗으면서 하품을 하고 싶은 충동을 느낀다. 나는 그렇게 하고, 그렇게 하면서 내 오른팔을 머리 위로 들어 올린다. 나는 이것을 의도적으로$_A$ 한다. 그런데 강연자가 이것을 보고, 내가 질문을 하려는 시도라고 잘못 해석한다. 그는 "저는 특별히 강연 중에는 질문을 하지 말 것을 요청했습니다. 미안하지만 강연이 끝난 후 질문해 주세요."라는 말로 응답한다. 그러면 나는 "실례했습니다. 저는 질문이 있다는 신호를 보낼 의도$_A$가 없었어요."라는 말로 변명할 수도 있을 것이다. 그 말은 맞다. 내가 내 팔을 들어 올렸을 때, 이 행위는 의도$_A$를 동반했다. 그러나 그것은 내가 질문을 하고 싶었다는 것을 가리키려는 의도가 아니었다. (글쎄, 아마 내가 내 자신을 더 설명한다고 해도 이 상황에서는 도움이 되지 않을 것이다…)

우리는 추가 질문을 함으로써 어떤 의도$_A$가 행동을 안내하고 있는지 추리할 수 있다. 즉 그 행동 배후의 **동기부여가 된 의도**(의도$_M$)는 무엇인가? 그 질문은 다시 그 의도의 이유가 무엇이었는지 물음으로써 대답된다. 앞의 예에서 강연자는 다음과 같은 말로 계속할 수도 있을 것이다. "하지만 당신은 팔을 들었습니다. 내가 보기에 이것은 당신이 질문을 하고 싶다는 것을 가리키는 겁니다." 응답으로 나는 "저는 팔을 들어 올렸지만, 제가 질문이 있다는 것을 나타내려는 것은 아니었습니다."라고 말할 수 있다. 어쩌면 나는 또한 다음과 같이 말함으로써 이것을 그럴듯하게 만들 수도 있다. "저는 당신이 뒷줄에 있는 나를 볼 수 있다는 것을 의식하지도 못했어요." 이렇게 말하는 것은 강연자가 나에게 귀속시키고 있는 의도$_M$을 내가 가지고 있지 않았으며, 그래서 팔을 들어 올렸을 때 내가 질문을 하고 싶었다는 것을 신호할 의도$_A$가 없었다는 것을 명료하게 드러낼 것이다. 나는 내 팔을 들어 올린 일이 그런 식으로 이해될 수 있다는 것을 알지도 못했다는 것을 강조함으로써 이것을 한다(Anscombe 1957/2000, §6). 그렇다면 결국 주어진 행위는 한 기술("나는 내 팔을 들어 올린다") 아래서는 의도적$_A$이고, 또 다른 기술("나는 질문을 하고 싶다는 것을 나타낸다") 아래서는 의도적$_A$이지 않을 것이다. 따라서 우리가 의도$_A$하지 않고 하는 것들이 있을 수 있다.

앞의 사례에서 우리는 어떤 사람이 무엇을 의도$_M$하는지의 물음이 그가 행위하는 동안에 무엇을 의도$_A$하는지의 물음과 그럴듯하게 관련이 있다는 것을 보았다. 내가 어떤 행위를 하기 위해 동반하는 의도$_M$을 가지고 있다면, 그리고 오직 그 경우에만 내가 그 행위를 의도한다$_A$는 식으로 두 유형의 의도 사이에 밀접한 연관이 있을 수 있다는 것을 찾는 것은 그리 어려운 일이 아니다. 브랫맨(Bratman 1984)은 의도$_A$와 의도$_M$ 사이의 연관에 대한 이 견해를 **단순한 견해**라 부른다. 그 견해는 겉보기에 합리적인 것처럼 보이지만, 논쟁의 여지가 없는 것은 아니다. 어떤 철학자들은 그 행위를 하려는 의도$_M$을 형성하지 않고도 의도적으로$_A$ 행위할 수 있다고 믿는다.[27] 많은 실험철학 연구자는 이 두 견해의 지지자들 사이의 논쟁을 탐구해 왔다. 노브(2003)가 첫 삽을 떴다.

3.3.2 노브(2003)

단순한 견해는 정당화되는가, 정당화되지 않는가? 길버트 하만(Gilbert Harman)은 정당화되지 않는다는 것을 보여주기 위해 다음 예를 제시한다.

저격수가 군인을 죽이려고 멀리서 총을 쏜다. ⋯ 총을 쏠 때 저격수는 적에게 자신의 존재를 알린다는 것을 알고 있다. 그는 이익이 가능한 비용을 치를 가치가 있다고 생각하면서 의도적으로 이렇게 한다. 그러나 그는 확실히 적에게 자신의 존재를 알릴 의도가 없다. (Harman 1976, 433)

그 예는 일리가 있다. 군인은 적 전투병을 맞히려는 의도$_M$로 총을

---

27 예컨대 O'Shaughnessy(1973)는 의도적$_A$ 행위 개념을 **시도함**(trying) 개념을 사용해 해명한다. Audi(1986)는 그것을 **이유에서** 행동함에 의거해 생각한다.

쏜다. 그것을 하는 동안 그는 자신이 적에게 자신의 존재를 알리고 있다는 것을 안다. 그는 그것을 의도적으로$_A$ 한다. 그러나 그가 그것을 의도한다$_M$고 주장하는 것은 그럴듯하지 않다. 그렇지만 또한 단순한 견해를 비판하는 마이클 브랫맨은 "그것은 상식이 처음에 기대는 견해이다"라고 지적한다(Bratman 1984, 378). 그러나 이 지적이 옳은가? 대부분의 사람은 단순한 견해를 직관적인 것이라고 생각하는가? 이것은 조슈아 노브가 지금까지 가장 많이 인용된 실험철학 논문에서 다루었던 물음이다(Knobe 2003).[28] 그는 사람들이 단순한 견해에 따라 판단할 때와 그렇지 않을 때를 조사한다. 이를 위해 그는 피험자들에게 다음 사례를 평가하라고 요구했던 실험에 관해 보고한다.

실험 1("도움 조건")
한 회사의 부사장이 대표이사에게 가서 말했다. "우리는 새 프로그램을 시작하려고 생각하고 있습니다. 그것은 우리의 수익 증대에 도움이 될 것이고, 환경에도 도움이 될 것입니다."

대표이사는 "나는 환경을 돕는 일에는 전혀 신경 쓰지 않아요. 나는 단지 할 수 있는 한 많은 수익을 내고 싶을 뿐입니다. 새 프로그램을 시작합시다."

그들은 새 프로그램을 시작했다. 아니나 다를까, 그것은 환경에 도움이 되었다. (Knobe 2003, 191).

---

28   Google Scholar에 따르면, 2018년 8월 31일 현재 노브의 논문은 833회 인용되었다. 웨인버그 외(2001)는 746회 인용으로 2위를 차지했다.

실험 1에서 노브는 참가자들에게 "그들이 대표이사가 **의도적으로** 환경을 도왔다고 생각하는지" 물었고(Knobe 2003, 191; 고딕체는 원문에서 강조하기 위해 한 것임), 77%가 이 물음에 대해 "아니오"라고 답했다.

이 결과는 철학 문외한들이 의도적 개념에 대해 단순한 견해와 일치하는 개념을 가지고 있음을 시사한다. 대표이사는 의심할 여지 없이 자신은 환경을 도울 의도$_M$가 없다고 말한다. 그는 자신의 최종 결산에 대해서만 신경을 쓴다. 단순한 견해에 따르면, 우리는 그에게 환경을 도울 의도$_A$를 귀속시켜서는 안 된다. 이것이 노브의 피험자들 대다수가 그 상황을 보았던 방식이다.

그렇지만 노브는 사례 기술의 한 측면을 바꾸었을 때 피험자들의 답이 바뀌었다고 보고한다. 다른 참가자들과 함께 진행한 실험에서 그는 "도움"이라는 낱말을 "해"로 대치하였다.

실험 2("해 조건")
회사의 부사장이 대표이사에게 가서 말했다. "우리는 새 프로그램을 시작하려고 생각하고 있습니다. 그것은 우리의 수익 증대에 도움이 되겠지만, 환경에 해가 되기도 할 것입니다."

대표이사는 "나는 환경을 해치는 일에는 전혀 신경 쓰지 않아요. 나는 단지할 수 있는 한 많은 수익을 내고 싶을 뿐입니다. 새 프로그램을 시작합시다."

그들은 새 프로그램을 시작했다. 아니나 다를까, 환경은 해를 입었다. (Knobe 2003, 191).

다시 한번 노브는 피험자들에게 "그들이 대표이사가 **의도적으로** 환경을 해를 끼쳤다고 생각하는지" 물었다(Knobe 2003, 192; 고딕체로 강조한 것은 원문에서 한 것임). 이 경우에 82%가 "그렇다"고 말했다.

실험 2의 결과는 더 이상 단순한 견해와 맞지 않는다. 무엇보다도 대표이사는 다시 한번 자신이 수익만 신경 쓸 뿐 환경에 신경 쓰지 않는다는 것을 분명히 한다. 그래서 그는 환경을 해칠 의도$_M$를 가지지 않았다. 그럼에도 불구하고 노브의 연구에서 참가자들 대다수는 그가 이것을 할 의도$_A$를 가졌다고 생각했다.

실험철학 논쟁의 과정에서 노브가 그의 실험에서 발견한 판단 반대칭성은 견고한 결과인 것으로 드러났다. 많은 연구가 이른바 이 노브 효과, 또는 부작용 효과를 반복할 수 있었다.[29] 어떤 연구자들은 심지어 자폐 스펙트럼 장애 및 아스퍼거 증후군이 있는 사람들뿐만 아니라(Zalla & Leboyer 2011) 어린이가 있는(Leslie et al. 2006, Pellizzoni et al. 2009) 다른 문화 및 언어 공동체의 피험자들[30]에게서도 그것을 발견했다. 좀 더 최근에 니어와 부르주아지롱드(Kneer & Bourgeois-Gironde 2018)는 피고가 예견된 부작용을 의도적으로 일으켰는지 평가하라는 질문을 받았을 때 전문 판사들조차도 노브 효과를 보여주는 것처럼 보인다는 것을 발견했다. 그러므로 노브 효과에 대한 가능한 해석 및 그것의 철학적 격위에 관해 생각하는 데 잠시 시간을 들이는 것이 가치가 있는 것처럼 보인다.

---

29   예컨대 Knobe(2004), Knobe & Mendlow(2004), Tannenbaum et al.(2007), Young et al.(2006)을 볼 것.

30   Cova & Naar(2012)는 프랑스 참가자들에 대해 노브 효과를 시험했다. Knobe & Bura(2006)는 힌디어를 모국어로 하는 사람들을 이용했다. Michelin et al.(2010)과 Pellizzoni et al.(2009)는 이탈리아인, Dalbauer & Hergovich(2013)는 독일인들을 상대로 작업을 했다.

3.3.3 논의

노브 효과는 매우 흥미롭다. 이것에 대해서는 적어도 세 가지 이유가 있다. 첫째, 그것은 인간들이 철학적으로 관련 있는 시나리오에 관해 판단하는 방식에 관한 경험적인 심리학적 결과다. 그래서 X-Phi$_C$의 관점에서 볼 때 노브 효과는 그 자체로 흥미롭다. 그것은 사람들이 행위와 그 의도에 관해 내리는 판단이 철학자들이 이전에 생각했던 것보다 더 복잡한 구조를 따른다고 말해준다.

둘째, X-Phi$_P$를 지지하는 실험철학자들은 노브 효과를 철학적 행위 이론에서의 논쟁에 대한 잠재적으로 흥미로운 결과로 이용하라고 제안한다. 2.5절에서 우리는 많은 철학적 논의가 우리 생활 세계와 관련성이 있는 물음들을 추구하려 한다는 것을 논의했으며, 어떤 해석이 실제로 관련이 있는지를 알아내려고 할 때 실험적 발견 결과가 철학자들을 도울 수 있다는 것을 보았다. 여기서 노브 효과가 역할을 할 수 있다. 그것은 철학 문외한들이 단순한 견해와 다른 특정한 의도적 행위 개념을 갖는다는 것을 가리킨다. 단순한 견해의 옹호자들은 단지 통속적 일반인이 그들의 생활 세계와 전혀 무관하다고 판단하는 행위에 대한 형이상학에 종사할 뿐이라고 주장될 수 있다. 의도적 행위에 대한 일반인의 이해로부터의 그러한 이탈은 2.5절에서 논의했듯이 경우에 따라 정당화되는 것으로 판명될 수 있다. 그러나 그것을 제안하는 사람들은 우리에게 훌륭한 이유를 제시할 의무가 있다.

셋째, 노브의 발견 결과는 철학 전체에 대한 우리의 이해에 대해 함의를 갖는 한, 행위 이론을 넘어선다고 보는 것이 그럴듯하다. 우리가 주어진 부작용을 의도적으로$_A$ 초래하는 것으로 간주하는지 여부는 그것이 좋은 것인지 나쁜 것인지에 달려 있는 것처럼 보인다. 이러한 판단 방식은 두 세계 패러다임(two-worlds paradigm)이라고 불릴 수 있는 철학에서 잘 구축된 견해를 위반한다. 그 사상에 따르면, 사실적 물음에 대한 답은 규범적 물음에 대한 답과 무관하며, 그 역도 마찬가지다. 그렇지만 노브의 결과는 철학 문외한들이 어떤 행위 배후의 의도$_A$에 관한 사실적 물음을 그 행위의 결과에 대한 그들의 규범적 평가에 기초를 두고 판단하는 경향이 있다는 것을 가리키는 것처럼 보인다. 그래서 그들의 규범적 판단은 그들의 사실적 평가를 뒤섞는 것처럼 보인다. 확실히 이것은 두 세계 패러다임이 결함이 있다는 것을 결정적으로 증명하지 못하는데, 왜냐하면 철학자들은 철학 문외한들의 판단에 노예처럼 매달릴 필요가 없기 때문이다. 그렇지만 그것은 그들에게 상당한 증명 책임을 제공한다. 그들은 통속적 일반인과 불일치한다면 자신들의 입장을 정당화해야 한다.

노브 효과가 흥미로운 이 세 가지 이유는 어떤 가정들의 영향을 받음이 명백하다. 우리가 첫 번째 반응을 승인하는지 여부는 우리가 X-Phi$_C$를 메타철학적 견해로 승인하는지에 달려 있다. 승인하지 않는 사람들은 노브 효과를 철학적으로 흥미롭지 않은 심리적 발견으로 간주할 것이다. 우리가 두 번째와 세 번째 이유를 승인하는지 여부는 내가 보기에 두 가지 요인에 달려 있는 것처럼 보인다. 첫째, 우리는 X-Phi$_P$, 즉 실험적 발견이 고전적인 철학적 물음들과 관련이 있다는 사상을 승인해야 한다. 둘째, 우리는 노브 효과에 대한 특정 해석을 채택해야 한다. 우리는 그 결과가 철학 문외한들이 의도적$_A$ 행위 개념을 이해하는 방식에 관해 무언가를 알려준다는 견해를 채택해야 한다. 만일 그 효과를 잘 설명할 수 있다면, 그것은 철학적 행위 이론의 논쟁에 전혀 영향을 미치지 않아야 한다. 그 경우에 그것은 두 세계 패러다임에 타격을 주는 것으로 보여서는 안 된다. 만일 철학 문외한들이 나타내는 판단 반대칭이 실수에 기초를 두고 있다는 것을 보여줄 수 있다면, 우리는 이 발견을 X-Phi$_N$에 의존하여 철학적 직관 및 분석철학에서 그것의 방법적 사용(MAP)이 신빙성 없다는 것을 주장하는 데 이용할 수도 있을 것이다. 따라서 노브 효과에 대한 해석은 그것의 철학적 귀결을 측정하는 데 엄청나게 중요하다. 이런 이유로 2003년 이래 실험철학 논쟁의 대부분은 노브 효과가 어떻게 설명될 수 있는지의 물음에 종사해 왔다.

문헌들에서는 서로 다른 설명들이 제안되었다.[31] 넓게 말해 그 설명들은 두 가지 유형이다.

- 첫 번째 유형 설명의 지지자들은 노브가 관찰한 판단 반대칭이 의도적$_A$ 행위 개념의 적용에서 수행 오류에 기초를 두고 있다고 의심한다.
- 노브 자신을 포함하여 다른 사람들은 노브 효과가 통속적인 의도적$_A$ 행위 개념에 관해 무언가를 알려준다고 가정한다.

일찍이 애덤스와 스테드맨(Adams & Steadman 2004a, b)은 오류이론(error theory), 즉 첫 번째 유형의 설명을 제시하고, 노브가 함께 작업했던 피험자들이 그의 시나리오로부터 화용론적 추리를 끌어낼 가능성이 높다고 주장하였다.[32] 엄밀히 말해 그러한 화용론적 추리는 논리적으로 타당하지 않다. 그렇지만 그것들은 일상적인 추론 관행에 기초한 일반인들에게는 매력적으로 보일 수 있다.[33] 애덤스와 스테드맨에

---

31 Cova(2016)는 그 논쟁에 대해 포괄적인 개요를 제공한다.

32 Nadelhoffer(2004b)도 비슷한 설명을 제안했다. 그것에 대한 논의는 Knobe & Mendlow(2004)와 Nadelhoffer(2004a)를 볼 것. 프레드 애덤스의 나중 응답은 Adams(2006)를 볼 것.

따르면, 결정적인 문제는 한편으로 의도적$_A$ 행위의 귀속과 다른 한편으로 칭찬과 비난의 귀속 사이의 연관이다. 만일 어떤 사람이 의도적으로$_A$ 좋은 일을 한다면, 칭찬이 적절한 반응인 것처럼 보이고, 만일 그가 의도적으로$_A$ 나쁜 일을 한다면, 그를 비난하는 것이 적당해 보인다. 노브의 실험 1에서 피험자들은 대표이사를 칭찬하려는 경향이 있는 것처럼 보이지 않았다. 확실히 그는 환경에 도움을 준다. 그러나 그는 그것에 관해 신경 쓰지 않으며, 그래서 칭찬받을 만한 것처럼 보이지 않는다. 애덤스와 스테드맨에 따르면, 그의 무심한 태도는 노브의 피험자들이 대표이사가 환경에 의도적으로$_A$ 도움을 주지 않았다고 판단하는 이유를 설명한다. 그렇지만 실험 2에서는 그들은 그가 한 일이 환경에 해를 끼치기 때문에 그를 비난하는 경향이 있는 것처럼 보였는데, 그는 이것을 무정하게 무시하고 있다. 그러나 여기서 노브는 피험자들이 이 판단을 표현하기 위해 선택할 응답 선택지를 제시하지 않았다. 그래서 그들은 이용할 수 있는 유일한 선택지를 선택했는데, 이 선택지는 화용론적 관점에서 볼 때 그들이 말하고 싶어 했던 것을 반영할 것이다. 다시 말해서 피험자들은 대표이사에게 환경을 해칠 의도$_A$를 귀속시켰다.

언뜻 보기에 애덤스와 스테드맨이 제안하는 오류 이론은 상당히 그럴듯하다. 무엇보다도 때로 우리는 다른 사람을 비난하고 싶을 때 "당신은 그것을 의도적으로 했잖아!"와 같은 어구를 사용한다. 그렇지만 이것은 반드시 그 설명이 올바른 설명이어야 할 것을 요구하는 것은 아니다. 그리고 설령 그 설명에 무언가가 있다 해도 이것은 그것이 노브 효과 전체를 설명한다는 것을 의미하지 않을 것이다. 애덤스와 스테드

---

33 화용론적 추리와 논리적 추리의 구별은 각주 16에서 지적했듯이(이 장) Grice (1989)가 논의한 것으로 유명하다. 이 구별은 4.2.2절에서 다시 다룰 것이다.

맨이 제시하는 화용론적 설명이 적당한지의 물음을 해결하는 유일한
가능성은 추가 실험을 진행하는 것이다.

니콜스와 울라토프스키(Nichols & Ulatowski 2007)는 이 일을 하
면서 그들의 운을 시험했다.[34] 이를 위해 그들은 참가자들에게 실험 2
를 제시하고, 답으로 두 선택지 중 하나를 고르라고 요구했다.

i. 대표이사는 **의도적으로** 환경에 해를 끼쳤다.
ii. 대표이사는 **의도적으로** 환경에 해를 끼치지 않았다(Nichols &
 Ulatowski 2007, 352).

참가자들은 68%가 (i)을 선택했다.

그 뒤 니콜스와 울라토프스키는 다른 참가자들을 상대로 또 다른 실
험을 했다. 또다시 그들은 참가자들에게 실험 2를 제시했다. 그렇지만
이번에는 그들은 다음 선택지를 제시했다.

i. 대표이사는 **의도적으로** 환경에 해를 끼쳤으며, 그것에 대해 책임
 이 있다.
ii. 대표이사는 **의도적으로** 환경에 해를 끼치지 않았지만, 그것에 대
 해 책임이 있다(Nichols & Ulatowski 2007, 352-53).

선택지에 대한 이 표현은 대표이사가 환경에 해를 끼쳤을 때 설령 의
도적으로$_A$ 행위하지 않았다 할지라도 그가 비난받을 수 있다는 것을

---

[34] Knobe(2004) 또한 시험을 제안했다. 그렇지만 Adams & Steadman(2004b)은
그것을 거부했다.

명료하게 드러낸다. 이제 애덤스와 스테드맨이 제시하는 오류 이론을 통해 우리는 이 경우에 한 가지 예측, 즉 여기서 노브 효과가 사라져야 한다는 예측을 할 수 있다. 즉 피험자들은 선택지 (ii)를 골라야 한다. 그렇지만 니콜스와 울라토프스키가 보고한 바에 따르면, 그것은 사실이 아니었다. 사실상 67%가 선택지 (i)을 선택했다. 선택지들에 대한 재기술은 식별 가능한 효과가 없었던 것이다! 따라서 처음에는 그럴듯하지만, 노브 효과에 대한 애덤스와 스테드맨의 설명은 적합하지 않은 것처럼 보인다.

말과 넬슨(Malle & Nelson 2003)은 칭찬과 비난이 결정적 역할을 하도록 허용하는 대안의 오류 이론을 제안한다. 그렇지만 이 저자들은 화용론적 추리에 초점을 맞추지 않는다. 대신 그들은 화용론적 추리의 근저에 있는 감정적 반응이 노브 효과를 이해할 수 있는 열쇠가 될 수 있다고 가정한다. 저자들은 비난받을 만한 행위가 동반하는 부정적 감정이 우리에게 의도적$_A$ 행위 개념을 잘못 적용하도록 우리의 평결을 왜곡시킬 수 있다고 지적한다. 그들은 이것을 설명하기 위해 일상의 예를 제시한다.

예컨대 부부가 싸울 때 나타나는 격렬한 부정적 감정은 상대방이 하는 모든 것이 의도적이고 악의에 의해 야기된 것이라고 믿도록 각자를 편향시킬 것이다. (Malle & Nelson 2003, 575)

이것으로부터 말과 넬슨(2003)은 노브 효과에 대한 설명과 관련이 있어 보이는 결론을 끌어낸다.

마찬가지로 범죄를 저지른 혐의를 받는 사람에 대한 복수심은 그 사람이 해당 행위를 의도치 않고 저질렀을 수 있다는 고려 사항을 거의 배제할 것이다. (Malle & Nelson 2003, 575)

그래서 결국은 통속적인 의도적$_A$ 행위 개념은 단순한 견해와 일치할 수 있다. 그렇다면 이것과 모순되는 것처럼 보이는 실험 2의 노브의 자료는 그 개념을 잘못 적용한 결과일 수 있다. 노브의 참가자들 중 많은 사람은 대표이사를 비난하려는 감정적으로 유도된 경향을 가지고 있어서 더 나은 판단에도 불구하고 그 대표이사에게 환경을 해칠 의도$_A$를 귀속시켰다고 주장될 수 있는 것이다.

이 설명도 그럴듯하지 않은 것은 아니다. 그렇지만 의심을 제기하게 만드는 경험적 증거가 있다. 예컨대 라이트와 벵손(Wright & Bengson 2009)과 나델호퍼(Nadelhoffer 2004b)는 어떤 실험들에서 피험자들이 어떤 사람이 의도적으로$_A$ 부작용을 초래했다고 판단했지만 그것 때문에 그를 비난하지 않았다고 보고한다. 영 외(Young et al. 2006)는 정보 처리에서 큰 역할을 하는 뇌 영역인 복부전두엽피질(ventromedial prefrontal cortex)에 손상을 입은 피험자들의 증거를 제시한다. 실험 1과 실험 2에 대한 이 사람들의 평가는 그 뇌 영역에 손상을 입지 않은 참가자들의 판단과 크게 다르지 않았다. 디아즈 외(Diaz et al. 2017)는 최근 좀 더 구체적으로 노브 효과가 화에 의해 야기되지 않는 것처럼 보인다는 것을 발견했다. 이런 결과들은 말과 넬슨의 오류 이론에 의문을 제기한다.

노브 자신은 두 번째 유형의 설명을 제안했다. 그는 노브 효과가 통속적인 의도적$_A$ 행위 개념의 오용으로부터 비롯된 것이 아니라고 의심한다. 통속적 일반인도 그 개념을 올바르게 적용한다고 노브는 가정한다. 그렇지만 그 개념 자체는 규범적 구성 요소를 갖는다. 그는 두 종류의 평가가 의도적$_A$ 행위의 맥락에서 논리적으로 관계되어 있다고 생각한다. 즉 의도된$_M$ 부작용과 의도되지 않은$_M$ 부작용의 도덕적 성질이 칭찬할 만하거나 비난받을 만한 것으로서 논리적으로 관계되어 있다고 생각한다. 그림 3.1은 이것을 설명한다.[35]

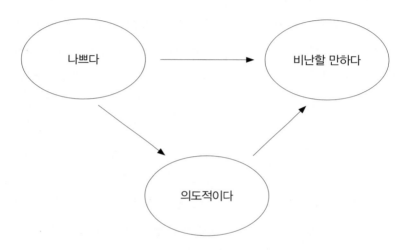

그림 3.1. 의도적 행위 개념에 대한 노브의 인지적 재구성

그림 3.1은 다음과 같이 해석되는 세 가지 연관 관계를 보여준다.

1. 만일 예상하지 못했지만 의도되지 않은$_M$ 부작용을 나쁜 것으로 간주한다면, 이것은 우리가 그 행위자를 비난하게 자극하는 요인이다.

2. 게다가 만일 우리가 그 사람이 부작용을 의도적으로$_A$ 초래했다고

판단한다면, 이것은 우리가 그를 비난하는 경향을 증가시킨다.

이 두 연관은 대체로 정설 견해를 반영한다. 그렇지만 노브는 또 다른 연관을 파악한다.

3. 만일 우리가 예상하지 못했지만 의도되지 않은$_M$ 부작용을 나쁜 것으로 간주한다면, 이것은 우리가 그 행위자가 그것을 의도적으로$_A$ 초래했다고 판단하는 경향을 증가시킨다.

그렇지만 밀리와 쿠시맨(Mele & Cushman 2007)은 자신들의 실험적 발견 중 어떤 것들이 노브의 설명에 의문을 제기하게 한다고 보고한다. 그들은 그 설명을 시험하기 위해 다음 사고실험을 사용하였다.

연못

알이 앤에게 말했다. "있잖아, 당신이 집 옆 공터에 있는 연못을 없애면 그곳에서 개구리를 찾는 아이들을 슬프게 할 거야." 앤이 대답했다. "나도 내가 그 아이들을 슬프게 할 것이라는 것을 알아. 난 그 아이들을 좋아하고, 분명 아이들을 슬프게 만든 걸 후회할거야. 하지만 그 연못은 모기 번식지야. 그리고 그 부지는 내 소유이기 때문에 그것에 대해 내 책임이 있어. 그래서 연못을 없애야 돼." 앤은 연못을 없앴고, 아니나 다를까 아이들은 슬퍼했다. 앤이 아이들을 의도적으로 슬프게 만들었는가? (Mele & Cushman 2007, 193)

노브의 설명에 따르면, 우리는 앤이 의도적으로$_A$ 아이들을 슬프게 만들었다고 말하는 경향이 있어야 한다. 무엇보다도 이 사례는 그가 진술하는 모든 기준을 충족시킨다. 비록 앤이 아이들을 슬프게 만들려고 의도하지는 않는다 할지라도, 그녀는 연못을 없애면 자신이 아이들을 슬프게 만들 것이라는 것을 예상한다. 그녀는 연못을 없애고, 실제로 나쁜 부작용이 일어난다. 따라서 우리는 앤이 아이들을 의도적으로$_A$ 슬프게 만들었다고 판단해야 한다. 그렇지만 직관적으로 이것은 올바른 것처럼 보이지 않는다. 밀과 쿠시맨의 참가자들이 이것을 확증했다. 그들은 앤이 의도적으로$_A$ 아이들을 슬프게 만들었는지를 7점 척도로 평가하라는 요구를 받았다. 4 이상의 값은 동의를 나타내는 것으로 간주되었다. 28%만이 5 이상의 값을 선택하여 동의를 했던 반면에, 응답의 평균값은 3.19였다. 말하자면 참가자들은 앤이 의도적으로$_A$ 아이들을 슬프게 만들었다는 데 동의하지 않는 경향을 보였다.

만일 노브의 실험 2와 연못을 비교한다면, 우리는 문제의 부작용에 대한 주요 인물들의 태도가 다르다는 것을 발견한다. 대표이사는 자신이 환경에 도움을 주는지 해를 끼치는지에 신경 쓰지 않는다고 공언한다. 한편 앤은 자신이 아이들을 슬프게 만든다는 것을 후회한다. 이 차이는 관련이 있는 것처럼 보인다. 그래서 조슈아 노브와 그의 공저자던 페티트(Dean Pettit)는 새로운 설명을 제안했다.

페티트와 노브(Pettit & Knobe 2009)는 우리가 행위를 하는 사람이 부작용에 대해 보이는 태도에 기초하여 의도적$_A$ 행위를 귀속시킨다는 가설을 세운다. 그들은 어떤 태도를 갖는 것을 적당한 것으로 만드는 어떤 기준이 있다고 생각한다.[36]

---

36   페티트와 노브(2009)는 노브 효과와 같은 판단 반대칭성이 의도적 행위$_A$ 개념에만 국한되지 않는다고 지적한다. 그것은 예컨대 욕구 개념에도 영향을 미친다. 그래서 그들은 그들의 가설을 노브 효과에 대한 설명으로서만 제안하는 것이 아니라 이러한 모든 판단 반대칭성에 대한 설명으로도 제안한다.

- 행위를 하는 사람은 좋은 부작용에 대해 찬성하는 태도를 가져야 한다. 만일 그가 알면서 좋은 부작용을 산출하지만, 그것에 대해 중립적이거나 부정적으로 느낀다면, 우리는 그 행위를 그에게 의도적인$_A$ 것으로 귀속시키지 않는다.
- 행위를 하는 사람은 나쁜 부작용에 대해 반대하는 태도를 가져야 한다. 만일 그가 알면서 나쁜 부작용을 산출하지만, 그것에 대해 중립적이거나 긍정적으로 느낀다면, 우리는 그 행위를 의도적인$_A$ 것으로 그에게 귀속시킨다.

이 가설은 노브의 실험 1과 실험 2를 설명한다.

- 실험 1에서 대부분의 사람은 대표이사가 환경을 의도적으로$_A$ 도운 것이 아니라고 말한다. 그는 자신이 했던 일이 환경을 도울 것이라는 것을 알았다. 이 결과는 긍정적 부작용이다. 찬성하는 태도가 적당할 것이다. 그렇지만 대표이사는 중립적 태도를 가지고 있다. 따라서 우리는 그가 의도적으로$_A$ 환경을 도운 것이 아니라고 판단한다.
- 실험 2에서 대부분의 사람은 대표이사가 환경에 의도적으로$_A$ 해를 끼쳤다고 말한다. 그는 자신이 환경에 해를 끼칠 것이라는 것을 알았다. 이 결과는 부정적 부작용이다. 반대하는 태도가 적당할 것이다. 그렇지만 대표이사는 중립적 태도를 가지고 있다. 따라서 우리는 그가 의도적으로$_A$ 환경에 해를 끼쳤다고 판단한다.

페티트와 노브의 안은 연못도 그럴듯하게 설명한다.

- 연못에서 대부분의 사람은 앤이 의도적으로$_A$ 아이들을 슬프게 만든 것이 아니었다고 말한다. 그는 자신이 하는 일이 이러한 나쁜 결과를 초래할 것을 알았다. 그 행위에 대해 반대하는 태도가 적당할 것이다. 앤은 실제로 반대하는 태도를 가지고 있다(즉 후회). 따라서 우리는 앤이 의도적으로$_A$ 아이들을 슬프게 만든 것이 아니었다고 판단한다.

비록 페티트와 노브가 제안하는 가설이 이 사례들을 모두 설명할 수 있다고 해도, 그것 역시 충분히 적합하지는 않은 것처럼 보인다. 이것은 그 가설과 상충하는 실험적 증거가 있기 때문이다. 흥미롭게도 그 증거는 노브 자신이 앞서 출판했던 논문에서 나온다(Knobe 2007b). 그 논문에서 노브는 나치 독일 상황에 관한 사고실험에 대해 피험자들이 어떻게 반응할 것인지 시험하는 실험에 관해 보고한다. 회사의 최고 경영자는 조직 개편 조치를 시행할지 결정해야 한다. 부사장은 그 조치의 예상되는 결과에 관해 그에게 알린다. 첫 번째 버전의 사고실험에서 그 상황은 다음과 같이 기술되었다.

나치법 1("조건을 위반하다")

그 회사의 부사장이 말했다. "그러한 개편을 해서 회장님은 확실히 우리 회사의 수익을 늘릴 겁니다. 하지만 회장님은 또한 인종 식별법의 요구를 위반하게 될 것입니다."

최고 경영자가 말했다. "자, 보세요. 나는 내가 법의 요구를 위반할 것이라는 것을 알지만, 그것에 대해 조금도 신경 쓰지 않아요. 내가 신경 쓰는 것은 가능한 한 많은 수익을 올리는 것뿐입니다. 그 조직 개편을 단행합시다!"

(Knobe 2007b, 105; 고딕체 강조는 원문에서 한 것임)

두 번째 버전의 사고실험에서는 결과가 이런 식으로 기술되었다.

나치법 2("조건을 충족하다")
그 회사의 부사장이 말했다. "그러한 개편을 해서 회장님은 확실히 우리 회사의 수익을 늘릴 겁니다. 하지만 회장님은 또한 인종 식별법의 요구도 **충족시키게 될 것입니다.**"

최고 경영자가 말했다. "자, 보세요. 나는 내가 **법의 요구를 충족시킬 것이라**는 것을 알지만, 그것에 대해 조금도 신경 쓰지 않아요. 내가 신경 쓰는 것은 가능한 한 많은 수익을 올리는 것뿐입니다. 그 조직 개편을 단행합시다!"
(Knobe 2007b, 106; 고딕체 강조는 원문에서 한 것임)

나치법 1과 나치법 2 모두에서 최고 경영자는 수익을 올리는 일에만 관심이 있다. 그는 각각의 조치를 이행한다면 수익을 증가시킬 것이다. 그렇지만 나치법 1에서 이렇게 하는 것은 인종 식별법을 위반할 것이다. 반면에 나치법 2에서는 최고 경영자는 그 법을 충족할 것이다. 노브는 그의 피험자들이 인종 식별법을 준수하면 나쁜 결과를 초래하고, 준수하지 않으면 좋은 결과를 초래할 것이라는 것을 이해한다는 것을 확실히 하고 싶어 했다. 그래서 그는 다음 의견을 덧붙였다.

그 법의 목적은 특정 인종의 사람들을 일제히 검거해 강제수용소에 보낼 수 있도록 그 인종의 사람들을 식별하는 일을 돕자는 것이었다. (Knobe 2007b, 105)

페티트와 노브(2009)가 제시한 설명에 따르면, 참가자들은 두 사례를 다음과 같이 판단해야 한다.

- 나치법 1에서 그들은 최고 경영자가 인종 식별법을 의도적으로$_A$ 위반하지 않았다고 판단해야 한다. 결국 그 법을 위반하는 일은 좋은 결과로 간주되었다. 그러므로 최고 경영자는 찬성하는 태도를 가져야 하지만, 그는 그러지 않았다.
- 나치법 2에서 참가자들은 최고 경영자가 인종 식별법을 준수할 의도$_A$를 가졌다고 판단해야 한다. 결국 준수는 나쁜 결과이다. 그래서 최고 경영자는 반대하는 태도를 가져야 한다. 그렇지만 사실상 그는 그것에 대해 신경 쓰지 않는다. 그는 중립적 태도를 가지고 있다.

그렇지만 노브(2007)가 보고한 바에 따르면, 그의 피험자들은 이 사례들을 다르게 판단했다.

- 나치법 1에서는 약 81%가 최고 경영자가 의도적으로$_A$ 그 법을 위반했다고 말했다.
- 이와 대조적으로 나치법 2에서는 30%만이 최고 경영자가 의도적으로$_A$ 그 법을 충족했다고 말했다.

노브(2007b)의 이 결과는 의도적$_A$ 행위의 귀속에 사회적 규범이 역할을 할 수 있다는 것을 시사한다. 그리고 흥미롭게도 이 효과는 이 규범의 도덕적 성질과 대체로 무관한 것처럼 보인다.

이 절의 시작 부분에서 우리는 노브 효과의 철학적 귀결이 그것의 설명에 크게 의존한다는 진단에서 시작했다. 우리는 두 가지 전혀 다른 설명적 접근 방식을 살펴보았다. 첫 번째 접근 방식에 따르면, 노브 효과는 철학 문외한들이 의도적$_A$ 행위 개념을 이해하는 방식에 관해 아무것도 말하지 않는다. 대신 그것은 단지 그들이 때로 인지적 오류의 희생양이 되는 경향이 있다는 것을 알려줄 뿐이다. 노브 자신이 지지하는 두 번째 접근 방식에 따르면, 노브 효과는 통속적 일반인이 의도적$_A$ 행위 개념을 이해하는 방식을 드러낸다. 지난 10여 년 동안 많은 연구가 이루어졌다. 그럼에도 불구하고 "올바른 설명은 어떤 모습이어야 하는가"는 코바 외(Cova et al. 2016, 1306)의 말을 사용하자면 "여전히 수수께끼"이다. 지금까지는 이용 가능한 모든 자료를 설명할 수 있는 해석이 없으므로, 우리는 어떤 접근 방식이 바람직한지를 충분한 확신을 가지고 말할 수 없다. 따라서 이 시점에서 노브 효과의 귀결을 가늠하기는 어렵다.

3.3.4 최근의 발전

실험적 인식론과 실험적 언어철학의 경우에서처럼, 노브와 그의 동료들이 실험적 행위 이론에서 진행한 최초의 연구에 이어 많은 발전이 있었다. 예컨대 그러한 한 가지 발전은 법철학에서 일어났다. 여기서 코언엘리야와 포랏(Cohen-Eliya & Porat 2015)은 최근 노브 효과가 우리가 헌법을 보는 방식에 대해 함의를 갖는다고 주장했다. 그들이 설명한 바에 따르면, 법원이 정부 기관이 주어진 행위로 권리를 해칠 의도가 있었는지 조사하는 것은 흔한 일이다. 예컨대 1930년대 미국의 유명한 법적 사건인 〈슈나이더 대 주〉(Schneider v. State)에서 미국 대법원은 지방자치단체가 여호와의 증인들이 전단지를 배포하는 것을 금지하는 것은 위헌이라고 결정했다. 지방자치단체는 전단지 배포자들이 공공의 거리를 어지럽힐 것이라고 주장하고, 이 문제가 언론의 자유 권리보다 중요하다고 주장했다. 그러나 대법원은 판결문에서 언론의 자유 문제에 비해 쓰레기 문제는 사소한 문제라고 판단했다. 그래서 판사들은 지방자치단체가 쓰레기 문제를 핑계거리로 사용했다고 결론짓고, 그것이 사실은 여호와의 증인들의 언론의 자유 권리를 해칠 의도가 있었다고 추측했다. 그래서 그들은 위헌 판결을 내렸다. 이제 코언엘리야와 포랫이 진단한 바에 따르면, 비록 권리를 해칠 의도를 중요한 요인으로 고려하는 것이 헌법에서 일반적 관행이긴 하지만, 권리를 해치는 일에 대한 무관심은 지금까지 무시되어 왔다. 그렇지만 그들의 견해에 따르면, 권리를 해치는 일에 대한 무관심을 드러내는 정부의 행동도 마찬가지로 문제가 된다. 그들의 논증의 핵심에는 노브 효과에 대한 특수한 견해가 있다. 저자들이 제안하듯이 그것은 "존중이나 무시에 대한 평가"로 설명될 수 있다.

의도적으로 어떤 사람이나 권익을 해치는 일은 그 사람이나 권익에 대한 존중 결여를 시사한다. 따라서 우리가 그 사람이나 권익에 대해 신경 쓰지 않을 때 똑같은 무시 또한 나타난다. 태도의 정체성은 사람들의 마음속에서 의도성에 의거해 정체성으로 번역된다. (Cohen-Eliya & Porat 2015, 240)

사정이 이렇다고 할 때, 만일 정부가 권리를 해치려고 **의도하는** 것이 허용 불가능하다면, 정부가 권리를 해치는 일에 **무관심한** 것 또한 허용 불가능해야 한다고 코언엘리야와 포랫은 주장한다. 결국 해칠 의도와 해를 끼치는 일에 대한 무관심 모두 도덕적으로 문제가 있는 태도, 즉 사람들과 그들의 권리에 대한 무시를 드러낸다.[37]

이 논증은 코언엘리야와 포랫이 경험적 증거로 지지하지 않는 노브 효과에 대한 설명에 의존하기 때문에 약간 문제가 있다. 그럼에도 불구하고 그들의 논문은 가치가 있는데, 왜냐하면 그 논문은 X-Phi$_p$의 종사자들이 실질적인 철학적 결론을 추리하기 위해 노브 효과를 어떻게 사용할 수 있는지를 예증하기 때문이다. 원리적으로 이러한 결론이 헌법 영역에만 관계되어야 할 이유는 없다. 사실상 코언엘리야와 포랫은 또한 노브 효과가 규범윤리학 일반에 대해 어떻게 관련이 있을 수 있는지도 논의한다. 잘 알려진 윤리적 신조, 즉 **이중효과 신조**(doctrine of double effect)에 따르면, 나쁜 부작용을 갖는 행위는 그럼에도 불구하고 행위자가 그 결과를 의도적으로 초래하지 않는다면 도덕적으로 허용 가능할 수 있다. 만일 우리가 이 신조를 앞에서 언급한 단순한 견해와 결합한다면, 그 행위의 도덕적 격위는 행위자가 나쁜 부작용을 적극적으로 의도했는지 여부에 달려 있을 것이다. 우리가 노브와 동료들의 연구로부터 아는 것처럼, 대부분의 사람은 노브의 실험 2의 등장인물처럼 행위자가 신경을 쓰지 않는 경우들에서도 그가 나쁜 부작용을 의도적으로 초래했다고 판단하는 경향이 있다. 이제 만일 우리가 노브를 따라 이 판단이 단순히 수행 오류가 아니라고 가정한다면, 이것은 이중효과 신조가 많은 윤리학자가 이전에 생각했던 것보다 상당히 덜 관대하다는 것을 함의한다. 그것은 의도된 나쁜 부작용을 가진 행위만을 금지하는 것이 아니다. 그것은 또한 행위자가 단지 예견하고 무관심할 뿐인 나쁜 부작용을 가진 행위도 금지한다. 이중효과 신조의 지지자와 반대자들이 노브 효과로부터 어떤 결론을 끌어내는지는 두고 보아야

---

37 엄밀히 말해 무관심은 관계적 태도이기 때문에 우리가 **어떤 것에 무관심하다**고 말하는 것은 실언이 된다는 것을 유의하라. 나는 여기서 이 문제를 피할 것이다. 그렇지만 내가 그러한 실언이 진리에 대한 무관심의 경우에 어떻게 이해될 수 있는지 논의하는 Mukerji(2018)을 볼 것.

한다.[38]

또 다른 흥미로운 발전은 유티칼과 피쉬바허(Utikal & Fischbacher 2014)의 연구였다. 그들은 다른 방법론, 즉 **실험경제학**(experimental economics)의 방법론을 사용하여 노브 효과를 시험했다.[39] 이전에 노브 효과에 관한 모든 연구는 참가자들이 읽고 평가해야 했던 서면 에피소드에 의존했다. 이와 달리 유티칼과 피쉬바허는 이 에피소드들이 포함하는 이야기를 실험을 위해 그들이 모집한 선수들이 해야 하는 인센티브 게임으로 전환시켰다. 선수 1은 대표이사의 역할을 맡았는데, 이 대표이사는 선수 2에게 주어진 부작용을 산출한다는 것이 예견된 상태에서 주어진 행위를 취해야 하는지를 결정해야 한다. 그 게임의 인센티브 구조는 선수 1이 그 행위를 취함으로써 이익을 얻게 되는 그런 것이었다. 선수 2는 환경을 나타냈다. 이 사람은 선수 1의 행위의 부작용으로 도움을 받을/해를 입을 것이다. 선수 3은 제3의 방관자였다. 대표이사의 결정 후에 이 선수는 금전적 보상을 차감하거나 추가하여 선수 1을 처벌할지 보상할지를 결정해야 했다. 이 실험 설정에서 만일 "선수 3이 부정적 부작용 때문에 선수 1을 처벌하지만, 긍정적 부작용 때문에 그를 보상하지 않는다면," 노브 효과가 확증될 것이다(Utikal & Fischbacher 2014, 223). 흥미롭게도 유티칼과 피쉬바허는 그들의 실험 설정 일부에서는 노브 효과를 확증했지만, 다른 설정에서는 확증하지 못

---

38 McIntyre(2014)는 최근 또 다른 흥미로운 주장을 했다. 그녀는 이중효과 신조가 윤리학자들에게 호소력 있었던 이유가 "도덕적 판단에 대한 중립적인 평가 기초"로 역할을 하는 것처럼 보였기 때문이라고 강조한다. 그렇지만 만일 노브가 맞다면, 그 신조의 핵심을 이루는 의도적 행위 개념은 결국 평가적으로 중립적이지 않다. 이것은 도덕적 원리로서의 그 신조의 호소력을 감소시킨다고 주장될 수 있다.
39 표준적인 실험철학 방법론과 실험경제학의 차이에 대한 간단한 논의는 부록 C.3을 볼 것.

했다. 노브 효과가 그들의 자료에서 나타나는지 여부는 선수 1 대 선수 2의 상대적인 경제적 지위, 부작용의 크기에 따라 달라지는 것처럼 보였다. 노브 효과는 선수 1이 선수 2보다 경제적 지위가 높고(즉 더 높은 금전적 보상을 받고), 부작용이 작을 때에만 발생했다. 다시 말해서 그것은 발생하지 않았거나, 심지어 반전되었다.

유티칼과 피쉬바허(2014)의 연구는 여러 가지 이유로 흥미로운데, 특히 노브 효과를 조사하기 위해 다른 방법론을 사용하기 때문에 흥미롭다. 이 방법론을 통해 저자들은 노브 효과가 에피소드의 언어를 통해 매개되는 것이 아니라 설정의 경제적 결정 요인의 직접적 결과라는 증거를 발견할 수 있다. 이렇게 말하고 나면, 그 연구 또한 좀 문제가 있다. 가장 중요한 것으로, 우리는 유티칼과 피쉬바허가 의도성에 관한 사람들의 판단을 직접적으로 시험하지 않는다고 진단할 수밖에 없다. 오히려 그들은 대리인들과 함께 작업을 한다. 의도성에 관한 판단은 기꺼이 칭찬하고 비난하려는 의지를 통해 확인이 되고, 이 의지는 다시 각각 참가자들이 처벌하고 보상하려는 의지를 통해 평가된다. 물론 저자들이 인정하듯이, "의도에 대한 인식이 비난하고 칭찬하려는 의지와 동일하다"는 보증은 없다(Utikal & Fischbacher 2014, 232). 그럼에도 불구하고 그들의 연구는 확실히 혁신적이며, 그들의 발견은 노브 효과에 대한 더 흥미로운 연구를 자극할 수밖에 없다.

노브 효과와 관련된 또 다른 최근의 발전은 마이클과 시게티(Michael & Szigeti 2018)가 보고한 일련의 연구이다. 그들은 이전에 개인의 행위를 포함하는 사례들(예컨대 대표이사)을 통해서만 시험했던 노브 효과가 집단 수준에까지 일반화될 것인지를 검토했다. 다시 말해서 그들은 어떤 집단의 개인들의 집단행동을 판단하라는 요구를 받았을 때 참가자들이 여전히 노브가 폭로한 판단 반대칭을 보여줄 것인지를 알고 싶어 했다. 이것을 시험하기 위해 그들은 대표이사를 회사의 연구개발(R&D) 부서의 대표 집단으로 대치하여 노브의 원래 에피소드를 재구성했다. 수익을 최대화하고 환경에 해가/도움이 될 프로그램을 생각해 보라는 요청을 받았을 때 그들은 말한다. "우리는 환경에 해를 끼치는 일에 전혀 신경 쓰지 않습니다. 우리는 그저 가능한 한 많은 수익을 올리고 싶을 뿐입니다. 그 새 프로그램을 시작합시다."(Michael & Szigeti 2018, 4; 고딕 강조는 니킬 무커지가 한 것임). 저자들은 이 시나리오에서 노브 효과를 확인했다. 그렇지만 이것에 대해서는 간단한 수축적 설명이 있다. 즉 참가자들은 의도성을 분산해서, 즉 집단 자체에 대해서가 아니라 집단의 각각의 성원에게 개별적으로 귀속시켰다(또는 보류했다). 이 가능성을 시험하기 위해 마이클과 시게티는 참가자들에게 그 상황을 명료화하는 또 다른 에피소드를 다음과 같이 제공했다.

다양한 이유로 이사회의 각각의 개별 성원은 개인적으로 그 프로그램에 반대하고, 그것이 시행되는 것을 막으려 했다. 그럼에도 불구하고 회사와 주주들의 이익이 우세했고, 이사회는 새 프로그램을 시행하기로 결정했다. (Michael & Szigeti 2018, 6)

이렇게 명료화한 경우에서도 마이클과 시게티는 피험자들의 판단에서 노브 효과를 발견했다. 그들은 또한 그 집단의 결정을 형성하는 일에 특히 책임이 있는 것처럼 보이는 특정 개인의 역할을 강조할 때도 그 효과를 발견했다.

마이클과 시게티(2018)의 논문은 그것이 노브 효과가 또 다른 방식에서도 일반화된다는 것을 보여주기 때문에만 흥미로운 것이 아니라 그들의 특수한 발견이 도덕에 대한 통속적 일반인의 심리에 관해 철학자들이 이전에 지녔던 믿음들과 모순되기 때문에도 흥미롭다. 예컨대 어떤 저자들은 "조직에서 의인화된 요소들의 결여는 그것들이 도덕적 판단의 대상이 되는 것을 더 어렵게 만든다."고 생각해 왔다(Tyler & Mentovich 2010, 212). 만일 마이클과 시게티가 맞다면, 이 평가는 그르거나, 또는 적어도 너무 광범위하다. 일반인은 일반적으로 집단을 비난하고 칭찬하는 것이 문제가 있다고 판단하지 않는 것처럼 보인다.[40]

더 나아가 X-Phi$_p$의 지지자들은 마이클과 시게티의 결과가 사회 존재론에서 집단주의와 개인주의에 관한 일차질서 철학적 논쟁에 대해 직접적 함의를 가질 수 있기 때문에 흥미롭다고 판단할 수도 있다. 집단주의자들은 집단이 의도의 적당한 담지자이며, 도덕적 판단의 적법한 대상이라고 주장한다. 개인주의자들은 이것을 부정한다. 타일러와 멘토비치(Tyler & Mentovich 2010)를 따라서 우리는 집단주의자들이 그들의 견해에 대해 증명 책임을 진다고 생각할 수도 있다. 결국 만일 대부분의 사람이 집단에 태도를 귀속시키는 것이 반직관적이라고 판단한다면, 개인주의를 기본 입장으로 고려해야 한다. 그렇지만 마이클과 시게티의 실험은 일반인이 집단주의를 반직관적이라고 판단하지 않을 수도 있다는 적어도 약간의 증거를 제공한다. 따라서 집단주의와 관련하여 통속적 직관에 관한 철학자들의 안락의자 사변은 틀렸다고 생각할 이유가 있다. 이것은 놀랄 만한 일이 아니다. 지금까지 실험철학 연구는 철학자들이 일반인이 생각하는 방식을 흔히 잘못 판단한다는 많은 증거를 축적해 왔다. 이것을 특히 명료하게 보여주었던 한 가지 논

---

40   그런데 집단을 비난하고 칭찬하는 일이 철학적으로 정당화될 수 있다고 생각할 이유가 있다. 관련된 문제에 대한 간단한 논의는 Mukerji & Luetge(2014)를 볼 것.

쟁은 자유의지에 관한 양립 가능론자와 양립 불가능론자 사이의 논쟁
이다. 다음 절에서는 그 논쟁을 살펴볼 것이다.

3.4 자유의지

지식, 언급, 의도적 행위의 본성에 관한 물음과 별도로 실험철학자들은
자유의지 문제에 대해 예리한 관심을 가져왔다. 사실상 이 문제는 실험
철학의 전체 수명이 짧다는 점을 고려할 때 꽤 오랫동안 실험철학 논쟁
의 중심에 있었다. 이 절에서 우리는 좀 더 최근의 기여를 배경으로 그
문제를 다루고 논의한 영향력 있는 연구를 살펴볼 것이다. 그렇지만 그
전에 우리는 자유의지 논쟁에서 역할을 하는 근본 물음과 입장들에 대
해 명료화해야 한다. 그래서 우리는 다음 물음에서 시작할 것이다. 즉
자유의지란 무엇인가?[41]

3.4.1 자유의지란 무엇인가?

우리가 자유의지를 갖는지 아닌지의 물음은 자유의지 논쟁이 초점을
두는 핵심적인 실질적 물음이다.

핵심적인 실질적 물음

우리는 자유의지를 갖는가?

두 가지 가능한 답이 있다. 우리는 긍정으로 답하고, 그래서 자유의

---

41   그 주제에 대한 유익한 소개는 Kane(2005)을 볼 것.

지를 갖는다는 견해를 채택하거나, 부정으로 답하고, 그래서 자유의지
를 갖는다는 생각을 거부할 수 있다. 그렇지만 이 답들 중 하나를 제시
할 때라도 우리가 말하는 것은 무엇인가? 그것은 자유의지 논쟁에서
핵심적인 개념적 물음에 대한 우리의 견해에 달려 있다.

핵심적인 개념적 물음
자유의지란 무엇인가?

이 물음은 무엇보다도 결정론 문제를 배경으로 하여 논의된다. 결정
론은 세계의 모든 과정이 각 시점에서 일어나는 일을 정확히 지시하는
자연법칙을 따른다는 기본 주장이다.

결정론
세계의 전체 과정은 우주와 자연법칙의 초기 조건에 의해 필연적으로 미리
결정되어 있다.

만일 결정론이 옳다면, 우리는 자유의지를 가질 수 있을까?[42] 이 개
념적 물음에 대해서는 두 가지 가능한 답, 즉 양립 가능론자의 입장과
양립 불가능론자의 입장이 있다.

양립 가능론
결정론이 옳더라도 자유의지가 가능하다.

---

42   실험적 결과는 대부분의 사람이 결정론이 그르다고 믿는다는 것을 시사한다
(Knobe 2014b; Nichols & Knobe 2007). 이것은 문화들 전반에 걸쳐 성립하는 것처
럼 보인다(Sarkissian et al. 2010).

양립 불가능론
결정론이 옳으면 자유의지는 불가능하다.

양립 가능론자와 양립 불가능론자 둘 다 자유의지에 관한 핵심적인 실질적 물음에 대해 긍정이나 부정으로 답을 할 수 있다. 즉 둘 다 우리가 정말로 자유의지를 갖는다는 견해를 채택하거나 거부할 수 있다. 그렇지만 양립 불가능론자는 이것을 하기가 더 어렵다. 그들은 많은 철학자가 형이상학적으로 의심스럽다고 판단하는 입장, 즉 자유의지론을 옹호할 필요가 있다. 자유의지론은 세 가지 견해의 결합이다.

자유의지론
(T1) 우리는 실제로 자유의지를 소유한다.
(T2) 자유의지와 결정론은 양립 불가능하다.
(T3) 결정론은 그르다.

처음 두 신조가 주어지면, 세 번째는 논리적으로 불가피하다. 물론 결정론이 옳다고 할 때 자유의지가 불가능하다고 생각하고, 자유의지의 존재를 정말로 믿는 사람들은 결정론을 거부해야 할 것이다. 따라서 T3은 중복이다.[43]

확실히 자유의지에 관한 자유의지론자들은 결정론적 과정이 전혀 없다고 주장하지 않는다. 이 생각은 우리의 과학적 세계관과 양립 불가능할 것이다. 오히려 그들은 완전히 결정론적이지 않은 어떤 과정들이 있다고 주장한다. 이 과정들은 자유롭게 행위하는 인간 행위자들에게서

---

43   이런 이유로 자유의지론은 보통 처음 두 신조의 조합으로 묘사된다.

나타난다고 그들은 생각한다. 자유의지론적 견해에 따르면, 이 행위자들은 자연법칙이 억지로 강요하지 않는 진정한 결정을 내릴 수 있다. 대신 그 결정들은 자유의지론자들이, 말하자면 "부동의 원동자"(un-moved prime movers)로 간주하는 행위자 자신에 의해 야기된다. 따라서 자유의지에 관한 논쟁에서 이런 유형의 인과성은 **행위자 인과성**(agent causality)이라 불린다(결정론적인 **사건 인과성**에 반대되는 것으로서).

부동의 원동자라는 불투명한 은유는 이미 행위자 인과성 개념, 그리고 그와 함께 자유의지론 신조가 형이상학적으로 문제가 있을 수 있음을 시사한다. 과학적 관점에서 그 은유는 자유의지론자가 행위자를 자연적 질서를 벗어난 것으로 보는 것 같기 때문에 확실히 그럴듯한지의 문제가 있다. 따라서 우리는 그들의 견해를 피터 스트로슨(Peter Strawson)의 말을 사용하자면 "불명료하고 당황스러운 형이상학" (Strawson 1974/2008, 27)의 표현으로 간주할 수 있다. 그렇지만 언뜻 보기에 양립 가능론자의 견해는 반직관적이기 때문에 자유의지를 옹호하고 싶은 사람들은 자유의지론을 지지해야 하는 것처럼 보인다. 어쨌든 많은 철학자는 이것을 긍정한다. 만일 우리가 직관적으로 자유의지의 존재에 필요한 조건을 생각한다면, 이 생각은 일단은 합리적인 것처럼 보인다.

자유의지 존재의 필요조건

행위하는 어떤 사람이

(1) 그가 서로 다른 행위 선택지들 사이에서 **선택권**이 있고,

(2) 이 선택이 **진정으로 그의 선택**이고,

(3) 그는 자신이 어떤 결정을 내릴지를 **제어**할 수 있을 경우에만,

그는 자유의지를 가질 수 있다.

조건 (1)은 대안 가능성 조건이다. 이 조건은 완벽한 결정론적 우주에서는 충족될 수 없는 것처럼 보인다. 만일 역사의 과정이 각각의 시점에서 필연적으로 결정된다면, 명백히 행위자가 진정으로 선택할 수 있는 선택지는 없다.

조건 (2)는 소유권 조건이다. 이 조건 역시 결정론이 옳다면 충족될 수 없는 것으로 보인다. 그 경우에 수십 억 년 전에 일어난 사건들이 오늘 어떤 사람이 할 것을 결정했다. 그렇다면 지금 일어나는 어떤 것도 그 행위의 소유자로서 행위자에게 귀속될 수 없다고 보는 것이 그럴듯하다.

조건 (3)은 제어 조건이다. 보아하니 이 조건도 결정론 아래서는 충족될 수 없는 것으로 보인다. 만일 어떤 사람의 생애에 일어나는 모든 것이 필연적으로 결정된다면, 그는 어떤 유의미한 방식으로 통제할 수 있는 것으로 보이지 않는다.

이 세 방식의 추론은 자유의지에 관한 핵심적인 개념적 물음에 대한 양립 가능론자의 답이 사람들에게 직관적으로 그럴듯하다는 인상을 주어서는 안 된다는 것을 시사한다. 게다가 자유의지 논쟁에 참가하는 철학자들은 종종 그들이 이야기해 본 철학 문외한들이 이 평가를 확증한다고 보고한다. 예컨대 로버트 케인(Robert Kane)은 말한다. "내 경험상 대부분의 사람은 자유의지와 결정론이 양립 가능하다는 생각을 처음 접하면 그 생각을 거부한다."(Kane 2005, 12). 다양한 다른 철학자들도 비슷한 말을 공개적으로 표명했다.[44] 그렇다면 양립 가능론자들은

---

44   Nahmias et al.(2006)는 문헌에 나온 예들, 예컨대 Ekstrom(2002), Straw-

상당한 증명 책임을 가지고 자유의지에 관한 논쟁에 들어가는 것처럼 보인다. 만일 그들이 자신들의 견해에 대해 물샐틈없는 논증을 제공할 수 없다면, 그들은 자신들의 입장을 포기해야 한다. 즉 그들은 자유의 지론으로 개종하거나 자유의지를 부정해야 한다.[45]

그렇지만 이 대목에서 기본적인 진단을 내릴 가치가 있다. 양립 가능 론의 반직관성을 옹호하는 추론은 그 자체가 개념적 전제들과 묶여 있 다. 그 옹호자들은 수 세기 동안 우리가 자유의지 존재의 필요조건을 달리 해석할 수 있고, 달리 해석해야 한다는 것을 보여주려고 해왔다.[46] 현대의 저명한 양립 가능론 옹호자인 미국 철학자 대니얼 데닛(Daniel Dennett)은 자유의지에 대한 형이상학적으로 덜 까다로운 그의 견해 가 사실상 우리가 일상생활의 관점에서 희망할 수 있는 모든 속성을 나 타낸다고 주장해 왔다.[47] 설령 결정론이 옳아야 한다고 해도—그리고 데닛이 분명히 그렇게 생각한다고 해도—우리는 여전히 다른 사람들 이 그들이 하는 일에 대해 책임을 지는 일을 정당화하는 방식으로 그들 에게 귀속시킬 수 있다. 양립 불가능론자들은 물론 이것을 부정할 것이 다. 이러한 이유로 우리가 2.5절에서 언급했듯이 상정된 문제에 관해 중립적인 철학 문외한들의 판단에 대한 호소를 찾는 것은 그리 어려운 일이 아니다. 우리는 우리의 생활 세계 관점에서 어떤 자유의지 개념이 실제로 역할을 하는지를 알아보기 위해 그들에게 물어보아야 하는 것

son(1986), Pink(2004)의 주장을 제시한다.

45   후자의 입장은 종종 "엄격한 결정론"(hard determinism)으로 일컬어진다.

46   예컨대 양립 가능론의 주목할 만한 역사적 옹호자는 토머스 홉스, 존 로크, 데이 비드 흄, 존 스튜어트 밀이다.

47   이런 이유로 데닛의 책 『엘보우 룸』(*Elbow Room*, 1984)은 적절한 부제 「원할 가 치가 있는 자유의지의 다양성」(*The Varieties of Free Will Worth Wanting*)을 가지고 있다.

처럼 보인다.[48]

1.4절에서 우리는 자유의지에 관한 논쟁이 경험적·실험적 논증들에 현저하게 영향을 받을 수 있다고 기록했다. 이것은 예컨대 신경 과학적 연구, 특히 리벳(Libet 2002)의 연구가 그 논쟁에 엄청난 자극을 주었다는 사실에 의해 예증된다. 그렇지만 흥미롭게도 일반적으로 통속적 자유의지 개념, 그리고 특수하게는 이른바 양립 가능론적 개념의 반직관성은 실험철학이 출현하기 전까지는 결코 실험을 통해 시험된 적이 없었다. 확실히 그 논쟁의 참가자들은 철학도와 세속적 일반인이 처음 그 논쟁을 생각했을 때 양립 가능론을 거부하는 것처럼 보인다고 보고했다. 그렇지만 이런 언급은 일화에 기초를 두었을 뿐 과학적으로 신뢰할 만한 증거를 형성하지 않는다. 나미아스 외(2005, 2006)는 이러한 연구 틈새를 확인하고, 양립 가능론이 실제로 반직관적인지 확인하려고 했다.

3.4.2 나미아스 외(2005, 2006)

나미아스 외(2005, 2006)는 X-Phi_p와 일치하는 철학관을 지닌 것처럼 보인다. 그들은 철학 문외한들이 자유의지에 관한 논쟁에 긍정적으로 기여하기 위해 양립 가능론을 반직관적인 것으로 거부할 것이라는 가설을 시험하는 일에 착수한다. 이를 위해 그들은 먼저 예측을 정식화한다.

양립 불가능론자 예측

사람들은 결정론적 시나리오에서 행위하는 행위자들은 자유롭게 행위하지

---

48 이것은 또한 Björnsson & Pereboom(2016)이 제시한 논변과도 들어맞는다.

않으며, 그들이 하는 것에 대해 도덕적으로 책임이 없다고 판단하는 경향을
보일 것이다.

이 예측을 시험하기 위해 나미아스 외(2005, 2006)는 플로리다 주립
대학교 학생들을 피험자로 선택했다. 이 개인들은 자유의지에 관한 철
학적 논쟁에 익숙하지 않았으며, 그래서 주요 이론적 입장들에 대해 중
립적인 것으로 간주될 수 있다. 나미아스 외(2005, 2006)는 그들에게
적절한 시나리오를 제시하고, 그들 중에 행위하는 사람들이 자신들이
한 일을 자신들의 자유의지로 했는지 물었다. 시나리오들을 정식화하
면서 연구자들은 "결정론"이나 "결정된" 같은 용어들을 피하는 데 신
경을 썼다. 대신 그들은 그 용어들의 의미를 일상 언어로 기술하려 했
다.[49] 나미아스 외(2005, 2006)는 그들의 첫 번째 실험으로 다음 사례
를 사용했다.

은행 강도

다음 세기에 우리가 모든 자연법칙을 발견하고, 우리가 이 자연법칙들 및 세
계의 모든 것의 현재 상태로부터 미래의 어떤 시간에 세계에서 정확히 어떤
일이 일어날 것인지를 연역할 수 있는 슈퍼컴퓨터를 만든다고 상상해 보라.
그 슈퍼컴퓨터는 세계가 존재하는 방식에 관한 모든 것을 볼 수 있고, 그 세
계가 어떻게 될 것인지에 관한 모든 것을 100% 정확성을 가지고 예측할 수
있다. 그러한 슈퍼컴퓨터가 존재하며, 그 슈퍼컴퓨터가 제레미 홀이 태어나
기 20년 전인 서기 2150년 3월 25일 어떤 시간에 우주의 상태를 본다고 가

---

49 4.2.2절에서 우리는 이것이 왜 실험철학 연구의 실험적 설계에서 중요한지 논의
할 것이다.

정해 보라. 그다음에 그 컴퓨터는 이 정보와 자연법칙으로부터 제레미가 분명히 2195년 1월 26일 오후 6시에 피델리티은행을 털 것이라고 연역한다. 언제나처럼 슈퍼컴퓨터의 예측은 맞다. 즉 제레미는 2195년 1월 26일 오후 6시에 피델리티은행을 털었다. (나미아스 외 2005, 566; 2006, 36)

참가자들이 이 시나리오를 읽은 후 나미아스 외(2005, 2006)는 그들에게 주인공인 제레미가 그 자신의 자유의지로 행위했는지 물었다. 21명의 피험자 중 16명이 그렇다고 말했다. 이 결과는 명백히 위의 양립 불가능론자의 예측과 모순된다. 제레미의 행동은 슈퍼컴퓨터를 이용해 예측될 수 있기 때문에 그것은 충분히 결정된 것으로 간주될 수 있다. 양립 불가능론자의 예측에 따르면, 참가자들은 제레미가 했던 일이 그의 자유의지의 표현이 아니었다고 판단했어야 한다. 그러나 나미아스 외(2005, 2006)는 반대 결과를 발견했다.

이 발견 결과를 처리하는 한 가지 방식은 양립 불가능론자 예측이 그를 가능성이 높다고 결론짓는 것이다. 대안적으로 우리는 피험자들의 판단이 자유의지 개념을 적용할 때 범하는 오류에 기초를 두고 있을 가능성을 생각할 수 있다. 그러한 **오류 이론**의 한 버전에 따르면, 피험자들의 감정이 그들의 판단을 방해했다.[50] 그 가설은 그들이 제레미의 행위에 대한 반응으로 부정적 감정을 전개했다는 것이다. 이 가능성은 제레미가 은행을 털었기 때문에 그럴듯하지 않은 것이 아닌데, 대부분의 사람은 은행을 턴 이 행위에 대해 아마 부정적 감정으로 반응할 것이다. 그다음에 그 부정적 감정은 제레미가 한 일에 대해 책임을 묻고 싶

---

[50]   3.3.3절에서 우리는 이미 이런 유형의 오류 이론, 즉 Malle & Nelson(2003)에서 기인하는 오류 이론을 살펴보았다. 그렇지만 이 저자들은 그 오류 이론을 가지고 자유의지에 관한 판단이 아니라 노브 효과를 설명하려 했다.

은 바람을 불러일으켰다는 식으로 이야기는 진행된다. 그러나 이것은 그가 자유롭게 행위했을 경우에만 정당화될 수 있는 것처럼 보인다. 그래서 피험자들은 제레미에게 자유의지를 귀속시켰다.

이 오류 이론은 시험될 수 있는 예측을 허용한다. 만일 그 시나리오가 제레미가 은행을 털지 않고 아이를 구하거나(긍정적 행위), 조깅을 한다(중립적 행위)는 식으로 바뀐다면, 사람들은 그에게 자유의지를 귀속시키려는 경향을 보여주어서는 안 된다. 그렇지만 나미아스 외(2005, 2006)가 보고한 바에 따르면, 그들이 실험을 진행했을 때 22명 참가자 중 15명(즉 68%)이 제레미가 그 자신의 자유의지로 아이를 구했다고 말했고, 19명 중 15명(즉 79%)이 그가 그 자신의 자유의지로 조깅을 했다고 응답했다. 따라서 나미아스 외(2005, 2006)는 감정적 방해가 은행 강도 사례에서 관찰된 양립 가능론자 판단을 설명한다고 주장하는 오류 이론을 확증하지 못했다.

또 다른 대안적 설명에 따르면, 나미아스 외(2005, 2006)가 시험한 시나리오의 결정론적 측면은 충분히 눈에 보이는 것이 아니었다. 이런 이유로 그들은 결정론적 요소를 좀 더 강조하는 사례를 이용해 또 다른 실험을 했다. 이 사례는 사람들이 믿고 가치를 두는 것이 전적으로 그들의 유전자와 환경에 의해 결정되는 세계에 살고 있는 두 인물 프레드와 바니에 관한 것이다. 프레드와 바니는 그들의 어머니가 입양을 시키기 위해 포기한 두 일란성 쌍둥이라고 가정된다. 그중 한 명인 프레드는 끔찍한 저크슨 가족에게 입양된다. 이 가족은 무엇보다도 돈을 중시한다. 따라서 프레드 역시 이 가치관을 습득한다. 이와 달리 바니는 훨씬 더 착한 가족인 킨더슨 가족에게 입양된다. 그들은 다른 무엇보다도 정직을 중시한다. 그래서 바니도 이 가치관을 습득한다. 어느 날 다음 일이 일어난다.

프레드와 바니

어느 날 프레드와 바니는 각각 1,000달러와 주인의 신분증이 들어 있는 지갑을 발견한다(두 사람 모두 주인을 알지 못한다). 각자는 주변에 아무도 없다고 확신한다. 심사숙고 끝에 프레드 저크슨은 그의 신념과 가치관 때문에 그 돈을 챙긴다. 심사숙고 끝에 바니 킨더슨은 그의 신념과 가치관 때문에 지갑을 주인에게 돌려준다. (Nahmias et al. 2005, 570 ; 2006, 38)

위의 글의 나머지 부분에서 프레드와 바니의 유전자와 환경이 그들의 행동을 완전히 결정한다고 재차 강조된다. 프레드는 1,000달러를 챙긴 반면에, 바니는 그것을 정당한 주인에게 돌려준다. 만일 프레드가 킨더슨 가정에서 자랐다면, 그 역시 돈을 돌려주었을 것이고, 만일 바니가 저커슨 가정에서 자랐다면, 그 역시 그 돈을 챙겼을 것이다. 그럼에도 불구하고 나미아스 외(2005, 2006)가 보고한 바에 따르면, 34명 참가자 중 26명(즉 76%)이 프레드와 바니가 자유롭게 행위했다고 판단했다. 60%는 프레드를 그의 행위에 대해 책임이 있는 것으로 간주했고, 바니에 관해서는 64%가 그렇게 말했다.

나미아스 외(2005, 2006)는 그들의 자료로부터 양립 불가능론자 예측이 그를 가능성이 높으며, 양립 불가능론은 철학 문외한들의 직관에 의해 지지되는 것처럼 보이지 않는다고 결론짓는다.

3.4.3 논의

나미아스 외(2005, 2006)의 결과는 실험철학 논쟁과 자유의지에 관한 논쟁에서 많은 관심을 받았다.[51] 다른 연구자들은 그들의 자료에 대

---

51 이와 연관해서 Andow & Cova(2015), Bear & Knobe(2016), de Brigard et

해 다른 해석들을 제안하고 다른 설명들을 시험했는데, 그것들 가운데
일부는 나미아스 외(2005, 2006)가 이미 잠정적으로 배제했었다. 영향
력 있는 연구에서 니콜스와 노브(2007)는 예컨대 나미아스 외(2005,
2006)가 사용한 사례 기술들이 모두 **구체적이었다**고 평한다. 그들은 비
록 철학 문외한들이 사실상 양립 불가능론적인 자유의지 개념을 가지
고 있다 할지라도, 그들은 어떤 감정을 불러일으키는 구체적 시나리오
를 접할 때 수행 오류를 범하는 경향이 있다는 가설을 세운다. 이 가설
을 시험(재시험)하기 위해 그들은 두 집단으로 분리된 유타대학교의
학생들 41명을 상대로 실험을 했다. 그 실험의 첫 번째 단계에서 그들
은 참가자들에게 두 우주에 대한 기술을 제시했다.

- 첫 번째 우주 A는 완전히 **결정론적인** 것으로 약정되었다. 여기서
  인간 행위를 포함하여 일어나는 모든 것은 전적으로 선행 원인에
  의해 결정된다고 가정되었다.
- 두 번째 우주 B는 **비결정론적인** 것으로 가정되었다. 여기서 선행
  원인들은 인간의 결정과 행위를 완전히 결정하지는 않는 것이라
  고 가정되었다.

이 두 우주에 대해 더 긴 기술을 해준 다음, 니콜스와 노브는 첫 번째
집단에게 다음과 같은 구체적 시나리오를 접하게 했다.

---

al.(2009), Feltz & Millan(2014), Knobe(2014b), Mandelbaum & Ripley(2012),
Murray & Nahmias(2014), Nahmias et al.(2007), Nahmias & Murray(2011),
Nahmias & Thompson(2014)의 기고들은 언급할 가치가 있다. Feltz & Cova(2014)
는 그 논쟁에 대한 메타분석, Sarkissian et al.(2010)은 상호 문화적 연구를 행했다.
Björnsson & Pereboom(2016)은 자유의지 논쟁에 대한 안락의자 철학 접근 방식과
실험적 접근 방식에 대해 현재의 개요를 제시한다.

구체적 물음

우주 A에서 빌이라는 이름의 한 남자가 그의 비서에게 끌렸는데, 그는 그녀
와 함께 있는 유일한 방법이 자신의 아내와 3명의 아이를 죽이는 것이라고
결심한다. 그는 불이 났을 때 그의 집에서 탈출하는 것이 불가능하다는 것을
알고 있다. 출장을 떠나기 전 그는 집을 불태우고 가족을 죽이는 장치를 지
하실에 설치한다.

빌은 그의 아내와 아이들을 죽이는 일에 대해 충분히 도덕적으로 책임이 있
는가? (Nichols & Knobe 2007, 670)

피험자들은 "있다"와 "없다"를 답으로 고를 수 있었다. 니콜스와 노
브(2007)는 이 질문을 받은 참가자의 대다수인 72%가 "있다"를 선택
했다고 보고한다. 그것은 그들의 판단이 양립 가능론과 일치한다는 것
을 의미한다. 그들에게 빌의 행동이 완전히 결정되어 있었다는 사실은
그가 그의 가족을 살해한 일에 대해 책임이 있고, 그가 사실상 그 자신
의 자유의지로 행위했다는 생각과 조화를 이룰 수 있다. 다시 말해서
첫 번째 집단에서 니콜스와 노브가 발견한 결과는 나미아스 외(2005,
2006)가 전에 확립한 것과 일치했다.

그렇지만 두 번째 집단에서는 이것이 성립하지 않았다. 여기서 니콜
스와 노브는 참가자들에게 다음의 **추상적 물음**을 던졌다.

추상적 물음

우주 A[즉 결정론적 우주]에서 어떤 사람이 그들의 행위에 대해 충분히 도
덕적으로 책임이 있을 수 있는가? (Nichols & Knobe 2007, 670)

저자들이 보고하듯이, 86%의 명백한 다수가 양립 불가능론적 선택지, 즉 "없다"를 선택했다. 따라서 피험자들의 판단 사이에 불일치가 있었다. 첫 번째 집단에서는 피험자들이 양립 가능론을 확증하는 답을 제시했던 반면에, 두 번째 집단에서는 양립 불가능론을 확증하는 답을 제시했다. 니콜스와 노브는 이 차이에 대해 다양한 설명을 살핀다. 경쟁하는 두 설명은 다음과 같다.

설명 1

피험자들의 판단에서 관찰된 불일치는 각각 제시된 물음들의 구체성과 추상성에 의해 설명된다.

설명 2

피험자들의 판단에서 관찰된 불일치는 두 물음이 유도하는 감정들에서의 차이에 의해 설명된다.

앞에서 지적했듯이, 니콜스와 노브는 그들이 감정적 수행 오류 모델 (affective performance error model)이라고 부르는 두 번째 설명을 지지한다. 그렇지만 방금 논의한 실험들을 통해서 보면, 우리는 이 모델이 실제로 바람직하다고 결론내릴 수 없다. 무엇보다도 두 번째 물음은 더 높은 정도의 추상성과 더 낮은 정도의 감정적 책임 모두와 관련해서 첫 번째 물음과 다르다. 그것은 설명 1과 설명 2 모두(그리고 심지어 두 설명의 조합도) 왜 참가자들이 한 경우에 양립 가능론적 직관을 보고하고, 다른 경우에 양립 불가능론적 직관을 보고하는지를 설명할 수 있다는 것을 의미한다. 이런 이유로 니콜스와 노브는 추상성을 요인에서 배제하는 또 다른 실험을 행했다. 이를 위해 그들은 서로 다른 감정적 반응을 이끌어 내는 두 개의 구체적 시나리오를 사용했다.

성폭행범("높은 감정 조건")

과거에 여러 차례 그랬던 것처럼, 빌은 낯선 사람을 스토킹하고 성폭행한다. 빌이 그 낯선 사람을 성폭행한 일에 대해 충분히 도덕적으로 책임이 있을 수 있는가? (Nichols & Knobe 2007, 675)

세금 사기("낮은 감정 조건")

과거에 여러 차례 그랬던 것처럼, 마크는 그의 세금을 속이려고 준비한다. 마크가 그의 세금을 속이는 일에 대해 충분히 도덕적으로 책임이 있을 수 있는가? (Nichols & Knobe 2007, 675)

니콜스와 노브는 피험자들을 네 집단으로 나누었다.

- 이 집단들 중 두 집단은 성폭행범 시나리오를 받았다. 첫 번째 집단의 피험자들은 빌이 했던 모든 일이 그의 통제를 벗어난 선행 원인들에 의해 결정되는 결정론적 우주에서 그 일이 일어났다는 말을 들었다. 두 번째 집단의 피험자들은 그 사건이 빌의 행위가 충분히 인과적으로 결정되지 않는 비결정론적 우주에서 일어났다는 정보를 받았다.
- 나머지 두 집단은 세금 사기 시나리오를 받았다. 이 집단의 첫 번째 집단의 참가자들은 또다시 마크가 한 일이 완전히 인과적으로 결정되는 결정론적 우주에서 그가 그렇게 행위했다는 말을 들었다. 두 번째 집단에서는 피험자들이 마크가 비결정론적 우주에서 행위했다는 정보를 들었다.

설명 1에 따르면, 성폭행범과 세금 사기 사이에 판단 패턴이 달라서
는 안 된다. 무엇보다도 두 사례 모두 구체적이었다. 그렇지만 설명 2에
따르면, 두 사례는 감정적 책임이 달라지기 때문에 중요한 차이가 있어
야 한다. 다음 행렬은 니콜스와 노브가 발견한 것을 보여준다(표 3.2).

표 3.2. 성폭행범 대 세금 사기

	비결정론적 우주	결정론적 우주
성폭행범	95%	64%
세금 사기	89%	23%

이 결과는 설명 2를 지지한다.[52]

- 〈세금 사기〉에서 결정론적 시나리오와 비결정론적 시나리오 사이
  에 불일치가 있었다. 마크의 행위가 결정되어 있지 않았다고 가정
  한 피험자들 중 총 89%가 그가 자유롭게 행위했다고 판단했다.
  이와 달리 마크의 행위가 충분히 결정되어 있었다고 가정한 사람
  들 중에는 불과 23%만이 마크에게 자유의지를 귀속시켰다.
- 〈세금 사기〉보다 감정적으로 더 비난을 받는 〈성폭행범〉에서 현저
  하게 다른 판단 패턴이 있었다. 여기서 피험자들 중 95%와 64%
  의 다수는 각각 성폭행범 빌이 자유롭게 행위했다고 판단했다.

니콜스와 노브(2007)가 그들의 자료에 대해 제시하는 설명은 설득

---

52   조슈아 노브는 이 입장을 포기했던 것처럼 보인다. 어쨌든 토머스 나델호퍼의 블
로그 *Experimental Philosophy*의 블로그 게시물에 대한 그의 응답은 많은 것을 시사하
는 것처럼 보인다(http://bit.ly/1TZDUfZ, accessed 31 August 2018).

력이 있고 우아해 보인다. 그러나 그 설명 역시 문제가 있다.

첫째, 설명 1은 이러한 발견 결과에 의해 완전히 배제될 수 없다. 그 자료는 단지 설명 1이 그 자체로 철학 문외한들의 판단을 설명할 수 없다는 것을 시사할 뿐이다.

둘째, 한편 다른 연구팀들은 니콜스와 노브(2007)가 제안하는 가설에 의문을 제기하는 또 다른 실험을 진행했다. 예컨대 펠츠 외(2009)는 니콜스와 노브(2007)가 했던 것처럼 결정론적 우주와 비결정론적 우주에 대한 똑같은 기술을 사용해 플로리다주립대학교 학생 52명을 상대로 실험을 행했다. 그들도 똑같은 사례를 사용했다. 그렇지만 니콜스와 노브와 달리 펠츠 외(2009)는 참가자들에게 두 사례 모두를 제시했다. 그들이 보고한 바에 따르면, 대부분의 참가자는 두 사례 모두에서 양립 가능론적 선택지(25%)나 양립 불가능론적 선택지(67%)를 선택했다. 불과 8%만이 두 시나리오에서 다른 선택지를 선택했다. 니콜스와 노브(2007)가 제안한 설명에 따르면, 우리는 참가자들이 다른 선택지를 선택할 것이라고 기대해야 한다. 즉 〈세금 사기〉에서는 양립 불가능론적 선택지, 〈성폭행범〉에서는 양립 가능론적 선택지를 선택할 것이라고 기대해야 한다. 펠츠 외(2009)는 이것으로부터 다음과 같이 결론짓는다.

설명이 무엇이든 참가자들에게 높은 감정 조건과 낮은 감정 조건이 둘 다 주어졌을 때, 많은 사람이 니콜스와 노브가 확인하는 감정적 수행 오류에 굴복하지 않는다는 것은 분명하다. (Feltz et al. 2009, 10)

이것은 니콜스와 노브(2007)가 지지하는 설명 2가 어쨌든 자유의지와 관계된 사례들에 관한 통속적 판단들 중 작은 부분만을 설명할 수

있음을 시사한다.[53]

셋째, 코바 외(2012)는 감정적 과정이 아마도 양립 가능론적 판단을 야기하지 않을 것이라는 증거를 발견했다. 매우 독창적인 연구에서 그들은 이마관자엽 치매(frontotemporal dementia) 증세가 있는 환자들을 시험했다. 이것은 뇌에서 감정 정보를 처리하는 환자의 능력을 감소시키는 신경퇴행성 질환이다. 니콜스와 노브의 설명 2에 따르면, 감정적 반응이 양립 가능론적 판단의 원인이기 때문에 양립 가능론적 선택지를 선택하는 피험자들의 수는 이마관자엽 치매가 있는 환자들 집단에서 상당히 내려가야 한다. 그렇지만 코바 외(2012)는 이 예측을 확증할 수 없었다. 그들은 나미아스 외(2005, 2006)의 〈슈퍼컴퓨터〉 사례와 빌이 그의 가족을 살해한 구체적 시나리오(Nichols & Knobe 2007)를 시험했다. 두 사례 모두에서 대부분의 참가자는 양립 가능론적 직관을 보고했다.

넷째, 나미아스와 머레이(2011)는 양립 불가능론적 직관을 기본적 혼동의 결과로 설명하는 그럴듯한 오류 이론을 제안한다.[54] 그들은 양립 불가능론적 판단을 형성하는 대부분의 사람이 결정론이라는 관념을 잘못 해석한다고 주장한다. 그들은 말한다.

결정론적 우주에서 행위자들이 FW[자유의지; 니킬 무커지]와 MR[도덕적 책임; 니킬 무커지]을 갖지 않는다고 응답하는 대부분의 일반인은 그들이

---

53 물론 이 결과에 대한 대안의 설명이 있다. 아마 두 시나리오가 모두 주어졌을 때, 그렇지 않았으면 니콜스와 노브(2007)가 기술하는 수행 오류에 빠졌을 피험자들이 자신들의 두 판단이 서로 긴장 상태에 있다는 것을 깨달았기 때문에 그것에 굴복하지 않았다는 것이다.

54 또한 Murray & Nahmias(2014)와 Nahmias & Thompson(2014)을 볼 것.

사실상 결정론을 우회하기(bypassing)를 포함하는 것으로 오해하기 때문에 "명백한 양립 불가능론적 직관"을 표현하고 있는 것일 뿐이다. (Nahmias & Murray 2011, 193)

3.4.1절에서 논의했듯이, 결정론은 단지 세계의 전체 과정이 우주의 초기조건과 자연법칙에 의해 필연적으로 미리 결정되어 있다는 주장이다. 그것은 인간 행위자의 신념, 욕구, 결정이 인과적 역할을 하지 않는다는 신조가 아니다. 나미아스와 머레이(2011)는 후자의 생각을 "우회하기"라고 부른다. 그들의 오류 이론에 따르면, 결정론적 시나리오에서 양립 불가능론적 판단을 형성하는 경향이 있는 사람들은 각각의 행위자의 정신 상태는 인과적으로 "우회"되며, 세계의 진행 과정에 영향을 미치지 않는다고 가정한다.[55]

이 오류 이론 또한 시험 가능한 예측을 허용하며, 나미아스와 머레이(2011)는 물론 그 예측들을 시험했다. 그들은 애틀랜타의 조지아주립대학교 학생 249명의 도움을 받아 실험을 진행했다. 그 실험에서 피험자들에게는 행위자의 행동이 결정되어 있는 시나리오들을 판단하라는 요구가 주어졌다. 나미아스와 머레이는 연구 참가자들이 결정론적 측면을 "우회하기"로 해석했는지 여부를 통제했다. 이를 위해 그들은 다

---

55   앤도우와 코바(2016)가 유익하게 지적하듯이, 니콜스와 노브(2007)가 제안한 오류 이론과 나미아스와 머레이(2011)가 제안한 오류 이론은 다른 유형이다. 전자는 참가자들에게 오류가 있다고 주장한다. 자유의지와 결정론이 양립 불가능하다는 그들의 믿음에도 불구하고 참가자들은 높은 감정 사례에서 그것들이 양립 가능하다고 판단하는데, 이는 강한 감정적 요소가 그들의 생각을 방해하기 때문이다. 이와 달리 후자의 오류 이론은 사실상 일반인이 자연스러운 양립 불가능론자라고 결론짓는 실험자들이 그들의 자료를 적절하게 분석하지 못한다고 말한다. 잘못은 대부분 그들에게 있는데, 이는 그들이 피험자들이 결정론과 우회하기를 섞고 있다는 것을 깨닫지 못하기 때문이다.

음 진술들을 생각해 보고 판단하라고 요구했다.[56]

결정

우주 [A/C]에서 어떤 사람의 결정은 결국 그가 하도록 되어 있는 일에 아무런 영향을 미치지 않는다.

원하다

우주 [A/C]에서 어떤 사람이 원하는 것은 결국 그가 하도록 되어 있는 일에 아무런 영향을 미치지 못한다.

믿는다

우주 [A/C]에서 어떤 사람이 믿는 것은 결국 그가 하도록 되어 있는 일에 아무런 영향을 미치지 못한다.

통제 불능

우주 [A/C]에서 어떤 사람은 그가 하는 일에 대해 아무런 통제력이 없다.

다른 과거

우주 [A/C]에서 설령 과거에 일어났던 일이 달랐더라도 일어나는 모든 일은 일어나야 한다. (Nahmias & Murray 2011, 202)

나미아스와 머레이(2011)가 보고한 바에 따르면, 피험자들은 니콜스와 노브(2007)의 추상적 물음을 접했을 때 이 진술들을 더 빈번하게

---

56 이 질문들은 둘 다 결정론적이었던 우주 A와 우주 C에 대한 기술로 보완되었다.

긍정했다. 저자들이 주장하듯이, 이것은 그 물음의 표현 때문에 그들이 결정론을 우회하기로 잘못 해석하게 되었다는 것을 시사한다. 이 잘못된 해석은 다시 니콜스와 노브(2007)의 연구에서 왜 대다수 피험자가 양립 불가능론적 직관을 가진 것처럼 보였는지를 설명할 것이다. 만일 나미아스와 머레이가 올바르다면, 이 현상은 기만적이며, 니콜스와 노브가 보고하는 결과는 단지 대부분의 사람이 우회하기와 자유의지가 양립 불가능하다고 생각한다는 것을 보여줄 뿐이다. 그렇지만 이 발견은 자유의지와 결정론의 직관적 양립 가능성에 관해 아무것도 말하지 않는다.

그렇다면 이제 자유의지에 관한 실험철학으로부터 우리는 어떤 결론을 내려야 할까? 이 단계에서는 우리가 그 논쟁으로부터 어떤 명확한 결론을 끌어낼 수 없다는 것이 분명해 보인다. 그렇지만 나는 실험철학 연구가 십중팔구 안락의자 반성만으로는 산출할 수 없었을 흥미로운 개념적 혁신과 자극적인 새로운 가설들로 이끌었다는 것은 부정할 수 없다고 생각한다. 안락의자 철학자들이 지금까지 가정해 왔던 것과 달리 양립 불가능론은 자유의지 개념에 대한 가장 직관적인 해석이 아닐 수 있다. 우리가 이 절에서 살펴본 나미아스 외(2005, 2006)와 다른 연구자들의 논문들을 따라 우리는 양립 가능론이 사실상 더 직관적인 입장일 가능성을 열어 놓아야 한다.

3.4.4 최근의 발전

이 장에서 우리가 살펴본 실험철학의 다른 영역들과 마찬가지로 자유의지에 대한 실험철학은 최근 몇 년 동안에 여러 가지 흥미로운 발전을 보여 왔다. 그런 발전들 가운데 펠츠와 밀란(Feltz & Millan 2015)의 기여는 확실히 주목할 만하다. 이 저자들은 나미아스와 그의 동료들

의 실험적 논증이 불완전하다고 주장함으로써 또 다른 오류 이론을 제
안했다. 펠츠와 밀란은 이 연구자들이 자연스러운 양립 불가능론자인
것처럼 보이는 통속적 일반인이 우회하기와 결정론을 혼동한다는 증거
를 제공했다는 것을 인정한다. 그렇지만 그들의 견해에서는 이것이 나
미아스와 그의 동료들이 지지하는 주장, 즉 통속적 일반인이 오히려
자연스러운 양립 가능론자라는 주장을 뒷받침하지 않는다. 그들의 연
구에서 펠츠와 밀란은 후자의 주장이 사실상 틀렸음을 보여주려 한다.
다시 말해서 그들은 양립 가능론적 직관에 대한 오류 이론을 지지하려
한다.

그들의 전략은 다음과 같다. 첫 번째 단계에서 그들은 다소 그럴듯하
게 어떤 사람이 특수한 조건 아래서만 자연스러운 양립 가능론자로 분
류되어야 한다고 가정한다. 첫째, 그는 진정한 양립 가능론자들이 그렇
게 할 경우에 행위자가 자유의지를 가질 것이라고 판단해야 한다. 둘
째, 그는 진정한 양립 가능론자들이 이 가능성을 거부할 경우에 자유의
지를 부정해야 한다. 그러나 진정한 양립 가능론자들은 언제 자유의지
를 귀속시키고, 언제 그것을 부정할까? 펠츠와 밀란은 그들이 결정론
적 시나리오와 운명론적 시나리오를 구별할 것이라고 주장한다. **결정론
적 시나리오**에서는 우리가 논의했듯이 일어나는 모든 일이 선행 원인과
자연법칙에 의해 결정된다. 그렇지만 행위자의 사고, 믿음, 욕구, 계획
은 인과적으로 관련이 있을 수 있다. 나미아스와 머레이(2011)의 말로
행위자의 정신 상태는 "우회되는" 것이 아니며, 적어도 필연적으로 우
회되는 것이 아니다. 여기서 진정한 양립 가능론자는 자유의지가 가능
하다고 판단할 것이다. 이와 달리 **운명론적 시나리오**에서는 무슨 일이
있어도 일은 일어난다. 즉 행위자의 사고, 믿음, 욕구, 계획은 아무런
인과적 역할을 하지 않는다. 그것들은 실제로 양립 가능론자들이 자유

의지의 가능성을 부정해야 하는 방식으로 "우회된다."[57] 두 번째 단계
에서 펠츠와 밀란은 일련의 실험에서 자료를 수집한다. 그들의 통계 분
석이 보여주듯이, 자유의지와 결정론이 양립 가능하다고 판단한 참가
자 중 많은 사람은 결정론적 시나리오와 운명론적 시나리오에 대한 그
들의 구별에 민감하지 않은 것처럼 보였다. 사실상 운명론적 시나리오
에서 자유의지를 긍정하려는 그들의 경향은 결정론적 시나리오에서 자
유의지를 긍정하려는 그들의 경향을 예측했다. 펠츠와 밀란은 이것으
로부터 나미아스와 머레이(2011)가 그들의 참가자 대다수가 양립 가능
론적 직관을 갖는다고 결론지었을 때 잘못을 범할 가능성이 높다고 결
론짓는다. 그들은 이 피험자들 중 많은 사람이 단지 "무슨 일이 일어나
든 자유의지"(free will not matter what) 직관(FWNMW 직관)을 가
졌다는 것을 시사한다. 그들이 진정한 양립 가능론자가 끌어낼 구별을
인정하지 않기 때문에 그들은 자연스러운 양립 가능론자로 간주되어서
는 안 된다.

이제 X-Phi$_\mathrm{p}$의 옹호자는 자유의지에 관한 일차질서 철학적 논쟁에
대해 결론을 끌어내는 일에 관심이 있을 수도 있다. 그렇다면 우리는
펠츠와 밀란의 자료로부터 어떤 결론을 내릴 수 있을까? 나미아스 외

---

57 펠츠와 밀란(2015)이 "운명론"(fatalism, 또는 숙명론)이라 부르는 관념이 다른
많은 철학자가 그 용어를 사용할 때 언급하는 것이 아님을 주목할 필요가 있다. 그렇지
만 그 관념은 적어도 어떤 철학자들, 예컨대 존 스튜어트 밀이 말했던 것과 일치하는
것처럼 보인다. 그에 따르면, 운명론자는 결정론자가 믿는 것, 즉 "무슨 일이 일어나든
그것은 그것을 산출하는 원인의 오류 불가능한 결과일 것이다"라는 것을 믿는다. 그렇
지만 그것 외에 운명론자는 "그것에 맞서 싸워봤자 아무 소용없다. 아무리 우리가 그것
을 막으려 노력할 수 있다고 해도 그것은 일어날 것이다"라고 믿는다(Mill 1882/1976,
IV, ii, §3). 다시 말해서 펠츠와 밀란이 표현하듯이 "무슨 일이 있어도" 어떤 일들이
일어날 것이라는 견해를 운명론이라고 생각하는 것으로 밀을 특징짓는 것이 온당해 보
인다.

(2005, 2006)가 양립 가능론이 좀 더 직관적인 견해이며, 그래서 기본
값 입장으로 간주되어야 한다고 주장했던 것을 떠올려 보라. 그것은
"무단 거주자의 권리"를 가져야 한다. 그들의 연구 결과에 비추어 볼
때 펠츠와 밀란은 "아무도 무단 거주자의 권리를 갖지 않는다. [자유의
지에 관한 논쟁에서; 니킬 무커지] 모든 사람은 어떤 논증적 증명 책임
을 진다"고 말함으로써 의견을 달리한다(Feltz & Millan 2015, 550).

   이것은 실험적 논증들이 증명 책임을 양립 불가능론자에게 옮기는
데 사용될 수 없다는 것을 의미하는가? 만일 펠츠와 밀란의 논증이 건
전하다면, 우리는 이렇게 결론지어야 하는 것처럼 보인다. 그렇지만 앤
도우와 코바(2016)는 이것을 의심해 왔다. 그들은 그 자료에 대한 펠츠
와 밀란의 해석의 문제를 지적한다. 문제는 어떤 사례가 우회하기를 포
함시키지 않고도 운명론적 시나리오에 대한 펠츠와 밀란의 기준을 충
족시킬 수 있다는 것이다.[58] 이를 설명하기 위해 앤도우와 코바는 다음
시나리오를 사용한다.

자동차

그린은 경비원 존스가 10월 7일 오전 12시에 그린 부인의 차를 훔치기를 원
한다. 그러나 그린은 그 일을 할 존스를 전적으로 신뢰하는 것은 아니며, 그
래서 몇 가지 비상조치를 취했다. 그린은 존스가 모르는 사이에 존스의 뇌
에 어떤 장치를 이식한 신경 과학자에게 자문을 구했다. 이 장치는 존스의
뇌에서 "의사결정" 뉴런을 분리했으며, 정확히 오전 12시에 존스가 확실하

---

58   이런 유형의 사례들은 해리 프랭크퍼트(Harry Frankfurt)의 독창적인 논문 "대
체 가능성과 도덕적 책임"(Alternate Possibilities and Moral Responsibility, 1969)에
까지 거슬러 올라갈 수 있으며, 그래서 통상 "프랭크퍼트 사례들"이라고 칭해진다. 그
의 논문에 대해서는 4.3.5절에서 논의할 것이다.

게 스스로 바로 그 차를 훔치기로 결정하게 만들 자극을 보내도록 프로그램 되어 있다. 그렇지만 공교롭게도 정확히 오전 12시에 존스가 스스로 그 차를 훔치기로 결정하고 그것을 실행한다. 존스는 스스로 그 차를 훔치기로 결정 하기 때문에 그 장치로부터의 자극은 효과가 없는데, 왜냐하면 의사결정 뉴 런이 존스 자신의 의사결정 과정에 의해 활성화되었기 때문이다. 그렇지만 만일 바로 그때 존스가 스스로 그 차를 훔치기로 결정하지 않았다면, 그 장 치가 그의 의사결정 뉴런을 활성화시켰을 것이고, 존스는 어쨌든 그 차를 훔 치기로 결정했을 것이다. (Andow & Cova 2016, 557).

이것은 운명론적 시나리오이다. 존스의 정신 상태는 그 상황에서 일 어났던 일에 대해 아무런 차이를 가져오지 못했다. 그는 어떤 일이 일 어나든 그 차를 훔쳤을 것이다. 따라서 펠츠와 밀란은 진정한 양립 가 능론자들이 존스가 그 자신의 자유의지에서 행위했을 가능성을 거부해 야 한다는 말에 언질을 주는 것처럼 보인다. 그렇지만 앤도우와 코바가 주장하듯이, 그들이 **원천 양립 가능론자**(source compatibilists)라고 부 르는 어떤 양립 가능론자들은 존스가 자유롭게 행위했다고 판단할 것 이다. 이 양립 가능론자들은 **실제 통제**(actual control)와 **규정적 통제** (regulative control)를 구별할 것이다(Fischer 1986). 지금 있는 시나 리오에서 존스는 그의 정신 상태가 그의 행위 배후의 인과적 운전자라 는 의미에서 **실제적 통제력**을 가지고 있다. 이와 달리 그린은 **규정적 통 제력**을 가지고 있다. 그는 언제든지 개입할 수 있지만 그렇게 하지 않 기로 선택한다. 이제 앤도우와 코바가 설명하듯이, 원천 양립 가능론자 는 존스의 실제적 통제력에 기초하여 존스에게 자유의지를 귀속시킬 수 있다. 그의 정신 상태는 그의 행위의 원천이었고, 그래서 우회되지 않았다.

이러한 추론에 기초하여 앤도우와 코바는 시험 가능한 가설, 즉 "무슨 일이 일어나든 자유의지" 직관(FWNMW 직관)을 보고하는 것처럼 보였던 펠츠와 밀란의 참가자들 중 많은 사람이 운명론적 시나리오의 행위자를 실제 통제력을 가진 것으로 보았고, 그래서 그 상황을 우회하기를 포함하지 않는 것으로 간주했다는 가설에 이른다. 그 경우에 원천 양립 가능론자의 관점에서 볼 때 그 행위자가 자유롭게 행위했다고 판단하는 것이 이치에 맞을 것이다. 이 가능성을 시험하기 위해 앤도우와 코바는 실험을 진행했는데, 그 실험에서 그들은 펠츠와 밀란의 사례를 사용하고, 그들의 결과를 반복했다. 그렇지만 그들은 또한 피험자들이 그 상황을 우회하기를 포함하는 것으로 해석했는지 여부를 알아보기 위해 추가 물음들을 던졌다. 이 물음들로부터 그들은 우회하기 점수를 계산했다. 그들의 자료를 분석한 결과, 그들은 주어진 시나리오가 펠츠와 밀란의 정의에서 운명론적이었다는 사실보다 이 우회하기 점수가 기꺼이 자유의지를 귀속시키려는 참가자들의 의지를 훨씬 더 잘 예측하는 것이라는 것을 발견했다. 게다가 그들은 행위자의 관련된 정신 상태가 우회된다는 것을 그들이 절대적으로 명백하게 만든 운명론적 시나리오를 구성했다. 여기서 피험자들 중 아주 적은 소수만이 자유의지를 긍정했다. 따라서 앤도우와 코바는 통속적 일반인이 자연스러운 양립 가능론자라는 나미아스와 동료들의 제안을 펠츠와 밀란이 무시한 것은 잘못이라고 결론짓는다. 게다가 그들은 통속적 일반인이 자유의지가 실제 통제를 요구하지만 대체 가능성은 요구하지 않는다고 믿는 원천 양립 가능론자일 가능성이 높다고 제안한다.

따라서 앤도우와 코바의 결과는 양립 가능론이 직관적이라는 생각을 복권시키는 것처럼 보인다. 그렇지만 더 많은 문제가 바로 근처에 숨어 있을 수 있다. 최근 논문에서 림과 첸(Lim & Chen 2018)은 우리가 나미아스와 동료들의 자료로부터 통속적 일반인이 직관적으로 양립 가능론에 동의한다고 결론지을 수 있다는 것을 의심한다. 그렇지만 그들은 펠츠와 밀란과는 다른 이유에서 그렇게 한다. 먼저 그들은 이용 가능한 자료에 긴장 상태가 있다고 지적한다. 어떤 연구들은 통속적 일반인이 우리가 비결정론적 우주에서 산다고 생각한다는 것을 시사하며(Nichols & Knobe 2007), 또 어떤 연구들은 그들이 결정론적 우주를 믿는다는 것을 발견한다. 림과 첸(2018)은 이것이 물음이 제기되는 방식과 관계가 있다고 믿는다. 구체적으로 그들은 인간의 의사결정이 포함되는지 여부와 관련이 있다고 생각한다. 참가자들에게 추상적으로 미래 사건을 100% 정확하게 예측할 수 있는 기계를 만드는 일이 가능한지 물었을 때, 그들은 이것이 가능하다는 데 동의할 것이다(비록 림과 첸 자신의 자료가 이것을 확증하지는 않는다 하더라도). 그렇지만 그들에게 인간 행위를 예측하는 것이 가능한지 물었을 때, 그들은 인간의 선택을 예외로 간주하는 경향이 있기 때문에 이것을 거부할 것이다. 림과 첸이 지적하듯이, 이것은 참가자들에게 인간 행위를 100% 확실하게 예측하는 일이 가능하다는 것을 상상해 보라고 요구하는 실험에서 끌어낸 자료에 대한 해석에 문제를 제기한다. 피험자들은 단지 이 지침을 거부하고, 인간 행위를 마치 결정되어 있지 않은 것처럼 판단하는 것이 가능하다고 그들은 말한다. 그 경우에 그들의 답은 양립가능론의 직관성을 피상적으로만 확증할 것이다. 이제 림과 첸에 따르면, 우리는 이것이 정확히 그렇다는 데 대해 의심할 이유를 가지고 있다. 그들은 이 주장을 지지하기 위해 흥미로운 방법을 사용했다. 그들은 실험철학의 표준 관행처럼 참가자들에게 에피소드를 제공하기만 했던 것이 아니다. 그들은 이 기법을 질적 방법, 즉 인터뷰로 보완했는데, 이 방법은 실험철학 연구에서 훨씬 덜 일반적이다.[59] 참가자들과의 대화를 인용함으로써 그들은 피험자들이 인간의 행위가 결정되어 있다고 가정하는 일에 어려움을 겪을 가능성이 높으며, 그런 생각에 기초하여 직관을 형성할 수 없다고 주장한다.

그런데 림과 첸(2018)이 사용한 질적 접근 방식은 분명히 문제가 있다. 그들이 이런 식으로 처리할 수 있는 자료의 양은 분명히 한계가 있으며, 자료 수집과 분석은 훨씬 더 주관적이다. 그렇긴 하지만, 질적 분석은 확실히 흥미로운 가설을 드러내는 데 유용할 수 있으며, 이 흥미로운 가설은 다시 추가 연구를 안내할 수 있다. 림과 첸의 논문은 이것을 예증한다고 나는 믿는다. 그렇지만 우리는 엄격하고 통제된 양적 실험이 확증하기까지 그들의 가설에 관해 회의적이어야 한다. 따라서 우리는 림과 첸의 추측이 이치에 맞는지 여부를 결정하는 것이 자유의지에 대한 실험철학에서 추가 연구의 과제라는 것을 지적하는 것으로 마무리해야 한다.[60]

3.5 요약

이 장에서는 인식론, 언어철학, 철학적 행위 이론, 심리철학의 영향력

---

59   실험철학에서 질적 방법에 대한 간단한 논의는 부록 C.6을 볼 것.

60   나는 자유의지에 대한 실험철학에 관해 많은 또 다른 흥미로운 연구를 논의할 수 있었지만, 지면의 제약으로 그것들을 배제할 수밖에 없었다. 한 가지 예는 베어와 노브 (Bear & Knobe 2016)의 흥미로운 연구 결과인데, 이 연구 결과는 만일 통속적 일반인이 **수동적**이라면, 즉 만일 행위자가 말하자면 단순히 "흐름에 따라간다"면, 그는 주어진 행동이 결정론과 양립 가능하다고 판단할 가능성이 더 높은 것처럼 보인다는 것이다. 자유의지에 대한 실험철학과 관련한 현재 연구의 개요는 https://bit.ly/2NaoZkX (accessed 31 October 2018)에서 PhilPapers 데이터베이스를 볼 것.

있는 실험철학 연구를 논의했다.

우리는 우리가 결정한 대로 X-Phi$_P$와 일치하는 실험철학관을 표현하는 웨인버그 외(2001)와 스웨인 외(2008)의 고전적 논문들에서 시작했다. 웨인버그 외(2001)는 인식적 직관의 인구학적 가변성을 지적한 반면에, 스웨인 외(2008)는 인식적 직관이 순서 효과의 영향을 받기 쉽다는 것을 시사하는 실험에 대해 보고한다. 두 저자들 팀 모두 그들의 자료로부터 비교적 광범위한 결론을 끌어낸다. 그들은 이 연구 결과들이 핵심적인 MAP가 신빙성이 없다는 것을 보여준다고 주장하고, 그것을 거부할 것을 제안한다—적어도 인식론에서. 우리의 논의는 이러한 결론이 우리가 아는 한 시기상조라는 결과를 낳았다. 그들이 의존하는 중요한 결과는 반복될 수 없었다. 또한 포괄적인 문화 간 연구(Machery & Stich et al. 2015)는 최근 적어도 어떤 인식적 직관들이 문화 장벽을 넘어서 안정적이라는 것을 보여줄 수 있었다. 게다가 X-Phi$_N$의 어떤 옹호자들은 더 이상 MAP를 대놓고 거부하지 않고 단지 "재부팅"만을 요구한다(Machery 2017). 그럼에도 불구하고 우리는 웨인버그 외(2001)와 스웨인 외(2008)가 개시한 논쟁이 헛수고가 아니었다고 추론했다. 결국 그 논쟁은 인식론에서 전통적인 안락의자 방법의 이론화를 좀 더 안전한 토대 위에 놓았다. 게다가 우리는 그 결과들이 X-Phi$_C$의 관점에서 그 자체로 흥미롭다고 말했는데, 이는 그것들이 인식적 문제들과 관련하여 인간 정신의 작동에 대해 통찰을 제공해 주기 때문이다.

언어철학 영역에서 실험철학 연구는 더 광범위한 영향을 미쳤다. 마체리 외(2004)는 러셀의 한정 기술 이론의 지지자와 인과-역사적 견해의 옹호자 사이의 논쟁의 핵심을 이루는 고유명의 언급 대상에 관한 직관들을 조사했다. 그들은 크립키의 유명한 괴델 사례 같은 중요한 사고실험이 문화들마다 다르게 판단된다는 것을 보여줄 수 있었다. 그동안 여러 차례 반복된 이 발견은 분석적 언어철학에서 직관의 방법적 사용(MAP)에 대한 메타철학적 토대에 의심을 제기하기 때문에 흥미롭다. 실험적 발견이 MAP를 지지하는 경향을 보였던 인식론에서와 달리 언어적 직관에 관한 실험적 자료는 MAP에 대해 비판적인 X-Phi$_N$을 권장했다.

   행위철학의 영역에서 우리는 의도적 행위에 관해 흥미로운 판단 반대칭을 보여주는 노브 효과를 살펴보았다. 조슈아 노브는 그의 피험자들이 의도되지 않은 행위의 부작용이 도덕적으로 나쁠 경우에 그 부작용을 의도적으로 초래했다고 판단할 가능성이 상당히 더 높았다는 것을 발견했다. 견고한 것처럼 보이고, 여러 문화를 통해 반복되었던 이 결과는 이른바 단순한 견해, 즉 행위의 부작용이 행위자가 그것을 의도한다면, 그리고 오직 그 경우에만 의도적인 것으로 간주되어야 한다는 견해의 신용을 떨어뜨리는 것으로 보인다. 노브 효과는 대부분의 사람이 다른 생각들을 가지고 있는 것처럼 보인다는 것을 보여준다. X-Phi$_C$의 관점에서 볼 때 이 결과는 그 자체로 흥미롭다. X-Phi$_P$와 X-Phi$_N$의 관점에서 중요한지는 대부분 그것의 설명에 달려 있다. 만일 노브 효과가 의도적 행위 개념의 적용에서의 수행 오류에 기초를 두고 있는 것으로 밝혀진다면, 이것은 단순한 견해를 복권시킬 수도 있다. 그것은 또한 노브 효과를 철학적으로 훨씬 덜 흥미롭게 만들 것이다. 반면에 조슈아 노브가 의심한 것처럼, 만일 그 효과가 통속적인 의도적 행위 개념에 대해 진정한 통찰을 제공한다는 것을 보여준다면, 이것은 단순한 견해에 반하는 경우를 입증할 것이고, 아마 행위철학에서 이론화를 위한 새로운 방향을 암시할 것이다. 그렇지만 이 단계에서는 노브 효과에 대해 어떤 설명이 바람직한지가 불분명한데, 왜냐하면 토론자들이 지금까지 제안했던 가설들 중의 어떤 것도 현재 이용 가능한 모든 자료를 설명하지 못하기 때문이다.

마지막으로 우리는 자유의지에 관한 철학적 논쟁에 새롭고 흥미로운 자극을 제공한 여러 가지 실험철학 연구를 논의했다. 첫째, 우리는 자유의지에 관한 두 가지 핵심 물음—하나는 개념적 물음이고 다른 하나는 실질적 물음이다—을 확인했다. 실질적 물음은 우리가 실제로 자유의지를 소유하는지의 문제이다. 개념적 물음은 자유의지를 갖는다는 것이 무엇을 의미하는지를 명확히 밝히는 문제이다. 후자의 물음은 통상 결정론 문제를 배경으로 논의되는데, 결정론은 세계의 전체 과정이 우주의 초기조건과 자연법칙에 의해 미리 결정된다는 기본 주장이다. 양립 불가능론자들은 결정론의 옳음이 주어지면 자유의지의 가능성을 부정한다. 이와 달리 양립 가능론자들은 그 가능성을 긍정한다. 양립 불가능론자의 입장은 전통적으로 더 직관적인 입장으로 간주되었다. 우리는 이 주장에 대해 아무런 증거도 발견하지 못한 나미아스 외(2005, 2006)의 연구를 논의했다. 오히려 이 저자들은, 설령 행위자들의 행동이 약정상 그 행위자의 통제를 벗어난 선행 원인들에 의해 충분히 결정된다고 가정된다 할지라도, 그들의 피험자들이 그 행위자들에게 자유의지를 귀속시키는 경향이 있다고 보고한다. 그래서 나미아스 외(2005, 2006)는 양립 불가능론을 더 직관적인 기본 값으로 간주해야 한다고 결론지었다. 이 시점에서는 이 저자들의 평가가 유지될 수 있는지는 불확실하다. 그렇지만 최소한 우리는 그들의 기여가 그들이 제공했던 실험적 자료가 없었다면 생각하기 어려웠을 신선한 자극을 자유의지에 관한 논쟁에 제공했다고 기록할 수 있다. 그것은 양립 불가능론이 "기본 값 견해"로서의 그 초기의 그럴듯함을 상실했으며, 우리가 양립 불가능론적 직관에 대한 나미아스와 머레이(2011)의 흥미로운 오류 이론을 고려하면 훨씬 더 그럴 것이라는 것을 시사하는 것처럼 보인다. 그들에 따르면, 양립 불가능론적 직관은 결정론 관념과 그들이 "우회하기"라고 부르는 것을 기본적으로 혼동한 결과이다. 증명 책임을 다시 중간으로 옮기기 위해서는 양립 불가능론자들은 오류 이론이 나미아스 외(2005, 2006) 및 후속 연구들의 자료를 설명할 수 있다는 것을 보여주어야 할 것이다. 펠츠와 밀란(2015)은 이 일을 하려고 했다. 그렇지만 앤도우와 코바(2016)의 비판을 감안하면, 그들이 성공했는지는 의심스럽다. 이와 대조적으로 림과 첸(2018)은 나미아스와 동료의 논증에 더 성공적으로 구멍을 냈다. 그들의 비판은 어쨌든 아직 대답되지 않았다. 그래서 이 시점에서는 자유의지에 대한 실험철학에서 현존하는 자료를 설명할 수 있는 정합적 견해를 구성하는 것은 어렵다.

그러므로 정리하자면, 우리는 실험철학자들이 이 장에서 살펴본 철학의 네 영역 중 어떤 것에서 명확한 결과를 제공하지 못했다고 기록할 수 있다. 그러나 모든 분야에서 그들은 안락의자에서 생각하기 어려웠을 흥미로운 새 사상에 기여할 수 있었다. 그들의 기여는 이제 실험적 수단과 전통적인 철학적 수단 모두를 이용하여 다룰 수 있는 새롭고 흥미를 자아내는 문제를 낳았다. 그러므로 나는 실험철학이 짧은 시간에 상당한 위업을 달성했다는 것은 부정할 수 없다고 생각한다. 그러나 그것 또한 비판을 받았다. 다음 장에서는 그런 비판의 약간을 살펴볼 것이다.

4

반론

3장에서 우리는 철학의 여러 다른 분야의 영향력 있는 실험철학 연구
를 논의했으며, 이러한 기여들이 시작한 논쟁의 중요한 측면을 다루었
다. 이 장에서는 실험철학에 대한 비판자들이 이 연구들에 대해서는 물
론이고 실험적 접근 방식의 철학함 전체에 대해서까지 제시한 반론 몇
가지에 초점을 맞추고 싶다.

　몇 가지 원칙적 고려 사항에서 시작하는 것이 좋을 것 같다. 그래서
우리는 먼저 실험철학에 대한 비판들이 어떤 형태를 띠고, 그리고 그
비판들이 각각 어디까지 도달하는지를 명료화할 것이다(4.1절). 이를
바탕으로 그다음에 우리는 다양한 종류의 반론은 물론이고 그 반론들
에 대한 반대 논증도 다룰 것이다(4.2절과 4.3절). 마지막 절에서는 요
약하고 결론을 내릴 것이다(4.4절).

4.1 반론의 범위

실험철학에 대한 반론의 가능한 형태는 무엇이며, 이러한 반론들은 어디까지 미치는가? 이 물음들에 답하기 위해서는 우리는 철학에서 실험적 연구의 기초가 될 수 있는 서로 다른 메타철학적 견해들 사이의 구별을 다시 한번 기억해야 한다. 우리는 그 견해들을 1장에서 논의했다. 그것들은 $X\text{-Phi}_C$, $X\text{-Phi}_P$, $X\text{-Phi}_N$이었다. 우리의 논의에서 우리는 한쪽에 $X\text{-Phi}_C$와 다른 한쪽에 $X\text{-Phi}_P$와 $X\text{-Phi}_N$ 사이에 범주적 차이가 있다는 것을 인지했다.

- $X\text{-Phi}_C$를 지지하는 사람들은 철학적 물음이 고전적인 철학적 문제(예컨대 지식 문제)를 넘어선다고 믿는다. 안락의자 철학자들에 따르면, 후자는 선험적 수단을 사용해서만 대답될 수 있다. 이런 물음들 외에 $X\text{-Phi}_C$의 옹호자들은 사람들이 고전적인 철학적 문제들에 관해 어떻게 생각하는지, 그리고 그들은 왜 그들이 생각하는 것을 생각하는지를 탐구해야 한다고 믿는다. 그래서 그들은 실험철학을 철학에 대한 인지과학으로 해석하는데, 이것은 이 추가경험적 물음을 탐구함으로써 안락의자 철학을 보완한다. 그들에게 이 문제들은 그 자체로 철학적으로 흥미롭다.
- 긍정적 실험철학과 부정적 실험철학 —$X\text{-Phi}_P$와 $X\text{-Phi}_N$— 의 옹호자들 또한 사람들이 철학적 물음들을 어떻게 생각하는지 알아내고 싶어 한다. 그렇지만 그들에게 이것은 그 자체로 목적이 아니다. 오히려 그들은 어떤 철학적 또는 메타철학적 결론에 대한 증거로서의 그들의 발견에 관심이 있다.

2장에서 우리는 실험적 자료로부터 철학적으로 관련 있는 추리를 끌어낼 수 있게 해주는 다양한 논변 도식을 살펴보았다. 그렇지만 그 논변 도식들은 그들의 실험적 연구를 X-Phi$_P$나 X-Phi$_N$에 기초를 둔 사람들에 의해서만 사용된다. X-Phi$_C$에 기초한 연구들에서 이 도식들은 전혀 역할을 하지 않는다. 곧 보게 될 것처럼, 이것은 비판자들이 통상 실험철학에 대하여 강조하는 한 반론들 집합에 대해 X-Phi$_C$에 기초한 실험적 연구를 면제되게 한다.

구체적으로 X-Phi$_P$와 X-Phi$_N$을 향하는 모든 반론은 우리가 3장에서 확인한 하나 이상의 논변 도식에 대한 반론으로 해석될 수 있다. 2.3절에서 논의했듯이, 이 도식들은 일반적 논증 형식의 특수한 실례들이다. 그것은 다음과 같은 것으로 보인다.

신빙성으로부터의 논증

(P1) **p**라는 우리의 직관은 경험적 속성 **E**를 소유한다. (경험적 전제)

(P2) 만일 어떤 직관이 경험적 속성 **E**를 소유한다면, 그 직관은 **그 정도까지** 신빙성 있다(없다). (가교 전제)

(C) **p**라는 우리의 직관은 **그 정도까지** 신빙성 있다(없다). (철학적으로 관련 있는 결론)

이 도식을 2.5절에서 논의한 추론을 따르는 논증들을 포함하도록 훨씬 더 일반화하는 것이 가능하다. 그 절에서 우리는 일반인의 철학적 직관에 관한 실험적 증거가 우리의 생활 세계 맥락에서 철학적 물음에 대한 적합한 해석을 결정하는 데 도움이 될 수 있다고 결론지었다. 예컨대 만일 통속적 일반인이 양립 가능론적 자유의지 개념을 선호한다는 것을 보여줄 수 있다면, 이것은 철학자들이 그들의 논의를 이 개념에 기초를 두는 데 대한 훌륭한 이유를 형성한다. 그 추론은 이 일반적 도식을 따른다.

관련성으로부터의 논증

(P1) 대부분의 사람은 개념 C에 대해 해석 I를 지지한다. (경험적 전제)

(P2) 만일 대부분의 사람이 어떤 개념에 대한 특정 해석을 지지한다면, 철학자들은 그들의 철학적 논의를 그 개념에 대한 이 해석에 기초를 둘 훌륭한 이유를 갖는다. (가교 전제)

(C) 철학자들은 그들의 철학적 논의를 개념 C에 대한 해석 I에 기초를 둘 훌륭한 이유를 갖는다. (메타철학적/철학적 결론)

앞의 고찰이 예증하듯이, 두 논증은 공통 구조를 공유한다.

• 그것들의 첫 번째 전제 P1은 **경험적 발견 결과**를 진술한다.

• 두 번째 전제 P2는 각각의 경우에 P1의 경험적 발견 결과와 (메타)철학적 결론 C 사이의 논리적 간극에 다리를 놓는 기능을 갖는다. P2는 P1과 C를 조건명제 형태로 연결하는데, 이때 전자는 전건이고 후자는 후건이다.

• 결론 C는 각각의 경우에 (메타)철학적 명제이다.

그러므로 우리는 2장에서 살펴본 모든 실례를 포섭하는 실험철학 논증들의 일반적 도식을 연역할 수 있다. 그것은 다음과 같다.

실험철학 논증들의 일반적 도식

(P1) 경험적 사실 E가 성립한다.

(P2) 만일 경험적 사실 E가 성립한다면, (메타)철학적 결론 P가 따라 나온다.

(C) P

그렇다면 이제 반론을 제기하는 사람들이 이 일반적 도식을 따르는 논증을 어떻게 비판할 수 있을까? 이 물음에 답하기 위해서는 우리는 그 도식 자체가 **논리적으로 타당하다는** 것을 주목해야 한다. 보통 논리적으로 타당한 논증은 그 전제들이 그르다는 것을 입증해야만 도전받을 수 있다고 말해진다. 이것이 실제로 한 가지 가능성이다. 그렇지만 4.3.5절에서 우리는 이것이 유일한 선택지가 아님을 보게 될 것이다. 그렇지만 그 전에 우리는 우리 자신을 전제들에 대한 비판으로 국한시킬 것이다.

실험철학 논증들의 일반적 도식은 두 개의 전제를 가지고 있으므로 두 가지 형태의 비판을 구별하는 것이 이치에 닿는다. 첫 번째 비판은 P1, 두 번째 비판은 P2에 초점을 맞춘다. 우리는 P1에 대한 반론을 **방법론적 반론**이라고 부를 것이다. 이것에 대해서는 두 가지 이유가 있다. 안락의자 철학자들과 달리 실험철학자들은 그들의 논증에서 결코 단순히 P1을 가정하지 않는다. 언제나 이 전제, 즉 사실 E가 성립한다는 전제를 지지하는 실험(또는 일련의 실험)이 있다. P1을 비판함으로써 그 논증을 비판하려고 하는 철학자들은 왜 자신들이 그 논증 지지자들이 지적하는 실험적 증거를 통해 충분한 개연성을 가지고 사실 E가 실제로 성립한다고 추리할 수 없다고 의심하는지를 설명해야 한다. 이것을 하는 극단적인 방식은 경험적 증거 일반의 신빙성을 문제 삼는 것이다. 그렇지만 이 가능성은 과학적 기획의 엄청난 성공을 감안하면 우스꽝스러워 보인다. 더 나아가 일반적 회의주의를 논의하는 것은 나의 목적이 아니다. 그래서 우리는 일반적 회의주의로부터의 반론들은 무시할 것이다. 대신 우리는 두 번째 가능성, 즉 실험철학자들이 실험적 연구 방법을 적용할 때 오류를 범했다는 주장으로 우리 논의를 국한할 것이다.

(메타)철학적 결론을 허용할 수 있는 경험적 사실들이 있다는 것을 인정할 준비가 되어 있는 비판자들은 실험철학에 관한 근본적인 철학적 우려를 발언하지 않는다. 그들은 단지 (메타)철학적 결론을 끌어내게 하는 사실들이 실제로 확립되었는지 물을 뿐이다. 이와 대조적으로 근본적인 철학적 반론을 제기하는 철학자들은 문제의 경험적 사실들이 확립되었다는 것에만 의문을 제기하고 있는 것이 아니다. 오히려 그들은 철학적으로 흥미로운 어떤 것이라도 그것들로부터 따라 나온다는 것을 의심한다. 따라서 그들이 제기하는 비판은 **철학적 반론**이라고 불리는 것이 적절하다고 나는 믿는다.

실험철학에 대한 방법론적 반론과 철학적 반론의 구별에 기초를 두고 우리는 이 비판들이 각각 어디까지 미치는지의 물음을 살펴볼 수 있다. 이 장 서두에 나는 특정 반론들 집합은 X-Phi$_C$에 영향을 미치지 않는다고 언급했었다. 이 말로 나는 철학적 반론들 집합을 의미했다. 이 비판들은 실험철학 논증에서 가교 전제를 공격한다. 다시 말해서 그 비판들은 경험적 주장으로부터 고전적인 철학적 물음과 관련 있는 어떤 결론을 연역할 가능성에 관한 의심에 의존한다. 그렇지만 X-Phi$_C$에 기초하여 실험철학을 실천하는 사람들은 이것이 가능하다고 말한다. 그들의 연구는 실험적 연구 방법의 적용에서 실수를 주장하는 방법론적 반론에 열려 있다. 그렇지만 X-Phi$_P$와 X-Phi$_N$의 옹호자들은 정말이지 우리를 경험적 사실로부터 (메타)철학적 결론으로 데려갈 수 있는 가교 전제가 있다고 주장한다. 따라서 그들의 기여는 철학적 반론에도 열려 있다. 그렇다면 다음과 같이 보자.

- 방법론적 반론은 모든 형태의 실험철학에 영향을 미치는 반면에, 철학적 반론은 X-Phi$_P$와 X-Phi$_N$에 대해서만 사용될 수 있다.
- 마찬가지로 X-Phi$_C$에 대한 타당한 비판일 수 있는 모든 유형의 반론은 X-Phi$_P$와 X-Phi$_N$에 대해서도 타당한 비판일 수 있다. 그렇지만 그 역은 성립하지 않는다.

표 4.1은 이런 점들을 요약하여 정리하고 있다.

표 4.1. 실험철학과 그 범위에 대한 반론

	X-Phi$_C$	X-Phi$_P$	X-Phi$_N$
방법론적 반론에 열려 있는가?	그렇다	그렇다	그렇다
철학적 반론에 열려 있는가?	아니다	그렇다	그렇다

4.2절에서 우리는 모든 형태의 실험철학에 대한 타당한 비판을 대표할 수 있는 적은 수의 방법론적 반론을 살펴볼 것이다. 4.3절에서는 X-Phi$_P$와 X-Phi$_N$만을 표적으로 삼는 철학적 반론을 논의할 것이다.

4.2 방법론적 반론

우리는 방법론적 반론을 두 집합으로 나눌 수 있다. 첫 번째 집합의 반론들은 매우 일반적인 비판을 나타낸다. 그런 반론을 제시하는 철학자들은 실험적 연구 방법이 철학적 탐구에 대해 의미 있는 기여를 하기에는 일반적으로 부적절하다고 주장한다. 실험철학 비판자 허만 카펠렌(Herman Cappelen)의 어떤 언급들은 일반적인 방법론적 반론의 범주에 속하는 것으로 해석될 수 있다. 그는 실험이 철학에 무언가를 보탤수 있다는 것을 의심하는데, 왜냐하면 철학적 관행은 실험철학에서 피험자들에게 하라고 요구되는 것과 매우 다르기 때문이다.

> 철학을 하는 것은 어떤 사례에 관해 생각한 다음, 그 사례에 관한 판단에 대해 이유를 제시하는 것이며, 그 판단은 제시된 이유의 질에 기초하여 평가된다. 철학의 어떤 부분도 에피소드에 대한 설문조사에 응답하는 일과 같지 않다. (Cappelen 2014, 283)

이 점은 확실히 중요하며, 실험철학에 대한 좀 더 포괄적인 연구에서 다루어져야 한다. 그렇지만 그것은 이 연구의 범위를 넘어설 것이며, 그래서 우리는 그것을 제쳐 놓을 것이다.[1] 대신 우리는 그러한 근본적 회의주의에 기반하지 않는 다른 형태의 비판으로 우리 자신을 국한할 것이다.[2] 그것은 단지 실험철학이 훌륭한 경험적 연구 관행의 어떤 원

---

1 아마도 이 점은 적어도 부분적으로 실험철학자들이 그들이 마음대로 할 수 있는 또다른 연구 방법을 가지고 있다는 것을 지적함으로써 대답될 수 있다(간단한 논의는 부록 C.6을 볼 것). 이 방법을 통해 실험철학 연구자들은 그들의 피험자들로부터 단순한 "그렇다"나 "아니다"보다 훨씬 더 많은 정보를 뽑아낼 수 있다. 그들은 예컨대 피험자들에게 그들 판단의 이유에 관해 물을 수 있다.

2 카펠렌의 주장은 마치 우리가 이미 다루었던 일반적 회의주의의 실례인 것처럼 보일 수 있다. 그러나 카펠렌은 확실히 경험적 방법에 관한 일반적 회의주의자가 아니다. 그는 경험적 물음에 경험적 연구 기법을 적용할 수 있다는 것을 부정하지 않는다. 심지어 그는 철학적 문제에 대한 논의에서 어떤 경험적 방법들이 요구될 수 있다는 것도 부정하지 않는다(특히 Cappelen 2018, 120-21에서의 그의 언급을 볼 것). 그는 직관에 관한 특정 형태의 경험적 증거가 철학과 관련 있다는 것만을 부정할 뿐이다. 따라서 그의 회의주의는 경험적 연구 방법에 관한 일반적 회의주의보다 훨씬 덜 일반적이다. 그

리들을 위반한다고 주장할 뿐이다.

　우리는 외적 타당성 물음과 내적 타당성 물음의 중요한 구별을 이용함으로써 그 두 번째 유형의 반론을 더 나눌 수 있다.[3] 한 종류의 비판은 실험철학자들의 연구가 외적으로 타당하지 않다고 주장하고, 또 다른 종류의 비판은 실험철학자들의 연구가 내적 타당성을 결여한다고 주장한다. 아래에서 우리는 먼저 전자를 다루고(4.2.1절), 그다음에 후자를 다룰 것이다(4.2.2절).

4.2.1 외적 타당성

　경험적 연구는 특정 대상을 탐구하고, 그것에 관한 가설을 지지하려한다. 종종 그러한 연구는 그 대상에 관한 몇 가지 측정점만을 포착할수 있을 뿐이다. 그럼에도 불구하고 그런 연구들은 다소 일반적인 주장을 하려고 한다. 실험철학 연구에서도 마찬가지다. 웨인버그 외(2001)와 마체리 외(2004)는 무엇보다도 서로 다른 문화의 사람들이 철학적으로 관련 있는 특정 사례에 관해 반성할 때 그들이 어떤 직관을 갖는지를 알아내는 일에 관심이 있다. 다른 사람들은 성별 사이의 차이를찾는다(예컨대 Buckwalter & Stich 2014; Seyedsayamdost 2014). 그러나 또 다른 사람들은 어떤 신경학적 조건을 가진 사람들이 어떤 직관을 갖는지, 그리고 그들의 직관이 다른 사람들의 직관과 어떻게 다른지를 탐구했다(예컨대 Cova et al. 2012). 그렇지만 실험적 연구에서 그러한 집단의 모든 성원의 모든 직관을 검토하는 것은 가능하지 않다.

럼에도 불구하고 그것은 우리가 여기서 다루기에는 너무 일반적인 것처럼 보인다.

3　이 두 측면에 초점을 맞춤으로써 우리는 통계적 방법의 선택 같은 더 형식적 처리를 요구하는 좀 더 근본적인 문제들을 피한다. 이 문제에 대해서는 Sytsma & Livengood(2016, Part II)를 볼 것.

연구자들은 작은 **표본**에 만족해야 한다. 그들은 적은 수의 사람들만을 조사할 수 있을 뿐이다. 그다음에 그들은 전체 집단에 관한 결론을 끌어낸다. 그렇게 일반화된 결론은 사람들의 표본이 그 집단 전체를 **대표**할 경우에만 정당화된다. 그런 경우에만 그 연구는 **외적 타당성**을 소유한다.

외적 타당성의 측면을 심층적으로 논의하기 위해서는 우리는 표본추출 과정을 자세히 다루어야 할 것이다. 이 일을 하는 것은 우리의 현재 연구의 범위를 넘어선다. 이런 이유로 우리는 자료 수집에서 발생할 수 있는 문제들에 관해 중요한 주장을 하는 데 충분한 하나의 매우 단순한 예에 우리의 관심을 국한시킬 것이다.[4]

우리가 독일에서 사람들이 특정 철학적 사고실험에 관해 어떻게 생각하는지 알아보기 위해 어떤 실험적 연구를 생각하고 있다고 가정하자. 그것을 T라 부르자. 이를 위해 우리는 T에 관해 딱 한 가지 질문과 두 개의 가능한 응답 선택지로 구성되는 간단한 설문지를 만든다. 우리는 이 설문지를 뮌헨대학교 철학과 웹사이트에 올려놓는데, 여기서는 누구나 그것에 접근해 우리 질문에 답할 수 있다. 우리 연구를 위한 자원봉사자를 모집하기 위해 우리는 포스터를 인쇄해서 철학과가 있는 건물에 붙인다.

이제 우리는 온라인 설문을 통해 약간의 자료를 수집했다고 가정하고, 참가자 90%가 B 대신 A의 선택지를 선택했다고 가정해 보자. 우리는 독일의 거의 모든 사람이 사고실험 T에서 답 B 대신 답 A를 지지

---

4 우리의 예 사례의 속성은 우리가 어떤 문제들을 피할 것임을 보증한다. 그것들은 특히 의사-실험에서 인과적 추리를 정당화할 때 발생한다. 의사-실험에서 설명 변수는 실험 전에 고정되며, 무작위화될 수 없다(예컨대 성별). 실험철학 연구에 대한 포괄적 평가는 이 측면도 다루어야 할 것이다.

한다고 결론짓는다. 이 결론은 보증되는가, 아니면 외적 타당성 관념을 위반하는가?

만일 당신이 우리의 추리에 관해 의심을 가지고 있다면, 당신은 올바르다. 우리가 끌어낸 표본은 우리가 끌어낸 결론을 끌어내게 하지 않는 것처럼 보인다. 그것은 **대표적이지** 않다. 여기서는 적어도 두 가지 문제가 있다.

첫째, 우리는 우리의 피험자들이 거의 전적으로 특정한 **사회경제적 배경** 출신이라고 예상해야 한다. 무엇보다도 우리는 설문을 높은 사회경제적 지위를 가진 사람들이 발견할 가능성이 훨씬 더 높은 대학 웹사이트에 올려놓았다. T에 관한 그들의 판단이 전체 독일 인구를 대표하는지는 매우 의심스럽다.

그렇지만 응답 패턴은 어쩌면 독일에서 높은 사회경제적 지위를 가진 사람들조차 대표하지 못할 수도 있다. 결국 참여는 자발적이었고, 그것은 둘째, **자기 선택 문제**(self-selection problem)로 이끌 수도 있다. 그것은 철학에 열렬한 관심을 가진 사람들이 아마도 철학에 관심이 없는 개인들보다 그 시험에 응했을 가능성이 많다는 것을 의미한다. 철학이 재미없다고 생각하고 우리 연구에 참여하지 않은 사람들이 참여자들과 똑같은 방식으로 응답할 것이라는 것은 전혀 보장되지 않는다. 따라서 우리 연구의 외적 타당성에 관해 회의적인 적어도 두 가지 이유가 있는 셈이다.

우리는 우리의 연구를 어떻게 개선할 수 있을까? 적어도 두 가지 가능성이 있다. 첫 번째는 말하자면 "빠른 해결책"(quick fix)이다. 우리는 단순히 우리가 지나치게 일반화하지 않도록 우리의 연구 질문을 조정할 수 있다. 예컨대 우리는 철학에 흥미가 있는 독일 학생들이 어떻게 판단하는지 물을 수 있다. 우리의 실험은 그 질문에 관한 결론을 끌어내기에 충분한 것처럼 보인다.

그렇지만 만일 우리가 더 일반적인 결론을 끌어내고자 한다면, 우리는 자료 수집 과정을 조정해야 한다. 이를 위해 우리는 확실히 서로 다른 사회경제적 배경을 가진 사람들을 만날 수 있는 더 중립적인 장소에서 자료를 수집해야 한다. 조슈아 노브는 그의 첫 번째 실험철학 연구를 공공 맨해튼 공원에서 행했다(Knobe 2003 & 2004). 우리는 또한 우리가 사람들을 무작위로, 그리고 충분한 수로 선택한다는 것을 확실히 해야 한다. 첫 번째 측면은 우리가 선택한 표본이 특정 집단, 예컨대 외향적이고 호기심 많은 성격을 가진 사람들에게 유리하게 편향되는 것을 우리가 원하지 않기 때문에 중요하다.[5] 두 번째 측면은 우리가 우연히 대표적이지 않은 표본을 선택할 가능성을 줄이기를 원하기 때문에 결정적으로 중요하다.

이 개선된 자료 수집 절차는 첫 번째 문제, 즉 우리가 특정 사회경제적 집단에서 표본을 추출할 가능성이 높다는 문제를 완화시킨다. 그렇지만 그것은 우리의 자기 선택 문제를 해결하지 못할 것이다. 우리는 중립적 장소에서 실험을 행할 수 있다. 그렇지만 우리는 여전히 우리의 논의 주제에 관심이 없는 개인들보다 관심이 있는 사람들을 선택할 가능성이 훨씬 더 높다. 이것은 누구나 그 실험에서 손을 뗄 수 있기 때문이다. 그래서 우리의 표본은 필연적으로 모든 사람을 대표하는 것이 아니며, 우리의 연구는 여전히 외적으로 타당하지 않을 수 있다. 그렇다면 우리는 이 문제를 어떻게 해결할 수 있을까? 이것을 하는 한 가지 방법은 약간의 금전적 인센티브를 제공하여 사람들이 먼저 실험에 참

---

5   성격과 철학적 판단 사이의 연결을 탐구하는 연구에 대한 논평은 Feltz & Cokely(2016)를 볼 것.

가하도록 하고, 그 후에야 실험의 정확한 특성을 밝히는 것이다. 이런
식으로 진행함으로써 우리는 약간의 인센티브가 아니었다면 그 연구에
참가하지 않았을 사람들이 여전히 우리의 표본에 나타나도록 보장할
것이다.

외적 타당성 배후의 기본 착상을 소개한 후 우리는 이제 그것으로부
터 어떤 논증들이 도출될 수 있는지 검토할 수 있고, 그 논증들이 실험
철학에 대해 유리한 말을 하는지 불리한 말을 하는지를 분석할 수 있
다. 언뜻 보기에 외적 타당성의 측면은 실험철학에 반대하는 것이 아니
라 찬성하는 것처럼 보인다. 실험철학자들은 종종 안락의자 철학자들
이 아무런 경험적 증거 없이 통속적 일반인이 그들의 직관을 공유한다
고 가정한다는 것을 지적함으로써 자신들 연구의 동기로 삼는다. 예컨
대 토머스 나델호퍼와 에디 나미아스는 다음과 같이 말한다.

철학자들은 매우 독특하고 대체로 공통된 교육 경력을 가진 희귀하고 자기
선택된 집단이다. 그들이 보고하는 직관이 비철학자들의 직관을 정확하게
표현할 것인지는 전혀 분명하지 않다. (Nadelhoffer & Nahmias 2007, 125)

요컨대 그 논증은 다음과 같다. 안락의자 철학자들은 지금까지 자신
들의 직관이 더 큰 집단을 대표한다고 가정해 왔으며, 그래서 다른 사
람들도 그 직관을 공유한다고 가정해 왔다. 그렇지만 이 가정은 대부분
의 철학자가 위어드(WEIRD)이기 때문에, 즉 "서양의"(Western), "교
육받은"(Educated), "산업화된"(Industrialized), "부자"(Rich), "민주
주의의"(Democratic) 사람들이기 때문에 정당화되지 않는 것처럼 보
인다(Stich 2010). 그 추리는 결론이 외적으로 타당하지 않은 **성급한 과
도한 일반화**일 것이다. 그렇다면 X-Phi$_p$의 옹호자들(나델호퍼와 나미

아스 같은)의 목적은 철학자들이 그들의 작업에서 사용하는 자료 집합을 확대하는 일로 이루어진다. 이 일을 함으로써 그들은 외적으로 타당한 결론을 끌어내는 일에 도움이 되고 싶어 한다. 그들은 예컨대 서로 다른 집단들 사이에 특정 직관에 대해 일치나 불일치가 있는지 알고 싶어 한다. 외적 타당성 측면과 관련하여 그들의 연구는 올바른 방향으로 나아가는 한 걸음인 것처럼 보인다.

그렇지만 실험철학 연구는 때때로 외적 타당성의 명백한 결여로 비판을 받아왔다. 이 비판은 경험심리학 옹호자와 분석적 안락의자 철학자 모두에게서 나왔다.

첫 번째 종류의 비판을 생각해 보자. 이 비판은 경험심리학자 로버트 울포크(Robert Woolfolk)가 제시했다. 그가 지적하듯이, 실험철학자들은 안락의자 철학자들이 그들의 경험적 주장에 대해 경험적 증거를 찾으려고 하지 않는다고 하여 안락의자 철학자들을 비판한다. 그렇지만 울포크가 진단한 바에 따르면, 어떤 실험철학 연구들은 그 자체로 이 표준에 미치지 못한다. 그는 다음과 같이 말한다.

> 그러나 다소 아이러니컬하게도 실험철학자들이 행한 실험은 빈번하게 그들이 모방하려고 하는 분야의 연구 설계에 관한 전문가들이 명시한 방법론적 표준을 만족시키지 못한다. (Woolfolk 2013, 80)

특히 울포크는 실험철학자들이 종종 번거로움 없이 이용할 수 있는 이른바 **기회 표본**(opportunity samples)을 사용한다고 지적한다(글상자 4.1을 볼 것). 이 표본은 예컨대 강의와 세미나에서 추출되는데, 왜냐하면 이것이 지원자를 모집할 필요를 제거해 주기 때문이다. 울포크가 우리에게 상기시켜 주듯이, 그런 표본은 반드시 사회 전체를 대표하는 것이 아니다. 또한 실험철학 연구에서 표본 크기는 상당히 작은 경우가 종종 있었다. 이것은 특히 초기 연구들에 적용된다. 작은 표본 크기는 더 큰 집단을 대표하지 않는 표본을 추출할 개연성이 비교적 더 높기 때문에 문제가 있다. 사실상 작은 표본 크기는 예컨대 3.1.2절과 3.1.4절에서 논의했듯이 웨인버그 외(2001)의 초기 결과를 후속 연구들이 반복하지 못하는 이유를 설명할 수 있다.[6]

글상자 4.1. 실험철학 연구에서 기회 표본

실험철학 연구의 상당 부분은 대부분 대학생을 포함하는 기회 표본에 의존한다. 이것은 기회 표본이 다른 인구학적 집단들에 대한 경험적 일반화를 어렵게 하는 정도만큼 문제가 된다. 그렇지만 실험철학자들이 기회 표본을 사용하는 그들의 관행에 대해 부분적으로 변명거리가 있을 수 있다는 것을 주목해야 한다. 자료를 획득하는 이 방법은 결국 인간 피험자를 포함하는 잘 확립된 많은 실험적 연구 분야에서 일반적이다. 헨리히 외(Henrich et al. 2010, 61)가 지적하듯이, "서양인, 그리고 좀 더 구체적으로 미국의 학부생들은 … 심리학, 인지과학, 경제학 및 관련 분야들의 실험적 분과에서 데이터베이스의 대부분을 형성한다."

---

6 웨인버그 외(2001)의 공동 저자 중 한 사람인 스티븐 스티치도 이 견해를 공유한다. 그는 이 점을 나와의 개인적 연락에서 지적했다.

실험철학자들은 이 비판에 어떻게 반응해야 하는가? 우리는 이미 두 가지 가능성을 살펴보았다.

첫째, 그들은 그들의 발견 결과로부터 끌어낸 **결론을 제한할** 수 있다. 그들은 자신들이 보고한 결과가 좁은 사람들 집단, 예컨대 미국 및 미국 대학의 아시아 학생들에 대해서만 타당하다는 것을 인정할 수 있다. 발견 결과들 중의 어떤 것들은 좀 더 제한적인 이 해석에서도 여전히 흥미롭고 철학적으로 시사하는 바가 있을 것이다. 이와 연관해서 미국과 아시아 학생들이 고유명의 언급 대상에 관해 상당히 다른 직관을 갖는 것처럼 보인다(Machery et al. 2004와 Mallon et al. 2009)는 결론은 아마도 적절한 예일 것이다. 비록 이 결과를 통해 우리가 미국인과 아시아인 일반의 언어적 직관에 관해 광범한 추리를 끌어낼 수는 없다 할지라도, 관찰된 불일치는 어떤 사고실험에 관한 일치를 전제하는 이론들의 철학적 토대에 의문을 제기한다. 게다가 실험철학자들은 결론의 강도를 표본의 크기에 비례시켜야 한다. 표본이 작을 때는 그들의 결과를 확립된 연구 결과로서가 아니라 경험적 정보에 근거한 추측으로 제한하는 것이 좋다.[7] 게다가 존 도리스(John Doris)가 경고하듯이 철학자들은 "이론을 구성할 때 어떤 하나의 연구나 하나의 연구 계열에 너무 지나치게 의존해서는 안 된다."(Doris 2015, 49).

둘째, 실험철학자들은 개선된 자료 수집 방법을 이용해 자신들의 이전의 발견을 확증하려고 해야 한다. 만일 성공한다면, 그들의 발견은 유효할 것이다. 성공하지 못한다면 그들은 그들의 결론을 철회해야 할

---

7 작은 표본 크기는 때로 불가피한데, 예를 들어 매우 비정형적인 피험자들을 상대로 실험이 행해질 때 그렇다. 3.4.3절에서 논의했듯이, 코바 외(2012)는 이마관자엽 치매를 가지고 있는 환자들이 자유의지 논쟁과 관련 있는 특정 사례들을 어떻게 판단하는지 조사했다. 따라서 코바 외(2012)가 다루어야 했던 표본은 매우 작았다.

것이다. 그렇지만 후자의 경우에도 그들은 여전히 철학적 기획에 중요한 기여를 할 것이다.

두 번째 형태의 비판은 **분석적 안락의자 철학**의 옹호자들에게서 나온다. 그 비판은 X-Phi$_N$을 선호하는 실험철학자들을 대상으로 한다. 그들은 분석철학자들의 논증의 핵심을 이루는 어떤 철학적 직관들이 인지적 오류에서 발생한다는 것을 보여주려 했다. 3.1.3절에서 우리는 스웨인 외(2008)의 논문을 살펴보았다. 그들은 인식적 직관이 순서 효과의 영향을 받기 쉽다고 주장한다. 3.1.4절에서 이미 우리는 스웨인 외(2008)가 그들의 자료로부터 끌어낸 결론이 너무 광범위하다고 지적했다. 그들은 좁은 범위의 사례들에 관한 어떤 특정 직관들만을 시험했지만, 인식적 직관 일반에 관한 회의적 결론을 시사한다. 그렇게 함으로써 그들은 지나치게 일반화하는 것처럼 보인다.

분석철학자들은 종종 실험철학자들이 자신들을 겨눈 비판에 맞서 자신들을 옹호하기 위해 유사한 논증을 사용한다. 그것은 이른바 **전문적 식견 응답**(expertise reply), 또는 **전문적 식견 옹호**(expertise defence)이다.[8] 이 논증은 아마 실험철학에 반대하는 가장 영향력 있는 논증들 중 하나일 것이다. 그것은 통속적 판단들의 신빙성에 관한 자료가 철학자들의 판단의 신빙성에 관해 무언가를 알려줄 수 있다는 전제를 거부한다. 무엇보다도 철학자들은 사고실험에 대한 평가에서 전문가들이다. 통속적 일반인이 이 사례들을 특정 방식으로 판단한다는 사실은 철

---

8   전문적 식견 옹호 및 유사한 응답들은 실험철학 논쟁에서 다소 격렬하게 논의되었다. 예컨대 Cappelen(2014), Deutsch(2015b), Goldman(2007), Hales(2006, 2012), Kauppinen(2007), Ludwig(2007), Tobia et al.(2012), Weinberg et al.(2010), Williamson(2011)을 볼 것. Alexander(2016)는 전문적 식견 옹호에 관한 논쟁에 대해 유익한 개요를 제공한다.

학자들이 그 사례들에 관해 판단하는 방식에 관해 아무것도 말해주지 않는다.[9]

어쨌든 이것이 그 논증이 말하는 것이다. 그렇다면 실험철학자들은 그 논증에 어떻게 반응할 수 있을까? 먼저 우리는 그들이 과도한 일반화에 대한 부담을 심각하게 받아들여야 한다는 점을 지적해야 한다. 실험철학 논쟁을 처음부터 지켜본 사람들은 실험철학자들이 때로 그들의 주장을 과장하고, 너무 일반적인 결론을 끌어내는 경향이 있다는 것을 알아차렸어야 한다. 제니퍼 나도(Jennifer Nado)는 이것에 대해 다음과 같이 평한다.

> 그렇다면 여기서 실험철학자들에게 교훈이 될 만한 메시지가 있다. 즉 예컨대 도덕적 판단에 대한 연구를 기초로 하여 전체로서의 '직관'에 관한 결론을 내리지 말라. (Nado 2016, 786)

그렇다면 특정 직관의 속성에 관한 결과는 **모든** 직관이 이 속성을 갖는다는 것을 보증하지 않는다. 그러므로 실험철학자들은 분석철학의 방법론적 초석이 된 버트런드 러셀(Bertrand Russell)의 가르침을 마음에 두는 것이 현명할 것이다. 러셀은 철학적 문제들을 작은 조각으로 나눈 다음 하나씩 해결하는 것이 최선이라고 지적했다. "나누어서 정복하라"(Divide and conquer)는 것은 다른 곳과 마찬가지로 여기서도 성공의 격언이라고 그는 말했다(Russell 1918/2004, 87). 이 원칙은 성급한 결론과 지나친 일반화로부터 우리 자신을 보호하는 데 도움이

---

9 전문적 식견 개념은 또 다른 유사한 반론의 핵심을 이룬다. 그것은 일반인의 판단이 필요한 전문적 식견을 결여하기 때문에 철학적 물음에 답하게 될 때 일반인의 판단은 그저 철학적으로 무관하다고 말한다(Ludwig 2007).

될 수 있다. 게다가 그 원칙은 물론 현재의 문제에도 적용된다. 일반인의 직관이 인지적 오류를 범하기 쉽다는 사실은 그 자체로 전문 철학자들의 직관적 평결도 똑같은 오류를 범하기 쉽다는 것을 확립하지 못한다. 또 다른 추가 증거를 제공하지 않고 이것을 가정하는 사람들은 지나치게 일반화를 한다. 그런 만큼 전문적 식견 응답은 적어도 얼핏 보기에 그럴듯한 반대 논증이다.

그렇지만 우리는 간단한 관찰을 하고 나면 전문적 식견 응답에 의문을 제기할 수 있다. 즉 전문 철학자들은 저마다 서로 직관적 평결이 다르다. 때로 그 평결은 서로 정반대다. 그것은 다시 그 평결들이 모두 신빙성이 있을 수는 없다는 것을 의미한다.[10] 일반인들의 사고 패턴에 관한 결과는 이 현상이 어떻게 설명될 수 있는지 시사한다. 즉 전문 철학자들이 철학적 사고실험에 관해 생각할 때 그들도 일반인과 유사한 오류를 범할 수 있다는 것이다. 그들의 직관은 예컨대 그들이 좋아하는 이론의 안내를 받을 수 있다(Balaguer 2016, Prinz 2010).[11]

물론 이것은 하나의 설명일 뿐이다. 그렇지만 그것은 그럴듯한 설명이며, 그 설명을 지지하는 약간의 경험적 증거가 있다. 미국 철학자 에릭 슈비츠게벨(Eric Schwitzgebel)이 이끄는 연구자들 팀은 전문 철학

10　내 생각에 이 결론을 피하는 방법은 두 가지 밖에 없다. 첫째, 우리는 **진리 상대주의**의 변형을 지지할 수 있다. 즉 우리는 어떤 철학적 물음에 대해 어떤 진리 표준에 따라 각각 옳은 답이 여러 개 있다는 생각에 동의할 수 있다. 둘째, 우리는 **양진주의**(dialetheism, 兩眞主義)를 선택할 수 있는데, 양진주의는 옳은 모순 명제들이 있다고 주장한다(Priest 1995/2002). 나는 두 번째 선택지를 주목하게 한 점에 대하여 게오르기오스 카라지오르구디스(Georgios Karageorgoudis)에게 신세를 졌다.

11　확실히 많은 철학자는 이것이 사실일 수 있다는 것을 아주 잘 의식하고 있다. 예컨대 결과주의적 도덕철학자 알라스테어 노크로스(Alastair Norcross)는 다음과 같이 쓰고 있다. "나는 비결과주의자들의 직관이 내 직관과 다르다는 것을 너무나 잘 알고 있다"(Norcross 2008, 66).

자들이 사실상 통속적 일반인보다 훨씬 더 인지적 오류를 범하기 쉽다는 것을 나타내는 흥미로운 연구를 행했다.[12] 만일 옳다면, 이것은 전문적 식견 응답을 상당히 약화시킬 것으로 보인다.

요약하면 실험철학에 관한 논쟁에서 외적 타당성 측면이 주요 요인이라고 기록해 두자. 실험적 연구의 질은 자료 수집 기술의 질에 따라 유지되거나 떨어진다. 또한 실험철학자들은 그들의 자료 표본으로부터 어떤 결론이 그럴듯하게 따라 나오고, 어떤 결론이 지나친 일반화일 것인지를 검사하는 데 신경을 써야 한다. 그것은 어떤 철학적 직관들이 인지적 오류에 취약하다는 것을 보여주려 했던 실험철학자들에게 특히 해당된다. 일반인이 어떤 오류를 범한다는 사실은 그 자체로 우리에게 전문 철학자들도 이런 오류를 범한다고 결론짓도록 허용하지 않는다. 그렇지만 이것이 실제로 사실일 수도 있음을 시사하는 어떤 증거가 있다. 그렇지만 이것을 다소간에 신빙성 있게 확립하기 위해서는 확실히 추가 연구가 필요하다.

4.2.2 내적 타당성

앞 절에서 보았듯이, 실험철학 연구는 외적으로 타당해야 하고, 실험철학자들은 대표적 표본을 사용하려고 해야 한다. 게다가 그들의 연구는 내적으로 타당해야 한다. 그것은 실험철학자들이 그들의 결과가 교란요인(confounding factors)의 영향을 받지 않도록 확실히 해야 한다는 것을 의미한다. 또다시 물론 나는 이 문제를 더 깊이 있게 논의할 수 없

---

12 예컨대 Schwitzgebel & Cushman(2012, 2015)을 볼 것. 이 저자들은 틀 짜기 효과, 그리고 특히 순서 효과가 도덕적 문제에 관한 철학자들의 판단에 얼마나 많은 영향을 미치는지 검토했다. 철학자들을 피험자로 사용한 또 다른 연구는 언급에 관한 Machery(2012), 의식에 관한 Sytsma and Machery(2010)를 볼 것.

다는 것을 강조하지 않을 수 없다. 오히려 우리는 단지 내적 타당성 배후의 기본 아이디어를 이해하게 해줄 몇 가지 측면만을 살펴볼 것이다. 이를 위해 앞 절에서 초점을 맞추었던 예를 다시 살펴보자.

우리는 독일인들이 우리의 사고실험 T를 어떻게 판단하는지 알아내고 싶어 한다. 이를 위해 우리는 충분히 큰 참가자 표본을 무작위로 선택했다. 그렇게 해서 우리는 우리의 참가자 집단이 전체 모집단을 대표한다고 추정할 수 있다. 우리는 피험자들에게 T를 제시하고, 90%가 선택지 A를 선호하고, 10%가 선택지 B를 선호한다는 것을 발견한다. 그렇다면 독일인 대부분이 A를 선호한다고 결론짓는 일이 보증되는가?

반드시 그런 것은 아니다. 로버트 울포크가 지적하듯이, "일단 참가자들을 모집하고 나면, 그들을 처리하는 방식은 우리의 자료 분석으로부터 건전한 추리를 끌어낼 수 있는 우리의 능력에 결정적으로 중요하다."(Woolfolk 2013, 83). 우리는 몇 가지 결정적 물음을 던져야 한다. 아래에서 우리는 가장 중요한 세 가지 물음을 논의할 것이다.

물음 1
우리의 사고실험에 관한 우리의 판단이 참가자들의 판단에 영향을 미친다는 것이 가능한가?

이 물음은 이른바 **실험자 편향**(experimenter bias)에 초점을 맞춘다 (Rosenthal 1976). 실험자 편향이란 정확히 무엇인가?

우리는 사회심리학의 연구로부터 실험을 행하는 사람의 판단과 태도가 결과에 영향을 미칠 수 있다는 것을 안다. 로젠탈과 포드(Rosenthal & Fode 1963)는 이것을 고전적 실험에서 예증했다. 그들은 참가자들에게 어떤 실험을 수행하라고 요구했다. 이 실험에서 피험자들은 쥐가 미로를 통과하도록 하고, 시간을 기록해야 했다. 쥐들은 무작위로 두 집단으로 나누어졌다. 한 집단은 "영리한" 집단, 다른 집단은 "멍청한" 집단으로 명명되었다. 추정상 영리한 쥐들을 대상으로 실험을 행한 실험자들은 멍청한 쥐라고 생각했던 것들을 다루었던 실험자들보다 훨씬 더 나은 결과를 보고했다. 자신들의 실험의 결과에 관한 그들의 기대는 분명히 그들의 결과를 편향시켰다.

로젠탈과 포드는 그들의 발견으로부터 방법론적 결론, 즉 실험을 행할 사람들이 해당 실험이 시험을 위해 설계되었다는 가설을 알아서는 안 된다는 결론을 끌어냈다. 의학 연구에서 이것은 오랫동안 확립되어 왔다. 무작위 이중 은폐(double-blind, 또는 이중맹검(二重盲檢))의 위약 대조시험은 방법론적 목록의 필수 부분이다. 그러한 실험 과정에서는 실험자도 참가자도 참가자가 잠재적으로 효과적인 물질을 받고 있는지 위약을 받고 있는지를 아는 것이 허용되지 않는다. 연구 논문들의 심사 과정에서도 비슷한 절차가 채택되었다. 논문이 학술지에 투고되면, 편집위원장은 그 논문을 심사위원에게 전달하는데, 이 심사위원은 그 논문이 출판에 적합한지 평가하라는 요구를 받는다. 중요한 것은 그 심사위원이 투고자의 신원을 알 수 없다는 것이다. 게다가 투고자도 심사위원의 신원을 알 수 없다. 그 과정은 이중 은폐 과정이다. 이것은 심사위원의 기대가 그의 심사 결과에 영향을 미치지 않고, 투고자도 심사위원에게 어떤 방식으로도 영향을 미칠 수 없다는 것을 보장하는 것이다.[13]

---

13 그렇지만 학문들마다 심사 과정이 다르다는 것을 유의할 필요가 있다. 예컨대 자연과학에서는 단순 은폐(single-blind) 심사가 기준이다. 논문 투고자는 심사위원의 신원을 알지 못한다. 그렇지만 심사위원은 투고자의 신원을 안다. 이 절차는 일반적으로

물음 2

참가자들이 그 사고실험을 잘못 해석한다는 것이 가능한가?

이 물음은 적어도 두 가지 이유로 합법적인 것처럼 보인다. 첫 번째
는 철학자들이 일반인이 이해하기를 기대할 수 없는 **철학 전문용어**를
사용한다는 사실에 있다. 중요한 것은 일반인이 사용하는 통속적 어
휘의 부분인 용어들조차도 철학자들이 사용하면 특별한 의미를 가질
수 있다는 것이다. 그러므로 참가자들이 해당 사고실험에 관한 그들
의 직관을 실제로 보고한다고 가정하는 것이 반드시 합리적인 것은
아니다.[14]

사고실험을 잘못 해석할 수 있는 두 번째 이유가 있다. 어떤 철학적
사고실험을 생각할 때 우리는 그것의 세부 사항에 면밀한 주의를 기울
여야 한다. 우리는 모든 세부 사항이 중요할 수 있으므로 매우 정확해
야 한다. 중요한 것으로, 우리는 어떤 사례의 기술이 명시적으로 진술
하는 것보다 그 기술에서 더 많은 것을 읽어서는 안 된다. 철학 문외한
들이 반드시 이것을 이해할 것이라고 기대해서는 안 된다. 그들은 일상
생활에서 하는 것처럼 논리적으로 건전하지 않은 실용적 결론을 도출
하는 경향이 있을 수도 있다. 3.2.3절과 3.3.3절에서 우리는 이미 이것
을 논의했었다.

물음 3

참가자들이 우리의 사고실험을 검토할 때 인지적 오류의 희생자가 되는 일

논문 내용을 토대로 투고자의 신원을 매우 쉽게 추리할 수 있다는 것을 지적함으로써
정당화된다.

14   예컨대 Kauppinen(2007)은 그런 유형의 반론을 공표했다.

이 가능한가?

  만일 우리가 이 세 번째 물음에 긍정으로 답한다면, 피험자들이 보고
한 직관적 판단은 그들의 판단의 진정한 표현이 아니라 대신 그들의 판
단을 적용할 때 범하는 인지적 오류의 산물이라는 말이 옳을 성싶다.[15]
이를 설명하기 위해 우리는 3.4.3절에서 자유의지에 관한 철학적 논쟁
에서 역할을 할 수 있는 그러한 인지적 오류의 한 가지 가능한 원천, 즉
감정을 이미 살펴보았다. 우리는 대부분의 사람이 양립 가능론적 직관
을 가지고 있음을 시사하는 나미아스 외(2005, 2006)의 연구를 논의했
다. 니콜라스와 노브(2007)는 나미아스 외(2005, 2006)가 그들의 실험
에서 사용한 시나리오들이 감정적 반응을 유발하여 결과적으로 참가자
들의 판단을 왜곡시킬 수 있다는 이 생각에 반대했다. 그다음에 나미아
스와 머레이(2011)는 또 다른 오류 이론을 제안했는데, 이 이론은 또
다른 요인, 즉 개념적 혼동에 초점을 맞추었다.
  우리가 적어도 그러한 세 가지 비판적 물음에 만족스러운 답을 제시
하기 전에는 우리는 우리의 실험이 내적 타당성을 소유한다고 정당하
게 추정할 수 없다. 비록 그것이 우리에게 독일인 대부분이 사고실험 T
에서 답 B보다 답 A를 선호한다는 힌트를 줄 수 있다 할지라도, 이 결
론은 여전히 합리적인 의심을 받을 수 있다.
  그렇다면 결과적으로 실제로 신빙성 있는 실험적 자료를 생성하는

---

15 언어학에 대한 노엄 촘스키(Noam Chomsky)의 독창적 기여는 아마 철학자들이
이 가설을 의식하게 만드는 데 커다란 역할을 했을 것이다. 촘스키는 **언어적 수행**과 **언
어적 능력**을 구별한다. 그는 "실제 언어적 수행을 연구하려면, 우리는 다양한 요인들의
상호작용을 고려해야 하는데, 그중에서 화자-청자의 기본 능력은 하나의 요인에 불과
하다."고 명료화한다(Chomsky 1965, 4).

것은 결코 쉬운 일이 아니다. 이 대목에서 우리는 실험철학자들이 그들 실험의 내적 타당성을 확보하는 데 얼마나 철저했는지 물을 수 있다. 물론 우리는 이 물음에 포괄적인 답을 제시할 수 없다. 우리는 앞에서 논의한 세 가지 비판적 물음과 관계가 있는 몇 가지 중요한 측면을 살 피는 쪽으로 국한해야 한다.

실험철학자들은 물음 1에 답하는 일에서 얼마나 철저했는가? 대체 로 그들은 그들의 기대와 가설이 피험자들의 응답에 영향을 미치지 않 도록 보장했는가? 이와 연관해서 우리는 실험철학자들이 이 물음에 관 해 사실상 생각해 왔다고 진단해야 한다. 예컨대 저스틴 시츠마와 조나 단 리벤굿은 그들의 책 『실험철학의 이론과 실제』(*The Theory and Practice of Experimental Philosophy* 2016, 177–78)에서 이 물음을 다 룬다. 그 책에서 그들은 실험자들이 실험자 편향을 피하기 위해 무엇을 할 수 있는지 논의한다. 그렇지만 그들은 그들의 독자들에게 실험을 이 중 은폐로 만들도록 충고하지 않는다. 로버트 울포크가 지적하듯이, 이 것은 보다 넓게 철학에서 실험적 연구의 특징을 이루는 결함이다.

나는 설문지의 관리자나 채점자가 조건이나 실험적 가설을 참가자들에게 할 당하는 일을 몰라야 한다고 명시적으로 진술하는 실험철학 연구를 아직 읽 지 못했다.[16] (Woolfolk 2013, 83)

그렇지만 우리는 이 반론이 실험철학에 반대하는 것으로 제기될 때 는 거의 중요하지 않다고 주장할 수 있다. 심리학적 실험에서는 우리가

---

16 적어도 노브와 니콜스(2008, 2014)의 논문집 같은 유명한 실험철학 출판물들이 가설의 은폐를 명시적으로 논의하지 않는 한 로버트 울포크가 옳바를 수 있다.

실험자 편향 문제가 중요한 역할을 한다고 주장할 수도 있는데, 이는 실험자가 종종 연구 참가자들과 직접적으로 상호작용하기 때문이다. 그렇지만 철학적 실험은 대부분 설문지를 사용해 행해진다. 실험자와 그의 연구 대상인 피험자 사이에 상호작용이 거의 없다. 컴퓨터에 기반한 온라인 연구에서 이 상호작용은 실제적으로 0이다.

얼핏 보기에 이 반대 논증은 합리적인 것처럼 보인다. 그렇지만 더 고찰해 보면, 그 반대 논증은 실험자 편향이 작동할 수 있는 가능한 한 가지 메커니즘만을 다루고 있을 뿐이다. 다른 메커니즘들도 있다.

예컨대 스트릭랜드와 수벤(Strickland & Suben 2012)은 연구 가설이 설문지의 표현에 영향을 미칠 수 있고, 이것은 다시 실험의 결과에 영향을 미칠 수 있다는 것을 보여주었다. 그들은 19명의 예일대학교 학생을 모집하여 실험을 설계하도록 요청했다. 그 실험은 노브와 프린츠(2008)가 제기했던 물음에 초점을 맞추었다. 철학 문외한들은 어떤 상황에서 사람들의 집단에 정신적 속성을 귀속시키는 것이 적당하다고 판단하는가? 노브와 프린츠는 반대칭성이 있을 가능성이 높다고 예상했다. 철학 문외한들은 집단에 대한 의도적 상태(예컨대 신념과 의도)의 귀속을 승인하는 경향이 비교적 더 높고, 현상적 상태(예컨대 괴로움이나 사랑)의 귀속을 승인하는 경향이 비교적 덜하다고 그들은 생각했다. 노브와 프린츠는 그들의 실험을 통해 이것을 확립하는 데 성공했다. 스트릭랜드와 수벤은 노브와 프린츠(2008)의 연구 설계를 사용해 학생들에게 이 가설을 재검토하도록 시켰다. 이를 위해 그들은 8개의 문장을 정식화해야 했다. 이 문장들에는 어떤 회사를 가리키는 명사 "애크미 코퍼레이션"(Acme Corporation)을 포함시켜야 했다. 또한 그것은 정신 상태를 기술하는 8개 동사를 포함해야 한다. 처음 4개 동사("믿다", "의도하다", "원하다", "알다")는 의도적 상태를 기술하고,

나머지("경험하다", "괴로워하다", "사랑하다", "느끼다")는 현상적 상태를 기술했다. 결정적인 점은 스트릭랜드와 수벤(2012)이 19명 학생을 두 집단으로 나누고, 각 집단이 연구 가설에 관해 서로 다른 정보를 받게 했다는 것이다. 그들은 첫 번째 집단의 9명 학생에게 그 가설이 다음과 같다고 말했다.

가설 1("느낌 조건")
참가자들은 느낌 정신 상태 귀속을 비느낌 정신 상태 귀속보다 더 승인할 만하다고 판단할 것이다.

이 가설은 노브와 프린츠(2008)의 가설에 반하는 것이었다. 두 번째 집단의 10명 학생("비느낌 조건")은 연구 가설이 다음과 같다는 말을 들었는데, 이것은 사실 노브와 프린츠가 제안한 것이었다.

가설 2("비느낌 조건")
참가자들은 비느낌 정신 상태 귀속을 느낌 정신 상태 귀속보다 더 승인할 만하다고 판단할 것이다.

그런 다음 스트릭랜드와 수벤(2012)은 19명 학생 모두의 표현을 사용하여 그것을 온라인 실험의 피험자들에게 제시했다. 후자에게는 그 문장들이 얼마나 자연스러운지를 1에서 7까지 등급을 매기라고 요구되었다(1=매우 부자연스럽다, 7=매우 자연스럽다). 결과는 충격적이었다. 비느낌 조건(가설 2)에서 고안된 문장들을 사용해 행해진 실험들은 노브와 프린츠의 결과를 반복하는 데 성공했다. 10개 사례 각각에서 참가자들은 평균적으로 의도 동사를 포함하는 문장들에 비교적 더

많이 일치했다. 다른 집단("느낌 조건")에서는 결과가 비결정적이었
다. 여기서 노브와 프린츠의 결과는 9개 사례 중 5개 사례에서만 발견
되었다.

따라서 스트릭랜드와 수벤(2012)은 실험자 편향이 실험철학에서도
중요한 문제가 될 수 있음을 보여줄 수 있었다. 로버트 울포크와 마찬
가지로 그들은 그 문제를 다룰 적당한 척도를 요구한다. 이미 널리 채
택되는 온라인 설문의 사용은 확실히 유용한데, 왜냐하면 이 방법은 실
험자들에게 시험되는 가설에 대해 은폐할 필요성을 없애주기 때문이
다. 그렇지만 스트릭랜드와 수벤의 결과가 보여주는 것처럼, 편향은 여
전히 훨씬 더 이전 단계, 즉 질문의 문구에서 도입될 수 있다. 과거에
적어도 어떤 저자들은 사실상 실험철학 연구자들이 편향된 설문지, 예
컨대 데빗(Devitt 2011)[17]을 사용한다고 한탄했다. 그렇지만 로먼 앤
리틀필드 사의 익명의 교열자가 지적했듯이, 이 문제가 어떻게 해결될
수 있는지를 알기란 어렵다. 결국 설문지를 고안한 연구자들은 그들 자
신의 가설에 은폐될 수가 없다. 이 말은 맞다. 그렇지만 스트릭랜드와
수벤은 정말이지 우리에게 출구를 보여준다. 가설을 세우는 사람이 설
문지를 만드는 사람일 필요가 없으며, 후자는 가설에 은폐될 수 있다.
그렇지만 이것이 실행 가능한 접근 방식인지는 전혀 분명하지 않다. 더
쉬운 해결책은 아마도 "적대적 협력", 즉 시험할 가설에 대해 동의하지
않는 연구자들의 공동 기획을 장려하는 것이다.[18]

실험철학자들은 물음 2에 대해서는 얼마나 철저한가? 그들은 그들
의 실험 대상자들이 그들이 던진 질문을 실제로 이해한다는 것을 확인

---

17 각주 18(3장)을 볼 것.
18 예컨대 Machery & Sytsma et al.(2015)를 볼 것.

하는 데 얼마나 세심한가? 일반적 답을 제시하기는 어렵다. 그렇지만 우리는 실험철학자들이 이 문제를 의식하고 있다는 것을 지적해야 한다. 예컨대 의지의 자유에 관한 논쟁과 연관해서 나미아스 외(2006)는 다음과 같이 지적한다.

결정론에 대한 기술은 훈련받지 않은 참가자들에게 결정론에 대한 철학적 정의의 좀 더 전문적인 측면(예컨대 양상 조작사)을 이해할 것을 요구할 수 없다. 또한 그 기술은 결정론 자체의 어떤 효과를 가릴 수 있는 방식으로 결정론을 기술할 수도 없다. (Nahmias et al. 2006, 40)

니콜스와 노브(2007)는 비슷한 진술을 하는 기록을 남긴다.

물론 복잡한 철학적 문제들을 더 단순한 용어들로 번역하려는 모든 시도는 어려운 문제를 제기할 것이다. 우리의 연구에서 사용된 결정론에 대한 특정 기술은 확실히 사람들의 직관을 이런저런 방향으로 편향시킬 수 있다. 아마도 만일 우리가 미묘하게 다른 표현을 사용했다면 양립 불가능론적 응답의 전체 비율은 약간 더 높거나 낮았을 것이다. (Nichols & Knobe 2007, 668)

화용론적 요인 또한 실험철학에 관한 논쟁에서 커다란 역할을 한다. 웨인버그 외(2001)는 이미 그런 요인들을 논의한다. 3.1.2절에서 논의했듯이, 그들은 서로 다른 인구학적 집단들의 인식적 직관이 상당히 다를 것인지에 관심이 있었다. 이것을 조사하기 위해 그들은 참가자들에게 몇 가지 인식론적 사고실험을 판단하라고 요구했다. 특히 그들은 피험자들에게 어떤 사람이 특정 명제를 실제로 아는지, 아니면 믿고 있을 뿐인지 평가하라고 요구했다. 참가자들이 선택할 수 있는 선택지는

"실제로 안다"와 "믿고 있을 뿐이다"였다. 웨인버그 외(2001)는 이것
에 대해 다음과 같이 평한다.

우리 피험자들 중 약간이 "실제로 안다"를 주관적 확신에 관한 문제로 해석
하고 있다는 것이 확실히 가능하다.

그렇지만 그들은 이것이 실질적으로 그들의 결과에 영향을 미치지
않았다는 그들의 확신을 정당화하는 쪽으로 나아간다.

그러나 이것이 우리의 연구 결과에 커다란 영향을 미치지 않았다고 생각할
이유가 있다. 우리의 피험자 집단들 모두에 대하여(인종적 연구에서 W,
EA, SC와 SES 연구에서 높은 SES와 낮은 SES) 우리는 단순한 주관적 확신
을 지식으로 취급하려는 우리 피험자들의 경향에서 어떤 체계적 차이를 드
러내기 위해 설계된 물음을 포함시켰다. (Weinberg et al. 2001, 450)

이 시점에서 웨인버그 외(2001)의 이 답이 사실상 만족스러운지는
제쳐 놓을 것이다. 그들이 실험철학 연구에서 화용론적 요인의 문제를
아주 진지하게 의식하면서 논의한다고 기록하는 것으로 충분하다.

마체리 외(2004)도 마찬가지다. 그들은 아시아 참가자와 미국 참가
자의 의미론적 직관을 연구했으며, 직관이 어떤 경우에 상당히 달랐다
는 것을 발견했다. 그렇지만 그들은 다음과 같이 말함으로써 그들의 결
과를 제한한다.

우리의 실험은 연구 결과에 대한 다양한 화용론적 설명을 배제하지 않는다.
비록 우리가 서로 다른 다수 버전의 괴델 사례에서 효과를 발견했다 할지라

도, 시험 질문은 모든 사례에서 매우 유사했다. 아마 우리가 사용한 시험 질문이 서로 다른 두 집단에서 그 질문에 대한 다른 해석을 일으켰을 것이다. (Machery et al. 2004, B8)

3.2.3절에서 이미 지적했듯이, 도이치(2009)는 나중에 이 점을 지적했다. 그는 필시 서로 다른 직관들이 피험자들에게 던진 질문에 대한 다른 해석들 때문이라는 가설을 세웠다. 도이치, 마체리, 시츠마 외(2015)는 공동으로 이 가설을 시험했는데, 개연성이 없다고 그 가설을 거부했다.[19]

그렇다면 우리는 물음 2와 연관된 문제는 대체로 실험철학 논쟁에서 다루어졌다고 기록할 수 있다. 실험철학자들은 정말로 연구 참가자들이 그들이 생각해 보라고 요구한 사고실험을 실제로 이해하도록 노력한다. 특히 그들은 피험자들이 끌어낼 수 있는 잠재적인 실용적 추리를 잘 알고 있는 것처럼 보인다. 물론 그것은 모든 실험철학 연구가 그러한 요인들에 대해 충분히 통제한다는 것을 의미하지 않는다. 그렇지만 논쟁에서는 만족스러운 수준의 조사를 보장하는 전반적 의식이 있는 것처럼 보인다.

물음 3은 인지적 오류에 초점을 맞춘다. 실험철학자들은 그들의 결과가 인지적 오류에 의해 편향될 가능성을 피하기 위해 얼마나 주의를 기울이는가? 그들은 실제로 피험자들이 보고하는 직관이 그들의 판단의 표현이며, 그들의 정신적 능력을 적용하면서 범하는 오류가 아니라는 것을 확실하게 하는가?

---

19 실험철학 논쟁에서 화용론적 요인을 진지하게 받아들인다는 것을 예증하는 또 다른 예는 노브(2003, 2004)와 애덤스와 스테드맨(2004a, b) 사이의 논의이다. 우리는 그 논의를 3.3.3절에서 논의했다.

다시 한번 이 물음에 일반적 답을 제시하는 것은 어려운 것처럼 보인다. 그렇지만 우리는 또다시 실험철학자들이 대체로 이 문제를 의식하고 있다는 증거가 있다고 진단해야 한다. 어쨌든 많은 연구가 광범한 직관을 설명하려고 한다는 사실은 이 점을 시사한다. 2.3절에서 논의했듯이, 조슈아 그린(2008)과 피터 싱어(Peter Singer 2005)는 규범윤리학 논쟁에서 예컨대 전형적인 의무주의적 직관이 감정적 과정에 기초를 두고 있으며, 그 정도만큼 결과주의적 직관보다 신빙성이 덜하다고 주장해 왔다. 3.4절에서 논의한 자유의지에 관한 논쟁에서 나미아스와 머레이(2011)는 겉보기에 자유의지와 결정론이 조화를 이룰 수 없다는 양립 불가능론적인 통속적 직관이 혼동에 기초를 두고 있다고 주장하는 오류 이론을 옹호했다. 이런 것들은 그저 두 가지 예에 불과하다. 따라서 연구 참가자가 자신의 진정한 직관을 보고하는지에 대해 확실히 의문을 제기하는 실험철학 논쟁의 옹호자들이 있다. 어떤 연구자들이 이런 일을 한다는 사실은 물론 각각의 연구가 충분한 정도로 인지적 오류의 가능성에 대해 통제한다는 것을 보장하지는 않는다. 그렇지만 그것은 연구 공동체가 조만간에 직관이라고 주장되는 것이 진정한 것인지, 아니면 단지 인지적 오류의 산물인지를 알아낼 가능성을 증가시킨다.

4.2.3 결론

앞의 두 절에서 우리는 실험철학에 반대하는 방법론적 반론을 논의했다. 우리의 논의에서 우리는 실험적 연구의 질을 평가할 수 있게 해주는 두 가지 중요한 측면, 즉 외적 타당성과 내적 타당성을 구별했다. 요약하면 우리는 우리의 탐구로부터 다음 결론을 끌어낼 수 있다.

우리가 지적했듯이, 외적 타당성 측면은 야누스의 얼굴을 하고 있다.

한편으로 그것은 실험철학 관점에서 안락의자 철학을 비판하기 위해 요구될 수 있다. 안락의자 철학자들은 그들의 논증에서 전제로 사용하는 직관이 대표적 직관이라는 것을 보장하기에 충분할 정도로 주의를 기울이지 않는다고 주장하는 논증이 있을 수 있다. 이와 대조적으로 실험철학을 실행하는 사람들은 이것을 보장하기 위해 신경을 쓴다는 식으로 그 논증은 진행될 수 있다. 다른 한편으로 우리가 이미 살펴보았듯이, 실험철학 자체는 그 실행자들이 성급하고 너무 광범한 결론을 끌어낼 때 외적 타당성을 결여한다고 비판받을 수 있다.

실험적 연구의 내적 타당성과 관련해서는 우리는 세 가지 점에 초점을 맞추었다. 우리는 예컨대 그런 연구들이 실험자 편향을 피해야 한다고 판단했다. 우리는 또한 그런 연구들이 실험철학자들이 던진 질문을 참가자들이 이해할 것을 확보해야 한다고 판단했다. 더 나아가 그들은 피험자들이 제시한 답이 인지적 오류에 의해 편향되지 않는다는 것을 확인해야 한다. 이 세 가지 점에 충분히 주의를 기울이지 않는 실험철학자들은 합법적으로 비판받을 수 있다. 그렇지만 설문지 문구에서 실험자 편향을 가장 잘 다루는 방법이 무엇인지는 불분명하다. 두 번째와 세 번째 점과 관련해서는 실험철학은 꽤 좋은 상태인 것처럼 보인다. 지금까지 실험철학 옹호자들이 수집한 연구 결과는 연구 참가자들이 철학적 물음에 대한 화용론적 오해와 인지적 오류의 희생자가 되었다고 가정함으로써 다 설명될 수 있을 것 같지 않다고 우리는 결론지었다. 그렇긴 하지만 물론 우리는 시간이 지남에 따라 실험철학자들이 방법론적으로 훨씬 더 정교해졌고(Bickle 2018), 그들이 또 다른 연구 방법에 점점 더 개방적이었다는 것을 주목해야 한다(대략적 개요는 부록 C를 볼 것). 따라서 앞에서 언급된 문제 중 많은 것은 최근 몇 년 동안에 점점 덜 문제가 되고 있다.

4.3 철학적 반론

이미 논의했듯이, 철학적 반론은 방법론적 반론과 다르다. 만일 누군가 가 실험철학에 대해 철학적 반론을 제기한다면, 그는 실험철학자들이 그들의 논증에서 사용하는 경험적 전제를 의심하지 않는다. 오히려 그 는 이 전제들이 철학적 문제에 관한 논쟁에서 역할을 할 수 있다는 것 을 의심한다. 아래에서 우리는 철학적 문제들에 관한 논의에서 실험적 발견이 단순히 자리를 잘못 잡았다는 것을 입증하려는 옹호자들의 논 증을 살펴볼 것이다.

4.3.1 철학은 인기 시합이 아니다

첫 번째 반론은 간단한 진단으로 이루어진다. 철학에서 우리는 주어 진 주장을 믿을 충분히 훌륭한 이유가 있는지를 알아내려고 시도한다. 철학에 대한 이 그림은 실험철학자들이 그들의 탐구에서 하는 것과는 극명한 대조를 이루는 것처럼 보인다. 그들은 일반인이 철학자들이 논 의하는 문제들에 관해 생각하는 것을 알아내는 데 관심이 있기 때문에 설문지를 사용한다. 이 기획은 우리가 철학적 논쟁들이 더 이상 논증을 살펴봄으로써 판단되지 않고 오히려 인기 시합에 의해 판단된다고 가 정할 경우에만 철학적 관련성을 가질 수 있는 것처럼 보인다. 이것은 터무니없는 생각인 것처럼 보인다. 그래서 실험철학에 대한 비판자라 고 공언하는 막스 도이치(Max Deutsch)는 다음과 같이 말한다.

다수 의견은 철학에서 진리를 결정하거나, 증거의 주요 원천을 형성하지 않 으며, 사례들에 관해 '우리가 말할 것'에 관한 호소에도 불구하고 철학적 논 증에서 다수 의견이 이런 역할을 한다고 생각된 적은 결코 없었다. (Deutsch

2009, 465)

　자, 우리는 이 반론에 대해 어떻게 해야 할까? 나는 할 일이 별로 없
다고 믿는다. 이것에 대해서는 적어도 두 가지 이유가 있다. 첫째, 실험
철학자들은 앞서 언급한 점을 강조하는 반대자들이 그들에게 귀속시키
는 철학의 그림을 자신들이 공유하지 않는다는 것을 여러 차례 명확히
밝혔다. 예컨대 나미아스 외(2006)는 다음과 같이 쓰고 있다.

　우리는 어떤 철학적 이론이 그저 일반인의 직관과 관행에 부합한다고 해서
　그것이 증명 가능하게 확증될(또는 반증될) 것이라고 제안하고 있는 것이
　아니라는 것을 염두에 두는 것이 중요하다. 무엇보다도 그러한 직관과 관행
　은 틀리거나 모순될 수 있으며, 그래서 제거되거나 수정될 필요가 있다.
　(Nahmias et al. 2006, 34)

　다른 실험철학자들도 비슷한 진술을 했다. 예컨대 노브와 니콜스
(2008)는 똑같은 문제에 관해 다음과 같이 말한다.

　철학적 탐구는 결코 인기 시합이었던 적이 없었으며, 실험철학은 철학적 탐
　구를 인기 시합으로 바꾸려 하지 않는다. (Knobe & Nichols 2008, 6)

　그런 진술들에도 불구하고 실험철학자들이 철학적 논변을 인기 시합
으로 대치하고 싶어 한다고 단언하는 실험철학 반대자들은 그들의 주
장을 증거로 뒷받침해야 한다. 그들은 자신들이 하고 있는 일을 실험철
학자들이 오해하고 있음을 나타내는 실험철학 문헌의 특정 발언들을
지적해야 한다. 만일 그런 증거를 제공할 수 없다면, 그들은 분명히 자

비의 원리를 위반하고, 단지 허수아비 논증에 의지할 뿐이다.

둘째, 우리는 2.4절과 2.5절에서 이미 실험철학자들이 실제로 어떤 유형의 논증들을 제시하고 있는지 논의했다. 이와 연관해서 우리는 틀 짜기 효과, 순서 효과, 무관한 요인, 철학에서 가장 관련 있는 물음을 결정하는 문제를 논의했다. 이러한 측면을 활용한 경험적 정보에 근거한 논증은 설문지로부터 비롯된 자료에 의존한다. 그렇지만 이 자료는 그것을 통해 철학적으로 관련 있는 결론을 끌어낼 수 있게 해준다는 희망이 있기 때문에 사용된다. 이런 것들은 철학적 직관의 신뢰성이나 철학적 물음들에 대한 해석과 관련되어 있다. 다시 말해서 실험철학자들은 결코 단순하게 다수 의견에 호소하지 않는다. 이에 대해 우리는 정반대임을 시사하는 것처럼 보이는 적어도 하나의 논변 도식이 있다고 반론을 제기할 수 있다. 그것은 물론 다음이다.

일치로부터의 논증

(P1) p라는 직관에 대해 일치가 있다.

(P2) 만일 p라는 직관에 대해 일치가 있다면, 이 직관은 **그 정도까지** 신빙성 있다.

(C) p라는 직관은 **그 정도까지** 신빙성 있다.

일치로부터의 논증은 실험철학이 철학을 인기 시합으로 간주한다는 강한 주장을 지지하는가? 별로 그렇지 않다. 왜냐하면 일치로부터의 논증에 의거하는 사람들은 이 특정 논증이 철학적 문제를 **결정적으로** 해결할 수 있다고 주장하지 않기 때문이다. 그것은 단지 특정 직관에 관한 일치가 p를 전제로 승인하는 데 유리하게 간주되는 하나의 요인이며, 그다음에 논증에서 사용될 수 있다고 진술할 뿐이다. 그것이 바로 전제 P2와 그 논증의 결론 C를 둘 다 제한하는 "그 정도까지"라는 용어의 의미이다. 다시 말해서 실험철학자들은 어떤 상황에서 널리 일치된 직관이 신빙성 없는 것으로 거부될 가능성을 배제하지 않을 것이다. 예컨대 이 직관은 내적 모순을 포함하거나, 신빙성 없는 인지 과정에서 비롯된 것으로 밝혀질 수도 있다. 만일 실제적인 것으로 증명된다면, 두 가능성 모두 해당 직관에 대한 광범한 일치가 있음에도 불구하고 그 직관의 신뢰를 떨어뜨릴 것이다.

그렇다면 우리는 첫 번째 반론이 단지 허수아비 논증에 불과하다고 결론지을 수 있다. 그것은 실험철학자들이 분명히 그렇지 않음에도 불구하고 노골적으로 터무니없는 가정을 하고 있다고 가정한다.

4.3.2 철학적 문제는 경험적 문제가 아니다

첫 번째 반론에 따르면, 실험철학자들은 철학적 문제에 관한 논쟁을 인기 시합으로 간주한다. 그렇지만 앞 절에서 지적했듯이, 이것은 그르다. 사실상 실험철학자들 중 누구도 철학적 물음에 대한 단순한 경험적 일치가 철학적 물음을 결정적으로 해결할 수 있다는 견해를 주장하지 않는다. 실험철학 비판자들은 반론을 약화시킴으로써 이 반대 논증에 응수할 것이다. 어쩌면 그들은 실험철학자들이 철학적 물음에 대한 조야한 경험적 일치를 적합성의 기준으로 사용하지 않는다는 점을 인정할 수도 있다. 그렇지만 그들은 이 철학자들이 정말로 경험적 시험을 사용한다고 주장할 수 있다. 이것은 그들이 결국은 경험적 문제가 아닌 철학적 문제의 본성을 오해한다는 것을 가리킨다. 언론인 크로스토퍼 쉐어(Christopher Shea)가 보고한 바에 따르면, 이 반론은 예컨대 저명한 미국 철학자 주디스 자비스 톰슨(Judith Jarvis Thomson)이 제기했다.

저명한 MIT 도덕철학자 주디스 자비스 톰슨은 〈더 크로니클〉(The Chronicle)에 보낸 이메일 메시지에서 "철학적 문제는 경험적 문제가 아니며, 그래서 나는 그들의 경험적 탐구가 어떻게 철학적 문제와 어떤 관계가 있다고 생각할 수 있는지—하물며 누군가가 철학적 문제를 해결하는 데 어떻게 도움이 될 수 있는지—모르겠다"고 썼다. (Shea 2008)

나는 실험철학에 대한 이런 종류의 비판을 서론에서 이미 언급했었다. 거기서 말했던 것처럼, 그런 비판은 기본적인 사고상의 실수를 포함한다. 철학적 물음은 그 본성상 경험적 물음과 다르다는 말이 옳을 것이다.[20] 그렇지만 이것은 경험적 물음이 언제나 철학적 물음과 무관하다는 것을 함의하지 않는다. 예컨대 어떤 사람이 사전에 계획적으로 행동했는지 여부는 그 사람의 심리에 관한 경험적 문제이다. 그렇지만 그것은 법적 질문에 대한 답과 관련이 있을 수 있다. 주어진 건축 재료가 어떤 속성을 가지고 있는지의 물음은 물리학적 물음이다. 그렇지만 그것은 경제적인 것과 관련이 있을 수 있다. 마찬가지로 경험적 문제는 철학적 문제에 중요할 수 있다.[21]

이제 우리는 그 반론과 그것에 대한 나의 응답 모두를 더 잘 이해할 수 있는 개념적·이론적 자원을 가지고 있다. 이 자원을 사용하기 위해서는 우리는 무엇보다도 그 논증을 4.1절에서 소개했던 일반적 논변 도

---

20 이 탐구에서 우리는 철학과 경험과학의 본질적 차이가 실제로 얼마나 방대한지의 문제를 제쳐 놓을 수 있다. 나는 단지 이것이 그 자체로 논쟁의 여지가 있는 문제라는 것을 지적할 것이다. 중요한 자연주의적 철학자들(예컨대 콰인)은 철학의 영역과 경험과학은 단지 점진적 차이만 있을 뿐이라고 주장해 왔다.

21 이 점에 관해서는 앵그너(Angner 2013)의 유익한 논의를 볼 것. 앵그너의 논의는 경험적 연구가 어떻게 웰빙에 관한 철학적 논쟁의 맥락에서 철학적 결론을 알려줄 수 있는지를 보여준다.

식과 연관시켜야 한다. 그와 연관해서 다음 진단이 도움이 된다. 즉 해당 반론을 제기하는 철학자들도 아마 철학적 물음과 경험적 물음이 **존재한다**는 것을 인정할 것이다. 따라서 적어도 그런 물음들 중 약간에 답을 하는 일이 가능해야 한다. 다시 말해서 E와 같은 종류의 기본 주장들과 P와 같은 종류의 기본 주장들이 존재해야 한다. 그렇다면 그 반론은 단지 E를 진술하는 P1을 향한 것으로 보이지 않는다. 오히려 그 반론은 E와 P 사이의 연관을 확립하는 가교 전제 P2를 표적으로 삼는 것처럼 보인다. 그렇지만 그 비판에 대한 두 가지 해석을 구별할 수 있다.

첫 번째 해석에 따르면, 그 반론은 단지 **도전 과제**일 뿐이다. 그러면 그 반론은 실험철학자들이 경험적 물음과 철학적 물음 사이의 논리적 틈새에 어떻게 그럴듯하게 다리를 놓을 수 있는지를 분명히 해야 한다고 말하고 있다. 이에 대한 응답으로 실험철학자들은 단순히 우리가 2.4절과 2.5절에서 말했던 것을 반복할 수 있다. 우리 논의의 이 부분들에서 우리는 경험적 발견들이 고전적인 철학적 물음에 답하는 일과 왜, 그리고 어떻게 관련이 있을 수 있는지를 설명하는 4개의 논변 도식을 살펴보았다.

그렇지만 그 반론에 대한 두 번째 해석이 있다. 그것은 더 대담하다. 이 해석에 따르면, 그 반론은 단지 경험적 발견과 고전적인 철학적 물음에 대한 답 사이의 그럴듯한 연관을 확립할 수 있는 **가교 전제가 없다**고 말하고 있다. 이런 버전의 반론이 이치에 맞으려면, 2.4절과 2.5절의 모든 논변 도식의 모든 실례는 건전하지 않아야 할 것이다. 이처럼 훨씬 더 엄밀한 해석은 우리가 알 수 있는 한두 가지 방식으로만 지지될 수 있다. 즉 첫째, 원칙적 고려 요인[22]을 제시함으로써, 그리고 둘째,

---

22　Mukerji(2015)에서 나는 그러한 원칙적 반론의 한 가지 특수한 버전을 논의했

우리가 이 시점까지 논의한 모든 논변 도식을 검토함으로써만 지지될
수 있다.

원칙적 고려 요인은 예컨대 비트겐슈타인의 관점에 기반하여 제시될
수 있다. 이러한 시각에 따르면, 철학의 역할은 선험적 분석을 통해 언
어적 혼동을 다룸으로써 철학적 문제를 "해체하기"(dissolving)로 이루
어진다. 이러한 안락의자 철학 견해는 역사적으로 영향을 미쳤을 수 있
다. 그렇지만 내가 아는 한 그 견해는—피터 해커(Peter Hacker)에게
는 실례지만—현대의 논쟁에서 중요한 역할을 하지 않는다. 이 탐구에
서 우리는 물론 그 견해가 그 자체로 얼마나 그럴듯한지 평가할 수 없
다. 따라서 우리 목적상 그 반론을 해석하는 이 특수한 방식은 적어도
현대 담론의 맥락에서는 그 반론을 제기하는 사람을 약한 변증법적 위
치에 두는 것처럼 보인다는 것을 지적하는 것으로 충분할 것이다. 그
해석이 기초를 둔 철학관은 오늘날 많은 철학자를 설득하지 못하는 것
처럼 보인다. 물론 이것은 그럴듯하게 만들어질 수 있는 다른 원칙적
반론들이 없다는 것을 보여주지 않는다. 그렇지만 나는 여기서 입증 책
임은 반론을 제기하는 사람에게 있다고 믿는다. 즉 원칙적 근거에서 경
험적 전제와 철학적 결론 사이의 틈새를 메울 방법이 없다는 것을 보여
줄 수 있다고 주장하는 사람은 누구라도 이 생각을 논증을 통해 지지할
준비가 되어 있어야 한다.

모든 개별적 논변 도식에 대한 고려 요인에 기초한 두 번째 전략은
두 가지 문제에 직면한다. 이 전략을 선택하는 사람들은 모든 논변 도
식의 가교 전제가 그르거나 적어도 그럴듯하지 않다는 것을 보여주어

다. 그것은 실험철학의 특수한 버전, 즉 실험윤리학을 향한 것이며, 필연적으로 실험윤
리학이 첫째, 이다-해야 한다 이분법을 위반하고, 둘째, 자연주의적 오류를 범한다는
단언으로 이루어진다.

야 한다. 그것은 무리한 요구이다. 왜냐하면 앞에서 보았듯이 이 전제
들은 정말로 어느 정도 그럴듯한 것처럼 보이기 때문이다. 그렇지만 설
령 그러한 작업이 성공하더라도, 또 다른 문제가 남아 있을 것이다. 설
령 우리가 생각해 온 가교 전제들 중의 어떤 것도 그럴듯하지 않다는
것을 보여줄 수 있다 할지라도, 이것은 결정적으로 경험적 발견과 철학
적 주장 사이에 그럴듯한 논변적 연관이 있을 수 없다는 것을 보여주지
못할 것이다. 이런 이유로 실험철학에 대한 철저한 비판자들조차도 후
자의 견해를 옹호하고 싶지 않다는 것을 분명히 한다. 예컨대 그의 영
향력 있는 책 『철학에 대한 철학』(*The Philosophy of Philosophy*,
2007)에서 철학이 안락의자 학문이라는 견해를 옹호하고 있는 티모시
윌리엄슨(Timothy Williamson)은 다음과 같이 말하고 있다.

> 이 책은 과학적 실험의 결과가 때로 철학적 물음과 직접적으로 관련 있다는
> 생각에 아무런 이의를 제기하지 않는다. (Williamson 2007, 6)

그렇다면 우리가 이 절에서 살펴본 반론이 유지될 수 없는 것처럼 보
인다고 기록해 두자. 설령 철학적 문제가 경험적 문제가 아니라고 해
도, 이것은 경험적 발견, 특히 실험적 발견이 결코 철학적으로 관련이
없다는 것을 보여주지 못한다.

4.3.3 어쨌든 직관이란 무엇인가?

또 다른 반론에 따르면, 실험철학은 반성해 보면 그것의 주제가 무엇
인지조차 불분명하기 때문에 비판받아야 한다. 실험철학자들은 그들의
발견으로부터 철학적으로 관련 있는 결론을 끌어내기 위해 일반인의
철학적 직관을 탐구하려 한다. 이 일을 하기 위해서는 그들은 "직관"을

말할 때 그들이 무엇을 의미하는지를 명료하게 해야 한다. 그렇지만 이 일을 하는 것은 처음에 보이는 것보다 더 어렵다. 2.2절에서 나는 직관 개념이 철학 담론에서 꽤 논쟁이 된다고 언급했다. 나도가 지적하듯이, 모든 철학자가 직관의 특성으로 승인할 단일 속성의 정신 상태는 없다 (Nado 2016). 그래서 윌리엄슨은 철학자들이 그 관념을 완전히 포기해야 한다고 믿는다. "철학자들은 '직관'이라는 낱말과 그 동족어들을 사용하지 않는 것이 더 나을 것이다"고 그는 말한다(Williamson 2007, 220).

이 시점에서 우리는 직관 개념이 명료화될 수 있는지, 어느 정도로 명료화될 수 있는지 논의하지 않을 것이다. 그 진단이 맞고, 그래서 직관이 무엇인지는 완전히 불분명하다고 인정해 보자. 그 가정에 기초하여 실험철학에 반대하는 건전한 논거를 만드는 일이 가능할까? 이 점을 다루기 전에 우리가 1장에서 끌어낸 실험철학의 세 가지 유형의 구별을 상기할 필요가 있다. 왜냐하면 그 답은 우리가 X-Phi$_C$에 관해 언급하는지, X-Phi$_P$에 관해 언급하는지, X-Phi$_N$에 관해 언급하는지에 달려 있는 것처럼 보이기 때문이다.

먼저 X-Phi$_C$를 생각해 보자. 그것의 옹호자들은 일반인이 철학적 사고실험을 생각할 때 그들이 어떤 직관을 갖는지 알아내고 싶어 한다. 그들은 또한 이 직관과 인과적으로 연관 있는 인지적 메커니즘을 탐구하고 싶어 한다. 이를 위해 그들은 설문지를 사용하고, 그다음에 통계적 방법을 이용해 분석한다. 이 기획은 직관 개념이 불명료하다는 사실 때문에 위협을 받는가?

X-Phi$_C$의 옹호자들이 그 반론을 피할 수 있는 쉬운 방법이 있는 것처럼 보이기 때문에 그 기획은 그 사실 때문에 위협을 받지 않는 것처럼 보인다.[23] 이를 위해 그들이 해야 하는 것은 직관 개념을 피하면서

그들의 연구 기획을 다시 기술하는 것뿐이다. 이 일은 가능해 보인다. 그들이 말해야 하는 것은 자신들이 사람들이 철학적 사고실험을 어떻게 판단하고, 왜 그렇게 판단하는지에 관심이 있다는 것뿐이다. 그런 다음 그들은 그들의 연구를 정확히 전에 했던 그대로 수행할 수 있다.

X-Phi$_p$의 옹호자들은 철학적 논쟁에 긍정적 기여를 하고 싶어 한다. 그들은 철학자들이 일반적으로 그들의 논증에서 전제로 사용하는 사고실험에 관한 직관의 신뢰성을 탐구함으로써 이 일을 수행하려 한다. 2.4절에서 논의했듯이, 경험적 영역과 철학적 영역 사이의 틈에 다리를 놓기 위해 그들이 사용할 수 있는 여러 가지 논변 도식이 있다. 그들은 주어진 직관에 대해 일치나 불일치가 있는지, 사고실험이 제시되는 순서가 피험자들이 보고하는 직관에 영향을 미치는지, 사람들이 그들의 직관을 보고할 때 인지적 오류의 증거가 있는지를 탐구할 수 있다. X-Phi$_p$의 옹호자들은 설령 우리가 "직관 언급"이 문제가 있다고 가정한다고 하더라도 이 모든 일을 할 수 있는 것처럼 보인다. X-Phi$_C$의 옹호자들과 마찬가지로 그들은 이 문제 있는 개념을 더 일반적인 판단 개념으로 대치할 수 있다. 다시 말해서 그들은 자신들이 주어진 사고실험에 관한 특정 판단이 얼마나 신빙성 있는지를 알아내는 데 관심이 있다고 말할 수 있다. 그렇다면 X-Phi$_p$ 또한 고려중인 반론에 상처를 받지 않는 것처럼 보인다.

그렇지만 X-Phi$_N$에 대해서는 똑같은 말을 할 수 없다. 방금 보았듯이, X-Phi$_C$와 X-Phi$_p$의 옹호자들은 직관이라는 문제 있는 관념을 사용하지 않으면서 그들의 연구 기획을 다시 표현할 수 있다. 이것이 왜

---

23 이것은 놀랄 일이 아니다. 4.1절에서 말했듯이, 철학적 반론들은 X-Phi$_C$에 영향을 미치지 않는 것처럼 보인다.

X-Phi$_N$ 지지자들에게는 가능하지 않아야 하는가? 이것을 이해하려면 X-Phi$_N$에 동의하는 실험철학자들이 X-Phi$_C$와 X-Phi$_P$를 지지하는 실험철학자들보다 더 일반적인 목표를 가지고 있다는 것을 관찰해야 한다. 나중의 두 실험철학자들은 일차적으로 철학 문외한들이 특정 사고실험을 어떻게 판단하는지에 관심이 있다—그 자체로 관심을 갖건(X-Phi$_C$), 그들이 고전적인 철학적 물음과 관련 있는 자료를 찾기 때문이건(X-Phi$_P$). 비록 X-Phi$_N$을 실행하는 실험철학자들 또한 철학 문외한들이 개별 사고실험들을 어떻게 판단하는지 탐구한다 할지라도, 그들은 일반적 주장, 즉 MAP가 결함이 있다는 주장을 지지하려고 한다. 이 접근 방식에 따르면, 우리는 사고실험에 관한 철학적 주장의 함의와 이 사례들에 관한 우리의 직관을 비교함으로써 그 철학적 주장을 시험한다. 이 생각을 무시하는 사람들은 그들이 정확히 **무엇을** 비판하고 있는지를 설명할 수 있어야 한다. 그들은 사고실험에 관한 직관의 방법적 사용을 거부한다는 것이 무엇을 의미하는지 말할 수 있어야 한다. 후자의 생각은 X-Phi$_N$의 옹호자들이 "직관"으로 무엇을 의미하는지 설명할 수 있을 경우에만 의미를 갖는다.[24]

4.3.4 실험철학은 회의주의로 이끈다

어쩌면 X-Phi$_N$을 옹호하는 철학자들은 직관의 전형적 사례를 지적함으로써 앞 절에서 논의한 도전을 다룰 수 있을 것이다. 어쩌면 그들은 우리 대부분이 게티어 사례에서 만든 판단을 예로 사용하고, 직관이 관련된 점에서 그 판단과 유사한 사례에 관한 모든 평결이라고 말할 수

---

24 그렇지만 MAP의 일반적 사용을 지지하는 사람들에게도 똑같은 반론이 적용되는 것처럼 보인다. 그들 역시 직관들 집합이 다른 모든 정신 상태와 어떻게 구별될 수 있는지 설명해야 한다.

있다.[25] 이 전략은 가망이 있는 것처럼 보이지만, 그것 또한 문제가 있다. 왜냐하면 그것은 매력 없고 포괄적인 종류의 회의주의로 이끄는 것처럼 보이기 때문이다. 왜 그런지 알아보자.[26]

　첫째, 우리가 게티어의 논증적 전략을 예증하기 위해 앞에서 논의한 사고실험을 되풀이해 보자. 그것은 정당화된 옳은 믿음으로서의 지식에 대한 표준 분석에 대해 의심을 제기하는 역할을 했다. 만일 그 분석이 올바르다면, 어떤 사람이 p라는 정당화된 옳은 믿음을 갖지만 p라는 것을 알지 못하는 사례를 구성하는 것은 불가능할 것이다. 그렇지만 우리의 사고실험(사고실험 2, 1.2절)은 그런 상황이 일어날 수 있다는 것을 보여주었다. 우리는 애나가 오후 2시 51분을 가리키는 시계를 참고한 가상의 시나리오를 가정했다. 그래서 애나는 오후 2시 51분이라고 믿는다. 실제로 오후 2시 51분이다. 그렇지만 그 시계는 어제 정확히 똑같은 시간에 작동을 멈추었다. 애나는 이것을 모르고 있다. 이 시나리오를 접한 대부분의 사람은 애나가 오후 2시 51분이라는 것을 모르면서 오후 2시 51분이라는 옳고 정당화되는 믿음을 갖는다고 판단할 것처럼 보인다. 따라서 우리는 지식을 정당화된 옳은 믿음으로 분석할 수 없다고 결론짓는다. 결국 만일 지식이 정당화된 옳은 믿음이라면, 어떤 사람이 알지 못하면서 정당화된 옳은 믿음을 갖는 사례는 일어날 수 없다. 그렇지만 우리의 가설적 예가 보여주듯이, 그런 사례가 가능한 것처럼 보이며, 이것은 표준 분석과 모순된다.

　그렇지만 윌리엄슨(2007)이 보여주듯이, 가상의 사례를 이용하지

25　1.2, 2.2, 3.1.1절들에서 우리는 게티어의 사고실험을 논의했다.

26　아래에서 우리는 윌리엄슨(2007)이 제시한 회의주의 반론의 변형으로 논의를 국한할 것이다. 그렇지만 다른 저자들, 예컨대 Hales(2012)와 Sosa(2007)도 비슷한 반론을 공표해 왔다는 것을 주목할 필요가 있다.

않고도 이것을 보여주는 것이 가능하다. 그는 가상의 시나리오 대신에 우리가 **실제 시나리오**를 사용할 수 있다고 설명한다.

> 예컨대 나는 파워포인트 발표를 하지 않는 것에 대해 사과하며 강연을 시작했다. 나는 내가 파워포인트 발표를 한 유일한 경우가 완전히 재앙이었다고 설명했다. 청중은 내 명예를 크게 훼손하는 주장에 대해 나를 불신할 이유가 없었기 때문에 그들은 내 증언을 통해 내가 파워포인트 발표를 했던 유일한 경우가 완전히 재앙이었다는 정당화된 믿음을 획득했다. 그들은 능숙하게 내가 성공적인 파워포인트 발표를 한 적이 없었다고 연역했다. 따라서 그들은 내가 성공적인 파워포인트 발표를 한 적이 없었다는 정당화된 믿음을 획득했다. 그 믿음은 옳았지만, 그 이유는 내가 결코 파워포인트 발표를 한 적이 없었다(그리고 여전히 그런 발표를 하려고 하지 않는다)는 것이었다. 내가 파워포인트 발표를 한 유일한 경우가 완전히 재앙이었다는 나의 주장은 새빨간 거짓말이었다. 따라서 그들은 내가 성공적인 파워포인트 발표를 한 적이 없다는 그들의 정당화된 옳은 믿음을 내가 파워포인트 발표를 한 유일한 경우가 완전히 재앙이었다는 그들의 정당화된 그른 믿음에 기초를 두고 있었다. 결과적으로 그들은 내가 성공적인 파워포인트 발표를 한 적이 없었다는 것을 알지 못했다. (Williamson 2007, 192)

이 현실의 사례는 게티어가 사용한 가상의 사례와 마찬가지로 정당화된 옳은 믿음과 지식이 분리될 수 있는 상황이 있을 수 있음을 보여준다. 그 현실의 사례 역시 지식에 대한 표준 분석을 반증할 수 있다.

이 사실은 X-Phi$_N$의 옹호자들을 딜레마에 직면하게 하는 것처럼 보인다. 그들은 자신들이 실제 시나리오에 관한 판단을 직관으로 분류하고 싶어 하는지 결정해야 한다. 만일 반대하는 쪽을 선택한다면, 그들

은 자신들의 실험적 결과를 이용하여 게티어의 방법론을 비판할 수 없
는데, 왜냐하면 그 경우에 직관이 논증적 전략에 필수적이지 않기 때문
이다. 대신 만일 직관 집합에 현실의 사례에 관한 판단을 포함시킨다
면, 실험적 비판은 이 모든 사례에까지 일반화하는 것을 위협할 것이
다. 그래서 X-Phi$_N$의 지지자들은 전면적 형태의 회의주의에 물려 들
어갈 것이다. 윌리엄슨은 그것을 **판단 회의주의**라 부른다.[27] 그것은 의
심의 대상에 의해 다른 유형의 회의주의와 다르다. 지각에 관한 회의주
의자는 우리의 감각 자료를 의심한다. 기억에 관한 회의주의자는 우리
의 기억을 의심한다. 마찬가지로 판단 회의주의자는 우리가 판단을 형
성하기 위해 예컨대 지식 개념을 적용할 때 우리가 신빙성 있다는 것을
의심한다.

　만일 그 반론이 건전하다면, 그것은 X-Phi$_N$에 대한 중대한 비판을
형성하는 것처럼 보인다―적어도 두 가지 이유로. 첫째, 판단 회의주
의는 철학적으로 매력이 없어 보이는 매우 광범한 형태의 회의주의이
다. 그것은 예컨대 과학자들이 개념의 적용을 통해 관찰을 체계화함으
로써, 즉 판단하기를 통해 통찰을 얻기 때문에 과학도 포함할 것이다.
둘째, 과학적 관행에 적용되는 판단 회의주의는 X-Phi$_N$ 자체를 약화
시킬 수 있다. 왜냐하면 X-Phi$_N$은 그 자체가 개념의 적용을 포함하는
경험-과학적 방법에 기초를 두기 때문이다(Bealer 1992).

　X-Phi$_N$의 옹호자들은 윌리엄슨의 비판에 맞서서 자신들의 견해를
어떻게 옹호할 수 있을까? 오직 한 가지 방법이 있는 것처럼 보인다.
즉 그들은 철학에서 직관의 사용에 대한 그들의 반론이 포괄적 형태의
판단 회의주의까지 일반화되지 않는다는 것을 증명해야 한다. 웨인버

27　이 반론의 간단한 표현은 Williamson(2016)을 볼 것.

그(2007)는 이 생각을 그럴듯한 것으로 만들려고 한다. 이 일을 하기 위해 그는 우리가 지식의 원천이 인식적으로 합법적인지를 평가하는 데 사용할 수 있는 새로운 기준을 제안한다. 그것은 **가망 없음**(hope-lessness)이라는 속성이다.

가망 없음은 비신빙성을 함의하지만 그 **반대**는 아니다. 지식의 가망 없는 원천은 신빙성이 없다. 그렇지만 신빙성 없는 원천은 우리가 그것의 오류를 확인하고 교정할 수 있는 한 가망이 있을 수 있다. 이 교정은 예컨대 그 원천의 진술과 다른 원천의 자료를 비교함으로써 가능하다.[28] 우리의 시각은 때로 신빙성이 없지만 그럼에도 불구하고 지식의 가망 있는 원천의 예이다. 시각 자료는 결국 다른 감각 자료(예컨대 청각 자료)와 비교하여 검사된다. 웨인버그(2007)에 따르면, 직관조차도 가망이 있을 수 있다. 특히 그는 우리가 과학적 실제에서 사용하는 직관이 그 범주에 속한다고 생각한다.

우리는 우리의 탐구를 안내하기 위해 서로 다른 규범들을 시도한 길고 상당히 잘 문서화된 역사를 가지고 있으며, 어떤 규범이 언제 작동했는지, 그리고 어떤 결과를 낳았는지를 역사가들로부터 배울 수 있다. 그리고 우리는 과거와 현재의 탐구 공동체의 구조에 관한 최선의 정보는 물론이고 그 공동체 안에서 활동하는 인간 행위자에 관해 아는 것을 사용하여 다양한 종류의 규범이 오늘날 우리에게 어떤 결과를 산출하거나 산출하지 않을 수 있는지에 관해 반사실적으로 숙고할 수 있다. 나는 예컨대 정당화를 지배하는 규범에 관한 우리의 직관에 대해 어느 정도 확신할 의향이 있는데, 왜냐하면 우리가

---

28   웨인버그는 어떤 지식의 원천이 얼마나 가망 있는지를 평가하는 데 사용될 수 있는 또 다른 세 가지 기준을 진술한다(Weinberg 2007, 330-31). 그렇지만 범위상의 이유로 여기서는 그 기준들을 논의하지 않을 것이다.

필요로 하는 곳에서 우리가 직관 자체 밖의 무언가에 호소할 수 있기 때문이다. (Weinberg 2007, 339)

우리는 과학적 관행에서 사용하는 직관을 독자적으로 검사할 수 있기 때문에 그 직관은 가망이 있을 수 있다. 자, 그렇다면 철학적 탐구에서 사용하는 직관은 어떤가? 이 직관은 독자적 인준을 허용하는 탐구 관행에 포함되지 않기 때문에 대체로 가망이 없다. 우리의 철학적 직관을 검사할 수 있는 다른 지식의 원천은 없다. 그러므로 우리는 우리가 과학에서 할 수 있는 것처럼 잠재적 오류를 교정할 수 없다. 어쨌든 이 것이 웨인버그의 추론이다.

만일 이 논증이 건전하다면, 그것은 X-Phi$_N$이 반드시 전면적인 자멸적 회의주의로 이끌지는 않는다는 것을 보여줄 것이다. 그래? 이것은 평가하기가 쉽지 않다. 사실상 이것에 관해서는 문헌들에서 꽤 많은 논쟁이 있다.[29] 우리의 탐구 맥락에서는 그것을 철저하게 판단하기가 가능하지 않을 것이다. 따라서 우리는 그것을 미결 문제로 남겨둘 것이다.

4.3.5 직관은 철학에서 무관하다

앞 절에서 논의했던 실험철학에 대한 윌리엄슨의 비판은 실험적 정보에 근거한 반론에 맞서서 MAP를 옹호하려고 한다. 실험철학에 대한 마지막 반론으로 나아가기 전에 윌리엄슨의 비판의 논리적 구조를

---

29 많은 저자가 웨인버그의 논증에 대해 후속 연구를 진행했다. 예컨대 Grundmann(2010)과 Ichikawa(2012)는 그것을 비판한다. Nado(2015)는 여러 가지 비판을 피하기 위해 고안된 그 논증의 새로운 변형을 제안한다. 흥미로운 논증들의 교환은 Weinberg(2009)와 Williamson(2009)에서도 찾아볼 수 있다.

숙고해 볼 가치가 있다. 4.1절에서 기록했듯이, 실험철학에 대한 반론들은 논리적으로 타당한 일반적 논증 도식을 사용해 분류할 수 있다. 따라서 그 도식의 어떤 특정 버전에 대한 모든 비판은 전제들로부터 결론으로의 논리적 이행을 표적으로 삼을 수 없다. 그렇지만 두 전제를 공격하는 것은 가능하다. 그렇지만 앞에서 지적했듯이, 이것은 윌리엄슨의 반론이 예증하듯이 유일한 선택지가 아니다. 그는 임의의 X-Phi$_N$ 논증의 경험적 전제도 가교 전제도 의문시하지 않는다. 이의를 제기하면서 윌리엄슨은 결론을 직접 겨냥한다. 그는 결론을 승인하는 사람들이 그가 보기에 불합리한 문제 있는 형태의 회의주의에 물려 들어간다고 지적한다. 따라서 우리는 X-Phi$_N$의 지지자들이 끌어내고 싶어 하는 결론을 거부해야 한다고 윌리엄슨은 추론한다.

그런데 실험철학자들이 끌어낸 결론을 겨냥하는 추가 실험철학 반대 논증이 있다. 그렇지만 이 논증은 윌리엄슨의 논증과는 다르다. 그 논증의 지지자들은 이 결론들이 그르다는 것을 보여주려 하지 않는다. 오히려 그들은 그런 결론들의 철학적 무관성을 확립하려 한다. 우리가 카펠렌(2012, 2014)과 도이치(2009, 2010, 2015a, b, 2016, 2017)의 기고들에서 발견하는 이 유형의 논증은 실험철학자들이 철학에서 직관이 하는 역할을 오해한다는 것을 보여주려고 한다. 사실상 직관은 철학적 논증들에서 아무런 역할도 하지 않는다고 카펠렌과 도이치는 주장한다. 따라서 그 자체로 흥미로운 것이긴 하지만, 직관의 속성에 관한 경험적 발견은 철학적 관행과 아무런 관계가 없다.

이 반론을 더 면밀히 검토하기 전에 그 반론이 어떤 형태의 실험철학을 표적으로 삼는지 명료화해야 한다. 이전의 두 논증은 X-Phi$_N$과만 관계되어 있었다. 확실히 카펠렌과 도이치의 논증 또한 이런 버전의 실험철학을 표적으로 삼는다. X-Phi$_N$의 옹호자들은 MAP가 유지될 수 없다는 것을 보여주려 한다. 그렇지만 카펠렌과 도이치에 따르면, 어떤 철학자도 이 방법을 사용하지 않는다. 따라서 실험적 비판은 불발탄이다.

그렇지만 카펠렌과 도이치의 논증은 또한 X-Phi$_P$와 관계가 있을 수도 있다. 이런 형태의 실험철학을 실행하는 사람들은 고전적인 철학적 물음에 관한 논쟁에 실질적으로 기여하기 위해 경험적 자료를 사용한다. 이를 위해 그들은 그들이 가정하기에 철학적 논증들에서 전제로 사용되는 철학적 직관의 신빙성을 시험하기 위한 실험을 고안한다. 3.4절에서 보았듯이, 나미아스 외(2005, 2006)는 대부분의 사람이 양립 불가능론에 대해 직관적으로 동의하지 않는다는 것을 보여주려 한다. 그런 다음 그들은 이러한 발견에 기초하여 증명 책임이 양립 불가능론자들에게 옮겨간다고 주장한다. 그렇지만 카펠렌과 도이치의 견해에 따르면, 양립 불가능론이 직관적인지 아닌지는 적어도 그것의 철학적 자격과 관련해서는 아무런 관계가 없다. 다시 말해서 나미아스와 동료 같은 X-Phi$_P$ 이론가들이 철학적 논쟁에 기여하기 위해 사용하는 실험적 결과는 철학과 무관하다. 그렇다면 실험철학에 대한 카펠렌과 도이치의 비판은 X-Phi$_P$와 X-Phi$_N$ 모두와 관계되어 있다고 기록해 두자.

그들 비판의 격위와 표적을 논의한 다음, 우리는 그 비판의 실체를 검토할 수 있다. 이를 위해 우리는 막스 도이치가 제시한 버전으로 논의를 국한할 텐데, 이 버전은 최근 제니퍼 나도가 언급한 바에 따르면 "철학적 관행에서 너무 희귀한 … 어떤 것의 멋진 실례—그 분야의 대다수가 단순히 주어진 것으로 받아들이는 기본 주장에 대한 대담한 회의적 검토—이다."[30](Nado 2017, 387). 과거에 그토록 많은 저자가 명

---

30 카펠렌은 그의 입장을 Cappelen(2012, 2014)에서 제시한다. 그의 책 『직관 없는 철학』(*Philosophy Without Intuitions* 2012)에 대한 두 차례의 심포지엄에서 흥미로운 논쟁들이 이어졌는데, 이 심포지엄의 회보는 『분석철학』(*Analytic Philosophy*, Issue

시적으로 주장했던 것에도 불구하고(예컨대 조엘 푸스트, 앨빈 골드
먼, 조지 빌러, 로렌스 반주어, 프랭크 잭슨), 도이치는 철학자들이 실
제적으로 그들의 논증에서 직관을 전제로 결코 사용하지 않는다고 대
담하게 말한다. 더 대담하게도, 그는 의견이 다른 분석철학자들이 **방법
론적으로 혼란에 빠졌다**고 주장한다.

> 때로 그들은 철학이 어떻게 행해지는지의 물음을 명시적으로 다룰 때조차도
> 자신들의 방법을 잘못 규정할 정도로 혼란에 빠져 있다. 나는 푸스트, 골드
> 먼, 빌러, 반주어, 잭슨이 모두 이러한 혼란을 범했다고 생각한다. (Deutsch
> 2015b, 39)

우리는 전형적인 철학적 사고실험(예컨대 게티어와 크립키의 사고
실험)을 생각할 때 우리가 철학자들이 그것들로부터 끌어낸 결론이 매
우 직관적이라는 것을 발견한다고 이의를 제기할 수 있다. 그래서 직관
성은 정말이지 논증적 역할을 하는 것처럼 보인다. 그렇지 않은가? 또
다시 도이치는 의견이 다르다. 그가 말한 바에 따르면,

> 게티어와 크립키의 논증은 그것들이 포함하는 반대 사례의 직관성에 호소하
> 지 않으며, 호소할 필요도 없다. 설령 반대 사례가 몹시 반직관적이라 할지
> 라도, 또는 그 반대 사례와 관련하여 직관이 불가지론적이라 할지라도, 그
> 논증들은 성공적일 것이다(또는 성공적일 수 있다). (Deutsch 2015b, 40)

55/4, 2014)과 『철학 연구』(*Philosophical Studies*, Issue 171/3, 2014)에 실렸다. 흥미
로운 논의에서 나도(Nado 2016)는 카펠렌과 도이치의 다양한 논증들을 구별하고, 실
험철학 관점에서의 답을 제안한다.

그렇다면 도이치는 설령 사고실험에 관한 판단이 완전히 반직관적이라 하더라도, 이 판단이 철학적 입장을 지지할 수 있다고 믿는다. 그에게는 그 판단의 직관성은 문제가 아니다. 중요한 것은 오히려 그 판단들이 **진정으로** 그들이 지지하려고 하는 입장을 뒷받침한다는 것이다. 도이치에 따르면, 예컨대 게티어의 사고실험은 지식에 대한 표준 분석이 그르다는 견해를 진정으로 지지한다. 마찬가지로 괴델의 사례는 고유명에 대한 러셀의 한정 기술 이론이 그르다는 견해를 진정으로 지지한다.

지금까지는 좋다. 그러나 만일 직관에 기초를 두지 않는다면, 우리는 어떤 사고실험이 어떤 철학적 입장을 진정으로 지지하는지를 어떻게 결정할 수 있을까? 도이치는 우리가 **논증**을 찾아야 한다고 생각한다. 그는 "사고실험과 사례들에 관한 판단에 대해 증거를 제공하게 될 때 철학은 논증으로 거래하지 직관으로 거래하지 않는다."[31](Deutsch 2015b, 57). 얼핏 보기에 이 답은 소박해 보인다. 그 답은 문제를 재할당하는 것처럼 보일 뿐이기 때문이다.[32] 설령 주어진 사고실험에 관한 판단이 논증에 의존한다 할지라도, 논변은 어딘가에서 멈추어야 한다. 어디에서 멈추어야 하는가? 명백히 그것은 직관적으로 호소력 없는 판단보다는 직관적으로 호소력 있는 판단에서 멈추어야 한다.

도이치는 이 문제를 잘 알고 있었으며, 그것을 "재배치 문제"라고 부른다. 그는 이 문제에 대해 그의 책에서 답을 한다(Deutsch 2015b, 122-27을 볼 것). 그렇지만 이 시점에서 그의 답을 살펴보지는 않을 것

---

31 도이치는 게티어 사례에 대한 그의 분석을 배경으로 하여 이 기본 주장을 논의한다(Deutsch 2015b, 4장, 그리고 Deutsch(2016)를 볼 것).

32 이 문제에 대한 논의는 Chalmers(2014), Nado(2016, 2017), Weinberg(2014)를 볼 것.

이다. 우리 목적상 재배치 문제에 대한 도이치의 응답과 무관한 두 가
지 평을 하는 것으로 충분하다고 나는 믿는다.

나의 첫 번째 평은 단순한 진단, 즉 만일 도이치의 논변이 사실상 재
배치 문제에 빠진다면 그것은 실제로 도이치에게 좋은 신호일 것이라
는 진단에서 시작한다. 왜냐하면 이것은 그가 적어도 한 가지 논증적
장애물을 제거했다는 것을 의미할 것이기 때문이다. 그것은 그가 사실
상 분석철학자들이 사고실험에 관한 그들의 판단을 옹호한다는 것을
보여준다는 것을 의미할 것이다. 많은 철학자는 이것을 부정해 왔다.[33]
도이치는 그가 해리 프랑크퍼트(Harry Frankfurt)의 영향력 있는 논문
"대안 가능성과 도덕적 책임"(Alternate Possibilities and Moral Re-
sponsibility, 1969)에서 취한 사례를 이용해 이것을 그럴듯하게 만들
려고 한다. 그 논문에서 프랑크퍼트는 설령 어떤 행위자가 그가 실제로
행위했던 방식 이외에는 다른 방식으로 행동할 수 없었다 할지라도, 그
에게 도덕적 책임을 귀속시키는 것이 정당화될 수 있는지를 검토한다.
프랑크퍼트는 정당화가 가능하다고 생각하며, 그 생각을 지지하기 위
해 다음 시나리오를 제시한다.

누군가―블랙이라고 하자―가 존스가 어떤 행위를 수행하기를 원한다고
가정해 보자. 블랙은 그가 원하는 것을 얻기 위해 상당한 노력을 기울일 준
비가 되어 있지만, 불필요하게 자신의 속셈을 드러내지 않는 것을 선호한다.
그래서 그는 존스가 무엇을 할지 결정을 내릴 때까지 기다리고, 존스가 자신
이 원하는 것과 다른 일을 하기로 결정할 것이라는 것이 분명하지 않는 한

33 최근의 예로 Colaço & Mahcery(2017)를 볼 것. 이 저자들 또한 도이치가 분석
철학 역사의 큰 부분을 무시함으로써 입맛대로 자신의 예를 골랐다고 비난하며, 그들은
MAP에 대한 그의 규정을 악순환이라고 비판한다.

(블랙은 그런 일에 대한 훌륭한 판관이다) 아무것도 하지 않는다. 만일 존스가 다른 어떤 일을 할 것이라는 것이 분명해지면, 블랙은 존스가 그가 원하는 일을 하기로 결정하고, 실제로 그렇게 하도록 효과적인 조치를 취한다. 존스의 초기 선호와 경향이 무엇이든 블랙은 자기 뜻대로 할 것이다. … 이제 존스가 수행하기를 블랙이 원하는 바로 그 행위를 존스가 그 자신의 이유로 수행하기로 결정하고, 실제로 수행하기 때문에 블랙이 결코 자신의 속셈을 드러낼 필요가 없다고 가정해 보라. 그 경우에 만일 블랙이 존스가 그 행위를 수행하도록 조치를 취할 준비가 되어 있지 않았어도 존스가 져야 했을 것과 똑같은 도덕적 책임을 그가 한 행위에 대해 져야 할 것임이 분명해 보인다. (Frankfurt 1969, 835-36)[34]

이 사고실험에서 존스는 선택권이 없다. 그는 블랙이 그가 하기를 원하는 것을 해야 한다. 그럼에도 불구하고 프랭크퍼트에 따르면, 우리는 그의 행위에 대해 그에게 도덕적 책임을 귀속시켜야 한다. 도이치는 다음 인용구를 인용하는데, 그 속에서 프랭크퍼트는 이 판단을 설명한다 (Deutsch 2015, xv).

존스가 달리 행동할 수 없었다는 사실을 기초로 그의 행위를 용서하거나, 그가 정상적으로 받을 자격이 있는 칭찬을 보류하는 것은 상당히 비합리적일 것이다. 이 사실은 그가 했던 대로 행위하도록 그를 이끄는 데 전혀 역할을 하지 않았다. 그는 설령 사실이 아니었더라도 똑같이 행위했을 것이다. 사실 모든 일은 블랙이 그 상황에서 없었고, 그 상황에 개입할 준비가 되어 있지 않았어도 일어났을 그대로 일어났다. (Frankfurt 1969, 836)

---

34 Deutsch(2015b, ix)는 이 인용구를 직접 언급하고, 자신의 텍스트에 인용한다.

이제 도이치는 이 두 번째 인용구가 프랭크퍼트(1969)의 첫 번째 인용의 뒷부분에 포함된 존스에 관한 프랭크퍼트의 판단을 지지하는 논증을 포함한다고 믿는다. 그렇지만 도이치가 주장하듯이, 그가 명시적으로 언급하지 않는 다른 구절들도 마찬가지다. 그래서 그는 묻는다. "이 논증들이 누가 무엇을 직관하는지와 무슨 관계가 있는가?" 그리고 그는 자신이 던진 물음에 이렇게 답한다. "한마디로 아무 관계도 없다."(Deutsch 2015, xv).

그래서 도이치는 프랭크퍼트가 그의 핵심 판단을 주장하고, 그 주장을 그것의 직관성에 기초하여 정당화하지 않는다는 것을 입증하는 데 성공한 것처럼 보인다. 만일 이 말이 올바르다면, 그것은 그에게 부분적 승리를 형성할 것이다. 그렇지만 만일 우리가 프랭크퍼트에서 따온 각각의 인용구를 좀 더 면밀히 살펴본다면, 그것들의 논리적 격위에 대한 도이치의 해석이 올바른지는 전혀 분명하지 않다.

그 인용구는 네 문장으로 이루어진다. 첫 번째 문장에서 프랭크퍼트는 존스가 단지 달리 행동할 수 없었다고 해서 존스를 그의 행위에 대해 도덕적으로 책임 있다고 간주하지 않는 것은 상당히 비합리적일 것이라고 말한다. 이 첫 번째 문장은 단지 프랭크퍼트 자신의 사고실험에 관한 그의 핵심 판단을 표현한다. 도이치는 그 판단이 직관이 아니라 오히려 논증을 통해 정당화된다고 주장한다. 도이치의 해석에 따르면, 이 논증은 그 인용구의 두 번째, 세 번째, 네 번째 문장에서 나타나는 것처럼 보이는데, 왜냐하면 이것들이 그가 인용한 유일한 문장들이기 때문이다. 거기서 프랭크퍼트는 존스가 달리 행동할 수 없었다는 사실이 이 상황에서 아무런 차이를 만들지 못하며, 설령 다른 선택지가 있었다 할지라도 그가 똑같은 방식으로 행동했을 것이며, 모든 일은 블랙이 없었고 개입할 준비가 되어 있지 않다면 일어났을 바로 그 방식대로 일어났다고 말한다. 나로서는 이런 고찰들이 논증을 나타낸다는 도이치의 주장을 이해할 때 당혹스럽다.[35] 무엇보다도 논증은 사고실험에 대한 기술에서 이미 포함되어 있지 않은 새로운 정보를 포함해야 할 것이다. 그렇지만 두 번째 인용구의 두 번째, 세 번째, 네 번째 문장에서 프랭크퍼트는 단지 도이치가 인용한 첫 번째 인용구에서 이미 했던 주장만을 하고 있다. 논리적 관점에서 볼 때 그의 언급은 중복적이며, 그래서 그것을 논증을 형성하는 것으로 간주해서는 안 된다. 나는 그것들을 **수사적 기능**을 갖는 것으로 해석하는 것이 가장 합리적이라고 믿는다. 그것들은 우리가 그 사례를 더 쉽게 판단할 수 있도록 그 사례의 주요 측면을 강조하는 역할을 한다. 나는 우리가 직관을 참고함으로써 후자를 한다고 믿는다.[36]

이제 도이치가 지적하듯이, 매사추세츠공과대학교 출판사(MIT Press)의 익명의 교열 위원도 게티어 사례에 대한 그의 처리를 비판했는데, 이 교열 위원 또한 비슷한 방식으로 주장을 하고 있다. 그는 "그 논증의 모든 전제는 게티어가 그가 방금 제시한 사례에 관한 어떤 **사실**을 반복하는 것에 **지나지 않는다.**"고 말했다(Deutsch 2015, 174에서 인용; 고딕 강조는 원문에서 한 것임). 도이치는 이것에 대해 응답을 가지고 있으며, 내가 추정하기에 내가 방금 프랭크퍼트의 사례에 관해 말한 것에 대해서도 그는 그 응답을 제시할 것이다. 그는 내가 비합법

---

35 이 점은 예컨대 Colaco & Machery(2017)와 Machery(2017, 177-80)가 논의했다.

36 내가 철학자들이 사례들에 관한 그들의 판단을 결코 옹호하지 않는다고 주장하고 싶어 하는 것이 아니라는 것을 주목할 필요가 있다. 내 요점은 오히려 철학자들이 실제로 사례들에 관한 그들의 직관을 참고한 다음, 논증적 의도로 그것들을 사용한다는 것을 보여주는 예를 문헌에서 찾을 수 있다는 것이다. 내 생각에 도이치(2015b)가 인용하는 프랭크퍼트(1969)의 인용구는 이것을 분명하게 보여준다.

적으로 "그 논증의 전제들은 **또한** 프랭크퍼트 사례 자체의 특징이나 사실들일 수 없다고 가정한다."고 말할 것이다. 이에 대해 그는 다음과 같이 응수한다.

> 어떤 사고실험에 관한 판단을 지지하는 논증의 전제들을 찾을 가능성이 가장 높은 곳은 바로 그 사고실험이나 사례 자체의 세부 사항 명세서에 있다─다른 곳 어디에서 찾겠는가? (Deutsch 2015, 174)

그렇다면 내가 그 사례의 가정된 상황들이 논증의 전제로 사용될 수 없다고 말하고 있는 것이 아님을 주목할 필요가 있다. 내가 말하고 있는 것은 이 전제들이 그 자체로 논증, 즉 적어도 많이 고려할 가치가 있는 논증을 형성하지 않는다는 것이다. 왜 그런지 설명해 보자.

프랭크퍼트가 달성하고 싶어 하는 것을 기억해 보라. 그는 도덕적 책임이 대안의 가능성을 요구한다는 원리에 동의하지 않으며, 그것을 반증하고 싶어 한다는 것을 기억할 필요가 있다. 형식적으로 이 원리는 다음 형식의 보편 양화된 조건명제이다. 즉 모든 사례 C에 대하여 만일 도덕적 책임이 있다면, 대안의 가능성들도 있다. 그러한 조건명제는 전건이 옳고(도덕적 책임이 있다), 후건이 그른(대안의 가능성들이 없다) 사례 C를 지적함으로써 반증된다. 프랭크퍼트는 이것을 하려고 한다. 그는 우리가 앞에서 살펴보았던 사고실험에서 그러한 사례를 구성한다. 그는 행위자에게 대안의 가능성이 없음을 포함하는 어떤 상황을 **가정한다.** 그의 사례를 구성하기 위해 그는 그것 외에 행위자가 그가 상상한 상황에 처해 있다면 도덕적 책임이 있다고 단순히 가정할 수 없다. 이렇게 하는 것은 단지 프랭크퍼트가 반증하려고 하는 원리를 믿는 사람에 반대하여 선결문제 요구의 오류를 범하는 일일 것이다. 결국 그러한 사람은 바로 이 추가 가정을 부정할 것이다. 그러므로 만일 실제로 그의 입장에 대해 존중할 만한 논거를 만들고 싶다면, 그는 먼저 만일 말해진 상황이 성립한다면, 그럼에도 불구하고 도덕적 책임이 있다고 결론짓는 것이 적어도 그럴듯하다는 것을 확립해야 한다. 이 일은 도이치가 제안한 것처럼 단순히 말해진 상황을 지적하는 것만으로는 달성할 수 없다. 그렇지 않다고 주장하는 것은 단순히 철학 책을 읽는 사람들을 지적하는 것만으로 철학 책을 읽는 것이 당신을 눈멀게 한다는 것을 내가 증명할 수 있다고 말하는 것과 같다.[37]

만일 이 말이 올바르다면, 도이치가 부분적 승리를 주장할 수 있다는 것은 적어도 의심스럽다. 그 경우에 재배치 문제에 대한 모든 추가 논의는 논쟁의 여지가 있게 될 것이다. 그럼에도 불구하고 우리가 방금 확립한 것과 반대로 도이치의 진단이 올바르고, 실제로 분석철학자들이 판단의 직관성을 그 판단에 유리한 고려 사항으로 결코 사용한 적이 없다고 가정해 보자. 이것은 실험철학에 대한 반론을 형성할까? 나의 두 번째 평이 이 문제를 다룬다.

앞에서 우리는 카펠렌과 도이치가 실험철학에 반대하여 강조하는 무관성으로부터의 반론이 X-Phi_P와 X-Phi_N을 둘 다 공격한다고 기록하였다. 후자는 MAP를 거부한다. 그렇지만 만일 카펠렌과 도이치가 주장하듯이 분석철학자들이 이 방법을 사용하지 않는다면, X-Phi_N의 주장은 이런 학자들이 그들의 일을 하는 방식과 무관하다. 실험철학 비판자들도 X-Phi_P에 반대하는 비슷한 논증을 사용할 수 있다. 이런 버전

---

37 만일 이것이 분명하지 않다면, 내가 내 요점을 예증하기 위해 사용하는 주장 또한 조건명제임을 주목하라. 그것은 **만일 당신이 철학 책을 읽는다면, 당신은 눈이 먼다**라고 말한다. 단순히 철학 책을 읽는 사람들을 지적하는 일은 그 주장에 대한 논증이 아니다.

의 실험철학 옹호자들은 실험을 진행함으로써 중요한 철학적 직관의 신빙성을 평가하려 한다. 그렇지만 만일 이 직관이 카펠렌과 도이치가 믿는 것처럼 분석철학자들의 논증에서 아무런 역할을 하지 않는다면, 실험철학의 이 변형 또한 철학적 실제와 무관한 주장을 하고 있는 셈이다. 그렇지만 나는 그 경우에도 실험철학이 간접적 역할을 할 수 있다고 믿는다.[38]

이것을 설명하려면 우리는 진단에서 시작해야 한다. 카펠렌과 도이치는 단지 직관이 철학적 판단의 정당화에 대해 무관하다고 말한다. 그들은 직관이 철학자들이 왜 그들이 지니는 견해를 지니는지 해명하는 설명으로 기여할 수 있다는 것을 부정하지 않는다.[39] 내가 끌어내고 있는 구별은 물론 **정당화의 맥락**과 **발견의 맥락**의 구별이다(Reichenbach 1938/1983를 볼 것). 따라서 나의 주장은 X-Phi$_P$가 발견의 맥락을 통해 매개되는 철학적 명제들에 대한 평가에서 간접적 역할을 할 수 있다는 것이다.

얼핏 보기에 이 주장이 어떻게 정당화될 수 있는지는 전혀 분명하지 않다. 무엇보다도 철학자들은 일반적으로 정당화의 맥락과 관계가 있

38　나도(Nado 2016, 2017)도 비슷한 주장을 한다. 도이치(Deutsch 2017)는 그것들에 대해 응수한다.

39　사실상 그들 둘 다 이 점을 명시적으로 인정한다. 막스 도이치는 다음과 같이 말한다. "철학에서 다양한 논증들은 … 직관에 '의지하거나' '의존하지만', 추리적으로나 증거적으로가 아니라 인과적으로만 그럴 뿐이다."(Deutsch 2010, 453). 그리고 카펠렌은 다음과 같이 말한다.

　나는 어떤 철학자들이 '직관'이라고 명명할 어떤 것이 발견의 맥락에서 중요한 역할을 할 수 있는지에 관해 아무것도 말하지 않았다. 합리적으로 '직관적'이라고 명명되는 어떤 것이 철학함을 포함하여 많은 인지적 능력에 대해 창조적 출발점으로 기여할 수 있다는 것이 그럴듯하지 않은 것은 아니다. (Cappelen 2012, 230)

는 문제가 발견의 맥락과 관계된 문제와 엄격하게 구별된다는 것을 승인한다. 어떤 사람이 어떤 특정 견해를 왜 지니는지(또는 그가 그 견해를 어떻게 믿게 되었는지)를 밝히는 인과적 설명은 발견의 맥락에 속한다. 그런 설명은 그 자체로는 문제의 견해의 정당화에 관해 아무것도 알려주지 않는다. 후자 문제를 판단하기 위해서는 우리는 그 견해를 지지하는 충분히 훌륭한 이유가 있는지 검토해야 한다. 이 이유는 정당화의 맥락에 속한다. 예컨대 존스와 스미스가 동료라고 가정해 보자. 존스는 스미스가 올해 상여금을 받을 자격이 없다고 믿는다. 이제 이 믿음은 존스가 질투한다는 사실에 의해 설명될 수도 있다. 존스의 질투는 발견의 맥락에 속하는 사실이다. 그 사실은 왜 존스가 그가 지닌 견해를 지니는지 그럴듯하게 설명한다. 그렇지만 그의 입장이 정당화되는지 여부는 그것에 대한 찬반 이유에만 달려 있는데, 이것은 정당화의 맥락에 속한다. 따라서 만일 우리가 스미스의 상여금에 관한 존스의 견해가 정당화되는지 알고 싶다면, 우리는 그가 그 입장을 지지해 제시하는 이유만을 살펴보아야 한다. 만일 우리가 단지 존스의 질투를 지적함으로써 이 이유를 거부한다면, 우리는 **정신분석학적 논증**이라고 불릴 수 있는 것을 사용하는데, 이 논증은 **발생적 오류**(genetic fallacy)의 특수 사례이다. 우리는 어떤 고려 사항을 그것이 특정 심리적 상태와 인과적으로 연관되어 있기 때문에 기각한다. 이것은 정당하게 문제가 있는 것으로 간주될 것이다.

그렇지만 우리는 실수를 저질러, 심리적 고려 사항을 완전히 무시해서는 안 된다. 경우에 따라 어떤 명제를 지니는 사람들의 심리적 속성에 기초를 두고 그 명제의 신용을 평가하는 것은 합리적일 수 있다. 우리가 어떤 문제에 관해 판단을 형성해야 한다고 상상해 보라. 우리는 예컨대 시간, 자원, 정보의 부족으로 인해 당면한 논증을 직접 판단할 수 없다. 그러나 우리는 어떤 전문가가 우리가 관심을 가지고 있는 물음에 관해 특정 견해를 지지한다는 것을 안다. 우리는 그를 믿어야 하는가? 그가 전문가라는 사실은 그것을 찬성한다. 그렇지만 우리가 그의 견해를 받아들일 경우에 그가 이득을 얻는다는 것을 알게 된다면, 이것은 우리에게 그가 말하는 것을 의심하는 경향을 갖게 할 것이다. 무엇보다도 사익이 사람의 판단을 편향시킬 수 있다는 것은 잘 알려진 사실이다.[40] 그런 일이 있기 위해서는 악의가 있을 필요조차 없다. 이것이 바로 예컨대 과학 출판사들이 저자들에게 가능한 이해 상충을 밝히도록 일상적으로 요청하는 이유이다. 다시 말해서 논증의 원천은 어떤 상황 아래서 그 논증의 신빙성에 대한 평가와 관련이 있을 수 있다.

이렇게 말하고 나면, 우리는 그런 상황이 철학적 논쟁에서 성립하는지 물어야 한다. 그런 상황이 성립할 수도 있다. 철학 학회에 참석한 사람이라면 누구나 이것을 안다. 철학자들이 서로 논쟁을 벌일 때 그들은 일반적으로 공평무사하게 행동하지 않는다. 그들은 모든 측에 중립적으로 이유의 균형을 맞추는 공평무사한 판관처럼 행동하지 않는다. 십중팔구 그들은 그 싸움에서 투견, 즉 그들 자아상의 부분을 형성하는 철학적 기본 주장을 가지고 있다. 그리고 그들은 변호사처럼 이 기본 주장을 옹호한다.[41] 즉 그들은 우선 자신들의 견해를 지지하는 고려 사항 및 반대 입장에 대해 의심을 제기하는 논증에 초점을 맞춘다. (그 점에서 이 책의 저자도 확실히 예외가 아니다.)

---

40   이런 유형의 편향은 **동기화된 추론**(motivated reasoning; 감정적 편견이나 사회적 편견이 새로운 정보가 인식되는 방식에 영향을 미칠 수 있게 하는 인지적 반응 — 옮긴이)이라는 일반적 현상의 실례이다.

41   나는 이 비유를 Kramer & Messick(1996)에서 차용했다. 그렇지만 그들은 철학자들의 행동을 기술하기 위해 그 비유를 사용하지는 않는다. 오히려 그들은 경영인들에 관심이 있다.

그런데 이것은 견해의 다양성이 충분하다면 철학자라는 직업 전체에 반드시 문제가 되는 것은 아니다. 철학자들은 저마다 보통 그들이 연구하는 주제에 관해 가지고 있는 견해가 다르기 때문에 문제의 여러 측면에 대한 논증들은 공정한 심리를 받는다. 그렇지만 이것은 모든 상황에서 반드시 성립하는 것은 아니다. 특정 견해가 표현되지 않아서 그 견해를 지지하는 논증들이 우리의 주목을 받지 못하는 논쟁이 있을 수도 있다. 이런 상황은 여러 가지 이유로 일어날 수 있다.

발견의 맥락에서 역할을 해야 할 가능성이 있는 한 가지 후보는 카펠렌과 도이치도 인정하듯이 **철학적 사상의 직관성**이다. 만일 그 말이 옳다면, 반직관적인 견해는 비교해 볼 때 직관적인 견해보다 표현되는 경우가 훨씬 덜 빈번해야 하며, 그런 견해를 지지하는 논증은 귀를 기울이지 않는 경향이 있다. 그렇지만 카펠렌과 도이치가 주장하듯이 만일 철학적 입장의 직관성이 그 입장의 신용에 대해 어떤 단서도 제공하지 않는다면, 이것은 경쟁하는 철학적 견해들의 직관성에서의 차이가 불균형으로 이어질 수 있다는 것을 의미한다. 그 경우에 옳은 입장들이 옳은 것으로 인식되지 못할 수 있는데, 왜냐하면 그런 입장들의 반직관성 때문에 아무도 그것들을 옹호하려고 애쓰지 않기 때문이다. 이러한 논리를 따르면, 우리는 매우 직관적인 철학적 사상에 대해서는 특히 주의를 기울여야 하는데, 왜냐하면 우리가 철학자들이 그런 사상을 논박하는 데 시간과 에너지를 덜 소비했다고 가정할 수 있기 때문이다.[42] 이

---

42 통계학에서는 예컨대 동일한 자료 집합 내에서 여러 비교가 행해진다는 사실로 인해 통계적으로 유의미한 결과를 얻을 가능성이 높아질 때 교정 방법을 사용하는 것이 일반적이다(예컨대 본페로니 교정(Bonferroni correction)). 우리는 다양한 철학적 입장들의 직관성 사이의 반대칭성을 교정하기 위해 철학에서도 아마 덜 정확하겠지만 유사한 방법을 필요로 할 것이다. 이 방법은 직관적 주장을 지지하는 논증의 비중을 줄이고, 반직관적 사상을 지지하는 논증의 비중을 높일 것이다. 만일 우리가 각 주장의 직

추론은 2.4.1절에서 논의한 일치로부터의 논증과 불일치로부터의 논증의 논리와 근본적으로 모순될 것이다. 그럼에도 불구하고 카펠렌과 도이치의 주장과는 반대로 그것은 경험적 연구, 그리고 특히 실험적 연구가 철학에서 하는 역할이 있다는 것을 보여줄 것이다. 그렇다면 X-Phi$_P$는 설령 철학적 사상의 직관성이 그것의 정당화에 무관한 것으로 밝혀진다 하더라도 외견상 여전히 철학적 논쟁에 간접적으로 기여할 수 있다고 기록해 두자.[43]

4.3.6 결론

앞의 다섯 개 절에서 우리는 실험철학에 대한 반론을 논의하고, 실험철학 옹호자들이 선택할 수 있는 가능한 답을 검토했다. 그렇게 하면서 우리는 X-Phi$_P$와 X-Phi$_N$을 구별하는 데 신경을 썼다. 이미 밝혀진 바와 같이 많은 반론은 X-Phi$_N$에 대해서만 위협을 제기하고, X-Phi$_P$에

관성이 증가함에 따라 지지 논증을 발견할 가능성이 높아진다는 것을 기대할 수 있다면, 이 교정은 합리적인 것처럼 보인다.

43　Colaço & Machery(2017) 또한 실험철학에 반대하는 도이치의 주요 논증이 설령 철학자들이 실제로 증거로서 직관에 의존하지 않더라도 거부될 수 있다고 주장해 왔다(또한 Machery 2017를 볼 것). 그들은 자신들의 주장을 예증하기 위해 비유를 사용한다.

"만일 과학자들이 연구자들이 저마다 서로 다른 측정값을 얻는다는 것을 발견한다면, 그리고 만일 그들이 아는 한 이 과학자들이 측정을 하는 데 똑같이 유능하다면, 그들은 표본의 온도에 관해 판단을 중지해야 한다."(Colaço & Machery 2017, 417).

마찬가지로 만일 철학적 사례를 판단하는 일에서 똑같이 유능해 보이는 개인들이 서로 다른 판단에 도달한다면─그 판단들이 직관에서 온 것이건 아니건─, 우리는 판단을 중지해야 할 이유가 있는 셈이다. 따라서 직관에 대한 도이치의 초점은 레드헤링(red herring; 중요한 문제에서 관심을 다른 곳으로 돌리게 만드는 것─옮긴이)이며, 그는 실험철학이 철학적으로 무관하다는 것을 증명하지 않는다.

는 제기하지 않는 것처럼 보인다.

우리는 X-Phi$_P$와 X-Phi$_N$ 모두와 관련해서 실험철학에 대한 처음 두 가지 비판을 거부했지만, 세 번째, 네 번째, 다섯 번째 반론은 X-Phi$_P$보다는 X-Phi$_N$에 더 문제가 된다는 것을 발견했다. 사실상 이런 반론들이 X-Phi$_P$에 관한 것이라는 것조차 분명하지 않다. 우리가 발견한 바와 같이 X-Phi$_P$는 정확한 직관 개념에 의존하지 않는다. 더 나아가 X-Phi$_P$는 전면적 형태의 판단 회의주의를 수반하는 것처럼 보이지 않는다. X-Phi$_N$의 경우에 이런 문제들은 좀 더 중대하게 취급되어야 한다. 또한 앞 절에서 했듯이 우리는 막스 도이치와 허만 카펠렌이 믿는 것처럼, 설령 직관이 철학에서 정당화적 역할을 하지 않는다 할지라도 적용되는 X-Phi$_P$에 대한 간접적 동기를 제공할 수 있다. 이와 대조적으로 철학에서 사고실험에 관한 직관의 사용을 거부하는 X-Phi$_N$은 직관이 사실상 철학에서 정당화적 역할을 하지 않을 경우에 명백히 무관한 것이 된다. 따라서 우리는 우리의 논의 결과를 잠정적 결론, 즉 X-Phi$_N$은 상당히 문제가 있는 것처럼 보이지만, X-Phi$_P$는 그렇지 않다는 결론으로 요약할 수 있다.

우리의 결론은 그리 놀랍지 않다. 무엇보다도 X-Phi$_N$은 다소 광범한 주장을 한다. 본질적으로 X-Phi$_N$은 이의를 제기할 수 없을 정도의 MAP의 적용 사례가 전혀 없다고 말한다. 이것은 부정적 존재 진술이다. 논리적 관점에서 볼 때 그 진술은 그럴듯하게 만들기는 어렵지만 거부하기는 쉽다. 신뢰성을 부여하기 위해서는 우리는 X-Phi$_N$의 MAP 거부를 다소간에 이의 없이 확증하는 대규모 자료 표본을 수집해야 할 것이다. 그것을 무너뜨리기 위해서는 우리는 단지 MAP의 적용이 아무런 문제가 없다는 것을 시사하는 몇 가지 예만 있으면 된다. X-Phi$_P$에 관해서는 그 반대가 옳다. X-Phi$_P$는 실험적 발견이 철학적 문제에 관한 논쟁에서 역할을 할 수 있다고 가정할 뿐이다. 이 경우에 그것을 부정하는 사람들은 부정적 존재 진술에 동의하는 것이다. 그들은 어떠한 가교 전제도 실험적 결과(그 논증의 전제로서)와 철학적 기본 주장(그 논증의 결론으로서)을 그럴듯하게 연관시킬 수 없다고 말한다. 이 생각은 지지하기는 어렵지만, 오히려 신용을 떨어뜨리기는 쉽다. 신용을 떨어뜨리기 위해서 우리가 필요로 하는 것은 실험적 결과가 철학적 기본 주장을 지지할 수 있는 예 하나가 전부이다. 따라서 앞에서 논의된 고찰들 외에 X-Phi$_P$는 오히려 이의를 제기할 수 없지만, X-Phi$_N$은 더 문제가 있다는 우리의 잠정적 결론에 대해 선험적 이유가 있는 것처럼 보인다.

4.4 요약

이 장에서는 실험철학에 대한 중요한 반론들을 논의했다. 이를 위해 우리는 먼저 그 반론들을 분류하고, 다양한 형태의 비판의 잠재적 범위를 결정했다.

첫 단계로 우리는 지금까지 살펴본 모든 실험철학 논변 도식을 포함할 수 있는 실험철학에 대한 일반 도식을 도입했다. 이 도식은 두 전제와 (메타)철학적 결론을 가지고 있었다. 첫 번째 전제는 경험적 사실 진술인 반면에, 두 번째 전제는 경험적 영역과 철학적 영역 사이의 틈새의 가교 역할을 한다. 그 논증은 형식적으로 타당하므로 우리는 실험철학에 반대하는 논증들이 첫 번째 전제와 두 번째 전제에 관련되어 있다고 결론지었는데, 첫 번째 전제는 경험적 전제이고, 두 번째 전제는 경험적 영역과 철학적 영역을 연결시킨다. 우리는 첫 번째 종류의 반론을 방법론적 반론, 두 번째 종류의 반론을 철학적 반론이라고 불렀다. 우리는 방법론적 반론이 X-Phi$_C$, X-Phi$_P$, X-Phi$_N$에 동시에 영향을 미칠 수 있기 때문에 잠재적 도달 범위가 크다고 진단했다. 그렇지만 그것들은 비교적 문제가 없다. 실험철학자들은 단순히 경험적 연구 표준에 따름으로써 그 반론을 다룬다.

비판의 두 가지 변형을 분류하고 난 뒤 우리는 먼저 방법론적 반론으로 주의를 돌렸다. 우리의 논의는 두 유형의 논증 사이의 근본적 구별, 즉 외적 타당성의 결여를 주장하는 논증 유형과 내적 타당성의 결여를 문제 삼는 논증 유형의 구별에서 시작했다.

실험철학이 외적 타당성을 결여한다고 꾸짖는 비판자들은 실험철학자들이 끌어낸 결론이 너무 광범하다고 이의를 제기한다. 예컨대 만일 실험철학자들이 철학에 깊은 관심을 가진 교육받은 참가자들만을 상대로 연구를 행한다면, 그들은 편향된 표본을 얻게 되고, 그래서 그들의 결론은 일반화될 수 없다.

안락의자 철학자들은 종종 실험철학에 반대하여 외적 타당성 개념을 신경 쓰는 하나의 특수한 논증을 제안한다. 그것은 전문적 식견 응답이다. 그 응답을 이용하는 사람들은 실험철학 옹호자들이 보통 그들의 연구를 위해 철학 문외한들을 모집하기 때문에 실험철학을 비판한다. 그래서 이 연구의 결과는 전문 철학자들에 관해서는 아무것도 말해주지 않는데, 이 전문 철학자들의 정신적 삶은 일반인과는 크게 다를 것으로 예상될 수 있다. 또는 그렇다고 그들은 말한다. 그렇지만 우리가 살펴보았듯이, 전문 철학자들을 시험했을 때, 그 시험의 결과는 그들도 통속적 일반인과 똑같은 인지적 오류를 범한다는 것을 시사한다. 사실상 그들은 통속적 일반인보다 훨씬 더 중대한 오류를 범할 수도 있다.

대체로 우리는 외적 타당성의 측면이 실험철학에 대해 야누스의 얼굴로 나타난다고 결론지었다. 한편으로 실험철학은 안락의자 철학과 분석철학보다 더 나은 입장에 있는 것처럼 보이는데, 이는 안락의자 철학자들이 전체 모집단을 대표하는 직관 표본을 얻는 데 신경 쓰지 않는 경향이 있기 때문이다. 그렇지만 다른 한편으로 정말이지 실험철학에 대한 합당한 비판이 있는 것처럼 보이는데, 왜냐하면 실험철학 옹호자들 중 어떤 사람들이 지나치게 일반화하는 경향이 있었기 때문이다. 그렇지만 이 점은 최근 연구보다는 초기 작업에 훨씬 더 많이 적용된다.

실험철학은 만일 실험적 연구의 결과가 교란 요인에 의해 야기될 가능성이 높다면 내적 타당성을 결여한다고 비판받을 수 있다. 우리는 이 점과 관계있는 세 가지 문제를 다루었다.

첫째, 우리는 이른바 실험자 편향을 다루었는데, 여기서는 시험의 결과가 부분적으로 그 실험을 행한 실험자의 태도에 의해 설명될 수 있다. 우리는 이 측면이 예컨대 실험심리학에서 하는 것보다 더 작은 역할을 하는 것처럼 보인다고 결론지었다. 그럼에도 불구하고 우리는 그것을 무시해서는 안 된다. 사실상 실험철학자들 역시 실험자 편견을 배제하기 위해 적당한 조치를 취하는 것이 좋다. 해결하기가 가장 어려운 문제는 아마 설문지의 문구에서의 잠재적 편향의 문제일 것이다.

둘째, 우리는 실험철학 실험에서 참가자의 대부분을 차지하는 철학 문외한들이 그들에게 던져진 물음을 오해할 수 있다는 문제에 관해 언급했다. 그렇지만 우리가 진단했듯이, 실험철학자들은 이 문제를 잘 의식하고 있으며, 적절한 조치를 취해 그 문제를 다루려 한다.

셋째, 우리는 실험철학 피험자들이 제시하는 답이 그들의 언어적 능력의 표현이 아니라 오히려 적용에서의 인지적 오류에 기초를 둘 가능성에 관해 이야기했다. 이것은 실험철학자들도 잘 알고 있는 중대한 문제이다. 사실상 안락의자 철학자들과 달리 그들은 이 난점을 다룰 수 있는 독특한 위치에 있으며, 다수의 연구에서 이를 수행했다. 사실상 실험철학 논쟁에서는 안락의자 철학 논쟁에서보다 인지적 오류에 기초를 둔 판단이 그와 같은 것으로 인식될 가능성이 훨씬 더 높다.

4.2.3절 끝 부분에서 우리는 실험철학에 대한 반론들이 X-Phi$_C$, X-Phi$_P$, X-Phi$_N$에 중대한 위협을 제기하지 않는다고 결론지었다. 실험철학자들은 개선된 연구 방법을 통해 언제나 그 반론들을 다룰 수 있다. 최근에는 실험철학이 경험과학으로부터 훨씬 더 많은 방법을 채택해야 한다고 제안되었다(간단한 개요는 부록 C를 볼 것).

한편 철학적 반론은 더 문제가 될 수 있다. 우리는 다섯 가지 철학적 반론을 살펴보았는데, 그중 세 가지는 합당한 것처럼 보였다. 첫 번째 반론에 따르면, 실험철학은 연구할 주제조차 갖지 못한다. 실험철학자들은 그들이 철학적 직관을 연구한다고 말한다. 그렇지만 어떤 정신 상태가 직관이라는 것이 무엇을 의미하는지조차 분명하지 않다. 두 번째 반론에 따르면, 실험철학은 철학적으로 매력 없는 다소 전면적 형태의 회의주의로 이끈다. 마지막으로 세 번째 반론을 강조하는 사람들은 실험철학을 철학과 무관하다고 선언하는데, 이는 이 비판자들이 믿는 바에 따를 때 직관이 실험철학자들이 한다고 생각하는 역할을 하지 않기 때문이다. 따라서 직관에 대한 실험철학자들의 연구는 어떤 철학적 문제에 관한 논쟁과 아무런 관계가 없다. X-Phi$_P$와 X-Phi$_N$의 구별에 기초하여 우리는 이러한 모든 반론이 X-Phi$_N$에만 관계가 있는 것처럼 보인다는 것을 인식했다. 그렇다면 실험철학의 이 변형은 X-Phi$_P$보다 더 논란의 여지가 있는 것처럼 보인다. 선험적 추론은 결국 우리를 똑같은 결론에 이르게 했다. 그렇지만 우리의 논의는 물론 그것으로부터 어떤 명확한 결론을 끌어내기에는 너무 불완전하다.

결론

이 연구에서 우리는 실험철학의 변형들, 즉 X-Phi$_C$, X-Phi$_P$, X-Phi$_N$을 논의했으며, 그것들이 전통적인 안락의자 철학(AC-Phi), 그리고 특히 그것의 분석적 버전(A-Phi)과 어떻게 구별될 수 있는지 탐구했다. 더 나아가 우리는 경험적 연구 결과와 철학적 결론 사이의 틈새에 어떻게 다리를 놓을 수 있는지 검토했다. 게다가 우리는 철학의 다양한 분야에서 진행된 여러 가지 실험철학 연구를 살펴보았다. 마지막으로 우리는 실험철학에 대한 일련의 중요한 반론을 다루었고, X-Phi$_C$, X-Phi$_P$, X-Phi$_N$의 관점에서 가능한 응답들을 살펴보았다. 나는 이 논의가 실험철학이 흥미로운 결과를 제공하고 유익한 논쟁을 시작할 수 있는 철학의 흥미진진한 새로운 운동이라는 것을 당신에게 납득시켰기를 바란다.

내 경험상 전통적 기질의 철학자들은 이러한 결론을 받아들이는 데 어려움을 겪는다. 그들 중 많은 사람은 여전히 강한 의구심을 가지고 있다. 철저한 실험철학 비판자로 알려진 티모시 윌리엄슨은 좋은 예다.

그는 퉁명스럽게 실험철학자들이 그저 "철학을 싫어하는 철학자들"일 뿐이라고 말했다(Williamson 2010).[1] 그렇다면 우리는 전통 철학자들은 왜 실험철학에 그런 식으로 반응하는가라고 물어야 한다.

　나는 상실에 대한 두려움이 부분적으로 책임이 있다고 생각한다. 어쩌면 전통주의자들은 실험철학이 그들을 폐물로 만들 수 있다고 두려워하는 것 아닐까? 어쩌면 그들은 자신들이 이 학문의 전형적 상징으로 간주하는 안락의자의 필요성을 실험철학이 제거하려 한다고 생각하는 것 아닐까? 내가 다른 곳에서 주장했듯이(Mukerji 2014), 나는 두 두려움 모두 오해에 기반한다고 생각한다.

　첫째, 실험철학은 철학의 전통적 방법들 중의 어떤 것에도 거의 위협이 되지 않는다. X-Phi$_C$와 X-Phi$_P$를 실행하는 실험철학자들은 고전적 기법 중의 어떤 것을 실험으로 대치할 의도가 조금도 없다. 그들은 자신들이 기여하는 것을 단지 보충물로 이해한다. X-Phi$_N$의 옹호자들은 명백히 분석적 안락의자 철학을 공격한다. 그렇지만 1.2절에서 언급했듯이, 그들은 이 방법들이 무엇인지에 대해 다소 특이한 생각을 가지고 있다. 그 생각은 분석철학자들이 일반적으로 그들의 무기고에 있다고 간주하는 도구들의 작은 부분만을 포함시킨다.[2] 게다가 1.7절에서 발견했듯이 우리는 안락의자 철학, 그리고 특히 분석철학에 충실하면서

1　그런데 오늘날의 실험철학은 근대 초기의 "실험철학"에 역사적 뿌리가 있었는데, 그 선례는 무엇보다도 나중에 근대물리학으로 발전했던 것을 탄생시켰다(Anstey & Vanzo 2016). 실험철학과 마찬가지로 근대 초기의 선구자는 그것의 실험적 방법이 그 시대의 이성주의적 패러다임에 따르지 않았기 때문에 상당한 저항에 부딪혔다. 그렇지만 오늘날 실험의 사용은 경험적 연구 방법론에서 당연한 일이다.

2　이 점에 대해서는 한스요한 글로크(Hans-Johann Glock)의 영향력 있는 책 『분석철학이란 무엇인가?』(*What Is Analytic Philosophy*, 2008)를 볼 것. 이 책은 X-Phi$_N$의 옹호자들이 공격하지 않는 분석철학의 여러 방법을 다루고 있다.

실험적 결과에 개방적일 수 있다. 결국 우리는 실험적 결과가 전통적인 안락의자 방법에 추가 지지를 제공하는 것으로 밝혀지기를 기대할 수 있다.[3]

  둘째, 실험철학은 전통적인 안락의자 반성을 감소시키지 않는다. 사실 나는 실험철학이 안락의자의 지위를 높인다고 주장하기까지 할 것이다. 우선 실험철학 방법은 전통적 방법과 결합될 수 있다(예컨대 형식적 방법에 대해서 부록 C를 볼 것). 또한 실험철학은 철학자들이 안락의자에서 생각할 새로운 물음들을 만든다. 후자의 요점은 사실 쉽게 알 수 있다. 철학적 실험은 저절로 굴러들어오지 않는다. 그것들을 수행하기 전에 우리는 연구의 필요성을 확인해야 한다. 이를 위해 우리는 철학 이론들과 논의들을 연구해야 하고, 그것들을 해석해 그것들로부터 결론을 끌어내야 한다. 우리가 철학적으로 관련 있는 경험적 가설에 도달하고, 그다음에 그 가설을 시험할 수 있는 것은 바로 이런 방식뿐이다. 게다가 시험 도구는 우리의 실험이 그것들이 시험하게 되어 있는 것을 실제로 시험하도록 주의 깊게 설계되어야 한다. 마지막으로 실험적 자료는 철학적 결론을 목표로 하여 분석해야 한다. 이 모든 것은 철학자들이 맡을 수 있는 일들이고, 이 모든 것은 새로운 일들이며, 이 모든 것은 안락의자에서 추구할 수 있는 일들이다! 사실 나는 그 일들을 추구할 더 나은 곳을 알지 못한다. 따라서 실험철학이 안락의자 반성을 불필요한 것으로 만들 수 있다는 두려움은 나에게는 절대적으로 근거가 없는 것처럼 보인다.

  만일 전통적 기질의 철학자들 역시 그들 자신의 작업을 위한 실험적

---

3   내가 이 책의 원고를 완성한 후에 마이클 스트레븐스(Michael Strevens)의 신간 *Thinking Off Your Feet* (2019)가 출판되었다. 이 책은 안락의자 철학에 대해 심리학적 정보에 근거해 옹호하고 있는 책이다.

연구 방법론의 도구를 발견한다면, 나는 매우 환영할 것이다. 동시에 나는 비현실적이고 싶지 않다. 고전적인 철학적 훈련에서 이 도구들은 아직 역할을 하지 않는다. 따라서 철학에 대한 실험적 접근 방식이 이를테면 논리적 분석 방법과 같은 지위를 갖기까지는 확실히 오랜 시간이 걸릴 것이다. 실험적 방법의 영향은, 철학자들이 그들의 학술원 문간에 새겨진 금언을 "실험적 방법에 무지한 자는 들어오지 말라"라는 문구로 대체하려면, 상당히 커져야 할 것이다. 그렇지만 언젠가 이런 일이 일어난다면, 나는 그것에 전적으로 찬성할 것이다. 결국 그것은 실험해 볼 가치가 있을 것이다!

참고문헌

Adams, Ernest W. 2005. "What Is at Stake in the Controversy over Conditionals?" In: Kern-Isberner, Gabriele; Rödder, Wilhelm; Kulmann, Friedhelm (eds.), *Conditional, Information, and Inference*. Berlin: Springer, 1-11.

Adams, Fred. 2006. "Intentions Confer Intentionality upon Actions: A Reply to Knobe and Burra." *Journal of Cognition and Culture* 6(1-2): 255-68.

Adams, Fred; Steadman, Annie. 2004a. "Intentional Action and Moral Considerations: Still Pragmatic." *Analysis* 64(3): 268-76.

_____. 2004b. "Intentional Action in Ordinary Language: Core Concept or Pragmatic Understanding?" *Analysis* 64(2): 173-81.

Alexander, Joshua. 2016. "Philosophical Expertise." In: Sytsma, Justin; Buckwalter, Wesley (eds.), *A Companion to Experimental Philosophy*, Oxford: Wiley-Blackwell, 557-67.

Alexander, Joshua; Mailon, Ron; Weinberg, Jonathan M. 2014. "Accentuate the Negative." In: Knobe, Joshua; Nichols, Shaun (eds.). *Experimental Philosophy* (Vol. 2). Oxford: Oxford University Press, 31-50.

Alexander, Joshua; Weinberg, Jonathan M. 2007. "Analytic Epistemology and Experimental Philosophy." *Philosophy Compass* 2(1): 56-80.

Alfano, Mark. 2013. "Identifying and Defending the Hard Core of Virtue Ethics." *Journal of Philosophical Research* 38: 233-60.

_____. 2018. "A Plague on both your Houses: Virtue Theory after Situation-ism and Repligate." *Teoria* 38(2): 115-22.

Alfano, Mark; Loeb, Don; Plakias, Alexandra. 2018. "Experimental Moral Philosophy." In: Zalta, Edward N. (ed.), *The Stanford Encyclopedia of Philosophy* (Fall 2018), Stanford: The Metaphysics Research Lab, Cen-ter for the Study of Language and Information (Stanford University). URL://stanford.io/2vzrenQ (accessed 31 August 2018).

Alfano, Mark; Rusch, Hannes; Uhl, Matthias. 2018. "Ethics, Morality, and Game Theory." *Games* 9(2), 20.

Alicke, Mark; Rose, David; Bloom, Dori. 2011. "Causation, Norm Viola-tion, and Culpable Control." *Journal of Philosophy* 108(12): 670-96.

Andow, James. 2015. "How 'Intuition' Exploded." *Metaphilosophy* 46(2): 189-212.

_____. 2016. "Qualitative Tools and Experimental Philosophy." *Philosophical Psychology* 29(8): 1128-41.

_____. 2017. "Do Non-Philosophers Think Epistemic Consequentialism Is Counterintuitive?" *Synthese* 194(7): 2631-43.

Andow, James; Cova, Florian. 2016. "Why Compatibilist Intuitions Are Not

Mistaken: A Reply to Feltz and Millan." *Philosophical Psychology*, 1-17.

Angner, Erik. 2013. "Is Empirical Research Relevant to Philosophical Conclusions?" *Res Philosophica* 90(3), 365-85.

Anscombe, Gertrude E. M. 1957/2000. *Intention*. Cambridge, MA: Harvard University Press.

Anstey, Peter R.; Vanzo, Alberto. 2016. "Early Modern Experimental Philosophy." In: Sytsma, Justin; Buckwalter, Wesley (eds.), *A Companion to Experimental Philosophy*, Oxford: Wiley-Blackwell, 87-102.

Appiah, Kwame A. 2008. *Experiments in Ethics*. Cambridge, MA: Harvard University Press.

Arico, Adam; Fiala, Brian; Goldberg, Robert F.; Nichols, Shaun. "The Folk Psychology of Consciousness." *Mind & Language* 26(3): 327-52.

Ashton, Zoe; Mizrahi, Moti. 2018a. "Intuition Talk Is Not Methodologically Cheap: Empirically Testing the "Received Wisdom" about Armchair Philosophy." *Erkenntnis* 83(3): 595-612.

_____. 2018b. "Show Me the Argument—Empirically Testing the Armchair Philosophy Picture." *Metaphilosophy* 49(1-2), 58-70.

Audi, Robert. 1986. "Acting for Reasons." *The Philosophical Review* 95(4): 511-46.

Balaguer, Mark. 2016. "Conceptual Analysis and X-Phi." *Synthese* 193(8): 2367-88.

Bardon, Adrian. 2005. "Performative Transcendental Arguments." *Philosophia* 33(1), 69-95.

Bealer, George. 1992. "The Incoherence of Empiricism." *Proceedings of the*

Aristotelian Society, Supplementary Volumes 66: 99-138.

_____. 1996. "'A Priori' Knowledge and the Scope of Philosophy." *Philosophical Studies* 81(2/3): 121-42.

_____. 1999. "A Theory of the A Priori." *Philosophical Perspectives* 13: 29-55.

Bear, Adam; Knobe, Joshua. 2016. "What Do People Find Incompatible with Causal Determinism?" *Cognitive Science* 40, 2025-49.

_____. 2017. "Normality: Part Descriptive, Part Prescriptive." *Cognition* 167: 25-37.

Beebe, James R; Undercoffer, Ryan. 2015. "Moral Valence and Semantic Intuitions." *Erkenntnis* 80(2): 445-66.

_____. 2016. "Individual and Cross-Cultural Differences in Semantic Intuitions: New Experimental Findings." *Journal of Cognition and Culture* 16(3-4): 322-57.

Berker, Selim. 2009. "The Normative Insignificance of Neuroscience." *Philosophy and Public Affairs* 37(4): 293-329.

Berniūnas, Renatas; Dranseika, Vilius. 2016. "Folk Concepts of Person and Identity: A Response to Nichols and Bruno." *Philosophical Psychology* 29(1): 96-122.

Bickle, John. 2018. "Lessons for Experimental Philosophy from the Rise and 'Fall' of Neurophilosophy." *Philosophical Psychology* 32(1): 1-22.

Blais, Michel J. 1987. "Epistemic Tit for Tat." *Journal of Philosophy* 84(7), 363-75.

Björnsson, Gunnar; Pereboom, Derek. 2016. "Traditional and Experimental Approaches to Free Will and Moral Responsibility." In: Sytsma, Justin;

Buckwalter, Wesley (eds.), *A Companion to Experimental Philosophy*, Oxford: Wiley-Blackwell, 142-57.

Boh, Ivan. 1985. "Belief, Justification, and Knowledge — Some Late-Medieval Epistemic Concerns." *Journal of the Rocky Mountain Medieval and Renaissance Association* 6: 87-104.

Boyd, Kenneth; Nagel, Jennifer. 2014. "The Reliability of Epistemic Intuitions." In: Machery, Édouard; O'Neill, Elizabeth (eds.), *Current Controversies in Experimental Philosophy*. New York: Routledge, 109-27.

Braithwaite, Richard B. 1955. *Theory of Games as a Tool for the Moral Philosopher*. Cambridge: Cambridge University Press.

Brandeis, Louis D. 1914. *Other People's Money and How the Bankers Use It*. New York: Frederick A. Stokes Company Publishers.

Bratman, Michael. 1984. "Two Faces of Intention." *The Philosophical Review* 93(3): 375-405.

Bray, Dennis; von Storch, Hans. 2017. "The Normative Orientations of Climate Scientists." *Science and Engineering Ethics* 23(5): 1351-67.

De Brigard, Felipe, Eric Mandelbaum, and David Ripley. 2009. "Responsibility and the Brain Sciences." *Ethic Theory Moral Practice* 12(5): 511-24.

De Bruin, Boudewijn. 2005. "Game Theory in Philosophy." *Topoi* 24: 197-208.

_____. 2010. *Explaining Games: The Epistemic Programme in Game Theory*. Dordrecht: Springer.

Buckwalter, Wesley, Stich, Stephen. 2014. "Gender and Philosophical Intuition." In: Knobe, Joshua; Nichols, Shaun (eds.), *Experimental Philosophy* (Vol. 2), Oxford: Oxford University Press, 307-46.

Buller, David J. 2005. *Adapting Minds*. Cambridge, MA: MIT Press.

Cappelen, Herman. 2012. *Philosophy without Intuitions*. Oxford: Oxford University Press.

_____. 2014. "X-Phi without Intuitions?" In: Booth, Anthony R.; Rowbottom, Darrell P. (eds.), *Intuitions*, Oxford: Oxford University Press, 269-86.

Carnap, Rudolf. 1950/62. *Logical Foundations of Probability*. Chicago: The University of Chicago Press.

Chalmers, David J. 2011. "Verbal Disputes." *Philosophical Review* 120(4): 515-66.

_____. 2014. "Intuitions in Philosophy: A Minimal Defense." *Philosophical Studies* 171(3): 535-44.

Chappell, Sophie Grace. 2013. "Plato on Knowledge in the *Theaetetus*." In: Zalta, Edward N. (ed.), *The Stanford Encyclopedia of Philosophy* (Winter 2013 Edition), Stanford: The Metaphysics Research Lab, Center for the Study of Language and Information (Stanford University). URL: https://stanford.io/2Stjmhh (accessed 31 October 2018).

Chomsky, Noam. 1965. *Aspects of the Theory of Syntax*. Cambridge, MA: MIT Press.

Churchland, Paul M. 1981. "Eliminative Materialism and the Propositional Attitudes." *Journal of Philosophy* 78(2): 67-90.

Cohen-Eliya, Moshe; Porat, Iddo. 2015. "The Knobe Effect, Indifference, and Constitutional Law." *Law & Ethics of Human Rights* 9(2): 229-47.

Cohnitz, Daniel; Haukioja, Jussi. 2015. "Intuitions in Philosphical Senmantics." *Erkenntnis* 80: 617-41.

Colaço, David; Buckwalter, Wesley; Stich, Stephen; Machery, Édouard. 2014. "Epistemic Intuitions in Fake-Barn Thought Experiments." *Episteme* 11(2): 199–212.

Colaço, David; Machery, Édouard. 2017. "The Intuitive Is a Red Herring." *Inquiry* 60(4): 403–19.

Colombo, Matteo; Duev, Georgi; Nuijten, Michèle B; Sprenger, Jan. 2018. "Statistical Reporting Inconsistencies in Experimental Philosophy." *PLoS ONE* 13(4): e0194360.

Cosmides, Leda; Tooby, John. 1992. "Cognitive Adaptations for Social Exchange." In: Barkow, Jerome H.; Cosmides, Leda; Tooby, John (eds.), *The Adapted Mind: Evolutionary Psychology and the Generation of Culture*. New York: Oxford University Press, 163–228.

Cottingham, John. 2011. "The Role of God in Descartes' Philosophy." In: Broughton, Janet; Carriero, John (eds.), *A Companion to Descartes*. Oxford: Wiley-Blackwell, 288–301.

Cova, Florian. 2016. "The Folk Concept of Intentional Action: Empirical Approaches." In: Sytsma, Justin; Buckwalter, Wesley (eds.), *A Companion to Experimental Philosophy*, Oxford: Wiley-Blackwell, 121–41.

Cova, Florian; Bertoux, Maxime; Bourgeois-Gironde, Sacha; Dubois, Bruno. 2012. "Judgments about Moral Responsibility and Determinism in Patients with Behavioural Variant of Frontotemporal Dementia: Still Compatibilists." *Consciousness and Cognition* 21(2): 851–64.

Cova, Florian; Lantian, Anthony; Boudesseul, Jordane. 2016. "Can the Knobe Effect Be Explained Away? Methodological Controversies in the Study of the Relationship between Intentionality and Morality." *Person-*

ality and Social Psychology Bulletin 42(10): 1295–308.

Cova, Florian; Naar, Hichem. 2012. "Side-Effect Effect without Side Effects: The Pervasive Impact of Moral Considerations on Judgments of Intentionality." *Philosophical Psychology* 25(6): 837–54.

Cova, Florian; Strickland, Brent; Abatista, Angela; Allard, Aurélien; Andow, James; Attie, Mario; Beebe, James; Berniūnas, Renatus; Boudesseul, Jordane; Colombo, Matteo; Cushman, Fiery; Diaz, Rodrigo; N' Djaye, Noah; van Dongen, Nikolai; Dranseika, Vilius; Earp, Brian D.; Gaitán Torres, Antonio; Hannikainen, Ivar; Hernández-Conde, José V.; Hu, Wenjia; Jaquet, François; Khalifa, Kareem; Kim, Hanna; Kneer, Markus; Knobe, Joshua; Kurthy, Miklos; Lantian, Anthony; Liao, Shen-yi; Machery Édouard; Moerenhout, Tania; Mott, Christian; Phelan, Mark; Phillips, Jonathan; Rambharose, Navin; Reuter, Kevin; Romero, Felipe; Sousa, Paulo; Sprenger, Jan; Thalabard, Emile; Tobia, Kevin; Viciana, Hugo; Wilkenfeld, Daniel; Zhou, Xiang. 2021. "Estimating the Reproductibility of Experimental Philosophy." *Review of Philosophy and Psychology* 12: 9–44.

Cullen, Simon. 2010. "Survey-Driven Romanticism." *Review of Philosophy and Psychology* 1(2): 275–96.

Cummins, Robert. 1998. "Reflection on Reflective Equilibrium." In: DePaul, Michael R.; Ramsey, William M. (eds.), *Rethinking Intuition: The Psychology of Intuition and Its Role in Philosophical Inquiry*, Lanham: Rowman & Littlefield, 113–28.

Cushman, Fiery; Mele, Alfred R. 2008. "Intentional Action: Two-And-A-Half Folk Concepts?" In: Knobe, Joshua; Nichols, Shaun (eds.), *Ex-*

perimental Philosophy (Vol. 1), Oxford: Oxford University Press, 170-84.

Dalbauer, Nikolaus; Hergovich, Andreas. 2013. "Is What Is Worse More Likely? The Probabilistic Explanation of the Epistemic Side-Effect Effect." *Review of Philosophy and Psychology* 4(4): 639-57.

de Cruz, Helen. 2018. "Religious Beliefs and Philosophical Views: A Qualitative Study." *Res Philosophica* 95(3): 477-504.

Dennett, Daniel. 1984. *Elbow Room: The Varieties of Free Will worth Wanting*. Oxford: Clarendon Press.

Descartes, René. 1641/1996. *Meditations on First Philosophy*. Ed. by John Cottingham. Cambridge: Cambridge University Press.

Descartes, René. 1964/1974. *Oeuvres de Descartes*, Ed. by Charles Adam & Paul Tannery. Paris: Vrin/CNRS.

Deutsch, Max. 2009. "Experimental Philosophy and the Theory of Reference." *Mind and Language* 24(4): 445-66.

_____. 2010. "Intuitions, Counter-Examples, and Experimental Philosophy." *Review of Philosophy and Psychology* 1(3): 447-60.

_____. 2015a. "Kripke's Gödel Case." In: Haukioja, Jussi (ed.), *Advance in Experimental Philosophy of Language*. New York: Bloomsbury Academic, 7-30.

_____. 2015b. *The Myth of the Intuitive: Experimental Philosophy and Philosophical Method*. Cambridge, MA: MIT Press.

_____. 2016. "Gettiers Method." In: Nado, Jennifer (ed.), *Advances in Experimental Philosophy and Philosophical Methodology*, New York: Bloomsbury Academic, 69-98.

_____. 2017. "Replies to Commentators." *Inquiry* 60(4): 420–42.

Devitt, Michael. 2011. "Whither Experimental Semantics?" *Theoria* 73: 5–36.

_____. 2012. "The Role of Intuitions." In: Russell, Gillian; Fara, Delia Graff (eds.), *The Routledge Companion to Philosophy of Language*. New York and London: Routledge, 554–65.

Diaz, Rodrigo; Viciana, Hugo; Gomila, Antonio. 2017. "Cold Side-Effect Effect: Affect Does Not Mediate the Influence of Moral Considerations in Intentionality Judgments." *Frontiers in Psychology* 8(295), 1–9.

Donnellan, Keith S. 1966. "Reference and Definite Descriptions." *The Philosophical Review* 75(3): 281–304.

Doris, John. 1998. "Persons, Situations, and Virtue Ethics." *Noûs* 32(4): 504–30.

_____. 2002. *Lack of Character—Personality and Moral Behaviour*. Cambridge: Cambridge University Press.

_____. 2015. *Talking to Our Selves: Reflection, Ignorance, and Agency*. Oxford: Oxford University Press.

Douven, Igor. 2016. "Experimental Approaches to the Study of Conditionals." In: Sytsma, Justin; Buckwlater, Wesley (eds.), *A Companion to Experimental Philosophy*, Oxford: Wiley-Blackwell, 545–54.

Dretske, Fred I. 1970. "Epistemic Operators." *The Journal of Philosophy* 67(24): 1007–23.

Edwards, Allen. 1953. "The Relationship between the Judged Desirability of a Trait and the Probability That the Trait Will Be Endorsed." *Journal of Applied Psychology* 37(2): 90–93.

Ekstrom, Laura. 2002. "Libertarianism and Frankfurt-Style Cases." In: Kane, Robert (eds.), *The Oxford Handbook of Free Will*, Oxford: Oxford University Press. 309-22.

Elstein, Daniel; Jenkins, Caroline S. 2020. "The Truth Fairy and the Indirect Epistemic Consequentialist." In: Pedersen, Nikolaj J. L. L.; Graham, Peter J. (eds.), *Epistemic Entitlement*, Oxford: Oxford University Press.

Evans, Gareth. 1973. "The Causal Theory of Names." *Proceedings of the Aritotelian Society, Supplementary Volumes* 47: 187-208.

Feltz, Adam; Cokely, Edward T. 2009. "Do Judgments about Freedom and Responsibility Depend on Who You Are? Personality Differences in Intuitions about Compatibilism and Incompatibilism." *Consciousness and Cognition* 18(1): 342-50.

_____. 2016. "Personality and Philosophical Bias." In: Sytsma, Justin; Buckwalter, Wesley (eds.), *A Companion to Experimental Philosophy*. Oxford: Wiley-Blackwell, 578-89.

Feltz, Adam; Cokely, Edward T.; Nadelhoffer, Thomas. 2009. "Natural Compatibilism versus Natural Incompatibilism: Back to the Drawing Board." *Mind and Language* 24(1): 1-23.

Feltz, Adam; Cova, Florian. 2014. "Moral Responsibility and Free Will: A Meta-Analysis." *Consciousness and Cognition* 30: 234-46.

Feltz, Adam; Millan, Melissa. 2015. "An Error Theory for Compatibilist Intuitions." *Philosophical Psychology* 28(4): 529-55.

Fischer, Eugen; Curtis, Mark (eds.), 2019. *Methodological Advances in Experimental Philosophy*. London: Bloomsbury.

Frankfurt, Harry G. 1969. "Alternate Possibilities and Moral Responsibility."

The Journal of Philosophy 66(23): 829–39.

Frege, Gottlob. 1892. "Über Sinn und Bedeutung." *Zeitschrift für Philosophie und Philosophische Kritik* 100(1): 25–50.

Gettier, Edmund L. 1963. "Is Justified True Belief Knowledge?" *Analysis* 23(6): 121–23.

Glock, Hans-Johann. 2008. *What Is Analytic Philosophy?* Cambridge: Cambridge University Press.

Goldman, Alvin I. 2007. "Philosophical Intuitions: Their Target, Their Source, and Their Epistemic Status." *Grazer Philosophische Studien* 74: 1–26.

Goodnick, Liz. 2016. "A De Jure Criticism of Theism." *Open Theology* 2, 23–33.

Graham, George; Horgan, Terry. 1994. "Southern Fundamentalism and the End of Philosophy." *Philosophical Issues* 5: 219–47.

Greene, Joshua D. 2008. "The Secret Joke of Kant's Soul." In: Sinnott-Armstrong, Walter (ed.), *Moral Psychology (Vol. 3): The Neuroscience of Morality —Emotion, Brain Disorders, and Development.* Cambridge, Massachusetts: MIT Press, 35–80.

_____. 2014. "Beyond Point-and-Shoot Morality: Why Cognitive (Neuro) Science Matters for Ethics." *Ethics* 124(4): 695–726.

Greene, Joshua D.; Sommerville, R. Brian; Nystrom, Leigh N.; Cohen, Jonathan D. 2001. "An fMRI Investigation of Emotional Engagement in Moral Judgment." *Science* 293(5537): 2105–8.

Grice, Paul. 1989. *Studies in the Way of Words.* Cambridge, MA: Harvard University Press.

Griffiths, Paul E.; Machery, Édouard; Linquist, Stefan. 2009. "The Vernacular Concept of Innateness." *Mind and Language* 24(5): 605-30.

Griffiths, Paul E.; Stotz, Karola. 2008. "Experimental Philosophy of Science." *Philosophy Compass* 3/3(2008): 507-21.

Griggs, Richard A.; Cox, James R. 1983. "The Effects of Problem Content and Negation on Wason's Selection Task." *Quarterly Journal of Experimental Psychology* 35(3), 519-33.

Grundherr, Michael. 2016. "Order Ethics and Situationist Psychology." In: Luetge, Christoph; Mukerji, Nikil (eds.), *Order Ethics—An Ethical Framework for the Social Market Economy*. Dordrecht: Springer, 79-92.

Grundmann, Thomas. 2010. "Some Hope for Intuitions: A Reply to Weinberg." *Philosophical Psychology* 23(4): 481-509.

Haidt, Jonathan; Koller, Silvia H.; Dias, Maria G. 1993. "Affect, Culture, and Morality, or Is It Wrong to Eat Your Dog?" *Journal of Personality and Social Psychology* 65(4): 613-28.

Hales, Steven D. 2006. *Relativism and the Foundations of Philosophy*. Cambridge, MA: MIT Press.

_____. 2012. "The Faculty of Intuition." *Analytic Philosophy* 53(2): 180-207.

Harman, Gilbert. 1976. "Practical Reasoning." *The Review of Metaphysics* 29(3): 431-63.

_____. 1999a. *Reasoning, Meaning, and Mind*. Oxford: Oxford University Press.

_____. 1999b. "Moral Philosophy Meets Social Psychology: Virtue Ethics and the Fundamental Attribution Error." *Proceedings of the Aristotelian*

Society 99: 315-31.

Heinzelmann, Nora. 2018. "Deontology Defended." *Synthese* 195(12): 5197-216.

Henrich, Joseph; Heine, Steven J.; Norenzayan, Ara. 2010. "The Weirdest People in the World?" *Behavioral and Brain Sciences* 33(2-3): 61-83.

Hertwig, Ralph; Ortmann, Andreas. 2001. "Experimental Practices in Economics: A Methodological Challenge for Psychologists?" *Behavioral and Brain Sciences* 24(3): 383-403.

Hintikka, Jaakko. 1999. "The Emperor's New Intuitions." *The Journal of Philosophy* 96(3): 127-47.

Hitchcock, Christopher; Knobe, Joshua. 2009. "Cause and Norm." *Journal of Philosophy* 106(11): 587-612.

Hobbes, Thomas. 1651/1995. *Leviathan*. Oxford: Blackwell.

Hume, David. 1739-40/1960. *A Treatise of Human Nature*. Oxford: Clarendon Press.

_____. 1757/2007. "The Natural History of Religion." (1757) In: Beauchamp, T. L. (ed.), *A Dissertation on the Passions, The Natural History of Religion: A Critical Edition*. Oxford: Clarendon Press.

Ichikawa, Jonathan J. 2012. "Experimentalist Pressure against Traditional Methodology." *Philosophical Psychology* 25(5): 743-65.

Ichikawa, Jonathan J.; Maitra, Ishani; Weatherson, Brian. 2012. "In Defense of a Kripkean Dogma." *Philosophy and Phenomenological Research* 85(1): 56-68.

Jackson D Frank. 1998. *From Metaphysics to Ethics*. Oxford: Oxford University Press.

James, William. 1907/1921. *Pragmatism*. New York: Longmans, Green and Co.

Jauernig, Johanna. 2017. *Using Experiments in Ethics — an Inquiry into the Dark Side of Competition* (Manuscript). URL: https://bit.ly/2MYc71V (accessed 31 October 2018).

Jong, Jonathan. 2012. "Explaining Religion (Away?): Theism and the Cognitive Science of Religion." *Sophia* 52: 521-33.

Jong, Jonathan; Visala, Aku. 2014. "Evolutionary Debunking Arguments against Theism, Reconsidered." *International Journal for Philosophy of Religion* 76(3): 243-58.

Joyce, Richard. 2006a. *The Evolution of Morality*. Cambridge, MA.: MIT Press.

_____. 2006b. "Metaethics and the Empirical Sciences." *Philosophical Explorations* 9(1): 133-48.

Kahane, Guy. 2010. "Evolutionary Debunking Arguments." *Noūs* 45(1): 103-25.

Kahneman, Daniel. 2003. "Maps of Bounded Rationality: Psychology for Behavioral Economics." *American Economic Review* 93(5): 1449-75.

Kane, Robert (ed.). 2002. *The Oxford Handbook of Free Will*. Oxford: Oxford University Presss.

_____. 2005. *A Contemporary Introduction to Free Will*. Oxford: Oxford University Press.

Kass, Leon R. 1997. "The Wisdom of Repugnance." *The New Republic* (02 June 1997), 17-26.

Kauppinen, Antti. 2007. "The Rise and Fall of Experimental Philosophy."

Philosophical Explorations 10(2): 95–118.

Khalidi, Muhammad A. 2016. "Innateness as a Natural Cognitive Kind." *Philosophical Psychology* 29(3): 319–33.

Kim, Minsun; Yuan, Yuan. 2015. "No Cross-Cultural Differences in the Gettier Car Case Intuition: A Replication Study of Weinberg et al. 2001." *Episteme* 12(3): 355–61.

Knobe, Joshua. 2003. "Intentional Action and Side Effects in Ordinary Language." *Analysis* 63(3): 190–94.

_____. 2004. "Intention, Intentional Action and Moral Considerations." *Analysis* 64(2): 181–87.

_____. 2007a. "Experimental Philosophy." *Philosophy Compass* 2(1): 81–92.

_____. 2007b. "Reason Explanation in Folk Psychology." *Midwest Studies in Philosophy* 31(1): 90–106.

_____. 2008. "The Concept of Intentional Action." Knobe, Joshua; Nichols, Shaun (eds.), *Experimental Philosophy* (Vol. 1), Oxford: Oxford University Press, 129–48.

_____. 2010. "A Return to Tradition." *The New York Times*. URL: http://nyti.ms/1ZhiAkY (accessed 31 October 2018).

_____. 2014a. "Person as Scientist, Person as Moralist." In: Knobe, Joshua; Nichols, Shaun (eds.), *Experimental Philosophy* (Vol. 2), New York: Routledge, 195–228.

_____. 2014b. "Free Will and the Scientific Vision." In: Machery, Édouard; O'Neill, Elizabeth (eds.), *Current Controversies in Experimental Philosophy*. New York: Routledge, 69–85.

_____. 2015a. "New Study: No Difference in Gettier Intuition across Cultures"(Blog-Post). URL: http://bit.ly/1tycVws (accessed 31 October 2018).

_____. 2015b. "What Has Experimental Philosophy Discovered about Demographic Effects?"(Blog-Post). URL: http://bit.ly/1W1c1Cd (accessed 31 August 2018).

_____. 2015c. "Philosophers Are Doing Something Different Now: Quantitative Data." *Cognition* 135: 36-38.

_____. 2016. "Experimental Philosophy Is Cognitive Science." In: Sytsma, Justin; Buckwalter, Wesley (eds.), *A Companion to Experimental Philosophy*. Oxford: Wiley-Blackwell, 37-52.

Knobe, Joshua; Bura, Arudra. 2006. "The Folk Concepts of Intention and Intentional Action: A Cross-Cultural Study." *Journal of Cognition and Culture* 6(1-2): 113-32.

Knobe, Joshua; Mendlow, Gabriel S. 2000. "The Good, the Bad and the Blameworthy: Understanding the Role of Evaluative Reasoning in Folk Psychology." *Journal of Theoretical and Philosophical Psychology* 24(2): 252-58.

Knobe, Joshua; Nichols, Shaun. 2008. "An Experimental Philosophy Manifesto." Knobe, Joshua; Nichols, Shaun (eds.), *Experimental Philosophy* (Vol.1), Oxford: Oxford University Press, 3-14.

Knobe, Joshua; Prinz, Jesse. 2008. "Intuitions about Consciousness: Experimental Studies." *Phenomenology and the Cognitive Sciences* 7(1): 67-83.

Knobe, Joshua; Samuels, Richard. 2013. "Thinking like a Scientist: Innateness as a Case Study." *Cognition* 126(1): 72-86.

Königs, Peter. 2018. "Two Types of Debunking Arguments." *Philosophical Psychology* 31(3): 383-402.

Kornblith, Hilary. 2007. "Naturalism and Intuitions." *Grazer Philosophische Studien* 74: 27-49.

Kramer, Roderick M.; Messick, David M. 1996. "Ethical Cognition and the Framing of Organisational Dilemmas: Decision Makers as Intuitive Lawyers." In: Messick, David M.; Tenbrunsel, Ann E. (eds.), *Codes of Conduct: Behavioral Research into Business Ethics*. New York: Russell Sage Foundation, 59-85.

Kripke, Saul. 1972/1980. *Naming and Necessity*. Cambridge, MA: Harvard University Press.

_____. 1977. "Speaker's Reference and Semantic Reference." *Midwest Studies in Philosophy* 2(1): 255-76.

Kumar, Victor; Campbell, Richmond. 2012. "On the Normative Significance of Experimental Moral Psychology." *Philosophical Psychology* 25(3): 311-30.

Lam, Barry. 2010. "Are Cantonese-Speakers Really Descriptivists? Revisiting Cross-Cultural Semantics." *Cognition* 115(2): 320-29.

Lehrer, Keith. 1990. *Theory of Knowledge*. Boulder, CO: Westview Press.

Leslie, Alan M.; Knobe, Joshua; Cohen, Adam. 2006. "Acting Intentionally and the Side-Effect Effect." *Psychological Science* 17(5): 421-27.

Levin, Janet. 2005. "The Evidential Status of Philosophical Intuitions." *Philosophical Studies* 121(3): 193-224.

Lewis, David. 1973/2001. *Counterfactuals*. Oxford: Basil Blackwell.

_____. 1983. *Philosophical Papers (Vol. 1)*. New York: Oxford University

Press.

Li, Jincai; Liu, Longgen; Chalmers, Elizabeth; Snedeker, Jesse. 2018. "What Is in a Name?" *Cognition* 171: 108–11.

Libet, Benjamin. 2002. "Do We Have Free Will?" In: Kane, Robert (ed.), *The Oxford Handbook of Free Will*. Oxford: Oxford University Press, 551–64.

Linquist, Stefan. 2018. "The Conceptual Critique of Innateness." *Philosophy Compass* 13(5): e12492.

Locke, John. 1710/1975. *An Essay Concerning Human Understanding*. Oxford: Clarendon Press.

Lombrozo, Tania. 2006. "The Structure and Function of Explanations." *Trends in Cognitive Sciences* 10(10): 464–70.

_____. 2009. "Explanation and Categorization: How 'why?' Informs 'What?'." *Cognition* 110(2): 248–53.

Ludwig, Kirk. 2007. "The Epistemology of Thought Experiments: First Person versus Third Person Approaches." *Midwest Studies in Philosophy* 31(1): 128–59.

Luetge, Christoph; Mukerji, Nikil (eds.), 2016. *Order Ethics—An Ethical Framework for the Social Market Economy*. Dordrecht: Springer.

Luetge, Christoph; Rusch, Hannes; Uhl, Matthias (eds.), 2014. *Experimental Ethics: Toward an Empirical Moral Philosophy*. London: Palgrave Macmillan.

Machery, Édouard. 2012. "Expertise and Intuitions about Reference." *Theoria* 73(1): 37–54.

_____. 2014. "What Is the Significance of the Demographic Variation in Semantic Intuitions?" In: Machery, Édouard; O'Neill, Elizabeth(eds.), *Current Controversies in Experimental Philosophy*. New York: Routledge, 3-16.

_____. 2016. "Experimental Philosophy of Science." In: Sytsma, Justin; Buckwalter, Wesley (eds.), *A Companion to Experimental Philosophy*. Oxford: Wiley-Blackwell, 475-90.

Machery, Édouard; Cohen, Kara. 2012. "An Evidence-Based Study of the Evolutionary Behavioral Sciences." *The British Journal for the Philosophy of Science* 63: 177-226.

Machery, Édouard; Deutsch, Max; Mallon, Ron; Nichols, Shaun; Sytsma, Justin; Stich, Stephen. 2010. "Semantic Intuitions: Reply to Lam." *Cognition* 117(3): 361-66.

Machery, Édouard; Mallon, Ron; Nichols, Shaun; Stich, Stephen. 2004. "Semantics, Cross-Cultural Style." *Cognition* 92(3): B1-B12.

Machery, Édouard; Stich, Stephen; Rose, David; Chatterjee, Amita; Karasawa, Kaori; Struchiner, Noel; Sirker, Smita; Usui, Naoki; Hashimoto, Takaaki. 2015. "Gettier across Cultures." *Noûs* (Early View).

Machery, Édouard; Sytsma, Justin; Deutsch, Max. 2015. "Speaker's Reference and Cross-Cultural Semantics." In: Bianchi, Andrea (ed.), *On Reference*. Oxford: Oxford University Press, 62-76.

Makel, Matthew C.; Plucker, Jonathan A.; Hegarty, Boyd. 2012. "Replications in Psychology Research: How Often Do They Really Occur?" *Perspectives on Psychological Science: A Journal of the Association for Psychological Science* 7(6): 537-42.

Malle, Bertram F.; Nelson, Sarah E. 2003. "Judging Mens Rea: The Tension between Folk Concepts and Legal Concepts of Intentionality." *Behavioral Sciences and the Law* 21(5): 563–80.

Mallon, Ron; Machery, Édouard; Nichols, Shaun; Stich, Stephen. 2009. "Against Arguments from Reference." *Philosophy and Phenomenological Research* 79(2): 332–56.

Mandelbaum, Eric; Ripley, David. 2012. "Explaining the Abstract/Concrete Paradoxes in Moral Psychology: The NBAR Hypothesis." *Review of Philosophical Psychology* 3(3): 351–68.

Mangan, Katherina. 2019. "Proceedings Start Against 'Sokal Squared' Hoax Professor." *The Chronicle of Higher Education* 18(65). URL: https://www.chronicle.com/article/Proceedings-Start-Against/245431.

McIntyre, Alison. 2014. "Doctrine of Double Effect." In: Zalta, Edward N. (ed.), *The Stanford Encyclopedia of Philosophy* (Winter 2014 Edition), Stanford: The Metaphysics Research Lab, Center for the of Language and Information(Stanford University). URL: https://stanford.io/2Mxmppw (accessed 31 October 2018).

Meehl, Paul E. 1992. "Cliometric Metatheory: The Actuarial Approach to Empirical, History-Based Philosophy of Science." *Psychological Reports* 71: 339–467.

_____. 2002. "Cliometric Metatheory II: Criteria Scientists Use in Theory Appraisal and Why It Is Rational to Do So." *Psychological Reports* 91: 339–404.

_____. 2004. "Cliometric Metatheory III: Peircean Consensus, Verisimilitude and Asymptotic Method." *British Journal for the Philosophy of Science* 55: 615–43.

Mele, Alfred R.; Cushman, Fiery. 2007. "Intentional Action, Folk Judgments, and Stories: Sorting Things Out." *Midwest Studies in Philosophy* 31(1): 184-201.

Michael, John A.; Szigeti, András. 2018. "The Group Knobe Effect: Evidence That People Intuitively Attribute Agency and Responsibility to Groups." Philosophical Explorations (Online first). URL: https://doi.org/10.1080/13869795.2018.1492007 (accessed 31 October 2018).

Michelin, Corinna; Pellizzoni, Sandra; Tallandini, Maria A.; Siegal, Michael. 2010. "Evidence for the Side-Effect Effect in Young Children: Influence of Bilingualism and Task Presentation Format." *European Journal of Developmental Psychology* 7(6): 641-52.

Mill, John Stuart. 1859. *On Liberty*. London: John W. Parker & Son.

_____. 1882/1976. *A System of Logic Ratiocinative and Inductive. (Collected Works, Vol. 8)*. Ed. by J. M. Robson. Toronto: University of Toronto Press.

Mittelstadt, Brent; Floridi, Luciano. 2016. "The Ethics of Big Data: Current and Foreseeable Issues in Biomedical Contexts." *Science and Engineering Ethics* 22(2): 303-41.

Mizrahi, Moti. 2012. "Intuition Mongering." *The Reasoner* 6(11): 169-70.

Moser, Paul K. 1999. "Metaphilosophy." In: Audi, Robert (ed.), *The Cambridge Dictionary of Philosophy*. Cambridge: Cambridge University Press, 561-62.

Mortensen, Kaija; Nagel, Jennifer. 2016. "Armchair-Friendly Experimental Philosophy." In: Sytsma, Justin; Buckwalter, Wesley (eds.), *A Companion to Experimental Philosophy*. Oxford: Blackwell-Wiley, 53-70.

Mukerji, Nikil. 2014. "Intuitions, Experiments, and Armchairs." In: Luetge, Christoph; Rusch, Hannes; Uhl, Matthias (eds.), *Experimental Ethics: Toward an Empirical Moral Philosophy*, London: Palgrave Macmillan, 227-43.

_____. 2015. "Experimentelle Ethik." In: Nida-Rümelin, Julian; Spiegel, Irina; Tiedemann, Markus (eds.), *Handbuch Philosophie und Ethik (Vol. 2): Disziplinen und Themen*. Ferdinand Schöningh: Paderborn, 93-101.

_____. 2016. *The Case Against Consequentialism Reconsidered*. Dordrecht: Springer.

_____. 2017. *Die 10 Gebote des gesunden Menschenverstands*. Heidelberg: Springer.

_____. 2018. "What is Fake News?" *Ergo* 5(35), 923-46. http://dx-doi.org/10.3998/ergo.12405314.0005.035.

Mukerji, Nikil. Luetge, Christoph. 2014. "Responsibility, Order Ethics, and Group Agnecy." *Archives for Philosophy of Law and Social Philosophy* 100(2): 176-86.

Mukerji, Nikil; Schumacher, Christoph. 2016a. "Order Ethics, Economics, and Game Theory." In: Luetge, Christoph; Mukerji, Nikil (eds.), *Order Ethics—An Ethical Framework for the Social Market Economy*. Dordrecht: Springer, 93-107.

_____. 2016b. "Is the Minimum-Wage Ethically Justifiable? an Order-Ethical Answer." In: Luetge, Christoph; Mukerji, Nikil (eds.), *Order Ethics—An Ethical Framework for the Social Market Ecomomy*. Dordrecht: Springer, 279-92.

Müller-Lyer, Franz C. 1889. "Optische Urtheilstäuschungen." *Archiv für Anatomie und Physiologie, Physiologische Abteilung 2(Supplement)*: 263-70.

Murray, Dylan; Nahmias, Eddy. 2014. "Explaining Away Incompatibilist Intuitions." *Philosophy and Phenomenological Research* 88(2): 434-67.

Nadelhoffer, Thomas. 2004a. "Blame, Badness, and Intentional Action: A Reply to Knobe and Mendlow." *Journal of Theoretical and Philosophical Psychology* 24(2): 259-69.

＿＿＿. 2004b. "On Praise, Side Effects, and Folk Ascriptions of Intentionality." *Journal of Theoretical and Philosophical Psychology* 24(2): 196-213.

Nadelhoffer, Thomas; Nahmias, Eddy. 2007. "The Past and Future of Experimental Philosophy." *Philosophical Explorations* 10(2): 123-49.

Nado, Jennifer. 2015. "Intuition, Philosophical Theorising, and the Threat of Scepticism." In: Fischer, Eugen; Collins, John (eds.), *Experimental Philosophy, Rationalism, and Naturalism: Rethinking Philosophical Method*. London: Routledge, 204-21.

＿＿＿. 2016. "The Intuition Deniers." *Philosophical Studies* 173(3): 781-800.

＿＿＿. 2017. "Demythologizing Intuition." *Inquiry* 60(4): 386-402.

Nagel, Jennifer; Juan, Valerie S.; Mar, Raymond A. 2013. "Lay Denial of Knowledge for Justified True Beliefs." *Cognition* 129(3): 652-61.

Nahmias, Eddy; Coates, Justin; Kvaran, Trevor. 2007. "Free Will, Moral Responsibility, and Mechanism: Experiments on Folk Intuitions." *Midwest Studies in Philosophy* 31: 214-42.

Nahmias, Eddy; Morris, Stephen G.; Nadelhoffer, Thomas; Turner, Jason.

2005. "Surveying Freedom: Folk Intuitions about Free Will and Moral Responsibility." *Philosophical Psychology* 18(5): 561–84.

_____. 2006. "Is Incompatibilism Intuitive?" *Philosophy and Phenomenological Research* 73(1): 28–53.

Nahmias, Eddy; Murray, Dylan. 2011. "Experimental Philosophy on Free Will: An Error Theory for Incompatibilist Intuitions." In: Aguilar, Jesús H.; Buckareff, Andrei A.; Frankish, Keith (eds.), *New Waves in Philosophy of Action*, Basing-stoke: Palgrave Macmillan, 189–216.

Nahmias, Eddy; Thompson, Morgan. 2014. "A Naturalistic Vision of Free Will." In: Machery, Édouard; O' Neill, Elizabeth (eds.), *Current Controversies in Experimental Philosophy*, New York: Routledge, 86–103.

Nichols, Shaun. 2014. "Process Debunking and Ethics." *Ethics* 124(4): 727–49.

Nichols, Shaun; Bruno, Michael. 2010. "Intuitions about Personal Identity: An Empirical Study." *Philosophical Psychology* 23(3): 293–312.

Nichols, Shaun; Knobe, Joshua. 2007. "Moral Responsibility and Determinism: The Cognitive Science of Folk Intuitions." *Noûs* 41(4): 663–85.

Nichols, Shaun; Ulatowski, Joseph. 2007. "Intuitions and Individual Differences: The Knobe Effect Revisited." *Mind and Language* 22(4): 346–65.

Nida-Rümelin, Julian. 1997a. *Economic Rationality and Practical Reason*. Dordrecht: Springer.

_____. 1997b. "Why Consequentialism Fails." In: Holmström-Hintikka, Ghita; Tuomela, Raimo (eds.), *Contemporary Action Theory*. Dordrecht: Kluwer Academic Pub, 295–308.

_____. 2009. *Philosophie und Lebensform*. Frankfurt: Suhrkamp.

_____. 2016. *Humanistische Reflexionen*. Berlin: Suhrkamp.

_____. 2018. *Structural Rationality and Other Essays on Practical Reason*. Dordrecht: Springer.

Nisbett, Richard E.; Peng, Kaiping; Choi, Incheol; Norenzayan, Ara. 2001. "Culture and Systems of Thought: Holistic versus Analytic Cognition." *Psychological Review* 108(2): 291-310.

Nietzsche, Friedrich. 1878/1986. *Human, All-Too-Human: A Book for Free Spirits*. Cambridge: Cambridge University Press.

Norcross, Alastair. 2008. "Off Her Trolley? Frances Kamm and the Metaphysics of Morality." *Utilitas* 20(1): 65-80.

O'Shaughnessy, Brain. 1973. "Trying (as the Mental 'Pineal Gland')." *The Journal of Philosophy* 70(13): 365-85.

Ostermaier, Andreas; Uhl, Matthias. 2017. "Spot on for Liars! How Public Scrutiny Influences Ethical Behavior." *PLoS ONE* 12(7): e0181682.

Paulo, Norbert. 2019. "In Search of Green's Argument." *Utilitas* 31(1): 38-58.

Pellizzoni, Sandra; Siegal, Michael; Surian, Luca. 2009. "Foreknowledge, Caring, and the Side-Effect Effect in Young Children." *Developmental Psychology* 45(1): 289-95.

Perler, Dominik. 1998. *René Descartes*. München: C. H. Beck.

Pettit, Dean; Knobe, Joshua. 2009. "The Pervasive Impact of Moral Judgment." *Mind and Language* 24(5): 586-604.

Pfeifer, Niki. 2012. "Experiments on Aristotle's Thesis: Towards an Experimental Philosophy of Conditionals." *The Monist* 95(2): 223-40.

_____. 2014. "Reasoning about Uncertain Conditionals." *Studia Logica*, 102(4): 849–66.

Pfeifer, Niki; Douven, Igor. 2014. "Formal Epistemology and the New Paradigm Psychology of Reasoning." *The Review of Philosophy and Psychology* 5(2): 199–201.

Pfeifer, Niki; Kleiter, Gernot D. 2010. "The Conditional in Mental Probability Logic." In: Oaksford, Mike; Chater, Nick (eds.), *Cognition and Conditionals: Probability and Logic in Human Thought*. Oxford: Oxford University Press, 153–73.

_____. 2011. "Uncertain Deductive Reasoning." In: Manktelow, Ken; Over, David E.; Elqayam, Shira (eds.), *The Science of Reason: A Festschrift for Jonathan St B. T. Evans*. Hove: Psychology Press, 145–66.

Pfeifer, Niki; Pankka, Hanna. 2017. "Modeling the Ellsberg Paradox by Argument Strength." In: Gunzelmann, Glenn; Howes, Andrew; Tenbrink, Thora; Davelaar, Eddy (eds.), *Proceedings of the 39th Cognitive Science Society Meeting*, 925–30.

Pfeifer, Niki; Sanfilippo, Giuseppe. 2017. "Probabilistic Squares and Hexagons of Opposition under Coherence." *International Journal of Approximate Reasoning* 88: 282–94.

Pfeifer, Niki; Tulkki, Leena. 2017. "Conditionals, Counterfactuals, and Rational Reasoning: An Experimental Study on Basic Principles." *Minds and Machines* 27(1): 119–65.

Pinder, Mark. 2017. "The Explication Defence of Arguments from Reference." *Erkenntnis* 82: 1253–76.

Pink, Thomas. 2004. *Free Will: A Very Short Introduction*. Oxford: Oxford

University Press.

Pinker, Steven. 2008. "The Stupidity of Dignity." *The New Republic* (28 May 2008).

Planck, Max. 1923. *Kausalgesetz und Willensfreiheit: Öffenlicher Vortrag gehalten an der Preussischen Akademie der Wissenschaften am 17. Februar 1923*. Berlin: Springer.

Plato. 1997. *Complete Works*. Ed. by Cooper, John M. Indianapolis, IN: Hackett.

Pluckrose, Helen; Lindsay, James A.; Boghossian, Peter. 2018. "Academic Grievance Studies and the Corruption of Scholarship." *Areo Magazine*. URL: https://areomagazine.com/2018/10/02/academic-grievance-studies-and-the-corruption-of-scholarship (accessed 31 Oct 2018).

Priest, Graham. 1995/2002. *Beyond the Limits of Thought*. Cambridge: Cambridge University Press.

Prinz, Jesse. 2008. "Empirical Philosophy and Experimental Philosophy." Knobe, Joshua; Nichols, Shaun (eds.), *Experimental Philosophy* (Vol. 1), Oxford: Oxford University Press, 189–208.

_____. 2010. "Ethics and Psychology." In: Skorupski, John (ed.), *The Routledge Companion to Ethics*, New York: Routledge, 384–96.

Pust, Joel. 2014. "Intuition." In: Zalta, Edward N. (ed.), *The Stanford Encyclopedia of Philosophy* (Fall 2014 Edition), Stanford: The Metaphysics Research Lab, Center for the Study of Language and Information (Stanford University). URL: http://stanford.io/1XYnbLh (accessed 31 October 2018).

Rawls, John. 2003. *Justice as Fairness: A Restatement*. Cambridge: Harvard

University Press.

Reichenbach, Hans. 1938/1983. *Erfahrung und Prognose: Eine Analyse der Grundlagen und der Struktur der Erkenntnis*. Braunschweig: Vieweg.

Ridge, Michael. 2015. "Naïve Practical Reasoning and the Second-Person Standpoint: Simple Reasons for Simple People?" *Journal of Value Inquiry* 49(1-2): 17-30.

Ripley, David. 2016. "Experimental Philosophical Logic." In: Sytsma, Justin; Buckwalter, Wesley (eds.), *A Companion to Experimental Philosophy*, Oxford: Wiley-Blackwell, 523-34.

Rodgers, Travis J.; Warmke, Brandon. 2015. "Situationism versus Situationism." *Ethical Theory and Moral Practice* 18(1): 9-26.

Rose, David; Danks, David. 2012. "Causation: Empirical Trends and Future Directions." *Philosophy Compass* 7(9): 643-53.

_____. 2013. "In Defense of a Broad Conception of Experimental Philosophy." *Metaphilosophy* 44(4): 512-32.

Rosenthal, Robert. 1976. *Experimenter Effects in Behavioral Research*. New York: John Wiley & Sons.

Rosenthal, Robert; Fode, Kermit L. 1963. "The Effect of Experimenter Bias on the Performance of the Albino Rat." *Behavioral Science* 8(3): 183-89.

Rosenthal, Robert; Persinger, Gordon W.; Mulry, Ray C.; Vikan-Kline, Linda; Grothe; Mardell. 1964. "Changes in Experimental Hypotheses as Determinants of Experimental Results." *Journal of Projective Techniques and Personality Assessment* 28(4): 465-69.

Rosenthal, Robert; Persinger, Gordon W.; Vikan-Kline, Linda; Mulry, Ray

C. 1963. "The Role of the Research Assistant in the Mediation of Experimenter Bias." *Journal of Personality* 31(3): 313–35.

Russell, Bertrand. 1905. "On Denoting." *Mind* 14(56): 479–93.

_____. 1918/2004. *Mysticism and Logic*. Mineola, NY: Dover Publications.

_____. 1948. *Human Knowledge — Its Scope and Limits*. London: George Allen & Unwin.

Ryle, Gilbert. 1949/2002. *The Concept of Mind*. Chicago: The University of Chicago Press.

Samuels, Richard; Stich, Stephen. 2004. "Rationality and Psychology." In: Mele, Alfred R.; Rawling, Piers (eds.), *The Oxford Handbook of Rationality*. Oxford: Oxford University Press, 279–300.

Sanfilippo, Giuseppe; Pfeifer, Niki; Over, David E.; Gilio, Angelo. 2018. "Probabilistic Inferences from Conjoined to Iterated Conditionals." *International Journal of Approximate Reasoning* 93: 103–18.

Sarkissian, Hagop; Chatterjee, Amita; de Brigard, Felipe; Knobe, Joshua; Nichols, Shaun; Sirker, Smita. 2010. "Is Belief in Free Will a Cultural Universal?" *Mind and Language* 25(3): 346–58.

Sartwell, Crispin. 1991. "Knowledge Is Merely True Belief." *American Philosophical Quarterly* 28(2): 157–65.

Schupbach, Jonah N. 2016. "Experimental Philosophy Meets Formal Epistemology." In: Sytsma, Justin; Buckwalter, Wesley (eds.), *A Companion to Experimental Philosophy*, Oxford: Wiley–Blackwell, 535–44.

_____. 2017. "Experimental Explication." *Philosophy and Phenomenological Research* 94(3): 672–710.

Schwitzgebel, Eric; Cushman, Fiery. 2012. "Expertise in Moral Reasoning?

Order Effects on Moral Judgment in Professional Philosophers and Non-Philosophers." *Mind and Language* 27(2): 135–53.

_____. 2015. "Philosophers' Biased Judgments Persist Despite Training, Expertise and Reflection." *Cognition* 141: 127–37.

Searle, John R. 1983. *Intentionality: An Essay in the Philosophy of Mind.* Cambridge: Cambridge University Press.

_____. 2007. *Freedom and Neurobiology: Reflections on Free Will, Language, and Political Power.* New York: Columbia University Press.

Segall, Marshall H.; Campbell, Donald T.; Herskovits, Melville J. 1966. *The Influence of Culture on Visual Perception.* Indianapolis: Bobbs-Merrill.

Seyedsayamdost, Hamid. 2014. "On Gender and Philosophical Intuition: Failure of Replication and Other Negative Results." *Philosophical Psychology* 28(5): 642–73.

_____. 2015. "On Normativity and Epistemic Intuitions: Failure of Replication." *Episteme* 12(1): 95–116.

Shafer-Landau, Russ. 2006. "Ethics as Philosophy — A Defense of Ethical Non-naturalism." In: Horgan, Terry; Timmons, Mark (eds.), *Metaethics after Moore.* Oxford: Oxford University Press, 209–32.

Shea, Christopher. 2008. "Against Intuition." *The Chronicle of Higher Education* (3 October 2008): B8–B12.

Shepherd, Joshua; Justus, James. 2015. "X-Phi and Carnapian Explication." *Erkenntnis* 80(2): 381–402.

Sidgwick, Henry. 1907. *The Methods of Ethics.* London: Hackett Publishing.

Simons, Daniel J.; Chabris, Christopher F. 1999. "Gorillas in Our Midst: Sustained Inattentional Blindness for Dynamic Events." *Perception* 28:

1059-74.

Singer, Peter. 2005. "Ethics and Intuitions." *The Journal of Ethics* 9(3-4): 331-52.

Sinnott-Armstrong, Walter. 2008. "Framing Moral Intuitions." In: Sinnott-Armstrong, Walter (ed.), Moral Psychology (Vol. 2): *The Cognitive Science of Morality: Intuition and Diversity*. Cambridge, MA: MIT Press, 47-76.

Sokal, Alan. 1996. "Transgressing the Boundaries: Towards a Transformative Hermeneutics of Quantum Gravity." *Social Text* 46/47: 217-52.

Sokal, Alan; Bricmont, Jean. 1998. *Fashionable Nonsense: Postmodern Intellectuals' Abuse of Science*. New York: Picador.

Sorokowski, Piotr; Kulczycki, Emanuel; Sorokowska, Agnieszka; Pisanski, Katarzyna. 2017. "Predatory Journals Recruit Fake Editor." *Nature* 543(7646): 481-83.

Sosa, Ernest. 2007. "Experimental Philosophy and Philosophical Intuition." *Philosophical Studies* 132(1): 99-107.

Stern, Robert. 2000. *Transcendental Arguments and Skepticism*. Oxford: Oxford University Press.

Stevenson, Charles L. S. 1937. "The Emotive Meaning Ethical Terms." *Mind* 46(81): 14-31.

_____. 1938. "Persuasive Definitions." *Mind* 47(187): 331-50.

Stich, Stephen. 1990. *The Fragmentation of Reason*. Cambridge, Massachusetts: MIT Press.

_____. 2001. "Plato's Method Meets Cognitive Science." *Free Inquiry* 21(2): 36-38.

_____. 2010. "Philosophy and WEIRD intuition." *Behavioral and Brain Sciences* 33(2-3): 110-11.

Stich, Stephen; Tobia, Kevin P. 2016. "Experimental Philosophy and the Philosophical Tradition." In: Sytsma, Justin; Buckwalter, Wesley (eds.), *A Companion to Experimental Philosophy*, Oxford: Wiley-Blackwell, 5-21.

Stotz, Karola. 2009. "Experimental Philosophy of Biology: Notes from the Field." *Studies in History and Philosophy of Science* 40: 233-37.

Stotz, Karola. Griffiths, Paul E. 2004. "Genes: Philosophical Analyses Put to the Test." *History and Philosophy of the Life Sciences* 26(2004): 5-28.

Stotz, Karola. Griffiths, Paul E.; Knight, Rob D. 2004. "How Scientists Conceptualize Genes: An Empirical Study." *Studies in History and Philosophy of Biological and Biomedical Sciences* 35(4): 647-73.

Strawson, Galen. 1986. *Freedom and Belief*. Oxford: Oxford University Press.

Strevens, Michael. 2019. *Thinking Off Your Feet: How Empirical Psychology Vindicates Armchair Philosophy*. Cambridge, MA: Harvard University Press.

Strickland, Brent; Suben, Aysu. 2012. "Experimenter Philosophy: The Problem of Experimenter Bias in Experimental Philosophy." *Review of Philosophy and Psychology* 3(3): 457-67.

Swain, Stacey; Alexander, Joshua; Weinberg, Jonathan M. 2008. "The Instability of Philosophical Intuitions: Running Hot and Cold on Truetemp." *Philosophy and Phenomenological Research* 76(1): 138-55.

Sytsma, Justin; Livengood, Jonathan. 2011. "A New Perspective Concerning

Experiments on Semantic Intuitions." *Australasian Journal of Philosophy* 89(2): 315–32.

_____. 2016. *The Theory and Practice of Experimental Philosophy*. Peterborough: Broadview Press.

Sytsma, Justin; Livengood, Jonathan; Sato, Ryoji; Oguchi, Mineki. 2015. "Reference in the Land of the Rising Sun: A Cross–Cultural Study on the Reference of Proper Names." *Review of Philosophy and Psychology* 6(2): 213–30.

Sytsma, Justin; Machery, Édouard. 2010. "Two Concepts of Subjective Experience." *Philosophical Studies* 151(2): 299–327.

Tannenbaum, David; Ditto, Peter H.; Pizarro, David A. 2007. "Different Moral Values Produce Different Judgements of Intentional Action." (Working Draft). URL: http://bit.ly/1ZTVpwB (accessed 31 October 2018).

Thaler, Richard; Sunstein, Cass. 2008. *Nudge—Improving Decisions about Health, Wealth, and Happiness*. New Haven: Yale University Press.

Tobia, Kevin; Buckwalter, Wesley; Stich Stephen. 2012. "Moral Intuitions: Are Philosophers Experts?" *Philosophical Psychology* 26(5): 629–38.

Tsoi, Lily. 2016. "A Unified Versus Componential View of Understanding Minds." In: Sytsma, Justin; Buckwalter, Wesley (eds.), *A Companion to Experimental Philosophy*, Oxford: Wiley–Blackwell, 279–91.

Turri, John. 2013. "A Conspicuous Art: Putting Gettier to the Test." *Philosophers' Imprint* 13(10): 1–16.

_____. 2016. *Knowledge and the Norm of Assertion—An Essay in Philosophical Science*. Cambridge: Open Book Publishers.

Turri, John; Rose, David; Buckwalter, Wesley. 2018. "Choosing and Refus-
ing: Doxastic Voluntarism and Folk Psychology." *Philosophical Studies*
175(10): 2507-37.

Tversky, Amos; Kahneman, Daniel. 1981. "The Framing of Decisions and
the Psychology of Choice." *Science* 211(4481): 453-58.

_____. 1983. "Extensional Versus Intuitive Reasoning: The Conjunction Fal-
lacy in Probability Judgment." *Psychological Review* 90(4): 293-315.

Tyler, Tom R., Mentovich, Avital. 2010. "Punishing Collective Entities."
Journal of Law and Policy 19: 203-30.

Utikal, Verena; Fischbacher, Urs. 2014. "Attribution fo Externalities: An
Economic Approach to the Knobe Effect." *Economics and Philosophy*
30(2): 215-40.

Wallace, David F. 2003. *Everything and More: A Compact History of Infinity*.
New York: W. W. Norton.

Wason, Peter C. 1968. "Reasoning About a Rule." *Quarterly Journal of Ex-
perimental Psychology* 20(3): 273-81.

Weinberg, Jonathan M. 2007. "How to Challenge Intuitions Empirically
without Risking Skepticism." *Midwest Studies in Philosophy* 31(1): 318-
43.

_____. 2009. "On Doing Better, Experimental-Style." *Philosophical Studies*
145(3): 455-64.

_____. 2014. "Cappelen between Rock and a Hard Place." *Philosophical Stud-
ies* 171(3): 545-53.

Weinberg, Jonathan M.; Gonnerman, Chad; Buckner, Cameron; Alexander,
Joshua. 2010. "Are Philosophers Expert Intuiters?" *Philosophical Psy-*

chology 23(3): 331-55.

Weinberg, Jonathan M.; Nichols, Shaun; Stich, Stephen. 2001. "Normativity and Epistemic Intuitions." *Philosophical Topics* 29(1-2): 429-60.

Wilkins, John S.; Griffiths, Paul E. 2013. "Evolutionary Debunking Arguments in Three Domains: Fact, Value, and Religion." In: Maclaurin, James; Dawes, Greg (eds.), *A New Science of Religion*. London: Routledge, 133-46.

Williams, Bernard. 1970. "The Self and the Future." *The Philosophical Review* 79(2): 161-80.

Williamson, Timothy. 2005. "Armchair Philosophy, Metaphysical Modality and Counterfactual Thinking." *Proceedings of the Aristotelian Society* 105: 1-23.

_____. 2007. *The Philosophy of Philosophy*. Oxford: Blackwell Publishing.

_____. 2009. "Replies to Ichikawa, Martin and Weinberg." *Philosophical Studies* 145(3): 465-76.

_____. 2010. "Philosophy vs. Imitation Psychology." *The New York Times*. URL: http://nyti.ms/11YWJRh (accessed 31 October 2018).

_____. 2011. "Philosophical Expertise and the Burden of Proof." *Metaphilosophy* 42(3): 215-29.

_____. 2016. "Philosophical Criticisms of Experimental Philosophy." In: Sytsma, Justin; Buckwalter, Wesley (eds.), *A Companion to Experimental Philosophy*. Oxford: Wiley-Blackwell, 22-36.

Wittgenstein, Ludwig. 1953/1999. *Philosophical Investigations*. Oxford: Basil Blackwell.

Woolfolk, Robert L. 2013. "Experimental Philosophy: A Methodological Critique." *Metaphilosophy* 44(1–2): 79–87.

Wright, Jennifer Cole; Bengson, John. 2009. "Asymmetries in Judgments of Responsibility and Intentional Action." *Mind and Language* 24(1): 24–50.

Young, Liane; Cushman, Fiery; Adolphs, Ralph; Tranel, Daniel; Hauser, Marc. 2006. "Does Emotion Mediate the Relationship between an Action's Moral Status and Its Intentional Status? Neuropsychological Evidence." *Journal of Cognition and Culture* 6(1–2): 291–304.

Zalla, Tiziana; Leboyer. Marion. 2011. "Judgment of Intentionality and Moral Evaluation in Individuals with High Functioning Autism." *Review of Philosophy and Psychology* 2(4): 681–98.

부록 A

이 책은 실험철학 내에서 네 가지 영역, 즉 인식론, 언어철학, 의도적 행위, 자유의지에 초점을 맞춘다. 그렇지만 실험철학 연구에는 또 다른 수많은 영역이 있다. 아래에서 나는 가장 중요한 영역들 몇 가지, 즉 윤리학, 형이상학, 과학철학, 논리학과 합리성을 아주 간단하게 선택적으로 논평한다.

A.1 윤리학

윤리학은 도덕에 대해 이론적으로 연구하는 분야이다. 윤리 이론들은 보통 무엇을 행하는 것이 올바른지나 허용 가능한지에 초점을 맞추고, 구체적인 상황에서 이것을 결정하기 위한 기준을 제시한다. 가장 일반적으로 세 가지 이론 가족, 즉 결과주의적, 의무주의적, 덕 윤리적 이론이 구별된다. 그것들 모두 실험적 탐구의 대상이 되어왔다.[1]

조슈아 그린(Joshua Greene)은 기능성 자기공명영상(fMRI) 장치를 사용하여(Greene et al. 2001 ; Greene 2008) 의무주의적 판단들이 특징적으로 감정 처리와 연관된 뇌 영역의 과정들과 상관관계가 있다고 주장한 것으로 유명하다. 그래서 그런 판단을 설명하려고 하는 의무주의적 이론들은 감정적 반응의 단순한 합리화로 간주하는 것이 최선이다(그린은 이것이 그의 영향력 있는 논문의 제목인 "칸트 영혼의 비밀 농담"(The Secret Joke of Kant's Soul)이라고 주장한다. 저명한 의무주의자 칸트는 무엇보다도 자신의 이론이 전적으로 이성에 기초를 두고 있다고 주장했다.) 이와 대조적으로 결과주의적 판단은 특징적으로 감정적 과정에 기초를 두지 않으며, 그래서 더 이성적인 것으로 간주될 수 있다고 그린은 주장한다. 그린의 실험적 연구는 수많은 반응을 불러일으켰는데, 일부는 비판적이고(예컨대 Berker 2009), 일부는 지지하는 쪽(예컨대 Singer 2005)이었다. 그린은 다시 그런 반응들에 응답했다(Greene 2014). (좀 더 최근의 논의는 Heinzelmann 2018, Mukerji 2014와 2016, Paulo 2019를 볼 것.)

도리스(Doris 1998, 2002)는 사회심리학의 경험적 증거를 이용해 덕 윤리학을 다루어 왔다(유사한 기여에 대해서는 또한 Harman 1999b를 볼 것). 대략적으로 말해 덕 윤리학은 개인에게 덕 있는 사람의 성품을 계발하라고 가르친다. 도리스는 이 생각이 "해야 한다는 할 수 있다를 함의한다"(ought implies can)는 중요한 원리에 저촉된다고 주장하는데, 이 원리는 윤리 이론이 행위자에게 불가능한 일을 할 것을 요구할 수 없다고 진술한다. 그렇지만 도리스가 설명한 바에 따르면, 사회심리학에서의 연구는 대체로 "상황주의"라 불리는 견해를 지지한

1　개요는 Alfano & Loeb et al.(2018)을 볼 것.

다. 그 연구는 인간 행위자들이 많은 상황에서 다소간에 한결같이 행동한다고 주장한다. 그래서 도리스는 상황주의가 해야 한다는 할 수 있다를 함의한다는 원리와 함께 덕 윤리학자들이 대체로 정당화될 수 없는 요구를 한다는 것을 보여준다고 생각한다.

그린의 견해와 마찬가지로 도리스의 입장 또한 윤리학에서 많은 논쟁으로 이끌었다. 예컨대 비판적 답변은 Annas(2005), 개요는 Alfano(2013), 최신 평가는 Alfano(2018)를 볼 것. 논쟁의 어떤 참가자들이 끌어낸 한 가지 결론은 윤리학자들이 행위자 자신들이 의식적으로 적용하는 원리보다는 오히려 사람들이 행위하는 선택 환경에 초점을 맞추어야 한다는 것이다(Grundherr 2016, Rodgers & Warmke 2015). "넛징"(nudging)으로 알려진 것 배후에는 이 기본 아이디어가 들어 있다(Thaler & Sunstein 2008). 그것은 또한 기업 윤리 및 공공 정책 논쟁에서 통상적으로 사용되는 질서 윤리의 기본 신조이기도 하다.

A.2 형이상학

형이상학은 좀 거칠게 말하면 실재의 근본적 본성에 대해 연구하는 분야이다. 형이상학 내에는 여러 가지 다른 물음을 다루는 다양한 하위 분야가 있다. 실험철학자들은 그것들 중 많은 분야를 다루어 왔다. 다음은 한 가지 예다.

사람의 동일성은 무엇으로 구성되는가? 어떤 조건에서 우리는 A와 B가 똑같은 사람이라고 말해야 하는가? 그들은 언제 다른 사람들인가? 이 문제는 역사 전반에 걸쳐 철학자들이 관심을 가져왔다. 로크는 심리적 설명을 제안한 것으로 유명하다(Locke 1710/1975). 즉 만일 A와 B가 **심리적으로** 연속적이라면, 즉 만일 그들이 똑같은 기억, 성격적 특성 등을 가지고 있다면, 그들은 똑같은 사람이다. 로크는 구두장이와 왕자라는 그의 유명한 사고실험을 이용해 이 설명을 구체화했다. 만일 두 사람이 말하자면 왕자의 영혼이 구두장이의 몸속에 들어가고, 구두장이의 영혼은 왕자의 몸속에 들어가는 식으로 "영혼들"을 교환한다면, 우리는 왕자의 영혼을 가진 사람이 **정말로** 왕자라고 말하고 싶다고 느낄 것이다. 그렇지만 윌리엄스(1970)가 지적했듯이, 이것은 모두 관점의 문제일 수도 있다. 만일 내가 내일 고문을 당할 것이라는 말을 듣는다면, 나는 겁을 먹을 것이다. 이는 내일이면 내가 이 발표를 기억하지 못할 것이라는 말을 듣는 경우에도 마찬가지이다. 여기서 나와 관련 있는 측면은 고문 받을 몸이 나와 **물리적으로** 연속되어 있을 것이라는 점인 것처럼 보인다. 상충하는 이 두 직관을 어떻게 해야 하는가? 니콜스와 브루노(2010)는 직관이 강할수록 더 많은 비중이 주어져야 한다는 가정하에서 이 문제에 접근했다. 그들은 그 문제에 대한 틀 짜기에 따라 통속적 일반인이 직관적으로 심리적 설명과 물리적 설명에 동의한다는 증거를 발견했다. 그렇지만 일단 그들이 두 설명이 서로 모순된다는 것을 지적하고, 참가자들에게 둘 중에서 선택하라고 강요하고 나면, 대다수(64%)가 심리적 설명에 동의했다. 니콜스와 브루노 (2010)에 대한 최근 응답은 Berniunas & Dranseika(2016)를 볼 것.

인과성은 형이상학에서 실험철학자들로부터 주목을 받았던 또 다른 주요 문제이다. 영향력 있는 한 연구는 히치콕과 노브(Hitchcock & Knobe 2009)의 연구다. 그들은 통상 인과적 구조 관념과 구별되는 실제적 인과(또는 개별자 인과(token causation)) 관념을 탐구한다. 인과적 구조 관념은 다음과 같이 설명될 수 있다. 세 사람 A, B, C를 생각해 보라. A가 C의 음료에 독을 탄다. C는 죽는다. 그렇지만 만일 A가 C의 음료에 독을 타지 않았다면, B가 탔을 것이고, 그래서 C는 어쨌든 죽었을 것이다. 우리는 실제적 및 가능한 사건과 반사실적 의존성의 이러한 구성을 그 상황의 인과적 구조로 인식한다. 그렇지만 그 이상으로 우리는 A가, C가 죽는 일을 **실제로 일으킨** 반면에 B는 그렇지 않았다고 인식한다. 이제 히치콕과 노브는 실제적 인과 관념이 어떤 목적에 기여하는지 묻는다. 이 개념의 존재는 약간 당혹스럽다. 무엇보다도 만일 우리가 어떤 상황의 인과적 구조를 안다면, 우리는 실제 인과의 패턴만 아는 것보다 더 많은 것을 안다. 그렇다면 우리는 왜 인과적 구조 관념을 고수하고 실제적 인과 관념을 생략하면 안 되는가? 히치콕과 노브는 부분적으로 통속적 일반인이 원인을 어떻게 결정하는지에 관한 경험적 발견을 조사함으로써 이 물음에 답하려 한다. 일반인은 관련된 반사실적 의존성들을 확인함으로써 이 일을 행하고, 이것은 다시 규범들을 적용함으로써 선별된다고 저자들은 주장한다. 예컨대 만일 A와 B 둘 다 행위 φ를 행하고, φ가 사건 E를 야기한다면, 사람들은 A가 φ를 행하지 않도록 되어 있지 않거나(어떤 사회적 규범에 의해), 보통은 φ를 하지 않는 경우에(통계적 규칙성의 문제로서) φ를 원인으로 확인할 가능성이 가장 높다. 그다음에 그들은 원인을 확인하는 이 방식이 특정 결과를 피하기 위해 가장 적절한 개입 조치를 결정할 때 우리를 안내한다는 것을 보여줌으로써 이 방식이 왜 도움이 되는 것처럼 보이는지 설명한다. 히치콕과 노브(2009)에 대한 비판적 대구는 Alicke et al.(2011)를 볼 것. 그 문헌에 대한 유익한 개요는 Rose & Danks(2012)를 볼 것.

A.3 과학철학

과학철학은 과학의 기획과 관계가 있는 다양한 철학적 물음을 탐구한
다. 그런 물음 중에는 예컨대 존재론적, 인식론적, 윤리학적, 그리고 심
지어 정치적 문제들도 있다. 게다가 중요한 과학적 용어들이 무엇을 의
미하는가의 물음과 같은 언어적 문제들도 있다. 실험철학자들은 주로
후자 종류의 문제에 기여하기 위해, 구체적으로 과학 용어가 과학자나
과학적으로 훈련받지 않은 일반인에게 무엇을 의미하는지 분석하는 데
도움을 주기 위해 과학철학의 논쟁에 참여했다. 영향력 있는 연구들은
예컨대 일반적인 과학철학에서의 설명(Lombrozo 2006, 2009)은 물론
이고, 특수하게 생물학 철학에서 유전자(Stotz et al. 2004, Stotz &
Griffiths 2004, Stotz 2009), 선천성(Griffiths et al. 2009; Khalidi
2016; Knobe & Samuels 2013; Linquist 2018) 개념들에 초점을 맞
추었다. 현존하는 문헌의 초기 개요는 Stotz(2009)뿐만 아니라
Griffiths(2008), 그리고 좀 더 최근의 논의는 Machery(2016)와 Lom-
brozo(2006) 둘 다를 볼 것.

　게다가 다양한 영역에서 실험 및 경험적 정보에 근거한 철학에 속하
는 것으로 분류될 수 있는 많은 흥미로운 발전이 있었다. 도덕심리학에
서의 연구도 그런 것들에 속한다. 어떤 연구자들은 과학자들의 도덕적
신념, 예컨대 기후과학자들의 도덕적 신념들을 논의해 왔다(Bray &
von Storch 2017). 또 어떤 연구자들은 윤리적 도전에 비추어 과학의
분야들을 검토해 왔다. 예컨대 생명의학 맥락에서 빅데이터 윤리에 관
한 Mittelstadt & Floridi(2016)의 최근 연구를 볼 것.

A.4 논리학과 합리성

실험심리학자들은 수십 년 동안 인간 피험자들이 추론을 할 때 논리의
법칙을 준수하는지 여부를 조사해 왔다. 그들은 대부분 통속적 일반인
이 합리성의 핵심 규범을 매우 빈번하게 위반한다고 결론지었다. 이 점
을 설명하려면 두 가지 유명한 예가 도움이 될 것이다.

첫 번째는 피터 웨이슨(Peter Wason)의 이른바 선택 과제(selection
task)이다(Wason 1968). 웨이슨은 그의 피험자들에게 이와 같은 문제
를 제시하였다. 당신 앞에 4장의 카드가 있다. 각각의 카드는 한 쪽 면
에는 문자, 다른 쪽 면에는 숫자가 쓰여 있다. 당신은 카드의 위쪽 면만
을 볼 수 있다. 이를테면 카드$_1$은 숫자 8, 카드$_2$는 문자 A, 카드$_3$은 문
자 C, 카드$_4$는 숫자 5가 표시된다. 이제 다음 규칙을 생각해 보라. 즉
만일 카드의 한 면에 모음이 표시된다면, 다른 면은 짝수가 표시된다. 네
장 카드 모두 이 규칙을 준수하는지 검사하기 위해 당신은 어떤 카드들
을 뒤집어야 하는가? 어떤 카드들을 무시해도 안전한가? 이와 같은 조
건명제는 전건이 옳고 후건이 그를 경우에 그르므로, 당신은 다른 면에
짝수가 아닌 수가 있는지(그른 후건) 보기 위해 카드$_2$(옳은 전건)를 뒤
집어야 한다. 당신은 또한 다른 면에 모음이 있는지(옳은 전건) 보기
위해 카드$_4$(그른 후건)를 검사해야 한다. 이것이 꽤 간단한 과제이긴
하지만, 대부분의 사람은 틀리는 경향을 보인다. 대신 그들은 그 규칙
이 말하는 것처럼 보이는 카드들, 즉 모음을 표시하는 카드$_2$와 짝수를
표시하는 카드$_1$을 뒤집는 것이 가장 일반적이다. 대부분의 피험자는
카드$_4$를 손대지 않은 채로 두는데, 이것도 잘못이다. 흥미롭게도 논리
적 구조 측면에서 웨이슨과 유사한 어떤 과제들은 현저하게 다른 결과
가 산출된다. 예컨대 "음주 연령 문제"를 생각해 보라(Griggs & Cox

1982). 규칙은 만일 누군가가 술을 마신다면, 그들은 성년이어야 한다는 것이다. 이 규칙에 직면했을 때 사람들은 술을 마시는 사람들(옳은 전건)에게 나이를 물어야 하고, 미성년자들(그른 후건)이 술을 마시고 있는지를 확인해야 한다고 올바르게 결정하는 경향이 있다. 코스미데스와 투비(Cosmides & Tooby 1992)는 인간이 일반적인 추론 능력이 아니라 몇 가지 전문화된 문제 해결 장치를 소유한다는 사실에 의해 수행의 차이를 설명할 수 있다는 가설을 세웠다. 그것들은 내용 의존적이며, 특정 목적, 예컨대 사회적 규범들의 유지를 위해 진화해 왔다.

두 번째 예는 "린다 문제"(Linda Problem)인데(Tversky & Kahneman 1983), 이 문제는 통상 통속적 일반인이 개연주의적 추론에서 연언 오류(conjunction fallacy)로 알려진 오류를 범한다는 것을 보여주는 것으로 해석된다. 피험자들은 어떤 사람 린다를 상상해 보라는 요구를 받는데, 그들이 들은 바에 따르면 린다는 31세이고, 독신이고, 솔직하고, 매우 총명하다. 그녀는 대학에서 철학을 전공했고, 반핵 운동에 참여했으며, 언제나 사회 정의에 깊은 관심이 있었다. 그다음에 피험자들은 가능성에 의거해 린다에 관한 진술들에 순위를 매기라는 요구를 받았다―그 진술들 중에는 다음 두 진술이 있다. (1) "린다는 은행원이다." (2) "린다는 은행원이고, 여성주의 운동에 적극적이다." 흥미롭게도 사람들은 (1)보다 (2)에 더 높은 순위를 매기는 경향이 있다. 이것은 두 사건의 연언이 그 자체로 연언지 중 하나보다 더 개연적일 수 없다는 원리를 위배한다. 트버스키와 카네만(1983)은 이 오류를 범하는 피험자들이 정신적 지름길, 즉 대표성 발견법(representativeness heuristic, 대표성 휴리스틱)을 따라간다는 가설을 세웠다. (1)이나 (2)가 더 가능성이 있는지 묻는 대신 그들은 어떤 것이 기술된 사람을 더 대표하는지 묻는다.

실험철학자들은 이와 같은 발견에 관한 논의에 기여하기 위해 무엇을 해야 하는가? 세 가지 예가 있다.

첫째, 그들은 현존하는 실험들에 대한 서로 다른 해석들을 구별할 수 있다. 이것은 실험적 발견에 대한 해석에 극적인 효과를 미칠 수 있다. 예컨대 스테판 하트만(Stephan Hartmann)과 동료들은 여러 출판물에서(Bovens & Hartmann 2003, 85-88; Hartmann & Meijs 2012) 린다 문제에 대한 트버스키와 카네만의 참가자들이 전적으로 합리적일 수 있음을 시사해 왔다. 이것을 알기 위해 다음 두 사례의 비교를 생각해 보라. 첫 번째 사례에서는 당신이 답을 모르는 질문 Q_1을 애나에게 한다고 상상해 보라. 애나는 당신에게 답 A_1을 제시한다. 당신은 애나의 답 A_1이 맞다고 얼마나 확신해야 하는가? 적절한 신용 수준 $Cr_1(A_1)$은 얼마인가? 두 번째 사례에서는 다시 한번 당신이 애나에게 질문 Q_1을 한다고 해보자. 이번에도 당신은 정답을 알지 못한다. 애나는 답이 A_1이라고 응답한다. 그렇지만 이 두 번째 사례에서는 당신이 애나에게 추가 질문 Q_2를 하는데, 이 질문은 당신이 정답을 알고 있다고 약정하자. 정답은 A_2이다. 애나의 답은 실제로 A_2이다. 당신은 애나의 답들 A_1과 A_2가 맞다는 것을 얼마나 확신해야 하는가? 당신의 신용 수준 $Cr_2(A_1 \& A_2)$는 얼마여야 하는가? 그리고 이제 두 사례를 비교해 보라. $Cr_2(A_1 \& A_2) > Cr_1(A_1)$가 되도록 첫 번째 사례에서 A_1보다 두 번째 사례에서 연언 $A_1 \& A_2$에 더 높은 신용 수준을 귀속시키는 것은 비합리적인 것처럼 보이지 않는다. 결국 두 번째 사례에서 애나는 Q_2에 올바르게 답함으로써 어느 정도 신빙성 있는 원천임이 증명되었다. 그렇다면 아마도 트버스키와 카네만의 피험자들도 유사한 것을 염두에 두었을까? 그것을 알아내는 것이 바로 실험철학자들이 할 일이다!

둘째, 실험철학자들은 2.5절에서 검토한 추론 노선을 따를 수 있다.

앞에서 논의한 것과 같은 경험적 결과들에 자극을 받아 그들은 통속적 일반인이 심리학적 실험의 핵심이 되는 개념을 어떻게 이해하는지 탐구할 수 있다. 예컨대 파이퍼(Pfeifer 2012)는 일반인이 다음 문장 같은 조건 문장을 어떻게 이해하는지 검토한다(Adams 2005). 즉 만일 존스의 첫 번째 카드가 에이스라면, 그의 두 번째 카드 역시 에이스일 것이다. 이와 같은 문장들이 어떻게 이해되어야 하는지는 선택된 해석에 따라 그 문장이 옳을 가능성이 매우 높거나 매우 낮기 때문에 중요하다. 만일 그 문장이 조건적 사건(conditional event)을 언급하는 것으로 이해된다면, 적당한 개연성은 P(카드$_1$이 에이스다 | 카드$_2$가 에이스다)=3/51=0.06이다. 대신 만일 그 문장이 실질 조건문(material conditional)을 언급하는 것으로 간주된다면, 개연성은 훨씬 더 높다. 실질 조건문은 전건이 그르거나 후건이 옳으면 옳다. 다른 경우는 그르다. 따라서 우리는 P(카드$_1$이 에이스다 ⊃ 카드$_2$가 에이스다)=1−P(카드$_1$이 에이스다 & 카드$_2$가 에이스다)=1−(4/52×48/51)=0.93을 얻게 된다. 니키 파이퍼는 조건문들에 대해 그의 피험자들이 어떤 해석을 지지하는지를 경험적으로 시험했는데(Pfeifer & Kleiter 2010, 2011; Pfeifer 2012), 사람들이 조건 진술을 조건적 사건들을 가리키는 것으로 해석하는 경향이 있다고 결론지었다.

셋째, 실험철학 연구자들은 모든 것을 고려했을 때 그러한 발견들로부터 우리가 어떤 결론을 내려야 하는지 논의함으로써 실험 피험자들의 추론에 관한 결과에 참여할 수 있다. 그러한 탐구의 예는 새뮤얼스와 스티치(Samuels & Stich 2004)의 기고인데, 그들은 그러한 발견들은 물론이고 그 발견들에 대해 다른 이론가들이 제시한 설명도 검토한다. 그들은 카네만과 트버스키를 따라 **발견법과 편향** 전통에서 연구하는 저자들이 인간 합리성에 대해 다소 희미한 경향이 있다는 점을 지적한다. 이와 달리 진화심리학자들은 인간 합리성에 대해 훨씬 더 높게 생각하며, 사람들이 종종 세계를 성공적으로 탐색하는 데 도움이 되는 진화하는 정신 모듈에 의존한다고 주장한다. 새뮤얼스와 스티치는 두 진영의 다양한 신조들을 검토하고, 그 신조들이 어디까지 양립할 수 있는지 분석하며, 지속적 불일치를 발견하는 경우에 해법을 제시한다.

부록 B

B.1 온라인 자원

실험철학 블로그

http://philosophycommons.typepad.com/xphi

이것은 토머스 나델호퍼의 실험철학 블로그이다. 이 블로그는 2004년에 시작하여 전 세계에 걸쳐 75명의 기고자를 가지고 있다. 그들 중 많은 사람은 이 책이 주로 초점을 맞추었던 기고를 한 일선 연구자들이다(그들의 연락처 정보는 왼쪽에 있는 기고자 목록에서 이름을 클릭하면 편리하게 접근할 수 있다). 전반적으로 블로그에는 실험철학과 관계된 모든 종류의 문제에 대해 1,100개 이상의 게시물과 4,000개 이상의 댓글이 있다. 콘텐츠는 특정 주제와 관계가 있는 기고를 쉽게 찾을 수 있도록 범주들(예컨대 /행위 이론)로 분류되어 묶여 있다. 유감스럽게도 토머스 나델호퍼는 2017년 블로그를 폐쇄했다. 그렇지만 보관된

콘텐츠는 여전히 접근할 수 있으며, 확실히 방문할 가치가 있는 귀중한
자원이다.

실험철학 페이지

http://experimental-philosophy.yale.edu/Experimen-
talPhilosophy.html.

실험철학 페이지는 조나단 필립스와 크리스천 모트(Jonathan Phil-
lips and Christian Mott)가 관리한다. 예일대학교에 기반을 두고 있
다. 실험철학에 대한 무료 웹 자원 및 책에 대한 링크가 있다. 게다가
블로그는 다양한 실험철학 연구 집단 및 대학원 프로그램과 연결되어
있다. 또한 우리는 (필페이퍼스(PhilPapers) 데이터베이스에 대한 링
크를 통해) 실험철학 문헌 출처를 찾아볼 수 있다.

실험철학(X-Phi) 페이스북 그룹

https://www.facebook.com/groups/3040510972

실험철학(X-Phi) 페이스북 그룹은 웨스 앤더슨(Wes Anderson), 에
두아르 마체리, 토머스 나델호퍼가 관리하고 있다. 이 그룹은 실험철학
계에서 일어나는 일에 관한 최신 정보를 얻고자 하는 모든 사람을 위한
장소이다. 게시물에는 실험철학에 관한 새로운 발견과 논문들, 행사
(학회, 워크숍 등), 논문 요청 등이 올라 있다.

필페이퍼스(PhilPapers)

https://philpapers.org

필페이퍼스는 철학 텍스트의 서지 데이터베이스이며, 총괄 편집장 데이비드 부르제(David Bourget)와 데이비드 차머스(David Chalmers)뿐만 아니라 수많은 추가 분야 편집위원들이 유지 관리하고 있다. 실험철학에 관한 일반 영역 및 다양한 하위 영역이 있고 (https://philpapers.org/browse/experimental-philosophy), 그 외의 다양한 하위 영역이 있다.

스탠포드 철학백과사전(SEP)

http://plato.stanford.edu

SEP는 광범한 철학적 주제에 관한 동료 학자들 간의 평가 및 공개 접근용 백과사전 논문에 대한 훌륭한(그리고 인용할 수 있는) 온라인 자원이다. 최근 몇 년 동안 실험철학은 백과사전 저자들에 의해 점점 더 인정받고 있다. 현재 이 백과사전은 "실험철학"이라는 용어를 언급하는 50개 이상의 항목을 포함하고 있다(https://stanford.io/2Mx5u21). 가장 주목할 만한 항목은 Knobe & Nichols(2017)의 "Experimental Philosophy"(https://stanford.io/2vZBxkC), Alfano & Loeb et al.(2018)의 "Experimental Moral Philosophy"(https://stanford.io/2vzrenQ), Pust(2014)의 "Intuition"(https://stanford.io/2B05XJa) 항목인 것처럼 보인다.

비디오 웹사이트

http://www.philostv.com, http://www.bloggingheads.
tv, http://meaningoflife.tv, http://www.youtube.com

Philosophy TV는 편집장 데이비드 킬로렌(David Killoren)과 조나단 랭(Jonathan Lang)이 관리하는 철학적 사고에 전념하는 비디오 웹사이트이다. 그것은 실험철학을 포함하여 다양한 철학적 주제들에 관한 철학자들 사이의 대화를 특징으로 하고 있다. 여기에 기여한 사람들 중에는 예컨대 마크 알파노, 조슈아 노브, 에두아르 마체리, 알 밀리(Al Mele), 제니퍼 네이글, 에디 나미아스, 제세 프린츠, 에릭 슈비츠게벨, 스티븐 스티치, 저스틴 시츠마가 있다. 유감스럽게도 웹사이트는 2016년 말에 새로운 콘텐츠 게시를 중단했다.

이와 달리 Bloggingheads.tv와 MeaningofLife.tv는 계속해서 업데이트되고 있다. 이 두 웹사이트는 철학적 문제에 관한 약간의 대화를 포함하여 다양한 주제에 대한 대화를 제공한다. 여기에서도 많은 실험철학자가 등장했다. 조슈아 노브는 사실상 Bloggingheads.tv와 함께하는 것처럼 보인다. 2018년 현재 그는 이 웹사이트에 25차례 등장했다. 실험철학 및 좀 더 넓게 철학과 관계있는 또 다른 많은 담화와 대화가 그렇듯이, Philosophy TV, Bloggingheads.tv, MeaningofLife.tv의 다양한 대화 또한 유튜브에서 유포되고 있다.

B.2 입문용 텍스트

지금은 실험철학에 들어가는 진입점 역할을 할 수 있는 짧은 논문이 많이 있다. 초기 텍스트들 중에서 조슈아 노브와 숀 니콜스의 "실험철학 성명서"(Experimental Philosophy Manifesto, 2008)는 아마 가장 주목할 만하고 가장 널리 읽힌 텍스트일 것이다. 노브와 니콜스가 편집한 논문 모음집 『실험철학』(*Experimental Philosophy*, 2008)에 실린 이 입문용 논문은 실험철학의 목적과 방법은 물론이고 실험철학을 둘러싼 기본적인 메타철학적 물음들을 논의한다. 또한 주목할 만한 것은 *Philosophy Compass*에 실린 조슈아 노브의 초기 논문 "실험철학"(Experimental Philosophy, 2007)인데, 여기서 그는 언급, 도덕적 판단, 자유의지에 관한 실험적 문헌의 예들을 통해 실험철학을 소개한다. 몇 년 뒤 노브 외(2012)는 *Annual Review of Psychology*에 또 "실험철학"이라는 제목의 논문을 출판하였다. 이 텍스트는 철학과 심리학의 교차점에 있는 연구 프로그램 집단으로서의 실험철학의 학제적 본성을 강조한다. 그것은 선별된 실험철학 기고들에 대한 논의를 통해 실험철학 연구를 소개하고, 철학자와 심리학자들이 최근 협업한 네 가지 연구 분야에 초점을 맞춘다.

이 일반적 텍스트들과 별도로, 실험철학에 관한, 그리고 실험철학 내에서의 특정 문제들에 대한 입문서로 역할을 할 수 있는 더 구체적인 논의가 많이 있다. 예컨대 알렉산더 외(2014)는 긍정적 실험철학(X-PhiP)과 부정적 실험철학(X-Phi$_N$)의 대비를 논의하고, 나미아스 외(2005, 2006)의 친X-Phi$_P$ 입장에 대해 비판적으로 대꾸하고 있다. 윌리엄슨(2016)은 실험철학, 그리고 구체적으로 X-Phi$_N$에 대해 여러 가지 근본적 우려의 목소리를 낸다. 로즈와 댕크스(2013)는 좁은 실험철학 개념과 넓은 실험철학 개념의 대비를 논의하고, 단호하게 후자를 옹호한다. 그들은 나중에 노브(2016)가 옹호한 좁은 견해, 즉 실험철학은 단지 철학자들이 하는 인지과학의 실천에 지나지 않는다는 견해에 대해 비판적이다. 더 나아가 지난 10년 동안 실험철학의 다양한 주제 영역에 관한 수많은 논문이 출판되었는데, 예를 들면 알렉산더와 웨인버그의 "분석적 인식론과 실험철학"(Analytic Epistemology and Experimental Philosophy, 2007), 그리피스와 스토츠의 "실험적 과학철학"(Experimental Philosophy of Science, 2008), 소머스의 "실험철학과 자유의지"(Experimental Philosophy and Free Will, 2010)가 출판되었다.

　게다가 실험철학에 관한 두 권의 입문용 책, 즉 조슈아 알렉산더의 『실험철학 — 입문』(*Experimental Philosophy — An Introduction*, 2012), 저스틴 시츠마와 조나단 리벤굿의 『실험철학의 이론과 실제』(*The Theory and Practice of Experimental Philosophy*, 2016)가 있다. 두 권 다 매우 유익하다. 전자는 철학적 분석, 그리고 좀 더 넓게 철학 방법론에서 직관의 역할 같은 많은 중요한 주제를 다루고 있고, 다양한 분야, 예컨대 자유의지, 윤리학, 인식론, 언어철학에서 실험철학 연구를 논의하고 있다. 그 책은 또한 마지막 장에서 일반적 비판에 대해 실험철학을 옹호하고 있다. 후자의 책은 좀 다르다. 이론적·원칙적 측면을 논의하긴 하지만, 시츠마와 리벤굿 책의 더 좋은 부분(5-14장)은 실험철학의 실제에 할애하고 있다. 그 책은 예컨대 경험적 연구 물음들이 어떻게 개발되는지, 적절한 연구 설계가 어떻게 결정되는지, 도구가 어떻게 설계되고 관리되는지를 논의한다. 그것 외에 그 책은 널리 사용되는 통계 소프트웨어 패키지인 R에 대해 간명하게 소개하고 있다 (http://cran.r-project.org).

B.3 책

지난 몇 년간 실험철학에 관한 중요한 많은 책이 출판되었다. 노브와 니콜스의 『실험철학』(*Experimental Philosophy*, 2008)과 『실험철학―제2권』(*Experimental Philosophy ― Volume 2*, 2014)은 두 권의 중요한 논문 모음집이다. 여기에 실린 논문들은 대부분 실험철학에 대한 영향력 있는 기고들을 재인쇄한 것이다. 나중에 추가적인 책 출판들이 뒤따랐다. 그 책들 대부분은 독립형 제목들이다. 『실험철학과 그 비판자들』(*Experimental Philosophy and Its Critics*, 2012, ed. by Joachim Horvath and Thomas Grundmann), 『철학―전통적 독해와 실험적 독해』(*Philosophy ― Traditional and Experimental Readings*, 2012, ed. by Fritz Allhoff, Ron Mallon, and Shaun Nichols), 『철학적 방법론―안락의자인가 실험실인가?』(*Philosophical Methodology ― The Armchair or the Laboratory?*, 2013, ed. by Matthew Haug), 『실험철학의 현재 논쟁』(*Current Controversies in Experimental Philosophy*, 2014, ed. by Édouard Machery), 『실험윤리학―경험적 도덕철학을 향하여』(*Experimental Ethics ― Toward an Empirical Moral Philosophy*, ed. by Christoph Luetge, Hannes Rusch, and Matthias Uhl), 그리고 아마 가장 주목할 만한 것으로 어마어마한 600쪽 짜리 대작 『블랙웰 실험철학 안내서』(*Blackwell Companion to Experimental Philosophy*, 2016, ed. by Justin Sytsma and Wesley Buckwalter).

또한 주목할 만한 총서와 여러 권으로 이루어진 저작들도 있다. 2007년에 『도덕심리학』(*Moral Psychology*, ed. by Walter Sinnott-Armstrong)의 첫 세 권이 출판되었고, 그 뒤 2014년과 2017년에 두 권이 더 출판되었다. 이 다섯 권의 책은 실험윤리학 및 통속 도덕과 관계된 많은 실험철학 주제를 다루고 있다. 2015년에 블룸즈베리사는 『실험철학의 진보』(*Advances in Experimental Philosophy*) 출판 작업에 착수했는데, 2018년 현재 8권이 출간되었고 2권은 출간 예정이다. 이 작업에는 논리학과 수학에 관한 실험적 작업 같은 최근의 혁신적 발전에 관한 책들이 포함된다. 2014년에는 『옥스퍼드 실험철학 연구』(*The Oxford Studies in Experimental Philosophy*) 총서가 시작되었는데, 두 권으로 구성되어 있다.

부록 C

이 책은 주로 철학적 문제와 사고실험에 관한 직관을 탐구하는 실험철학의 가장 영향력 있는 가닥에 초점을 맞추었다. 따라서 우리의 논의는 철학적 직관에 대한 경험적 연구에서 자연스럽게 나타나는 여러 가지 실험적 기법에 국한되었다. 그렇지만 만일 실험철학이 예컨대 "철학적 논쟁에 기여할 목적으로 수행된 경험적 작업"(Stich & Tobia 2016, 5)으로 좀 더 넓게 해석된다면, 여러 가지 추가 방법이 관련될 수 있다.[1] 이런 방법들에는 무엇보다도 출판물 통계 분석(bibliometrics), 형식적 방법, 경제학의 도구, 진화론적 논증, 신경 과학적 접근 방식, 질적 방법, 함정수사가 있다. 아래에서 나는 이 방법들에 대해 매우 간략한 선택적 개요를 제공할 것이다. 더 포괄적 논의는 유진 피셔(Eugen Fischer)와 마크 커티스(Mark Curtis)가 편집한 새 책『실험철학의 방법론

---

1 그렇지만 실험철학에 대한 이 포괄적 이해가 경험적 정보에 근거한 철학(1.4절)과 로즈와 댕크스(2013)가 "넓은 실험철학 개념"이라고 불렀던 것과 더 일치할 것임을 주목할 필요가 있다.

적 진보』(*Methodological Advances in Experimental Philosophy*, 2019)를 볼 것.

C.1 출판물 통계 분석

출판물 통계 분석은 글로 쓰여진 텍스트들에 대한 체계적인 통계 분석이다. 그것은 주어진 분야에 관해 연구자들이 만드는 주장들이 그럴듯한지를 시험하는 데 사용될 수 있는데, 이는 이 주장들이 일반적으로 문헌 속의 관찰 가능한 패턴들에 관해 경험적으로 시험 가능한 예측을 허용하기 때문이다. 다음은 두 가지 예다.

- 어떤 생물학철학자들(예컨대 Buller 2005)은 진화 과정과 적응에 의거해 행동적 특성을 설명하려고 하는 진화 행동과학(특히 진화 심리학)이 진화론에 대해 빈약하게 이해하고 있으며, 그 결과 진화생물학자들이 거부할 증거 기준에 의존한다고 주장해 왔다. 이 철학자들에 따르면, 진화 행동과학자들은 주로 1960년대와 70년대의 진화생물학에 대한 구식 연구에 의존하며, 그 분야의 현대의 발전을 무시한다.
- 철학자들(예컨대 Williams 2005)은 적어도 분석철학에 널리 퍼져 있는 견해에 따를 때 철학이 그 종사자들이 연역논증을 사용하여 선험적 진리를 발견하려고 하는 안락의자 학문이라고 주장해 왔다. 이 논증들은 보통 직관에서 시작하는데, 비록 골드먼이 주장했던 바에 따르면, "직관"이라는 용어의 사용만이 새로운 발전이라 할지라도 그렇다. 과거의 위대한 철학자들은 현대적 이름으로

부르지는 않았다 해도 언제나 직관에 의존해 왔다고 그는 주장한다. 사실상 "철학사에서, 그리고 심지어 분석철학 초기 시절에도 직관이라는 용어법은 발견되지 않는다"고 골드먼은 말한다(Goldman 2007, 2).

그런 주장을 하는 철학자들은 대체로 **사례연구 방법**에 기초를 두고 있다. 즉 그들은 그들이 중요하다고 여기는 문헌에 대한 특수한 기고들에 대한 분석에 의존한다. 이 방법은 의심할 여지 없이 강점을 가지고 있다. 예컨대 그 방법을 통해 철학자는 그가 선택한 텍스트를 분석할 때 상당히 깊이 파고들 수 있다. 그렇지만 그 방법은 결점도 있다. 가장 중요한 것은 철학자가 작업할 텍스트의 선택이 편향될 수 있다는 것이다(Machery 2016). 그는 그의 결론을 무효화하는 문헌의 다른 부분을 무시하면서 자신의 주장을 관철하는 데 기여하는 텍스트들만 가지고 작업하기로 선택할 수 있다. 출판물 통계 분석의 다양한 방법을 통해 실험적 연구자들은 그러한 편향을 간파할 수 있다.

이 방법들 중 첫 번째는 **인용 분석**이다. 마체리와 코언(Machery & Cohen 2012)은 무엇보다도 진화 행동과학자들이 주로 1960년대와 1970년대의 구식 진화과학에 의존한다는 주장이 그럴듯한지를 시험하기 위해 이 기법을 사용한다. 이 기본 주장은 결국 경험적으로 시험 가능한 예측, 즉 "1970년대의 인용 수와 1990년대의 인용 수 비율은 심리학이나 인류학에서(즉 비진화적 행동과학에서)보다 생물학에서 실질적으로 더 높아야 한다."는 예측을 허용한다(Ibid., 188). 주력 학술지『진화와 인간 행동』(*Evolution & Human Behavior*)에서 3년간 표본을 사용하여 작업하면서 마체리와 코언은 "1970년대 진화생물학의 이론과 발견이 현대 진화 행동과학에 심하게 왜곡된 영향을 미쳤다는 증거가 없다"는 것을 발견했다고 보고한다(Ibid., 209).

두 번째 방법은 **지시어 검색**(indicator word search)이다. 앤도우 (2015)는 이 방법을 사용하여 분석철학에서 직관 언급이 증가했는지 (답: 그렇다), 이러한 증가가 철학 일반과 전체 학계에서보다 현저하게 컸는지(답: 두 물음 모두에 대해 또다시 그렇다)를 확인한다. 이를 위해 그는 분석철학자들이 가장 호평하는 두 출판 기관인 학술지 *Mind* 와 *Philosophical Review*의 논문들을 이용했는데, 직관 언급을 나타내는 지시어(즉 "직관하다", "직관", "직관적", "직관들", "반직관적", "직관적으로", "반직관적으로")의 출현 비율과 다른 학문들에서의 출현 비율을 비교했다. 더 나아가 앤도우는 초기 분석철학에서 직관 용어법을 발견할 수 없다는 앞서 언급한 골드먼의 주장과 모순되는 증거를 발견했다. 그가 진술한 바에 따르면, "*Mind*와 *Philosophical Review* 모두에서 직관 언급은 조사 기간 전체에 걸쳐[즉 1900년에서 시작하여; 저자의 말] 흔하다."(Andow 2015, 205).

애쉬턴과 미즈라히(Ashton & Mizrahi 2018b)도 철학자들이 주로 귀납논증이 아니라 연역논증을 사용한다는 견해에 대한 증거가 있는지 시험하기 위해 똑같은 방법을 사용했다. 만일 그 견해가 옳다면, "우리는 철학자들이 그들의 논증을 '개연적으로', '그럴듯하게', '있음직한' 같은 귀납적 지시어가 아니라 대부분 '필연적으로', '확실히', '결정적으로' 같은 연역적 지시어를 사용하여 구성할 것이라고 기대할 것이다"(Ibid., 61)라고 그들은 말한다. 1840년부터 2012년까지 제이스토어(JSTOR — 1995년에 설립된 전자도서관. 이름은 저널 저장소(Journal Storage)의 줄임말이다; 옮긴이 주) 연구자료 집적의 표본을 사용하여 그들은 이 기간 대부분을 통해 연역적 지시어를 사용하는 논문들의 비율이 더 높았다는 것을 발견했다. 그렇지만 그 비율은 시간이 지나면서 "연역논증이 철학에서 지배적인 논변 형태로서의 격위를 점차 잃어가고 있는 것처럼 보인다."(Ibid., 67)고 할 정도로 수렴되어 왔다.

세 번째 방법은 예컨대 노브(2015c)가 사용한 **범주화 접근법**(cate-gorisation approach)이다. 그는 무엇보다도 오늘날 철학자들이 사용하는 방법이 20세기에 그들이 사용한 방법과 다른지를 알고 싶어 했다. 지시어 검색은 어떤 방법이 어떤 낱말과 관계가 있는지가 전혀 분명하지 않기 때문에 이 물음을 다루기에 적합하지 않은 것처럼 보인다. 그렇지만 가능한 것은 다른 시기의 논문들을 방법 측면에서 범주로 분류하고, 그것들을 모으며, 결과를 비교하는 것이다. 이것이 바로 노브가 했던 일이다. 그는 두 시기, 즉 1960-1999년과 2009-2013년에 심리철학에서 가장 많이 인용된 논문들을 수집했다. 그런 다음 그는 다음 범주화 체계를 사용해 그 논문들의 방법에 의거해 이 논문들을 범주로 분류했다.

(a) 선험적 추론만을 사용하고, 경험적 연구의 결과에 의존하지 않는 논문들.

(b) 실제로 독창적인 경험적 결과를 보고하는 논문들.

(c) original 경험적 결과를 보고하지 않지만, 다른 곳에서 출판된 경험적 연구의 결과에 의존하지 않는 논문들(Knobe 2015c, 37).

그는 1960-1999년 시기의 논문들이 대체로 선험적 방법만을 사용했던 반면에(62.4%), 경험적 결과에 의존한 비율은 그보다 작았다 (37.6%)는 것을 발견했다. 어떤 논문도 독창적인 경험적 연구 결과를 포함하지 않았다. 이와 달리 2009-2013년 시기의 논문들 대다수는 경험적 발견에 의존했고(61.8%), 상당 부분은 독창적인 경험적 결과를 포함했으며, 소수의 논문이 선험적 방법만을 사용했다(11.5%).

지시어 검색과 비교했을 때 범주화 접근법은 물론 여러 가지 단점이 있다. 아마 가장 중요한 것은 범주화 접근법이 시간이 많이 걸리고, 주관적 요소를 포함한다는 것이다. 그렇지만 그 방법은 실험적 연구자들에게 자료의 범주화에서 어느 정도의 판단을 요구하는 더 복잡한 물음들에 대해 접근할 수 있게 해준다.

C.2 형식적 방법

이 책의 결론에서 말했듯이, 실험철학과 그것의 방법들은 종종 철학에서 다른 전통과 기법들에 대한 경쟁자로 보인다. 실험철학자들은 부분적으로 이것에 대해 책임이 있다. 1.6절에서 보았듯이, X-Phi$_N$의 옹호자들은 매우 전통적인 한 가지 방법, 즉 MAP에 반대 주장을 펼쳐왔다. 이러한 주장은 실험적 방법이 일반적으로 좀 더 전통적인 방법, 예컨대 철학적 문제에 대한 형식적 접근 방식과 양립 불가능하다는 인상을 만들어 냈을 수 있다. 그러한 한 형식적 접근 방식은 카르납 (1950/1962)의 해명(explication) 방법인데, 이 방법은 종종 실험철학 종사자들의 자료 주도적 접근 방식에 대한 방법론적 대안으로 제안되는 것처럼 보인다. 3.2.4절에서 보았듯이, 파인더(Pinder 2017)는 철학적 언급 이론들에 관한 실험적 공격을 맞받아치기 위해 해명 방법을 옹호한다(Machery et al. 2004; Mallon et al. 2009).

그렇지만 형식적 방법이 왜 형식적 방법 일반, 그리고 특수하게는 해명과 양립 불가능해야 하는지를 묻는 것은 합리적인 것처럼 보인다. 그럴 가능성은 거의 없다. 마체리(2017, 7장)는 최근 해명에 관해 고

무적인 언급을 했는데, 그러는 사이에 많은 실험철학자는 형식적 문제들에 대해 실험적 탐구에 착수했으며(Pfeifer 2012, 2014; Pfeifer & Douven 2014; Pfeifer et al. 2017; Pfeifer & Pankka 2017; Sanfilippo et al. 2018), 최근에 출판된 포괄적인『블랙웰 실험철학 안내서』(*Blackwell Companion to Experimental Philosophy*, 2016)는 "논리학과 추론"에 관한 절을 포함하고 있는데, 이 절에서는 세 명의 저자가 실험적 방법과 형식적 방법이 어떻게 공생적으로 사용될 수 있는지 설명한다(Douven 2016; Ripley 2016; Schupbach 2016; 또한 부록 A.4를 볼 것). 어떤 저자들은 실험적 탐구와 카르납의 해명의 방법론적 결합을 명시적으로 옹호해 왔다(Schupbach 2017; Shepered & Justus 2015).

사실상 일단 우리가 해명 개념을 좀 더 자세히 살펴보면 그 논증은 저절로 나타난다. 카르납에게 해명은 그가 "피해명항"(explicandum)이라고 부르는 모호한 통속적 개념(예컨대 따뜻함)을 그가 "해명항"(explicatum)이라고 부르는 더 정확한 과학적 개념으로 대치하는 방법이다. 그가 설명한 바에 따르면, 해명은 해명항이 여러 가지 기준, 즉 "(1) 피해명항과의 유사성, (2) 정밀성, (3) 성과, (4) 단순성"을 충족시키는 정도만큼 성공적이다(Carnap 1950/62, 5). 슈프바흐(Schupbach 2017)가 주장한 바에 따르면, 실험적 탐구는 주어진 해명이 첫 번째 기준, 즉 피해명항과의 유사성을 충족시키는지 확인하는 데 도움을 줄 수 있다. 해명된(또는 공학적) 개념이 선이론적인 통속적 개념과 갖는 유사성의 정도는 보통 우리 자신의 직관에 의존해 판단된다. 알다시피 이 직관들은 반드시 언어 공동체 전체를 대표하는 것이 아니기 때문에(이 책 3장을 볼 것), 주어진 피해명항의 특성이 실제로 무엇인지를 평가하기 위해서는 체계적 연구를 행하는 것이 바람직해 보인다. 다시 말해서 실험철학 옹호자들이 전개한 방법을 사용하는 것이 바람직하다. 게다가 통속적 개념에 관한 실험철학 연구는 주어진 해명을 전달하는 데 합리적으로 요구될 수 있는 유사성의 정도와 관계가 있는 정보를 제공할 수 있다. 만일 주어진 통속적 개념이 애매하거나 지나치게 모호한 것으로 드러난다면, 이것은 그 개념을 제거하거나, 피해명항을 다소 유사하지 않은 해명항으로 대치하는 데 대한 정당화 근거로 사용될 수 있다(Machery 2017). 카르납의 견해에 따를 때 이것은 결국 만일 경험적 정보가 과학적 목적에 충분히 정밀하면서도 좀 더 유사한 개념을 발견하는 것이 불가능하다는 것을 보여준다면, 정당화되는 것처럼 보인다.

이러한 고찰은 형식적 방법이 실험적 연구 기법들로 성과 있게 보완될 수 있다는 것을 보여준다고 나는 믿는다. 그렇지만 철학에서 실험적 연구자들이 형식적 방법, 특히 해명에 관해서도 신경을 써야 한다고 믿을 이유가 있는지 물을 수도 있다. 나는 적어도 두 가지 이유가 있다고 생각한다. 첫째, 개념 해명에 관한 문헌은 연구할 물음을 발견하는 일에 관심이 있는 실험철학자들에게 가치 있는 연구 발견법일 수 있다. 실험철학이 출현하기 전에 철학자와 과학자들은 결국 다양한 분야에서 수많은 해명항을 제안했으며, 이것들은 실제적으로 실험적 연구자들에 의해 연구되기를 기다리고 있다. 둘째, 카르납의 해명과의 조합은 전체적으로 실험철학의 좀 더 옹호 가능한 버전을 만들 수 있다. 슈프바흐(2017)는 어쨌든 최근 이 주장을 옹호했다. 그가 주장한 바에 따르면, 우리가 4장에서 살펴본 실험철학에 반대하는 논증들 중 일부는 X-Phi$_p$와 카르납의 해명을 조합함으로써 효과적으로 논박될 수 있다. 통속적 판단을 연구하는 일에 반대하는 일반적 논증은 우리가 그 판단들로부터 철학적으로 관련 있는 어떤 통찰을 얻기를 기대할 수 없다는 것인데, 왜냐하면 결국 통속적 일반인은 그저 철학 문외한이기 때문이다. 그렇다면 왜 그들의 판단이 문제가 되어야 하는가? 그렇지만 슈프바흐가 지적하듯이, 카르납의 해명과 실험적 연구를 결합할 때 우리는 "비철학자들이 우리의 철학적 물음에 관해 생각하는 것에 관해 관심이 없는" 것이 아니다. 오히려 "우리는—우리의 철학적인 전문적 식견 모두를 가지고—검토를 진행하는 해명항이 적절한 연구 대상과 연관된다는 것을 확보하는 쪽으로 중요한 발걸음을 내딛고 있다." 즉 우리, 다시 말해 철학자와 비철학자가 모두 신경 쓰는 연구 대상을 확보하는 쪽으로 중요한 발걸음을 내딛고 있다. (다시 말해서 슈프바흐의 요점은 우리가 2.5절에서 논의했던 것처럼 이른바 관련성으로부터의 논증에 의해 인가받는 일종의 실험철학을 실행하고 있다는 것이다.)

C.3 경제학의 도구

철학자들은 철학적 문제를 경험적으로 연구하기 위해 경제학의 다양한 도구를 사용해 왔다. 예컨대 그들은 인간 상호작용의 논리를 연구하기 위해 게임이론을 사용했다. 이 방법은 물론 실용 철학, 구체적으로 정치철학 및 윤리학과 가장 관련이 있다. 게다가 사회 인식론 같은 철학의 다른 분야들에서도 응용 사례가 있다.

사회적 문제에 대한 분석에 게임이론적 고찰을 도입한 것으로 가장 인정받는 철학자는 토머스 홉스이다(1651/1995). 그는 폭군 통치자 리바이어던의 정당성을 주장했다. 그가 사용한 논리는 대략 다음과 같다. 우리가 정부가 없는 "자연의 상태"에서 산다고 상상해 보라. 부족한 자원을 둘러싼 갈등에서 우리 각자는 의지할 더 높은 당국이 없기 때문에 동시에 판사, 배심원, 집행자가 될 것이다. 우리는 다른 사람들이 그들의 절대적 권력을 남용할까 봐 끊임없이 두려워하기 때문에 그들을 쳐서 선제적으로 무력을 행사하려고 노력할 것이다. 이것은 다시 홉스가 유명하게 말했듯이, 우리 모두의 삶을 "외롭고, 가난하고, 추악하고, 야만적이고, 짧게" 만드는 폭력의 소용돌이로 이끌 것이다 (Hobbes 1651/1995, 84). 그런 상황에서 우리는 갈등이 일어나자마자 즉시 진압하는 전능한 독재자와 함께하는 것이 더 나을 것이다. 이렇게 하면 결국 폭력의 소용돌이를 막을 수 있다. 다시 말해서 잠재적으로 추악한 자연 상태의 기본 사례에 비해 전제적 국가 권력이 우리 모두에게 더 나을 것이다. 그래서 전제정치가 정당화될 것이다.

물론 현대 자유민주주의의 시민으로서 우리는 전제정치를 옹호하는 홉스의 논증에 반대할 것이다. 그렇지만 이것은 그가 무언가를 놓쳤다는 것을 말하는 것이 아니다. 현대 정치철학자들이 인정했듯이, 그 논증에서 우리가 배울 수 있는 측면이 있다. 이를 설명하기 위해 예컨대 공공 의료보험에 관한 현대의 논쟁을 생각해 보자. 그러한 장치의 존재는 바람직해 보이는데, 왜냐하면 시민들이 심각한 질병에 대한 치료를 제공받을 수 없는 위험을 배제하기 위해 기꺼이 보험료를 부담해야 하는 것처럼 보이기 때문이다. 그렇지만 그러한 어떤 체제에는 문제가 있으며, 이 문제는 홉스가 그의 자연 상태에 관해 진단했던 문제와 유사하다. 만일 시민들이 요구하는 모든 치료를 의료 체제가 부담한다면, 이것은 착취 행위를 장려할 것이다. 다른 사람들이 그 체제를 남용하여 실제로 필요하지도 않은 비용을 지불하지 않을까 하는 두려움 때문에 당신과 나 역시 그렇게 할 것이다. 물론 이것은 공공 의료 체제가 정당화될 수 없다는 것을 의미하지 않는다. 그렇지만 그것은 우리가 특정 체제의 가능성 있는 경험적 결과를 예상하고, 그것들을 논증에서 고려해야 한다는 것을 의미한다. 이 일을 하는 데 게임이론이 아마 가장 중요한 경험적 연구 도구라는 것은 오랫동안 인정되어 왔다(Alfano & Rusch et al. 2018; Braithwaite 1955). 이런 이유로 정치철학자와 윤리학자들은 그들이 연구하는 문제를 경험적으로 분석하기 위해 게임이론을 일반적으로 사용한다(Luetge & Mukerji 2016).

앞에서 말했듯이, 게임이론은 실용 철학을 벗어나 예컨대 사회 인식론에서 사용될 수도 있다(de Bruin 2005, 2010). 이 분야에서 작업하는 철학자들은 사회체제의 인식적 측면, 예컨대 과학과 민주주의를 연구한다. 여기서 논쟁이 되는 문제 중 하나는 과학 전문가의 도움을 받아 사회 전반에 걸쳐 지식을 생산하고 공유하는 일이다. 인식론적 관점에서 그 문제는 과학 분야의 전문가로부터 사회 전반으로 지식의 이전이 어떻게 가능한지 설명하는 것이다. 왜냐하면 3.1.1절에서 보았듯이, 지식은 정당화된 옳은 믿음을 요구하는 것처럼 보이기 때문이다(그 밖에 무엇이 요구되든지 간에). 적절한 정당화 없이 단순히 옳은 믿음을 획득하는 사람은 실제로는 알지 못한다. 자, 그런데 결정적으로 우리가 전문가의 의견을 구할 때 그들은 보통 우리에게 그들의 믿음에 대한 자세한 정당화를 제공하지 않는다. 그들은 비전문가로서의 우리가 아마 그들의 추론을 온전하게 이해하지 못할 것이기 때문에 단지 그들이 생각하는 것만을 말해준다. 따라서 우리가 그들로부터 지식을 얻을 수 있는 방법은 수수께끼이다. 이것을 설명하는 한 가지 방식은 우리가 전문가로서의 그들의 지위를 그들이 말하는 것을 믿는 데 대한 정당화로 취급할 수 있다고 말하는 것이다. 하지만 우리가 왜 그래야 하는가? 우리가 아는 한 전문가들은 우리에게 거짓말할 수도 있다. 그 논증에서 이 틈새를 메우기 위해 우리는 블레이스(Blais 1987)가 제안한 것처럼 게임이론에 호소할 수 있다. 그는 일단 게임이론 기법으로 "지식 게임"의 경험적 속성을 분석하고 나면 일반적으로 말해 우리에게 거짓말하는 것이 전문가들의 이익이 아님을 우리가 이해한다고 주장한다. 무엇보다도 과학은 스스로를 단속하는 기획이다. 거짓말을 하거나 사실을 잘못 전하는 것으로 증명될 수 있는 참가자들은 그들의 경력과 평판이 망가진다. 과학의 어떤 특정 영역과 관련하여 그것이 건전한지 여부는 물론 그곳에서 진행되는 지식 게임의 특정 경험적 속성에 달려 있을 것이다. 일부 영역은 부패했다고 주장될 수도 있다. 이것이 경험적으로 결정될 수 있는 방식에 관한 더 많은 정보는 C.7을 볼 것.

철학자들이 사용할 수 있는 경제학의 두 번째 도구 집합은 **실험경제학**(experimental economics)에서 나오는데, 이것의 방법론은 여러 가지 점에서 실험철학의 연구가 대부분 따랐던 방법론과 다르다. 영향력 있는 실험철학 연구에 대한 우리의 논의가 분명하게 밝힌 것처럼, 실험철학 연구 대부분은 실험심리학에서 차용한 실험적 연구 관행에 의존하는데, 가장 일반적인 관행은 에피소드와 설문조사이다(예컨대 **Knobe** 2003a; **Machery** et al. 2004; **Nahmias** et al. 2005, 2006; **Weinberg** et al. 2001). 일반적으로 철학적 사례나 문제가 피험자 집단에게 제시되고, 그들은 그것에 관한 질문에 답하라는 요청을 받는다. 보통 그들이 참가에 대한 보상을 받긴 하지만, 그 보상은 그들이 실험에서 행동하는 방식에 의존하지 않는 고정 금액이다. 이와 대조적으로, 그리고 이것이 첫 번째 방법론적 차이인데, 실험경제학 연구의 참여자들은 보상을 받아야 하며, 그들이 받는 금액은 그들의 실적에 의존해야 한다. 두 번째 차이는 심리학적 연구에서는 실험자들이 빈번하게 피험자들을 속인다는 것이다. 더 나아가 세 번째 두드러진 차이는 실험경제학 연구자들이 종종 실험에서 참가자들이 보이는 행동이 시간이 지나면서 어떻게 변하는지 연구하기 위해 더 긴 기간에 걸쳐 참가자들의 집

단을 유지한다는 것이다. 이와 대조적으로 심리학 연구자들은 거의 그런 식으로 진행하지 않는다.[2]

　실험경제학의 방법론이 철학적 문제에 대한 논의에 어떻게 기여할 수 있는지 설명하기 위해서는 다음 주장, 즉 사람들은 다른 사람들이 그들이 하는 것을 관찰할 수 있을 때 더 윤리적으로 행동한다는 주장을 생각해 보라. 이 생각은 시대를 통틀어 철학적 상식이었다. 그것은 예컨대 글라우콘(Glaucon)이 소크라테스에게 제안한 기게스의 반지(Ring of Gyges)에 대한 유명한 사고실험의 기초를 이룬다(Plato 1997, 360b-d). 그것은 또한 "햇빛이 가장 좋은 살균제라고 한다"는 브랜다이스 대법관(Justice Brandeis)의 유명한 발언에도 등장한다(Brandeis 1914, 92). 그렇지만 그 생각은 옳은가? 그리고 통속적 일반인이 그 생각을 믿는가? 그것을 알아내기 위해 우리는 단순히 시험 대상자들에게 그들이 사적인 곳에서 더 비윤리적으로 행동하는지, 그리고 그들이 사람들이 일반적으로 공공장소에서 더 윤리적으로 행동한다고 믿는지 물어볼 수 있다. 사람들이 종종 그들 자신의 심리와 행동 경향에 대해 잘못 판단한다는 뻔한 문제와 별도로 그러한 실험은 추가 결함이 있을 것이다. 사람들은 그들이 사회적으로 바람직하다고 생각하는 행동을 보고하는 경향이 있다.[3] 이것은 실험경제학이 참가자의 인센티브를 만지작거리며 중화시켜야 하는 문제 중 하나이다. 오스트마이어와 울(Ostmaier & Uhl 2017)은 다른 사람들이 자신이 하는 일을

2　실험심리학과 실험경제학의 방법론적 차이에 관해서는 Hertwig & Ortmann(2001)을 볼 것. 윤리학 연구에서 실험경제학 방법론을 지지하는 탄원에 대해서는 Jauernig(2017)를 볼 것.

3　이것은 유명한 **사회적 바람직성에 의한 편향**(social desirability bias)이다(Edwards 1953).

관찰할 수 있을 때 개인이 실제로 더 윤리적으로 행동하는지 여부를 시험하기 위해 그것을 사용했다. 그들은 특히 거짓말 사례에 관심이 있었다. 이를 위해 그들은 참가자들에게 주사위를 굴려 그 결과를 보고하라고 말했다. 피험자들은 주사위 굴리기의 결과(2유로×눈의 수)에 따라 보상을 받을 것이라는 통보를 받았다. 아무도 자신들의 역할의 결과를 검사하지 않았고, 모든 결과는 똑같이 가능성이 있기 때문에 개인들은 위험 없이 부정행위를 할 수 있다(예컨대 2 대신 5를 기록함으로써). 그렇지만 통계를 사용하여 집단 수준에서 부정행위의 만연을 추리하는 것이 가능하다. 오스트마이어와 울은 이 사실을 사용하여 두 가지 실험 조건을 비교했다. 공공장소 조건에서 피험자들은 자신들의 역할의 결과를 "공공장소에서", 즉 다른 참가자들과 얼굴을 맞대고 보고해야 한다는 것을 알고 있었다. 사적 조건에서 피험자들은 이런 것을 할 필요가 없었으며, 그들은 그것을 알고 있었다. 이 보고 임무 외에 짐작 임무도 있었다. 피험자들은 그들의 주사위를 굴리기도 전에 집단 수준에서 보고되는 평균 결과를 추정해야 했다. 그들의 실적은 또다시 인센티브를 받았다. 그들은 올바른 숫자에 대해 12유로를 받았고, 편차 0.1당 2유로를 덜 받았다. 실험 후에 모든 참가자에게는 트롤리 사례가 제시되었다. 그들은 5명을 죽이겠다고 위협하는 트롤리를 1명만 죽일 수 있는 다른 선로로 돌리는 것이 허용 가능한지 여부를 판단해야 했다. 오스트마이어와 울은 참가자들의 답변을 사용하여 그 답변들을 "결과 지향적"(만일 그들이 긍정으로 답한다면) 또는 "규칙 지향적"(달리 답한다면)으로 분류했다.

  그 실험은 두 가지 기본 통찰을 낳았다. 첫째, 참가자들은 두 집단 모두에서 비윤리적인 행동을 기대하는 것처럼 보였지만, 사적 조건에서 좀 더 기대하는 것처럼 보였다. 만일 모든 사람이 진실한 보고를 기대했다면, 그 짐작은 평균 3.5가 되었어야 한다. 대신 결과는 각각 4.18(사적 조건)과 4.27(공적 조건)이었는데, 이것은 통계적으로 유의미한 차이가 아니었다. 흥미롭게도 통속적 일반인은 햇빛이 실제로 최고의 살균제라고 확신하지 않는 것처럼 보인다. 정직성의 수준은 실제로 사적 조건에서보다 공적 조건에서 상당히 더 높았으며, 피험자들의 보고는 각각 평균 4.38(공적 조건)과 4.91(사적 조건)이었다. 그렇지만 이 결과는 공적 조건에서 다른 사람들의 행동에 대한 그들의 기대에 훨씬 더 부합하는 결과 지향적 사람들의 행동에 의해 거의 전적으로 주도되는 것처럼 보였다. 규칙 지향적 일반인에 대해서는 어떠한 유의미한 차이도 발견되지 않았다. 그러므로 오스트마이어와 울의 결과는, 만일 사람들이 결과 지향적인 경향이 있고, 그리고 만일 그들이 다른 사람들이 실제보다 더 정직하기를 기대한다면, 공개 조사가 실제로 긍정적 영향을 미칠 수 있음을 시사한다. 그것은 왜 실험철학 연구자들이 실험경제학의 방법론을 점점 더 많이 사용하는 것이 현명한 일인지를 설명한다.

마지막으로 경제학의 세 번째 도구는 **계량경제사**(cliometrics)이다. 실험적 과학철학에서 어떤 유망한 연구를 지적함으로써 마체리(2016)는 그 연구가 실험철학에서 성과 있게 적용될 수 있음을 시사한다. 계량경제사 연구 방법은 시간에 따른 사회경제적 변수들 속에서 규칙성을 발견하기 위한 정량적 기법이다. 그와 같은 것으로서 그런 기법은 사회경제적 역사에 대한 연구에서 일반적으로 사용되어 왔다. 그렇지만 마체리가 주장하는 것처럼, 그 기법들은 폴 밀(Paul Meehl)의 작업을 바탕으로 과학철학의 문제를 분석하는 데에도 사용될 수 있다. 구체적으로 밀(1992, 2002, 2004)은 과학적 이론의 어떤 속성들(예컨대 단순성, 설명력, 엄밀성)이 그 이론을 성공하게 만드는지, 즉 그 이론을 진리(또는 진리근사성(verisimilitude))로 안내하는지 분석하기 위해 계량경제사를 적용할 것을 제안했다. 그 관계는 어떤 속성들이 다른 속성들보다 이론 성공의 가능성을 더 높게 만드는(그러나 불가피한 것은 아닌) 식의 개연적 관계라고 보는 것이 그럴듯하므로, 그 문제를 해결하는 데에는 통계적 방법이 요구되는 것처럼 보인다. 그 방법을 적용하기 위해서는 첫 단계에서 이론의 다양한 속성을 확인하고 형식화한 다음, 이론의 예측력을 계량화하는 것이 필요하다. 그런 다음, 역사적 이론을 통계적으로 분석하고, 그 속성들에 의거해 이론의 상대적 성공을 설명할 수 있다. 만일 성공적이라면, 그러한 연구 프로그램은 우리가 상당히 이르게 과학적 논쟁에서 승자 이론을 확인할 수 있도록 연구자들의 판단보다 더 신빙성 있게 성공적인 이론의 속성을 드러낸다고 생각될 수 있다. 이것은 다시 과학계가 자원을 더 효율적으로 할당할 수 있게 해줄 수도 있다. 따라서 실험철학 연구자들은 적용 가능할 때 계량경제사를 연구 도구로 고려해야 하는 것처럼 보인다.

C.4 계보 논증

계보 논증들은 철학에서 오랫동안 인기가 있었다. 그것들은 말하자면 특정 철학적 기본 주장들에 대한 믿음의 역사적 기원과 발전, 즉 그 기본 주장들의 계보를 분석함으로써 그 기본 주장들을 "설명하는 것"을 목표로 한다. 예컨대 프리드리히 니체는 종교적 믿음에 대해 계보적 설명을 제시한 것으로 유명했다(Nietzsche 1878/1986). 데이비드 흄 역시 마찬가지였다(Hume 1757/2007). 두 사람은 때로 실험철학의 조상으로 거론된다(Knobe & Nichols 2008).

　오늘날 아마 가장 인기 있는 형태의 계보 논증은 **진화론적 폭로 논증**(evolutionary debunking argument, EDA)일 텐데, 이 논증은 찰스 다윈의 사상으로 거슬러 올라간다고 할 수 있다(Jong & Visala 2014). 그 논증은 진화론적 과학, 특히 진화 행동과학들(특히 진화심리학)의 경험적 입력 자료에 의존한다. EDA는 윤리학(예컨대 Singer 2005), 메타윤리학(예컨대 Joyce 2006a, 2006b), 종교철학(예컨대 Goodnick 2016) 등 다양한 분야에 적용될 수 있다. 이 모든 분야에서 EDA는 특정 주장에 대한 믿음이 진리를 추적하는 것이 아닌 진화적 적응이라는 것(혹은 그렇게 설명될 수 있다는 것)을 확립함으로써 그 주장의 신뢰를 훼손하는 목적에 기여한다. 따라서 건전한 논증이 되려면 진화론적 논증은 첫째, 주어진 믿음이 적응이라는 점(또는 적응에 기반을 두고 있음)과 둘째, 그것이 진리를 추적하는 것이 아니라는 점을 확립해야 한다.

　설계상 EDA는 "발생적 오류"를 범할 위험에 봉착하는데(Jong 2012), 이 오류는 어떤 믿음이 옳다고 할 수 있는 그럴듯한 이유가 존재하는데도 그 믿음의 기원에 기초하여 그 믿음을 무시하는 오류이다. 따라서 어떤 저자들이 주장했듯이(예컨대 Nichols 2014; Wilkins & Griffiths 2013), EDA의 그럴듯함은 그것들의 적용 영역에 따라 달라진다고 의심하는 것은 그럴듯하다. 더 나아가 특정 믿음에 관해 EDA가 제기하는 회의주의는 다른 많은 믿음을 감염시켜 매력적이지 않은 형태의 전면적 회의주의를 야기할 수 있다(Kahane 2010). 아마 가장 논쟁이 되는 버전의 EDA는 윤리학에서 제안되었을 것이다.

C.5 신경 과학적 접근 방식

철학 내에서 신경 과학적 접근 방식은 다양한 방법을 사용하여 윤리학과 자유의지 논쟁에 주로 적용되었다.[4] 기능적 자기공명영상(fMRI) 연구의 증거에 기초하여 그린(2008, 2014)은 의무주의적 이론을 철학적 사고실험에 대한 감정적 반응의 단순한 합리화로 간주해야 한다고 주장한 것으로 유명했다(부록 A.1을 볼 것). 이렇게 주장하는 그의 이유는 특유의 의무주의적 이론들이 감정적 처리와 연관된 영역에서의 증가된 뇌 활동과 상관이 있는 것으로 보여질 수 있다는 것이다.[5] 사용된 방법과 신경 과학적 입력 자료가 사용되는 추론의 성격에 따라 그러한 논증은 다소간에 논란이 될 수 있다. 앞 절에서 논의한 EDA와 마찬가지로 그린의 신경 과학적 접근 방식은 예컨대 발생적 오류를 범할 위험에 처하게 된다. 결국 그는 대략적으로 만일 주어진 철학적 기본 주장이 신빙성 없는 인과적 기원으로 거슬러 올라갈 수 있다면 그 기본 주장은 신빙성이 없다고 주장한다. 의무주의자들은 그린이 폭로하려고 하는 직관에 의존하지 않는 그들 자신의 논증을 제공함으로써 이 논증을 적절한 관련이 없다고 거부할 수 있는 것처럼 보인다.[6]

---

4 철학자들이 신경 과학의 통찰에 의존하는 또 다른 중요한 분야는 물론 의식에 관한 논쟁인데, 나는 지면 관계상 이 논쟁은 제쳐 놓는다.

5 그린은 또한 특유의 의무론적 반응이 감정적 과정의 산물이라는 그의 기본 주장에 대한 또 다른 지지 근거를 제공하기 위해 **반응 시간 측정**을 사용한다. 반응 시간은 그린의 기본 주장이 그것들에 관한 예측을 만들기 때문에 관련이 있다. 감정에 기초하여 반응하는 사람들은 그들의 판단에서 감정을 무시하고 이성적 반응을 보이는 사람들보다 빨라야 한다. 반응 시간 측정을 사용하는 또 다른 연구에 대해서는 Arico et al.(2011)을 볼 것.

6 나는 여기서 그린의 논증을 판정하려고 하지 않는다. 여기서 언급된 요점에 대한 더 충분한 논의는 Kumar & Campbell(2012)과 Königs(2018)를 볼 것.

그렇지만 철학적 물음에 대한 신경 과학의 모든 적용이 이런 유형의 비판적 반응을 야기하는 것은 아니다. 우리는 자유의지에 대한 실험철학을 논의할 때(3.4절에서) 이미 이것을 살펴보았다.[7] 니콜스와 노브(2007)가 결정론적 시나리오에서 행위자가 자유롭게 행위한다고 판단하는 개인들이 감정적 수행 오류를 범한다고 제안했던 것을 떠올려 보라. 니콜스와 노브는 감정적 처리가 사람들의 판단에 개입한다고 주장한다. 이미 논의했던 것처럼 코바 외(2012)는 이 가설을 시험하기 위해 신경 과학적 접근 방식을 채택했다. 그들은 이마관자엽 치매를 가진 개인들을 실험 대상으로 사용했는데, 이는 우리가 신경 과학으로부터 이 조건이 감정적 정보를 처리하는 능력을 저하시키는 쪽으로 이끈다는 것을 알기 때문이다. 따라서 니콜스와 노브의 가설에 따르면, 이마관자엽 치매를 가진 피험자들은 사고실험에서 양립 가능론적 선택지를 상당히 덜 선택해야 한다. 그렇지만 코바 외(2012)는 이 예측을 확증하지 못했으며, 그래서 감정적 수행 오류 모델에 의심을 제기한다.[8] 노브 효과에 관한 비슷한 연구는 Young et al.(2006)을 볼 것.

그렇긴 해도, 신경 과학적 접근 방식은 확실히 커다란 가능성이 있지만 실험철학 연구에서는 비교적 드물었다. 이것은 확실히 신경 과학적 탐구를 하는 데 요구되는 전문성의 정도와 관계가 있다(Bickle 2018). 게다가 적어도 기능적 자기공명영상 실험의 경우에는 막대한 비용이 수반될 수 있다.

---

7 자유의지에 관한 논쟁에 대한 신경 과학의 또 다른 유명한 적용은 물론 Benjamin Libet(2002)의 기고이다.
8 비슷한 접근 방식이 마음 이론에 관한 논쟁에서 사용되었다(Tsoi 2016를 볼 것).

C.6 질적 방법

지금까지 실험철학자들은 거의 배타적으로 양적 통계 기반의 연구 방법만을 사용해 왔다. 가장 영향력 있는 실험철학 연구들에 대한 논의에서 보았던 것처럼, 그들은 참가자들에게 답변 선택지가 한정되어 있는 사고실험을 제시하였다. 피험자들은 예컨대 "예"나 "아니오"라고 말하거나, 리커트 척도에서 기준 점수를 선택함으로써 응답할 수 있다. 그다음에 그 자료는 계량 포맷으로 전환된다. 이 접근 방식은 많은 이점이 있다. 예컨대 이 접근 방식을 통해 연구자들은 방대한 양의 자료를 상당히 직접적이고 표준적인 방식으로 분석할 수 있다. 그렇지만 양적 접근 방식은 결점도 있다. 한 가지 중요한 결점은 그것이 예컨대 "통속적 일반인의 직관은 고유명에 대한 기술주의적 이론과 일치하는가?"처럼 처음부터 시험 가능한 가설을 요구한다는 것이다. 그렇지만 만일 연구자들이 어떤 가설을 추구해야 할지 확신하지 못한다면, 그들은 양적 방법에 의존할 수 없다. 그 경우에 그들은 참가자들에게 제약을 두지 않는 개방형 질문을 하는 것이 더 나을 수 있다. 이것은 질적 접근 방식이다. 그 방법은 인터뷰, 작은 토론 집단인 초점 집단(focus group), 그리고 참가자들에게 표준 실험철학 설문지를 제공하고 대답하는 동안 소리를 내며 생각하도록 요구하는 이른바 "소리 내어 생각하기 연구"로 구성된다. 참가자가 말하는 것은 코더가 무엇을 찾아야 하는지(예컨대 명백한 모순, 특정 개념, 사고 패턴 등등) 지시하는 코딩 매뉴얼을 사용하여 녹음되고, 전사되고, 코딩된다. 지시어 같은 양적 방법(C.1절을 볼 것)은 그 분석에서 도움이 될 수 있다.[9]

---

9 실험철학과 관계가 있는 것으로서의 질적 접근 방식에 대한 더 충분한 기술은

　최근 많은 실험철학 연구자가 질적 방법을 제안하거나 요구하거나 채택해 왔다(예컨대 Andow 2016; de Curz 2018; Feltz & Millan 2015; Lim & Chen 2018; Nichols & Bruno 2010). 그러한 연구가 어떻게 행해질 수 있는지 예증하기 위해 언어학자들의 질적 기법이 고유명에 대한 언급 이론을 시험하는 데 도움이 될 수 있다고 제안한 데빗(Devitt 2015)을 생각해 보자. 에피소드를 배포하고 참가자들에게 그 에피소드에 관해 주어진 진술에 동의하는지(또는 어느 정도로 동의하는지) 묻는 것이 아니라 우리는 다음과 같이 진행할 수 있다. 첫 단계에서 우리는 특정 팝스타, 예컨대 비욘세에 관한 "전문가"인 참가자들을 찾는다. 이 참가자들은 "비욘세"라는 이름을 사용할 때 비욘세를 언급한다고 우리는 합리적으로 가정할 수 있다. 그런 다음 우리는 그들에게 두 에피소드 중 하나를 읽어보라고 준다. 그 에피소드들 모두에서 어떤 사람이 "비욘세"라는 이름을 사용하고, 그 이름을 사용하여 그가 언급하는 사람에 관해 진술을 한다. 첫 번째 사례에서 그 사람은 올바르게 비욘세를 확인하는 기술을 염두에 두고 있지만, 두 번째 사례에서는 그는 비욘세를 확인하지 못하는 그른 기술을 염두에 두고 있다. 그런 다음 우리는 참가자들에게 그들이 읽은 에피소드들에서 어떤 일이 일어나는지 설명해 보라고 요구한다. 고유명에 대한 러셀의 기술주의적 언급 이론(3.2절을 볼 것)은 두 사례 모두에 대한 예측을 허용하는 것처럼 보인다. 그 사람이 올바른 기술과 "비욘세"를 연관시키는 첫 번째 사례에서 참가자들은 에피소드에 등장하는 사람이 비욘세를 언급하는 진술을 했다고 훨씬 더 자진해서 말해야 한다. 그른 기술을 염두에 두고 있는 두 번째 사례에서는 참가자들은 그 사람이 비욘세를 언급했

Andow(2016)를 볼 것.

다고 말하는 것을 꺼려야 한다. 비록 데빗이 궁극적으로 이 실험적 접근 방식을 거부하긴 하지만, 그것은 관례적인 에피소드 접근 방식에 의존하지 않으면서 언급 같은 주제에 관해 철학에서 실험을 행할 가능성을 예증한다. 그가 기술하는 특정한 접근 방식은 후자에 비해 약간의 이점이 있다. 우선 우리는 고유명의 언급 대상에 관한 사람들의 직관적 판단을 따라가지 않는다. 오히려 우리는 그들이 그것을 어떻게 사용하는지 검토한다. 어떤 철학자들은 직관이 철학적 물음과 무관하다고 생각하기 때문에(4.3.5절을 볼 것), 이 접근 방식은 그들에게 덜 논란이 된다는 인상을 줄 수도 있다. 또한 만일 일반인이 "비욘세"를 기술주의적 이론을 확증하는 방식으로 사용하지 않는다면, 우리는 여전히 우리의 자료를 새로운 가설을 고안하는 데 사용할 수 있다. 우리는 우리가 수집한 자료가 통상 표준적인 에피소드 연구에서 수집된 자료보다 훨씬 더 풍부한 정보를 제공하기 때문에 이 일을 할 수 있다. 요약하자면, 실험철학 연구자들은 그들의 도구 상자를 보완하기 위해 질적 방법을 고려하는 것이 현명한 처사이다.

C.7 함정수사

C.1에서 보았듯이, 연구자들은 때로 전체 연구 분야에 관한 일반적인 경험적 가설을 검토하는 일에 관심이 있다. 예컨대 마체리와 코언(2012)은 진화론적 행동과학이 대체로 구식 진화론에 의존하는지를 조사하기 위해 인용 분석 방법을 사용했다. 그렇지만 인용 분석(그리고 좀 더 일반적으로 출판물 통계 분석)은 전체 과학 분야를 평가하는 데 사용될 수 있는 유일한 경험적 방법이 아니다. 또 다른 경험적 방법은

함정수사이다. 그것은 특정 영역에 적용되는 품질 관리를 측정하기 위해 적용된다.

『네이처』(*Nature*)에 실린 최근 연구에서 소로코프스키 외(Soro-kowski et al. 2017)는 그들이 오픈 액세스(open-access, 온라인 무료 배포) 학술지의 관행과 절차를 평가하기 위해 행한 함정수사에 관해 보고한다. 최근에 질 나쁜 논문들을 유료로 출판하는 약탈적인 오픈 액세스 학술지가 확산되고 있는 것을 감안하면, 연구자들은 블랙리스트에 오른 오픈 액세스 학술지가 화이트리스트에 오른 학술지보다 가짜 과학자를 편집자로 받아들이려는 의지가 상대적으로 더 높은지 여부에 관심이 있었다.[10] 그들은 "애나 오 슈스트"(Anna O. Szust)라는 이름의 가상 과학자의 프로필을 만들고, 그것을 360개의 오픈 액세스 학술지의 편집자 직책에 응모하는 데 사용했다. "그 프로필은 차마 볼 수 없을 정도로 편집자 역할에 적합하지 않았다. 슈스트의 '연구'는 웹 오브 사이언스(Web of Science)나 스코푸스(Scopus) 데이터베이스에 색인이 생성된 적이 전혀 없었고, 어떠한 문헌 데이터베이스에서도 인용된 적 없었다."고 그들은 설명한다. (게다가 이름에는 "이스터 에그"(Easter egg)[11]가 포함되어 있다. "oszust"라는 낱말은 폴란드어로 사기꾼을 의미한다.) 연구자들은 블랙리스트에 오른 학술지 중 약 3분의 1이 응모를 수락한 반면에, 화이트리스트에 오른 학술지 중 극히 소수

---

10   소로코프스키 외(2017)가 사용한 블랙리스트는 콜로라도대학교 도서관 사서 제프리 빌(Jeffrey Beall)이 작성한 유명한 "빌 리스트"였다. 화이트리스트는 〈저널 인용 보고서〉(Journal Citation Reports, JCR)와 〈오픈 액세스 저널 디렉토리〉(Directory of Open Access Journals, DOAJ)의 리스트다.

11   게임 개발자가 자신이 개발한 게임에 재미로 숨겨 놓은 메시지나 기능. 게임 플레이와 상관없는 경우가 대부분이다. 부활절에 달걀을 숨겨 아이들에게 찾게 하는 놀이에서 유래함. ─옮긴이 주

(그중 대부분이 현재는 그러한 화이트리스트에서 제외되었다)만이 응모를 수락했다는 것을 발견했다.

인문학에서도 그러한 함정수사가 행해졌다. 가장 유명한 것은 악명 높은 소칼 사기(Sokal hoax)다. 포스트모던 사상가들(예컨대 라캉, 크리스테바, 이리가레, 보들레르, 들뢰즈)의 저작에 등장하는 수학적·과학적 개념들의 남용을 우려하여 물리학자 앨런 소칼(Alan Sokal)은 패러디 논문을 썼는데, 이 논문은 이 저자들 글의 세련된 스타일을 모방했지만, 그가 말했듯이 "부조리와 불합리한 추론들로 꽉 차 있다."(Sokal & Bricmont 1998, 1-2). 그는 그 논문을 문화 연구 분야에서 평판이 좋고 유행을 선도하는 학술지인 『소셜 텍스트』(Social Text)에 투고했고, 그곳에서 승인되어 출판되었다. 이것은 무엇을 보여주는가? 물론 너무 많은 것을 보여주지는 않는다. 소칼 자신이 나중에 말했듯이, "패러디가 출판되었다는 단순한 사실은 그 자체로 증명하는 것이 거의 없다. 기껏해야 그것은 최신 유행하는 한 학술지의 지적 표준에 관한 어떤 것을 드러낸다"(Sokal & Bricmont 1998, 3; 고딕체 강조는 원문에서 한 것임).

최근에 플럭로즈 외(Pluckrose et al. 2018)는 더 체계적인 함정수사를 행했는데, 이것은 사회미디어 커뮤니티에서 #소칼제곱형(#sokal-squared)으로 알려지게 되었다. 그들은 20개의 가짜 논문을 써서 그들이 집단적으로 "고충 연구"라고 부르는 분야의 학술지들에 투고했는데, 그중에는 문화 연구, 성별 연구, 인종 연구가 포함되어 있었다. 플럭로즈 외(2018)는 이러한 연구 분야들이 다양한 방식으로 부패했다는 그들의 의심을 시험하기 위해 이것을 했다고 설명한다. 구체적으로 그들은 이 분야의 평판 높은 학술지들이 방법론적·윤리적으로 의심되는 논문을 출판할지, 진지하게 받아들일 경우 위험할 수 있는 주장을 포함하는지, 단순히 "횡설수설하는 헛소리"로 구성되는지를 시험하고 싶어 했다. 예컨대 한 논문은 성폭행 문화에 맞서기 위해 남자들이 개처럼 훈련받아야 한다고 주장했다. 또 다른 논문은 백인 남학생들이 "배상을 경험할" 수 있도록 수업 중에 사슬로 묶인 채 바닥에 앉도록 요구할 것을 제안했다. 그러나 또 다른 논문은 트랜스혐오를 줄이기 위해 스스로 항문에 삽입하라고 충고한다. 연구가 끝났을 때 20개의 논문 중 7개가 승인되었고, 저자들이 말했듯이 7개는 "아직 진행 중"이었으며, 나머지 6개는 치명적 결함으로 철회되었다. 그래서 플럭로즈 외(2018)는 "우리가 '고충 연구'라고 불렀던 정체성 연구 분야 내에서 일부 학문의 엄격함을 의심할 훌륭한 이유가 있다"고 주장한다. 이러한 결론이 보증되는지 여부는 물론 두고 보아야 한다. 그 논쟁은 여전히 초기 단계에 있다.

이 함정수사가 발표된 이후 짧은 시간 동안에 일부 학자들이 다양한 종류의 우려를 표명했다고 말하는 것으로 충분하다. 예컨대 플럭로즈 외(2018)는 명백히 그들이 표적으로 삼은 분야들이 다른 분야들과 비교해 특히 문제가 있다고 주장하려고 한다. 그렇지만 그들은 다른 분야들과의 비교 연구에 참여하지 않기 때문에 이 결론에 대해 부분적 증거만을 제공할 뿐이다. 게다가 어떤 학자들은 연구 윤리와 관련된 문제가 위태로울 수 있다고 지적했다.[12] 함정수사는 확실히 그 사용을 신중하게 고려해야 하는, 논란이 많은 경험적 도구이다.

---

12   예컨대 소로코프스키 외(2017)는 연구를 행하기 전에 윤리심사위원회에 자문을 구했다고 보고한다. 이와 대조적으로 플럭로즈 외(2018)는 심사위원회에 자문을 구하지 않았다. 이런 이유로 포틀랜드 주립대학교(PSU)는 그 사이에 사기를 친 사람 중 하나인 포틀랜드 주립대학교 조교수 피터 보고시언(Peter Boghossian)을 조사했다. 포틀랜드 주립대학교는 보고시언이 사기에 참여함으로써 인간 피험자 연구에 대한 대학의 윤리 지침을 위반했다고 결론지었다(Mangan 2019).

찾아보기